温柔的盛世

宋仁宗时代 1022—1063

雪满弓刀 著

中央党校出版集团◎大有书局

图书在版编目（CIP）数据

温柔的盛世：宋仁宗时代：1022—1063 / 雪满弓刀著 . -- 北京：大有书局，2021.3
ISBN 978-7-80772-031-7

Ⅰ . ①温… Ⅱ . ①雪… Ⅲ . ①宋仁宗（1010–1063）—传记 Ⅳ . ① K827=441

中国版本图书馆 CIP 数据核字 (2021) 第 007982 号

书　　名	温柔的盛世：宋仁宗时代（1022—1063） WENROU DE SHENGSHI：SONG RENZONG SHIDAI（1022—1063）
作　　者	雪满弓刀 著
责任编辑	武　波
出版发行	大有书局 （北京市海淀区长春桥路 6 号　100089）
综 合 办	（010）68929273
发 行 部	（010）68922366
经　　销	新华书店
印　　刷	北京盛通印刷股份有限公司
版　　次	2021 年 3 月北京第 1 版
印　　次	2021 年 3 月北京第 1 次印刷
开　　本	170 毫米 ×240 毫米　16 开
印　　张	23.25
字　　数	330 千字
定　　价	58.00 元

本书如有印装问题，可联系调换，联系电话：（010）68929022

目 录

缘　起

决定写这本书，是因为我在无意之中读到了一首诗：

农桑不扰岁常登，边将无功吏不能。
四十二年如梦觉，东风吹泪过昭陵。

这首诗是我从陆游的《家世旧闻》里抄下来的[1]，据说最初题在永昭陵道旁的墙壁上，但并非出自陆游的手笔。这首诗到底是何人所题，因为年代过于久远，陆放翁尚且不甚明了，今人恐怕就更是难以考证了。不过，这位宋人题诗吟咏的根由，咱们大抵还是搞得清楚的。话说某年某月某日，此人行经嵩山北麓、洛水之南，也就是今天河南巩义的地界，正是赵宋历代官家长眠地下的陵寝。诗人不叹永安、永昌、永熙、永定诸陵，独对永昭陵思绪万千，于是留下了这段睹物思人、情深意切的感伤之辞。

长眠于永昭陵的赵宋官家，是大宋王朝的第四任君主——宋仁宗赵祯。话说封建帝制两千多年，以"仁"字为庙号的君主屈指可数[2]，毕竟谥号、庙号皆是盖棺定论，要对历史负责，讲究的是微言大义，优劣褒贬皆有定法，万万容不得半点马虎。一个"仁"字，可以算得上是一流的美誉了，更何况宋仁宗还是史上首度获此殊荣的帝王。元人所著《宋史》，更是不吝溢美之词：

---

[1] 陆游还记录了另一个版本："农桑安业岁丰登，将帅无功吏不能。四十二年归梦想，春风和泪过昭陵。"

[2] 唐朝以前大多遵照"谥法"追谥宾天的皇帝，如追谥刘彻为"武"，称"汉武帝"，但唐朝以后谥号泛滥而冗长，如宋仁宗的谥号为"体天法道极功全德神文圣武睿哲明孝皇帝"，所以通常改用配享皇家祭祀的庙号作为盖棺定论。

“《传》曰，‘为人君，止于仁’，帝诚无愧焉。”

赵祯为何能享有“仁”的美誉，说来可就话长了，其实也是创作本书的要旨，且容我在后文细禀，不妨先从这首诗略窥一二。首句“农桑不扰岁常登”，说的是在宋仁宗主政的那些年月，天下风调雨顺、物阜民丰。从史书的记载来看，这话说得未免有点过头，其实四十多年里水旱灾害交织，其中更是不乏人祸。当然了，在那个基本上靠天吃饭的年代，老天爷已经算是比较给面子了。对第三句“边将无功吏不能”大家千万不要望文生义，误以为诗人这是在痛斥文武百官尸位素餐。正所谓“沧海横流，方显英雄本色”，这句话反其意而用之，说明生于承平的天下，哪里还有造就英雄的风云际会呢？！于是乎，便有了后面的两句：“四十二年如梦觉，东风吹泪洒昭陵。”[1] 物是人非之时，忆及当年的如梦如幻，怎能不令诗人悲不自胜，潸然泪下啊！

宋徽宗时期，时任殿中侍御史的陈师锡在一封奏疏中这样写道：“宋兴一百五十余载矣，号称太平，飨国长久，遗民至今思之者，莫如仁宗皇帝。”为什么呢？因为正是在宋仁宗主政的庆历、嘉祐年间，“为本朝甚盛之时，远过汉唐，几有三代之风”。

庆历、嘉祐之治，到底能有多盛？宋人所言，或许有些自夸之嫌，咱们不妨用一组数据来说话：嘉祐年间，朝廷的岁入达到 3680 万缗，是唐朝开元时期的两倍还多，而北宋当时的疆域，不足唐朝开元时期的三分之一。[2] 据后世学者推算，北宋的 GDP 一度占到全世界的 80%，数字或许太夸张了一些，未必精准可靠，但要说中国已经遥遥领先于其他国家，这一点倒是毋庸置疑的。世界著名经济史学家贡德·弗兰克认为：“11 世纪和 12 世纪的宋代，中国无疑是世界上经济最先进的地区。自 11 世纪和 12 世纪的宋代以来，中国的经济在工业化、商业化、货币化等方面远远超过世界其他地方。”

以今天的观点来看，经济是硬实力，而文化是软实力。在中国文学史上

[1] 四十二年是按年头计算的，宋仁宗实际在位四十一年零一个月。

[2] 北宋的疆域不足三百万平方公里，唐朝开元时期的疆域约一千万平方公里。

如雷贯耳、傲视群雄的“唐宋八大家”，北宋就占据了六席——欧阳修、苏轼、苏辙、苏洵、王安石、曾巩；还有开辟儒学新天地的“北宋五子”——周敦颐、邵雍、张载、程颢、程颐。十一位黄金大咖都活跃于宋仁宗主政时期，其中有四人（苏轼、苏辙、曾巩、程颢）更是同列嘉祐二年（1057 年）进士及第的“千古第一榜”。

经济、文化之外，北宋在科技方面的成就也不可小觑。作为中华文明的标志性产物，四大发明中的三个——活字印刷术、火药和指南针，均出现在宋仁宗主政时期。火药的配方，首见于史上第一部官修兵书——《武经总要》，由曾公亮、丁度奉宋仁宗之旨编纂。活字印刷术和指南针，则首见于一部名气更大的著作——《梦溪笔谈》。虽说《梦溪笔谈》的成书，一般认为是在哲宗朝的元祐年间，但其中所囊括的各种“黑科技”，大多是宋仁宗时期的成果，涵盖天文、数学、物理、地理、生物、医药、工程等诸多领域，被后世誉为“中国科学史上的里程碑”。

恰如国学大师陈寅恪所言：“华夏民族之文化，历数千载之演进，造极于赵宋之世。”蔚然大观的仁宗盛治，正是赵宋之世极具代表性的时代，它既没有“犯强汉者，虽远必诛”的慷慨激昂，也没有扩土开疆的雄浑气魄，更没有“万国来朝”的非凡气象，它恰似温存婉转的宋词，字字珠玑、悦耳怡情，又好比端庄高雅的君子兰，秀丽清香、沁人心脾。可以说，正是和风细雨般的温柔与宽容，烘托出了承平之世的安荣与繁华。

道明因由，闲言少叙，就让我们正式开启这场“四十二年如梦觉”之旅吧！

第一篇

宫闱

蜀女传奇：从醮夫再嫁到母仪天下

（一）

宋太宗端拱、淳化年间（988—994年），具体是哪一年已经难以考证，距离宋仁宗出世还有20年左右，就连他的父亲——宋真宗赵恒，此时的头衔和名号也只是襄王赵元侃，尚未被册立为大宋王朝的储君[1]。以此作为讲述宋仁宗时代的起点，是因为京师——确切地说是皇家——发生了一件对未来的仁宗朝影响深远的事情。

或许能归因于“蝴蝶效应”，这件事情本身丝毫不起眼，而且显得有些狗血和俗套：襄王赵元侃想女人了。说它不起眼，是因为上至天子亲王，下至山野民夫，都得食人间烟火，靠五谷杂粮生养，谁还没有一些个七情六欲呢？《诗经》开篇即云“关关雎鸠，在河之洲，窈窕淑女，君子好逑”，襄王有此念头，也算是人之常情。说它狗血和俗套，是因为襄王赵元侃这个小心思，无意中竟然促成了一个灰姑娘的华丽变身。在不久的将来，这个普通而平凡的灰姑娘，将会历练成为一位吕雉、武则天式的铁腕人物，为仁宗朝

---

[1] 宋真宗赵恒初名赵德昌，太平兴国八年（983年）封韩王，改名赵元休，雍熙三年（986年）改名赵元侃，端拱元年（988年）封襄王，淳化五年（994年）封寿王，至道元年（995年）被册立为太子，改名赵恒。

身一变成了外戚，显赫一时。

回头来说醮夫再嫁的刘娥，她初入襄王府，虽说颇受赵元侃的宠幸，但这段华丽变身的狗血传奇，也不是那么一帆风顺。尽管赵元侃贵为皇子，但毕竟是在父亲的眼皮子底下生活，这些时日纵欲过度，以至于神色萎靡，难保不会被宋太宗赵光义瞅出一些端倪。要说赵元侃的父亲赵光义，他在这方面可以说是经验老到，就连南唐后主李煜的国后都没放过，遂有著名的《熙陵幸小周后图》，如今见儿子这番模样，心中早已猜了个八九不离十。赵光义命人将赵元侃的乳母召来，开门见山责问道：朕看这小子神情憔悴，到底“左右有何人”？[1]这位乳母“性严整”，说是宋太宗安插在儿子身边的“眼线”，一点都不为过，向来看不惯年轻人这般胡作非为，早就颇有微词了。如今见圣上起了疑心，便将刘娥这个来历不明的灰姑娘和盘托出。赵光义听到这等糗事，不禁大为光火：堂堂皇子亲王，竟与一名出身寒微的民女爱意缠绵，皇家的脸面何存？！

盛怒之下，宋太宗严令赵元侃将刘娥撵出襄王府。赵元侃难违父命，又实在舍不得这个娇嫩欲滴的尤物，于是壮着胆子瞒天过海，将刘娥安置在当初引荐她入府的张旻家中，玩了一出金屋藏娇的把戏。张旻深知刘娥深得主子的欢心，为了方便主子不时造访幽会，更为了避开嫌疑，谨防引火烧身，索性连家都不敢回，每天都在襄王府里过夜。赵元侃作为主子，倒也懂得体恤下情，特意拿出五百两银子，让张旻另外找一处安身之所。

转眼好些年过去了，襄王赵元侃精心安排的这桩秘事，一直瞒得滴水不漏。说来也是时运眷顾，因为赵光义的长子赵元佐精神失常、次子赵元僖暴亡，并非嫡出的赵元侃竟然凭借年龄优势（排行第三）脱颖而出，加封寿王，立为太子，改名赵恒，一路平步青云。至道三年（997年），赵光义撒手人寰，太子赵恒即位，是为宋真宗。

即位伊始，宋真宗便迫不及待地将刘娥召入宫中，两人终于可以放任自

[1] 按司马光《涑水记闻》的记述，赵元侃此时已被立为太子，但李焘在《续资治通鉴长编》中记载此事发生在“上初为襄王”时。

如地延续浓情蜜意了。说是放任自如，其实也未必尽然，尽管宋真宗对刘娥的恩情爱意不减，也不再有人会严令他撵走这个轰出那个，但出身寒微的刘娥,只能做一个没有名分的御侍宫女。一直到景德元年（1004 年）,低调内敛、尽心服侍的刘娥才得以跻身妃嫔之列，得到一个“美人”的头衔，在众多妃嫔中处于第四等（前面还有妃、嫔、婕妤）。几年下来，刘娥又先后晋封为修仪（第二等，嫔的一类）、德妃（第一等，妃的一类），行情一路看涨。

（二）

转眼到了大中祥符五年（1012 年），刘娥于是年五月从修仪晋封为德妃。大约半年之后，刘娥的麻烦就来了：宋真宗想立她为皇后。此议一出，朝堂顿时就炸开了锅！

宋真宗原本是有皇后的，此人姓郭，是宣徽南院使郭守文的次女。淳化四年（993 年），由宋太宗赵光义亲自赐婚，十八岁的郭氏嫁入襄王府，并在宋真宗即位时被立为皇后。郭皇后“谦约惠下，性恶奢靡”，是一个厚道明理的后宫之主，当初刘娥得以复召入宫，便是得到了她的首肯。咸平六年（1003 年），因为皇子赵佑不幸夭折，正值芳龄的郭皇后深受打击，身体每况愈下，在短短四年之后便郁郁而终了，年仅三十二岁。

尽管后宫妃嫔众多，但皇后的位置一空就是五年，很难说不是宋真宗刻意而为，等着刘娥经美人、修仪、德妃的历练，攒足母仪天下的资历。数年光阴倏忽而过，修仪、德妃都升得挺顺利，宋真宗觉得立刘娥为皇后，应该也是水到渠成的事情。按理说，皇帝想给身边的女人什么样的名分和品级，毕竟是宫闱之事，外臣一般不会多嘴嚼舌，但皇后毕竟是后宫之主，需要母仪天下，岂能视同儿戏、任性妄为？！

对于宋真宗的动议，朝臣的反对之声竟然异常激烈，“多以为不可”。大臣们不同意，原因并不复杂，一言以蔽之：门不当，户不对！用李迪（时任太子宾客）的话说，刘德妃“起于寒微，不可母天下”。言外之意，朝廷丢不起这个人啊！时任参知政事的赵安仁也认为，刘德妃“家世寒微”，与其立她为后，不如考虑一下沈才人。“才人”在妃嫔中只是第五等，连“美人”都不及，但赵安仁的理由是这位沈才人“出于相门”。沈才人的祖父沈义伦（后避赵光义的名讳，改名为沈伦），是太祖幕下的开国勋旧，在太宗朝做过宰相。如此显赫的出身，将沈才人越级提拔成为皇后，又有何不可？！

赵安仁的提议不无道理，却被另一位参知政事王钦若点了水。王钦若似褒实贬地跟宋真宗讲：赵安仁这个人真是品德高尚啊，昔年沈义伦对他有知遇之恩，而他“至今不忘旧德，常欲报之”。宋真宗听出了王钦若的弦外之音，认定赵安仁看似正派公道，实则假公济私。于是乎，赵安仁的反对非但没能奏效，自己也被宋真宗从参知政事的位置上撸了下去。

说到这里，我觉得有必要提醒大家注意一下，诸位大臣反对立刘娥为皇后，说来说去都是因为她出身寒微，并没有人提及刘娥醮夫再嫁的身份，这一点完全超乎我们对封建伦理的固有认知。事实上，将“一女不更二夫”与封建时代画上等号，明、清两朝的人当然无法反驳，唐朝人也许颇有微词，而宋朝人肯定是不服气的。对于所谓“贞节”的女性婚姻抉择问题，宋朝向来是相当开放而包容的，醮夫再嫁，稀松平常，即便是嫁入王府皇宫，也算不上什么离奇的事情。

话说回来，尽管反对的浪潮很高，但立后这种宫闱之事，如果宋真宗坚持己见的话，外边的大臣不大可能始终是铁板一块。就拿当年的唐高宗李治来说吧，他想立武昭仪为皇后，长孙无忌、褚遂良这些老臣跳得再高，最终还是被英国公李绩（原名徐世绩）一句举重若轻的“此陛下家事，何必更问外人”强摁了下去。

唐鉴不远，事情果然有了转机。宋真宗秉持一副不达目的誓不罢休的态度，大臣的阻力便逐渐衰减下去，尤其是时任宰相的王旦主动上疏，恳请“早正母仪”，这事儿便不再有可以自由讨论的余地了。

刘娥从德妃晋升为皇后，虽然已经是板上钉钉，但在程序上走得并不那么顺畅。当时的大宋王朝尚处在草创时期，一切务求节俭简约，立皇后不行册礼，但必要的仪式还是不能缺少的。按照既往的流程，先要交由翰林院起

〔宋〕苏汉臣《妆靓仕女图》，图中一名仕女正在梳妆打扮，面部形象通过镜面表现，神情娴静而略带忧伤。（现藏于美国波士顿艺术博物馆）

草制书，宣于正殿之上，随后近臣、牧守、宗室修贡礼，群臣拜表称贺，并前往内东门奉笺再贺皇后，这道庄重的过场才算是全部走完。或许是担心那些心怀不满的大臣横生枝节，闹出群体性事件令官家和履新的皇后难堪，宋真宗决定再优化精简一下烦冗的流程，将藩臣贡贺、降制外廷之类的过场全部省掉，只令翰林院起草一封制书，交付中书宣制就行了，做人低调一点，小心驶得万年船嘛。

即便已经如此“将就”，还是有大臣因为一道官样文章的制书，让宋真宗吃了一回瘪。如果追根究底的话，这事儿其实也是宋真宗自找的。当时，或许是流程上太过“将就”，对刘娥多少有些愧疚之情，宋真宗便想把这道制书搞得光鲜一些，于是安排丁谓（时任参知政事）去找久负盛名的翰林学士杨亿说一说，劳烦这位大神亲自起草。

杨亿（974—1020年），字大年，建州浦城（今福建浦城）人，别看他当时的官职不高，区区户部郎中而已，但在宋朝初期的文坛，绝对是一位领袖级的人物，用后来欧阳修的话说，可谓“以文章擅天下”。根据《宋史》的记载，杨亿七岁能成文，年仅十一岁，声名就已经直达天听了。宋太宗赵光义试其词艺诗赋之后，“深加赏异”，不仅下制书盛赞“越景绝尘，一日千里”，还授他秘书省正字之衔，“特赐袍笏”。后来，杨亿入值集贤院，与王钦若等人一道编修著名的《册府元龟》，并在闲暇之余赋诗唱和，开创了“西昆体”的新诗风，一时风靡天下。

以杨亿的才学和名声，起草一篇流光溢彩的制书，可谓信手拈来，但杨亿从少年时期就有“愿秉清忠节，终身立圣朝”的抱负，史载其“性耿介，尚名节”。对于立刘娥为后这件事，他从一开始就不赞成，所以根本不打算卖给宋真宗这个面子。

丁谓显得十分无奈，半是劝慰、半是哀求地跟杨亿讲：勉为其难做这么一回，“不忧不富贵”。可杨亿视自己的名节如性命，压根不吃荣华富贵这一套，一句话就把丁谓怼得哑口无言：“如此富贵，亦非所愿。”宋真宗深知不可强求，只好退而求其次，安排其他的翰林学士起草这份册立皇后的制书。[1]

尽管经历了诸多坎坷与曲折，但已经没有人能够阻止刘娥迎来她的人生巅峰。从一贫如洗、醮夫再嫁，到安享荣华、母仪天下，如果说这位传奇女子的华丽变身，完全是凭借姿色与媚术，那么从色衰则爱弛的普遍规律来看，似乎并不科学。事实上，把这位刘皇后看作是武则天式的人物，一点也不夸张。

先看武则天，她最初“屈身忍辱，奉顺上意”，深得唐高宗李治的欢心。后来协助李治处理繁杂的政务，“明察善断”，“英贤亦竞为之用”，表现出了极其卓越的治国才能。

相比之下，刘娥的能力其实也不弱。入宫之初，她为人低调而节俭，既

[1] 一说改命陈从易起草，一说改命陈彭年起草。

不争宠，也不去攀比，史载“衣不纤靡，与诸宫人无少异”，所以在后宫的人缘还挺不错。尤其难能可贵的是，刘娥虽说出身寒微，靠卖唱为生，但经过这些年的历练，昔日的灰姑娘早已脱胎换骨，不可同日而语了。根据《宋史》的记载，刘娥通晓书史、博闻强识，“闻朝廷事，能记本末”，处置宫闱之事，往往遵循旧例，打理得有板有眼。她还从旁协助宋真宗处理政务，“周谨恭密”，深得宋真宗的信赖。

从母仪天下到深爱着她的夫君龙驭归天，刘皇后陪伴宋真宗度过了近十年的光景，史载宋真宗“久疾居宫中，事多决于后”。伴随着宋真宗的龙体渐显日薄西山之态，没有人会怀疑，这位才能出众的刘皇后，必将效仿当年的武则天，深刻地影响大宋王朝的政局。不得不承认，后来仁宗朝开创盛世之治，身为皇太后的刘娥确实发挥了定海神针、继往开来的关键作用。用近代文人蔡东藩的话来说，刘皇后“有吕武之才，无吕武之恶”[1]，堪称至评。

然而，在历代民间文人的编排、演绎之下，这位“恩威加天下”的传奇女子，却成了蛇蝎心肠的恶主魔头。到底是有什么仇、什么怨，要如此“黑化”这位华丽变身的灰姑娘呢？这就牵扯到关乎宋仁宗身世的著名公案——“狸猫换太子”了。

狸猫换太子：宋仁宗的身世之“谜”

（一）

与《水浒传》、《三国演义》之类的长篇小说类似，“狸猫换太子”的传奇故事，也是历代民间文人不断杜撰编修的产物。有据可查的最初源头，后世普遍认为出自元朝一位没有留下名姓的文人之手。他仿照《赵氏孤儿》（〔元〕纪君祥编）创作了一部杂剧，题为《金水桥陈琳抱妆盒》（简称《抱

[1] “吕”指刘邦的皇后吕雉，“武”指武则天。

妆盒》)，这部杂剧演绎的故事梗概是这样的：

宋真宗时期，后宫的李美人因为捡拾到一粒金丸，机缘巧合得到圣上的宠幸，并诞下一子，也就是后来的宋仁宗赵祯。刘皇后因为一直未能生育子嗣，便心生嫉妒，密令身边的心腹宫女寇承御设法将这名婴儿弄死，扔到金水桥下面去。就在这个无辜的婴儿命悬一线之际，寇承御看到嗷嗷待哺的小生命竟被一层红光紫雾笼罩，惊骇之余更是于心不忍，便与一位名叫陈琳的太监商议，将婴儿藏到妆盒之中，交由陈琳带走，交给"南清宫八大王"赵德芳收养。十年之后，"八大王"带着这个孩子入宫面圣，刚说出"李美"两个字，便被做贼心虚的刘皇后搅了局。刘皇后心存疑虑，严刑逼问寇承御，寇承御不肯出卖自己的良心，索性触阶而亡。又过了十年，始终没有子嗣的宋真宗龙驭归天，当年侥幸得活的孩子便以"八大王"十二子的身份继承了皇位，是为宋仁宗。直到此时，太监陈琳才将这桩陈年秘闻的真相和盘托出。宋仁宗查明实情，遂与生母相认，奉她为纯圣皇太后。不过，顾忌到先帝的颜面，宋仁宗并没有追究刘皇后暗杀皇子未遂的责任。

从基本情节来看，这部杂剧确实与纪君祥的《赵氏孤儿》高度相似，就连将婴儿藏入箱盒的办法都是如出一辙。说来也巧，《赵氏孤儿》里携药箱逃亡的程婴是为了"存赵"，《抱妆盒》里的陈琳藏匿婴儿则是为了"救宋"。两者合二为一，或许正是维系着宋朝遗民"存赵救宋"的故国情怀吧。

更为巧合的是，这个通篇全凭杜撰妄拟的桥段，在明宪宗成化年间，竟然真实地发生在深宫大内之中。当时，万贵妃与明宪宗朱见深的"姐弟恋"尽管爱得轰轰烈烈，却没能换来皆大欢喜的爱情结晶。眼瞅着自己年老珠黄，万贵妃愈加妒忌成性、心狠手辣，凡是怀孕的妃嫔、宫女，都被她暗中下了毒手，不是被逼堕胎，便是诞下的婴儿暴病早夭。后来，一名姓纪的女史偶然得到明宪宗的临幸而有了身孕，并在一名太监和一名婢女的暗中庇护之下，终于产得一名男婴，也就是后来的明孝宗朱祐樘。

剧本里的情节竟然变成了活生生的现实，用今天的话来说，元代那位不知名姓的文人堪称"预言帝"！当然，在创作出"四大奇书"的明朝，民间文人也绝非浪得虚名，他们在内心钦佩前人之余，更是掀起了改编再创作的热潮，"借宋事以寓意"，暗讽现实中的宫闱秘闻。也正是在这个时期，元代杂剧中出镜率颇高的包拯包青天，被这些民间文人生拉硬拽，搅进了这摊浑水。在当时众多的改编作品中，对这个传奇故事的演变具有转折性意义的，是一部题为《新刊全相说唱足本仁宗认母传》(简称《仁宗认母传》)的弹词。

从题目可以看出，这是一部供民间艺人说唱的剧本。与过往的演绎不同，包拯在这部剧目中成了核心人物，而《抱妆盒》里的"八大王"、太监陈琳、宫女寇承御都被删掉了，故事的基本情节也与《抱妆盒》截然不同。

在《仁宗认母传》中，李妃产下皇子的同时，刘皇后也产下一个公主，名叫郭槐的太监暗中将两个婴儿调了包。李妃遭到刘皇后的陷害，幽居于冷宫，后来流落到桑林镇，不幸双目失明。正是在这个桑林镇，李妃偶遇铁面无私的包拯，痛诉自己的冤情。包拯善察明断，经过三审郭槐，终于揭开了这桩陈年旧案的真相，并促成李妃、宋仁宗母子相认。刘皇后原本要被处死，但李妃于心不忍，出面为这个昔年的夙敌求情，与她一笑泯恩仇。

稍晚一些时候，这个故事又被收录到《龙图公案》、《百家公案》等公案小说中，情节上的变化并不算大，只是刘皇后的结局略有不同，她最终还是被丈二白丝帕绞死了。

看到这里，您或许会问：故事里险遭不测的太子一直都在，明察善断的包拯也半道被添加进来，最令人感到惊悚的狸猫又在哪里呢？事实上，一直到清兵入关、崇祯自缢，这只血淋淋的狸猫依然没有在故事中出现。大约道光年间，在民间文人李雨堂创作的《万花楼演义》中，才首次出现了"狸猫换太子"的情节设定。

在《万花楼演义》中，陈琳、寇承御、"八大王"这几个一度消失的人物得以回归，故事的基本脉络是这样的：在宋真宗亲征契丹期间，李妃产下皇子，刘皇后在同一天生下公主，却对外谎称生的是皇子。几个月之后，刘皇后盛情邀请李妃前往昭阳宫游玩，趁着这个空当，太监郭槐受刘皇后的暗

大中祥符三年（1010年）四月，洪亮的啼哭声响彻深宫大内，李氏不负宋真宗所望，顺利诞下一名皇子，初名赵受益，也就是后来的宋仁宗赵祯。得知自己终于有了新的子嗣，宋真宗的欣喜可想而知，即便是与大臣议事，他也难以掩饰内心的雀跃之情。当时,时任权知开封府的周起正在后殿奏事，看似正襟危坐的宋真宗估计一个字也没能听进去,突然不由自主地问周起道："知朕有喜乎？"一头雾水的周起登时愣住，满腹狐疑地如实回答说不知道。宋真宗迫不及待地告诉他:"朕始生子。"话音未落，宋真宗便起身回到禁中，捧出一堆金钱，兴高采烈地赏赐给了周起。

皇子降生，禁宫内外无不洋溢在欢快喜庆的气氛中，唯独如愿以偿的李氏实在笑不出来，因为在她心中那份"母以子贵"的殷殷期盼，很快就被无情的现实击得粉碎：皇子刚刚出世，便被她的主子刘娥（当时还是修仪）抱走收养（"以为己子"），与另一位妃嫔杨婉仪共同照料。从此，李氏与自己的亲生儿子骨肉分离，形同陌路。

以今天的视角来看，刘娥夺人之子，显然很不地道，甚至可以说是恶毒，但别忘了，这事儿毕竟发生在古代，就当时的伦理制度而言，或许不那么合情，却不能说完全没有道理。关于这个问题，咱们分成几点来说明：

第一，李氏的身份卑微，仅仅是刘娥身边的一名御侍宫女，没有名分，更没什么地位，别说儿子了，就连她自己这个人，作为主子的刘娥都是有权力处置的。因此，当刘娥决定抱养这个小生命的时候，作为其生母的李氏压根不敢有半句怨言（"李不敢言，中外亦不知"）。

第二，宫中的众多妃嫔，尤其是颇受宠幸的刘娥，都没能破解宋真宗膝下无嗣的心病，现如今托上天的洪福，终于有了新的希望。于公，这根初生的独苗极有可能在将来成为一国之君；于私，宋真宗对刘娥可谓情深意切，无论从哪个方面来分析，都应该着眼长远、顾全大局。因此，由刘修仪收养为己子，无疑是当时最为稳妥的安排。

第三，李氏姿色平平，当初能引起宋真宗的注意，不过是"肤色玉耀"而已。宋真宗一时无心插柳，虽然结下期盼已久的硕果，但李氏也只得到个“崇阳县君”的封号而已，并没有借此跻身妃嫔之列。从李氏的名下夺走皇子，宋真宗当然是知情的，而且非常赞成。对此，李氏的内心虽然不太情愿，但也无可奈何，一直保持沉默，并没有半句怨言和异样之举（“默处先朝嫔御中，未尝自异”）。

第四，刘娥对待李氏，并不像民间文人杜撰的传奇故事那么恶毒，既没有刻意压制，更没有伺机陷害，一切都显得风平浪静。宋真宗依然宠幸刘娥，但并没有就此将李氏淡忘。后来，李氏为宋真宗产下一女，并加封为才人，跻身第五等妃嫔，此后又晋升为第二等的婉仪。宋仁宗即位之后，已经是皇太后的刘娥封李氏为顺容（与婉仪同级），后又加封宸妃（第一等），并派刘美（也就是刘娥的前夫龚美）寻访到李氏的弟弟李用和，“奏为三班奉职”，一个在社会底层靠凿纸钱为生的草民就此飞黄腾达，步入仕途，这或许也算是对李氏的些许补偿吧。

第五，如果当初呱呱坠地的皇子没有被刘娥抱走，而是由他的生母李氏抚养，很难说是否还会有后来的宋仁宗赵祯。毕竟宋真宗先前的五位皇子，没有一人能够存活，李氏后来产下的女儿也不幸夭亡。刘娥将他收养为己子，虽说是出于政治上的考量，但日常照料得不可谓不细致，史载“抚礼甚至”，包括在身边服侍的仆从，也都是尽心尽责，“皆择谨愿岁久者，旦夕教其恭恪”。对此，宋真宗颇感欣慰，时常念叨说：“皇后所行，造次不违规矩，朕无忧也。”还有贴身看护皇子的杨婉仪（后来加封淑妃），对这个寄托着王朝未来的小生命也是关怀备至。她与刘娥私交甚笃、情同姐妹，照顾小皇子更为用心，史载“凡起居饮食必与之俱”，“恩意勤备”。在年幼的小皇子眼里，动辄用礼法约束他的“大娘娘”刘娥如同严父，“通敏有智思”的“小娘娘”杨婉仪则如慈母，虽然一直不知道自己的真实身世，但他确实得到了双倍的关爱与呵护。

（三）

小皇子没有重演五位兄长早夭的悲剧，得以健康成长，并在将来继承了大统。皆大欢喜的场面，既得益于刘娥、杨婉仪两位“母亲”的悉心照料，也是他自身强大的免疫功能使然，这又牵扯出一个流传甚广的传闻：宋仁宗赵祯是四处云游的赤脚大仙转世。

还记得吗，李氏跟宋真宗闲扯胡诌的时候，曾经说自己梦见一位身披羽衣的仙人从空中落下，声称是下凡来给李氏做儿子的。尽管没有明言下凡的仙人是何方神圣，但《挥麈后录》紧接着又说，这位小皇子在幼年时最讨厌穿鞋袜，经常光着脚四处晃荡，“宫中皆呼为赤脚仙人”。另据《贵耳集》记载，宋真宗因为久无皇嗣，怀着无比赤诚的渴望延请方士作法，祷告于上苍。玉帝获悉之后，特命赤脚大仙下凡。赤脚大仙面露难色，不肯领命，玉帝又允诺“遣几个好人去相辅赞”。此后不久，李氏果真产下了皇子。

尽管此等离奇的传闻不足为信，但宋仁宗赵祯向来内火旺盛，当是不争的事实。据说，他只有在升殿的时候才会穿上鞋袜，“下殿即去之”，长年累月打着赤脚过活，而且“四时衣夹，冬不御炉，夏不御扇”，更加印证了坊间的猜测与幻想。后来，民间文人更是将这个传闻写进了一代奇书《水浒传》，从而更加广泛地流传开来。

按照《水浒传》的讲述（通行本没有这一段，仅见于金圣叹批评本），宋仁宗赵祯正是上界的赤脚大仙转世，他刚刚出世的时候，昼夜啼哭不止。宋真宗无计可施，只好四处张贴黄榜，悬赏医士来想想办法。这事儿被天庭得知，遂差遣太白金星下界，化作一名老叟揭了榜。入得宫中，老叟抱起小皇子，附其耳低声说了八个字：“文有文曲，武有武曲。”小皇子听得此言，果然不再哭闹，老叟登时化作一阵清风而去。

传说终归是传说，身为宋真宗膝下的独苗，小皇子的成长之路并没有多大的悬念。大中祥符七年（1014年），五岁的赵受益被封为庆国公，次年晋封寿春郡王（六岁），此后又兼中书令（八岁），领建康节度使、加太保、封升王（九岁），群臣盛赞他“性聪悟，好学乐善，孝谨弥笃，迥然老成”。

经过这一系列的铺垫，在赵受益晋封升王之后大约半年，群臣三次上表，恳请立皇太子。天禧二年（1018年）八月，几经谦让的宋真宗正式下诏，册立赵受益为皇太子，按照太宗朝传下来的惯例，改其名为赵祯，并大赦天下。有意思的是，为册立太子撰写册文的，正是当初驳了宋真宗的面子，拒绝为册立皇后起草制书的文坛大佬——杨亿（时任秘书监）。

刘娥收养李氏所出为己子，小皇子这一路也算是顺风顺水，看似圆满的结果，其实也有做得不厚道的地方。原来，自从收养了呱呱坠地的皇子之后，刘娥一直刻意地隐瞒着他的身世，宫里的那些知情人因为畏惧刘娥的威势，更不敢多嘴嚼舌惹来祸事。因此，直到李氏、刘娥相继离世，宋仁宗赵祯也丝毫没有察觉到这段隐情。

必须承认，刘娥的这份私心确实不应该，还险些酿成一场大祸。天圣十年（1032年）二月[1]，李氏晋封为宸妃的当日，不幸染病身亡，时年四十六岁。心存顾虑的刘娥（此时已经是皇太后）打算低调处理，并未公开治丧，时任宰相的吕夷简趁着入朝奏事的机会，当着刘娥、宋仁宗的面问及此事，却遭到刘娥的一通抢白："宰相亦预宫中事邪？"内心深处最敏感的神经被刺痛，刘娥不仅嘴上咄咄逼人，还在返回禁中安顿好年幼的宋仁宗之后，独自出来质询吕夷简，问他到底几个意思，是不是在刻意离间他们母子。吕夷简见问，富含深意地反问了一句："太后他日不欲全刘氏乎？"

仔细想来，吕夷简的担忧不是没有道理。当今圣上的真实身世，瞒得了一时，还能瞒得住一世吗？刘娥可以不忧己身，但有朝一日真相大白，刘氏一族会遭到怎样的反攻倒算？搞得不好，这将是一场灭顶之灾啊！

刘娥是聪明人，听吕夷简这么一点拨，也明白了个中的利害关系。等刘娥点了头，宫中才开始布置李宸妃的丧礼，但刘娥心里依然不太爽快，不希望李宸妃风风光光地出殡，便下达一道诏令，要求凿开皇宫的城墙出丧。吕夷简不依不饶，要求面见刘娥陈情。刘娥明白他想说什么，故意躲着不见，只让一个名叫罗崇勋的内侍来回传话。

---

[1] 是年十一月改元"明道"。

引发一场剧烈的政局动荡。

事实上，就在有关宋仁宗身世的秘闻公开之后不久，便有人处心积虑地翻出刘娥临朝主政时的一些陈年旧事，打算搞一点政治投机的把戏（“言者多追斥垂帘时事”）。后来的一代名臣范仲淹当时还只是一名言官（时任右司谏），敏锐地觉察到这阵邪风暗藏着难以预料的凶险，于是赶紧向宋仁宗进言，认为皇太后受先帝遗命，护佑圣躬十余载，理应“掩其小故以全大德”。听范仲淹这么一说，原本还有些摇摆不定的宋仁宗顿时恍然大悟，特意下达一道诏令,高度肯定皇太后刘娥这些年的功勋,并严令众臣不准再翻旧账(“其垂帘日诏命，中外毋辄以言”)。

为了进一步稳定人心，在皇太后刘娥的灵驾发引之时，宋仁宗又当着大臣的面表态说,自己要亲自“行执绋之礼,以申孝心”。奉梓宫到洪福寺之后，宋仁宗念及刘娥的“劬劳之恩”，不禁“攀号不已”。

另外，对于在生前始终未能与他相认的生母李宸妃，宋仁宗一想到她抱憾而逝的凄苦，内心深处总是会生出无尽的愧疚之情。为了聊补于万一，宋仁宗不仅追封李宸妃为皇太后，还特意请一位名叫孙抃的翰林学士，写了一篇《升祔李太后赦文》。

孙抃可是甲科进士出身，绝非浪得虚名，真就把这篇场面文章写到了宋仁宗的心坎里。尤其是读到“顾复之恩深，保绥之念重”、“为天下之母，育天下之君”的时候，宋仁宗竟然“感泣弥月”，悲伤之甚，难以自拔。

除了在心里感念生母的恩德，宋仁宗还想着眷顾一下她的娘家人。说到李氏的娘家人，如今只有先前提过的弟弟李用和。据《东轩笔录》记载，李氏在十余岁的时候入宫，家中只剩下这个时年七岁的弟弟。临别之际，李氏亲手制作了一个刻丝鞶囊送给他，叮嘱他千万要保存好，有朝一日还能凭此物相认。后来，业已成为皇后的刘娥为李氏寻访亲眷，正是凭借着这个鞶囊，一名差役在无意中发现了重病在身、被雇主遗弃街头的李用和。宋仁宗的身世之“谜”解开之后，原本是“三班奉职”（低级别武官）的李用和一夜之间成了国舅爷，得以擢升显官，人称“李国舅”。后来，李用和历任殿前都指挥使、彰信军节度使等职（实权不大，但荣宠不小），在皇祐二年（1050年）去世之后，又追赠太师、中书令、陇西郡王。虽说是一步登天、炙手可热，但身为国舅爷的李用和向来“小心静默，推远权势，阖门谢客”，完全是一副与世无争的低调处事风格，与他那位“默处先朝嫔御中，未尝自异”的姐姐如出一辙。

貌似有点莫名其妙的是，宋仁宗对于生母的这份愧疚，还让大名鼎鼎的文坛巨匠晏殊（时任参知政事）吃了不小的亏。

晏殊（991—1055年），字同叔，抚州临川（今江西抚州）人。他跟那位视名节如生命的杨亿一样，在宋朝初期的政坛、文坛都是响当当的人物。根据《宋史》记载，晏殊七岁便能成文，在宋真宗景德初年，更是以“神童”的名义入试，“神气不慑，援笔立成”。宋真宗对他赞赏有加，特赐同进士出身，授秘书省正字。经真宗、仁宗两朝，晏殊先后在太常寺、光禄寺、集贤院等处任职，可以说是深受两代君主信赖的“笔杆子”。

这支久负盛名的“笔杆子”，到底惹了什么麻烦呢？原来，李宸妃去世的时候，时为翰林学士的晏殊撰写了一篇碑文，其中提到李氏“生女一人，早卒无子”。当身世之“谜”大白于天下之后，宋仁宗追念生母，翻出这篇碑文，登时就气炸了肺：好你个晏殊！在先帝跟前晃悠这么多年，明知“诞育朕躬”的内情，却昧着自己的良心，说出这样的瞎话！“早卒无子”，莫非朕是从石头缝里蹦出来的不成？！

面对愤懑难平的宋仁宗，宰相吕夷简显得颇为无奈，一面承认晏殊写的这篇文章确实有瑕疵，一面又替晏殊辩解。按吕夷简所说的意思，那毕竟是一桩宫闱秘闻，当时连他这个宰相都只能略听风传、不闻其详，位在其下的晏殊又怎么可能搞得清楚？再者说，李宸妃去世的时候，皇太后刘娥可还在临朝主政呢，如果贸然把这桩秘闻捅出去，又该如何收场？！

听了吕夷简的话，宋仁宗沉默良久。他心里很明白，确实是这个道理，在当时的状况之下，就算晏殊知晓内情，可他的胆子再大，也不敢去捅这个马蜂窝啊！情有可原归情有可原，宋仁宗终究咽不下这口气，决定将晏殊这个参知政事撸掉，打发他到金陵（今江苏南京）去。到了第二天，宋仁宗转念一想，这事儿做得貌似有点过分，便将贬谪之地改成了稍近一些的亳州（今安徽亳州）。

以上情节出自苏辙的《龙川别志》，貌似宋仁宗只是在宰相吕夷简的面前大发雷霆。另据《湘山野录》的记载，宋仁宗直接质问的其实是晏殊，埋怨他为什么睁着眼睛编这些瞎话。晏殊自辩说，碑文开篇破题即云“五岳峥嵘，昆山出玉；四溟浩渺，丽水生金”，事实上已经给出暗示了。宋仁宗不依不饶，追问他为什么不明说，“使天下知之”。晏殊表示，当时确实比较为难，恰如前文吕夷简所说，这个马蜂窝谁敢捅？！尽管晏殊的态度还算诚恳，先前也重新修正了碑文，焚于李宸妃的神寝之前，但宋仁宗的心里依然不爽快（“上终不悦”）。

甭管过程如何，晏殊确实为那篇碑文付出了代价。虽说这位久负盛名的翰林学士已经被贬了官，但这笔让宋仁宗衔恨在心的旧账，并没有就此了结。转眼到了十二年之后的庆历四年（1044 年），宋仁宗仿佛早已释然，在官场历练多年的晏殊，也凭借卓越的理政才能，官居宰相的高位，但两位言官重新翻起这笔账，还是让他再度遭到罢黜外放。

这两名言官，一个是孙甫，他在历史上的名气不大；另一个则是蔡襄。你没猜错，就是北宋书法四大家之一的那个蔡襄。两位言官职责所系，不断找朝堂上这些大佬的茬儿。他们上表弹劾晏殊，言及其中一项罪状就是撰拟李宸妃碑文的时候，晏殊对那桩关系重大的秘闻“没而不言”。另据《龙川别志》记载，命不久矣的“八大王”赵元俨也在这个时候出来凑热闹，煞有介事地跟前来探视的宋仁宗讲，晏殊这个宰相要不得，“名在图谶，胡为用之”？宋仁宗新账、旧账收拢在一起清算，准备狠狠地收拾一下晏殊（“欲重黜之”）。多亏为人正直的宋祁（时为龙图阁学士）出面说情，并据理力争，晏殊才得以从轻发落，出知颍州（今安徽阜阳）。

不得不承认，历经十二年都难以释怀，这心理阴影面积真是够大的，足见宋仁宗对刘娥的怨恨和对生母的愧疚有多深！

我的青春谁做主：宋仁宗的爱恋心结

（一）

要说宋仁宗赵祯这一生的心理阴影，除了真实的身世被蒙蔽了二十多年之外，应该还有他欲爱而不能的感情生活。

俗话说得好，男大当婚、女大当嫁，身为一朝天子的宋仁宗自然也不例外。天圣二年（1024 年），两年前继承大统的宋仁宗已经十五岁，在当时正是谈婚论嫁的大好年华。因此，无论是皇太后刘娥，还是宋仁宗赵祯本人，都一致认为皇帝“居处不离章献卧内”（“章献”是刘娥谥号的前两个字）的生活应该宣告终结了，后宫需要众多靓丽的色彩来充盈，彰显皇室祥和、国祚兴盛。

虽说方向上是一致的，但从古到今，“代沟”终究是难以破解的难题。在遴选群芳的过程当中，母子二人各有各的主意。宋仁宗最先看上眼的，是一位姓王的蜀中女子，跟皇太后算是老乡。王氏出身于嘉州（今四川乐山）的一个富商之家，据说“姿色冠世”，难怪初次谋面就把宋仁宗迷得神魂颠倒的。

选妻看颜值，倒也符合宋仁宗所处年龄段的简单认知，但刘娥毕竟是过来人，看待婚姻问题的角度和深度更为老道一些。在这位深谙宫闱生存环境的皇太后看来，姿色出众、妖娆妩媚，正是遴选儿媳妇的第一大否决项。如果放这样的女人进宫，成日里狐媚邀宠、争风吃醋，将来还有可能母仪天下，岂不是要将这深宫大内搞得鸡犬不宁（“妖艳太甚，恐不利于少主”）？

否决归否决，这位出自蜀中的王氏确实长得娇嫩欲滴。本着肥水不流外人田的考虑，刘娥并没有将她淘汰之后遣回原籍了事，而是许配给了自己的“侄子”——前夫刘美的儿子刘从德。刘从德抱得美人归，却没能尽享这段艳福，几年之后便染病身亡了，年仅二十四岁。

尽管母命难违，但宋仁宗的心中颇为不快。后来听说刘从德病死了，宋仁宗的小心思又重新活泛起来，不仅加封寡居的王氏为遂国夫人，而且“许入禁中”（这才是重点），重温当年一见钟情的朦胧旧梦。王氏不时出入内廷，是否与宋仁宗有过床笫之欢，史书没有明确的记载，但坊间一直传闻不断（“或云得幸于上”），甚至风传王氏先前所生的儿子刘永年是宋仁宗的私生子。根据《宋史》的记载，宋仁宗对这个刘永年确实是恩宠有加。在刘永年四岁的时候，便得到特别的恩准，“许出入两宫”、“常置内中”，跟在宋仁宗身边生活，直到十二岁才送出宫去。宋仁宗对刘永年如此怜惜，到底是爱屋及乌，还是另有隐情，确实令人产生无限的遐想。

转眼到了景祐四年（1037年），王氏的父亲王蒙正（时任洪州别驾）犯下一桩丑事，竟与家父的婢妾通奸，结果被官府除了名，发配广南，永不录用。王氏受到此案牵连，不仅被褫夺了封号，还失去了出入禁中的特权。

这事儿过去四年之后，宋仁宗打算恢复王氏“遂国夫人”的封号，以及获准出入禁中的特权，却遭到后来的一代名臣富弼（时任知制诰）的坚决反对。当时，宋朝沿袭唐朝的制度，但凡涉及人事任免的事项，皇帝的动议仅仅是第一步（称为“词头”），还需要知制诰、直舍人院（称为“外制官”）起草制书，才能正式生效。宋仁宗将任务下达给外制官的时候，恰好是富弼这个“愣头青”当值，他觉着这事儿未免也太离谱了，所以坚决不肯照办（“抗章甚力”），彻底断了宋仁宗重续前缘的念头，无意之中还首开“外制缴词头”的先河，“封还词头，后遂为例”，为宋朝“封驳”制度的完善，做出了不可磨灭的贡献。

说完宋仁宗与王氏的爱意绵绵，回头继续来看此次遴选群芳。除了让他垂涎欲滴的王氏之外，宋仁宗其实还中意一位姓张的女子。与“姿色冠世”的王氏相比，张氏略显逊色，但也少了一份令刘娥不快的妖艳狐媚，至于出身倒还是差强人意。

细论起来，张氏的出身其实很一般。她这一门最能拿得出手的“显赫”家族史，其实只有她的曾祖父张美，据说曾经在宋朝草创之初，做过骁骑卫上将军。自此以降，便乏“显”可陈，至于张氏的父亲张守瑛，不过是一位品级不高的普通官员而已。

〔宋〕佚名《宋仁宗坐像》，宋仁宗头戴幞头，黑鬓发，长须，目光炯炯有神，身着赭袍，腰间束朱带，双手于腹下平放，脚穿皂纹靴而正坐于龙椅之上。（现藏于台北故宫博物院）

对于宋仁宗的这个选择，皇太后刘娥只点了一半的头：张氏入宫可以，立为皇后不行！平心而论，倒不是对张氏这个人本身有多大的意见，而是刘娥充分借鉴历史上的经验教训，从概率学的角度总结出了一个道理："自古外戚之家，鲜能以富贵自保。"

这话说得再直白一点，就是但凡官宦门第出来的皇后，她的家眷难免会仗着外戚的权势骄纵妄为，进而扰乱朝纲。如果任由这样的隐患变成现实，既有损皇室的颜面，也容易给外戚招致祸端，显然是一个"双输"的局面。与其如此，倒不如"选于衰旧之门"，他们一无根基二无权势，干涉朝政的可能性不大，皇室的颜面也得以保全，岂不是“双赢”？！

皇太后一锤定音，特别设置了一道“天花板”，张氏的待遇显然好不到哪儿去，只能以才人（第五等妃嫔）的身份入宫。四年之后，也就是天圣六年（1028年），宋仁宗怜惜重病在身的张氏，在得到刘娥的首肯之后，勉强给她升了一级，加封为第四等的美人。但短短五日之后，新晋的张美人便撒手人寰了。

虽说对张氏心存愧疚，但毕竟要顾忌皇太后的强硬态度，宋仁宗只能选择隐忍不发。明道二年（1033年），皇太后刘娥寿终正寝，宋仁宗在厘清了身世之“谜”并操办完太后的丧礼之后，方才追册抱憾离世的张美人为皇后，并擢升时任供备库使的张守瑛为邓州观察使，算是对逝者的些许补偿吧（“雅意所属故也”）。

（二）

王氏另配他人，张氏以才人安置，经历人生的头一次选秀，原本满怀憧憬的宋仁宗，内心的失落可想而知。我们不禁要问：这场关乎天子幸福、皇室兴衰的大婚，到底还结不结呢？结当然是要结的，但是跟谁喜结连理、双宿双飞，宋仁宗自己说了不算。按照皇太后刘娥的意思呢，王氏是个妖艳的招祸之媒，张氏也有外戚坐大之忧，唯独一位姓郭的女子，各方面的条件都能让人满意。

刘娥中意的这位郭氏，其实大有来头。她出身于一个正经显赫的家族，祖上是世袭的代北酋长。郭氏的曾祖父[1]原名郭崇威，行伍出身，历后唐、后晋、后汉、后周四代乱世，为了避后周太祖郭威之讳，改名为郭崇，史载其“重厚寡言，有方略”，也算得上是战功赫赫了。宋朝草创之初，宋太祖赵匡胤对这位后周的宿将十分倚重，特赐其中书令之衔。当时，郭崇感念后周皇室的知遇重用之恩，不时伤心落泪，有人向赵匡胤打报告，说他心存异志，

[1] 此据《宋史·郭崇传》，另据《宋史·后妃传》、《续资治通鉴长编》、《东都事略》记载，郭氏是郭崇的孙女，但从辈分上判断，应以《宋史·郭崇传》的记载为确。

但用人不疑的赵匡胤反倒盛赞他“笃于恩义”。乾德三年（965 年），五十八岁的郭崇去世，赵匡胤“闻之震悼”，追赠他“太师”之衔。

话说到这里，问题就来了：若论出身之显赫，郭氏能把张氏甩出好几条街去。刘娥先前念叨着“自古外戚之家，鲜能以富贵自保”，对官宦门第出身的张氏心存忌惮，表示要“选于衰旧之门”，可如今为宋仁宗选后，怎么又选到家世更为显赫的郭氏头上去了呢？

对于皇太后这种自我“打脸”的“双标”做法，史书并没有给出合理的解释，但我觉得这事儿并不复杂，原因无外乎三点：

第一，郭氏一门与赵宋皇室沾亲带故，打了几代人的交道，彼此比较了解。根据《宋史》记载，郭氏的祖父名叫郭守璘，官至洛苑副使，他的正妻与宋太宗的第三任皇后是亲姐妹，同为宋朝开国元勋李处耘之女。

第二，郭氏一族业已家道中落，翻不起什么大浪。在郭崇之后，郭家的子嗣都没有担任过什么要职，尤其是郭氏的父亲郭允恭，凭借父辈的恩荫才得以步入仕途，官至崇仪副使（同七品），基本上属于照顾性质，并没有什么实权。

第三，参选的郭氏为人乖巧机灵，懂得讨皇太后的欢心。刘娥有理由相信，时年十三岁的郭氏必然能遵循她的心意，继续做好对少年天子的“监管”工作。

既然皇太后定了调、做了主，宋仁宗人生的头一次大婚，便完全敲定下来。但是，称心如意的刘娥也好，如愿以偿的郭氏也罢，此时都没有预料到，这段关乎宋仁宗婚姻幸福的纠葛，从一开始就注定了仁宗朝第一位皇后的悲剧命运。

人们常说，婚姻是爱情的坟墓，而没有爱情的婚姻，恐怕就是那颗躁动之心的坟墓了。入宫之后，郭皇后似乎并不指望能与宋仁宗两情相悦，共同演绎一段“常得君王带笑看”的佳话，反倒是对于如何维系自身的地位，有着清晰而坚定的认知，那就是一切唯皇太后马首是瞻。

看似合情合理、无懈可击，但郭皇后忽略了夫君宋仁宗的感受。对于这段强加到自己头上的婚姻，宋仁宗自然不敢公开违拗皇太后的意愿，但是跟郭皇后搭伙过日子，小两口之间的厚薄冷暖，他完全可以自行掌控。照此看来，郭皇后的处境就可想而知了，按照《宋史》里的说法，“后既立，而颇见疏”。

刚嫁入宫门便备受丈夫的冷遇，换作哪一个女人恐怕也接受不了！多少女子明知“侯门一入深如海”，却依然如飞蛾扑火一般义无反顾，不就是图一个荣华显贵吗？现如今可倒好，郭皇后非但失去了自由的生活，深处禁宫之中还无异于“守活寡”，她岂能善罢甘休、坐以待毙？！

从心理学的角度来分析，被冷落与忽视的人，难免会产生强烈的孤独感和失落感，为了得到旁人的关注和关爱，他们往往不惜做出一些比较出格的举动，此时的郭皇后就表现得非常明显。尽管宋仁宗对她爱搭不理，但皇太后中意她啊，所以郭皇后平日里表现得飞扬跋扈、肆无忌惮。尤其是宋仁宗的夜生活，郭皇后看得那叫一个紧，史载“后宫莫得进”，意图很明显：既然你不愿意跟我温情脉脉，也别指望能跟别的女人爱意缠绵。

成天被这样一位妒忌成性的正宫皇后管束着，宋仁宗又是什么反应呢？堂堂大宋王朝的天子，竟然成了一个整日挨骂受训的“妻管严”，连大气都不敢出一口（“上患之，不敢诘”）。宋仁宗如此“窝囊”，宅心仁厚的性情禀赋是一方面，关键还是忌惮皇太后刘娥的威权。躲在后面的那只大老虎才会吃人，又何必跟前面上蹿下跳的小狐狸一般见识呢？！

（三）

皇太后刘娥去世之后，压抑得太久的宋仁宗，终于感觉到自己的生活清新畅快了许多。虽说郭氏依然是正宫皇后，名义上的后宫之主，但这并不妨碍宋仁宗到其他的妃嫔那里寻找些许的慰藉与欢娱。“后宫莫得进”的“屈辱”业已成为历史，尤其是尚氏、杨氏两位美人，深得宋仁宗的欢心。

凭借迷人的姿色与善解人意的温情，妒忌成性的郭皇后依然是那么骄横，但在失去了强大的靠山之后，威势登时锐减了不少。尚美人、杨美人深得宋仁宗的宠幸，过去或许还惧怕郭皇后三分，如今自我感觉有了与之一决高下的资本。

话说有一天，尚美人在宋仁宗的面前搬弄是非，含沙射影地说了郭皇后不少的坏话（“出不逊语,侵后”）。郭皇后何许人也,岂容这等狐媚妖女嚼舌，扑过去就要扇尚美人的耳光。怜香惜玉的宋仁宗见状，赶紧上前阻拦，郭皇后那只因为怒火中烧而紧绷有力的大手，从空中倏然划过，脆亮的响声让人听得毛骨悚然。转眼一瞧，原本要挨揍的尚美人并无半点异样，反倒是宋仁宗捂着自己的颈子，一副呲牙咧嘴的模样。等他缓缓松开手，旁人这才惊骇地发觉，几道暗红的痕迹已经赫然出现在了宋仁宗的脖子上。

这场闹剧当时是如何收的场，史书里没有写。姑且自行“脑补”一下，可能是这样的：自知失了手的郭皇后悻悻而去，尚美人想借机火上浇油，被心烦意乱的宋仁宗轰走，最后只剩下宋仁宗一个人在那儿生闷气。

按照常理来推想，两口子搭伙过日子嘛，难免有些磕磕碰碰。挨了一巴掌不假，但毕竟只是误伤，况且宋仁宗禀性宽厚，自己怄几天气，大不了象征性地责罚郭皇后一下，这事儿就算过去了。

理是这个理，但夫妻之间怄气，神经正是脆弱的时候，往往经受不住旁人的教唆挑拨。陪侍在宋仁宗左右的人当中，有一个名叫阎文应的，时任内侍副都知，或许是平日里没少挨郭皇后的收拾，难得遇到这样的机会，便时常跑到宋仁宗的面前煽风点火。大概的意思呢，就是这个郭皇后简直太过分了，既缺乏母仪天下的风范，更出手伤及圣上的龙体。妒忌成性，胆大包天，犯颜欺君，这还了得？！

阎文应翻来覆去地念叨，怂恿宋仁宗一鼓作气，把这个飞扬跋扈的悍妇废掉算了。当然，堂堂的一朝天子要废黜皇后，宋仁宗一个人说了可不算，群臣不答应，这事儿恐怕不好办。这倒难不倒阎文应，他向宋仁宗建议说，就把脖子上的血印子给朝堂上的大佬们看看，如此无法无天的后宫之主，到底该不该让她卷起铺盖走人（“出爪痕示执政近臣与谋之”）。

宋仁宗当时正在气头上，听阎文应这么一挑拨，也觉得这事儿关乎男人的尊严，岂能不了了之？！按照阎文应的提议，宋仁宗将废后的想法提给宰执班子讨论，当然还有他脖子上的血印，也临时充当了一下“呈堂证供”。

婚姻毕竟不是儿戏，俗话说“清官难断家务事”，还有一句俗话是“宁拆十座庙，不破一门婚”。如果当朝宰相是明事理之人，遇到圣上一时冲动，生出废后的念头，只要苦口婆心地劝慰一番，这事儿兴许就能过去了。然而，此时坐在宰相位置上的依然是吕夷简，他竟然对废黜皇后的提议举双手赞成，这样一来，郭皇后的麻烦可就大了。

按说吕夷简这个人，历史上的名声虽然不怎么好听，但先前在对待李宸妃丧礼的问题上，他还是颇有政治敏锐性和先见之明的。前面说过，正是他坚决反对“丧不成礼”，甚至不惜冒犯皇太后刘娥，才避免了因为宋仁宗身世之“谜”可能引发的政局动荡。这事儿才过去两年多，为什么吕夷简的“人设”就完全逆转了呢？

个中因由，其实很简单：一是吕夷简与郭皇后之间有不小的嫌隙，二是别有用心之徒从旁挑拨。

吕夷简一个外臣，怎么会与执掌后宫的郭皇后生出嫌隙呢？咱们倒不必追溯得太远，也就是半年多前才发生的事情。明道二年（1033 年）四月，皇太后刘娥去世尚不足一月，宋仁宗为了摈除太后临朝称制十余年的影响，开启全新的政坛气象，便与宰相吕夷简商议，以“太后所任用”为由，将张耆（也就是当年引荐刘娥入襄王府的张旻）、夏竦等大臣悉数罢免。

宋仁宗回到禁中之后，主动跟郭皇后言及此事。夫妻之间拉扯一点闲话，或许只是宋仁宗的无心之举，但郭皇后暗自在心里犯起了嘀咕，毕竟皇太后生前可是她有恃无恐的靠山啊！或许是为了表明自己与太后“划清界限”的鲜明态度，郭皇后特意点了吕夷简的雷，说他未必不是亲附于太后，只是为人狡诈，隐藏得比较深而已（“但多机巧，善应变耳”）。

客观来讲，郭皇后指名道姓地针对吕夷简，并非与这位当朝宰执有什么纠葛，更谈不上掌握了什么真凭实据，她不过是急于撇清自己的干系，随口咬出一个“漏网”的大鱼而已，颇有一点政治投名状的意思。宋仁宗听了郭皇后的一面之词，果真将吕夷简罢相，贬判澶州（今河南濮阳）。不过，正因为是捕风捉影、妄加臆断，继任宰相的张士逊理政能力又欠缺一些，结果没隔多少时日，宋仁宗又“颇复思吕夷简”了。是年十月，吕夷简得以官复原职，重新回到朝堂，正好赶上宋仁宗因为挨了一巴掌，又受内侍阎文应的怂恿，于十二月提出废黜郭皇后的动议。

至于别有用心之徒从旁挑拨，主要是指掌管朝廷钱袋子（时任权三司使事）的范讽。一个多月前，他刚从权御史中丞的任上调到三司，正想找机会巴结一下当朝宰相（“方与夷简相结”）。范讽不光怂恿，还给吕夷简献上了一个光明正大的废后理由：郭皇后入宫九年，未曾生育一个皇子，留着她霸占着正宫吃白食不成（“后立九年无子，当废”）？！

宋仁宗的耳根子软，禁不住内侍阎文应的挑拨，吕夷简的耳根子其实也硬不到哪儿去，被范讽的一番话忽悠得热血沸腾。为了坚定宋仁宗废后的决心，吕夷简引经据典，搬出了汉光武帝刘秀废黜皇后的典故。巧合的是，刘秀当年以“怀执怨怼，数违教令”为由废黜的皇后，与今日骄纵跋扈、伤及龙体的皇后，都姓同一个“郭”字，这莫非就是所谓的天意？！

除了吕夷简之外，另一位宰执李迪，还有参知政事宋绶，此时也表态赞成废黜这个不讲礼数的悍妇。这两人曾经做过宋仁宗的老师，倒不是对郭皇后本人有多大的意见，而是视郭皇后为刘太后的“政治遗产”之一，所以唯欲除之而后快，襄助宋仁宗尽早走出太后临朝称制十余年的阴影，做一名恩威加于天下的贤明之君！

话说回来，为红颜冲冠一怒容易，但以宋仁宗宅心仁厚的禀赋，临到最后的紧要关头，反倒优柔寡断起来。尽管几位大佬的态度坚决，但宋仁宗依然是踌躇不定。俗话说得好，天下没有不透风的墙，夜长难免梦多，这边稍微一耽搁，消息很快就走露出去了（“外人籍籍，颇有闻者”）。况且，君臣数人在密议此事的时候，似乎忽略了一个神奇而可怕的存在——台谏言官。

所谓“台谏言官”，是“台官”与“谏官”的合称。“台”指御史台，所以台官的职衔一般都带有“御史”两个字，主要负责纠察、弹劾官员的过失。“谏”指“谏院”，职衔的称谓有些杂乱，包括谏议大夫、司谏、正言等等，

求宋仁宗站出来表态，“复中宫位号，以安民心”。

对此，宋仁宗给出了一个明显无法令台谏言官们信服和满意的答复：郭皇后犯了错，后宫人人尽知，朕如今并没有废黜她的位号，而只是将她从轻发落，另置于别馆，给她一个修身养性、静思己过的机会，至于生活待遇嘛，更不会有什么变化（“中宫有过，掖庭具知，特示含容，未行废黜，置之别馆，俾自省循，供给之间，一切如故”）。

宋仁宗的敷衍之辞，好歹也是出于息事宁人的考虑，而深知台谏言官威力的吕夷简，把事情做得更绝，他直接责成承进司实施“紧急限流”，拒绝接收台谏方面送来的表章奏疏。奏疏递不进去，一肚子的话讲不出来，即便讲出来也没人听，这在倡导广开言路的大宋王朝，还真是破天荒的头一回。台谏言官顿时群情激愤，在御史台主官孔道辅（时任权御史中丞）和谏院主官范仲淹（时任右司谏）的率领之下，浩浩荡荡地蜂拥到垂拱殿门前示威，要求面见宋仁宗奏对，把拒收奏疏的新账、废黜皇后的旧账一并掰扯清楚。

台谏言官集体入宫示威，这在大宋王朝也是头一遭，宫中的内侍担心收不了场，索性采取冷处理，关上了垂拱殿的大门。孔道辅见状，直接扑上去抓住殿门上的铜环，声嘶力竭地大喊道：“皇后被废，奈何不听台谏入言！”

事情闹到这个份上，宋仁宗坐不住了，顺势将烫手山芋扔给了吕夷简，让他出面去跟台谏言官耐心解释一下，废黜皇后到底是怎么一回事。吕夷简的心里估计也犯着嘀咕，老大不乐意，但君命难违，只能硬着头皮上去充当挡箭牌。

台谏言官连宋仁宗都敢顶，对吕夷简当然更加不会客气，纷纷厉声呵斥他身为人臣、如事父母，面对父母不和的局面，不仅没有劝慰力谏，反倒还要“顺父出母”，这到底是何居心？！吕夷简身为当朝宰执，自然也不会轻易认怂，当即挑明了自己手中过硬的两条证据：第一，郭皇后确实“有妒忌之行”；第二，“废后自有故事”。

关于第一条，并没有明确的标准，全凭主观臆断，有欲加之罪、何患无辞之嫌，台谏言官们压根不屑一辩，他们真正在意（确切地说是在行）的是

第二条。在言官们看来，所谓的“自有故事”，无非就是说汉光武帝刘秀废黜皇后郭圣通嘛。可那是皇后失范吗？非也！大谬！恰恰相反，正是刘秀自己失了君德，做出这等有损皇室颜面之事，岂能引以为旧例？！再者说，自古以来废黜皇后的都是昏君庸主，吕夷简这么做，岂不是要让当今颇具“尧、舜之资”的圣上，背上昏庸无能的千古骂名？！

若论治国理政，吕夷简的才能也算卓越，但要引经据典地搞一场辩论赛，他还真不是这些言官的对手。毕竟那些台谏言官就是靠这个吃饭的，而吕夷简身为宰执，政务繁杂、日理万机，哪有这么多闲工夫翻故纸堆玩。以自己的业余挑战别人的专修，根本就不在一个段位上，更何况吕夷简一口也难敌众舌啊！

吕夷简辩无可辩，只能选择认怂（“不能答”），又把这个烫手山芋给宋仁宗扔了回去，让台谏言官面见天子，自陈其议。力压宰执、旗开得胜，言官们登时志得意满。眼瞅着时候也不早了，众人纷纷散去，准备第二天当着宋仁宗的面，把这事儿搓细揉碎掰扯清楚，非断了圣上废黜皇后的念想不可。

客观地说，年轻气盛的台谏言官，虽然有一股初生牛犊不怕虎的冲劲，但年轻人玩弄政治手腕，终究还是略欠一些火候。话分两头，就在言官们回去为次日廷争积极演练备战的时候，老谋深算的吕夷简正与宋仁宗连夜谋划一出暗渡陈仓、釜底抽薪的妙计。

吕夷简煞有介事地跟宋仁宗讲，这些台谏言官公然聚众喧哗，实在有损社稷的颜面（“非太平美事”），理应治他们的罪，以儆效尤。宋仁宗被言官们弄得十分难堪，此时也深有同感，于是当即做出决定，绕开任免台谏言官的烦冗流程，直接下达一道敕令，将孔道辅、范仲淹两位挑头闹事者贬出京师，对其余人等也做出了相应的惩处。

第二天一大早，踌躇满志的孔道辅、范仲淹等台谏言官悉数踏进待漏院，兴致勃勃地准备来一场舌战群僚的恶战，没承想却遭到一纸敕令的当头棒喝：孔道辅出知泰州（今江苏泰州），范仲淹出知睦州（今浙江淳安），其余人等各罚铜二十斤。为了避免横生枝节，敕令下达之际，暖心的宋仁宗已经把押送二人离京赴任的差役都派来了，责令他们即刻动身，不得磨蹭迁延。

更令这些台谏言官无法接受的是，素来仁厚的宋仁宗一反常态，竟然借着这场风波，以丝毫不容商议的口吻下达了一道诏令：从今往后，台谏言官的表疏只能单独密呈，不得联名上奏，更不允许聚众面陈！此令一下，史载“骇重中外”。

可以想象，大宋王朝草创尚不足百年，在重文轻武、广开言路的政治生态之下，竟然发生这种因言定罪、钳制谏诤的事情，势必会在朝野引发一场轩然大波。台谏言官不是吓大的，更不是强权可以压服的，上面越是固执己见，越证明他们这场抗争的必要性，也越能激发他们坚持到底的昂扬斗志。

于是乎，台谏言官更加慷慨激昂，有的以撂挑子相威胁，要求与孔道辅、范仲淹一道外放，还有的屡次上表、据理力争（尤其是先前提到过的殿中侍御史段少连），大有不获全胜决不收兵的恢弘气魄。除此之外，步入仕途并不久的一代名臣富弼，先前因为奔父丧而没能赶上这场纷争，此时也愤然上疏，驳斥宋仁宗一系列的“疯狂”之举，将这位当朝天子批得狗血淋头、体无完肤。

按理说，富弼此时正以京官的身份外放河阳（今河南孟州）历练，出任签书通判，对于朝廷里发生的事情，他大可不必冲出来跟圣上叫板。富弼为什么要来趟这摊浑水呢？其实，除了深受儒家文化熏陶而产生的凛然正义之外，这里面还有一段渊源：因言获罪而遭到罢黜外放的范仲淹，对富弼有知遇之恩。

根据《宋史》的记载，范仲淹第一次见到富弼的时候，便对这位“少笃学，有大度”的青年才俊啧啧称奇，不仅盛赞他有辅佐帝王之才，还将他写的文章进呈给王曾、晏殊等大佬一饱眼福，晏殊更是将富弼收为自己的东床快婿。天圣八年（1030 年），适逢朝廷恢复制科取士[1]，在范仲淹的勉励之下，富弼顺利通过选拔，从此步入仕途。

[1] 制科又称制举，是不定期举行的特殊考试，旨在选拔非常之才，作为常科（贡举）的补充，始于唐太宗贞观时期。

正因为有这段渊源，眼瞅着恩公遭受不公平的待遇，富弼登时就炸了，骂得比那些台谏言官还要难听。在他看来，废黜皇后（并且不告宗庙、“不顾公议”）、驱逐直臣，这一切的根源在于宋仁宗受到“色欲之心”的驱使，一意孤行地“纵私忿”，“使此丑声闻于四方”！

说到这里，我不得不佩服宋仁宗内心强大的忍耐力。面对此等丝毫不留情面的痛责之语，他竟然一丁点儿反应都没有。不过，先前的台谏言官也好，此时的“愤青”富弼也罢，都没能挽回宋仁宗放飞自我的心意。相反，他们抗议的声音越激烈，宋仁宗的态度就越坚决，充分诠释了什么是“叛逆的青春期”。

明道二年（1033年）十二月二十三日，这场因为废黜皇后之议而闹腾得沸沸扬扬的政坛风波，因为一道看似“温柔”的诏令而暂且落下帷幕。说它“温柔”，是因为在这道诏书之中，宋仁宗盛赞郭皇后“生忠义之门，禀柔和之德”，“四教具宣，六宫是式”云云。给“温柔”加上引号，则是因为宋仁宗颁布这道诏书的目的，是将郭皇后降级为净妃，还睁着眼睛编瞎话，说郭皇后是自愿入道修行，“陈请累至，敦谕再三”，宋仁宗在迫不得已之下才答应她，并御赐法名“清悟”。

作为大宋开国以来台谏言官的第一次大规模集体抗议，“废后之争”被后世看成一个标志性的事件。用南宋理学家吕祖谦的话说，从孔道辅、范仲淹引领的这场斗争开始，“台谏之职始振”，“敢与宰相为抗矣”。

（四）

诏令既出，覆水难收，纵然有再多的非议指责，此时也已经于事无补。尘埃落定之后，新的问题也出现了：宋仁宗的爱恋心结，是否能借此彻底破除了呢？事情恐怕没这么简单。

照常理来说，刘太后已经溘然长逝，郭皇后也被一纸诏令废黜，再也没有人能干涉宋仁宗丰富多彩的私生活了，岂不是天遂人愿、花好月圆？废黜皇后之初，宫闱里的生活确实是按宋仁宗期望的方向在发展，他整日与尚氏、杨氏两位美人徜徉在欢乐的海洋里，从未如此放纵地享受着人世间的美好。

正因如此，有关圣上纵欲无度的传闻，逐渐在宫墙之外散播开来。别说皇城根下的京城了，就连两百多里开外的南京应天府（今河南商丘），也已经传得沸沸扬扬了。时任南京留守推官的石介特意给新任枢密使的王曾写了一封信，问及宋仁宗“好近女室，渐有失德”的传闻，尤其是最近两个月以来，传闻讲得越发离谱，说什么“倡优日戏上前，妇人朋淫宫内，饮酒无时节，钟鼓连昼夜”，一时间搞得人心惶惶，为臣子者更是忧心忡忡。

石介在信中所说的那些传闻，虽然有胡乱编造的成分，但也并非完全是空穴来风。或许就是因为放纵过度、乐极生悲，宋仁宗在次年的夏、秋之交，突然大病了一场。根据史书的记载，宋仁宗的这场病来得异常迅猛，而且异常地凶险，一连好几日水米不打牙，侍医开的方子也不奏效，距离龙驭归天，差不多就只有一步之遥了。

值此紧要关头，多亏宋仁宗的姑姑——魏国大长公主（宋太宗之女）赶来，力荐一位名叫许希的医官入宫诊疗，并冒着极高的风险，采取心下包络扎针的方法，有效地缓解了宋仁宗的病情。经过整整一个月的治疗和调理，宋仁宗方才得以痊愈。

宋仁宗大病初愈，但一点儿也欢快不起来，用纳兰容若的一句词来形容，真是“心字已成灰”。原来，宋仁宗突发的这场重病，让惊恐万分的众臣僚意识到，必须对圣上的私生活进行严加监管，否则后患无穷。当务之急，便是赶紧想办法将尚氏、杨氏这两个狐媚妖女撵出宫去。

鉴于宋仁宗身体抱恙但脑子并不糊涂，众臣僚并不打算直接去招惹这个正处于“叛逆青春期”的年轻天子，而是找到了与宋仁宗异常亲密的“小娘娘”——杨太后。从刘娥将宋仁宗养为己子的第一天起，杨太后——也就是当年的杨婉仪、杨淑妃——便对这位小皇子宠溺有加，她见宋仁宗“堕落”成这副模样，内心也万分焦急。有杨太后亲自出马，不时对宋仁宗好言劝慰，加上先前怂恿宋仁宗废黜郭皇后的内侍阎文应，或许是受到来自各方面的压

〔清〕佚名《彩绘帝鉴图说》之《纳谏遣女》，讲述宋仁宗听从谏官之言，将臣属进献的两位绝色佳人遣送出宫。（现藏于法国国家图书馆）

力，也成天在宋仁宗面前念叨，终于迫使宋仁宗勉强点头，责令恃宠骄横的尚美人入道修行，“永不得入内”，相对老实一些的杨美人则别宅安置，连同大臣们过去进献的宫女，一并被撵出了后宫。

欢愉恍如昨日，却已物是人非，宋仁宗岂能高兴得起来？可更令他糟心的事情还在后面。经过这一番折腾，后宫近乎空空如也，虽说宋仁宗不再有恣意放纵的机会，但众臣僚也意识到了新的问题：国不可一日无君，后宫也不能一直无主啊！因此，在那道撵走尚氏、杨氏一干宫人的诏书中，还特别提及“当求德阀，以称坤仪”，直白一点说，就是为宋仁宗量身定制的一份“征婚启事”。

时隔十年，再一次迎来遴选皇后的契机，宋仁宗原本以为这一回终于可以自己做自己的主，没想到还是会深陷于欲爱而不能的凄凉处境。

宋仁宗原本中意的女子姓陈，是寿州（今安徽寿县）茶商陈子城的女儿，据说她也得到了杨太后的允诺，“尝许以为后”。看似顺理成章、水到渠成，偏偏众臣僚不干，而且先前还闹得鸡飞狗跳的行政、台谏两大系统，此时的态度竟然高度一致：陈氏入宫乃至立后，断然不行！

说不行就是不行，理由虽然与十年前刘娥否决王氏如出一辙，但似乎也说得过去：陈氏出身卑微，与先前诏书中“当求德阀，以称坤仪”的基本条件不符，没有选录的资格。宰相吕夷简、枢密使王曾、参知政事宋绶、枢密副使蔡齐，还有台谏系统的一群官员相继上疏，坚决反对纳陈氏入宫。这里多介绍宋绶一句，史载其“资性孝谨，清介寡言”，是一位典型的学者型官员，做过宋仁宗的经史讲师，宋仁宗对他非常尊重。

除了这些臣僚之外，时常在宋仁宗跟前晃悠的人，其实也不看好宋仁宗自己的选择。譬如阎文应的儿子阎士良，时任勾当御药院，主要负责侍奉医药，他反对的理由有点扯，但宋仁宗在心理上似乎更容易接受一些。阎士良说，问题并不在陈氏，而是她父亲陈子城的这个名字要不得。子城、子城，子城使是也，子城使是什么？“大臣家奴仆官名也。”虽然陈子城是茶商，而不是与奴仆无异的胥吏，但名字太过巧合，说出来终归不好听。常言道：药方三抄害死人，话传三遍假成真，别人不明就里，还以为圣上真的是纳奴仆之女为后呢！

宋仁宗思来想去，除了放弃已经别无选择，毕竟身不由己、众意难违啊！于是乎，在众臣僚的协商之下，出身名门的曹氏被迎娶入宫，成为仁宗朝的第二任正宫皇后。

曹氏的祖父曹彬是宋朝的开国名将，宋真宗时期官至枢密使，完全符合“勋旧之家”、“甲冠之族”的选后标准。至于她的性格操行，《宋史》的记载只有一句话：“性慈俭，重稼穑，常于禁苑种谷、亲蚕，善飞帛书。”简单解释一下，曹皇后姿色平平，循规蹈矩，除了擅长书法一项，与夫君有一点共同的嗜好之外，确实很难让宋仁宗对她产生兴趣。更有甚者，曹皇后还在后宫开荒种地，摘桑养蚕，将原本赏心悦目的禁苑搞成了“城中村”。

即便曹皇后稍微有些情调，恐怕此时的宋仁宗也是曾经沧海难为水，现如今枕边人从飞扬跋扈的悍妇，变成了不解风情的农妇，这又算怎么一回事？可以想象，此情此景足以令宋仁宗感到万分颓丧，意趣全无。

（五）

或许正是出于内心深深的压抑感，在尘埃落定、时过境迁之际，宋仁宗又想起了陪伴自己度过十年光阴的郭皇后。

平心而论，宋仁宗对郭皇后还真的谈不上有多少难以释怀的怨恨。当初生出废黜皇后的念头，郭皇后的妒忌之心固然是直接的导火索，但归根结底，还是宋仁宗想彻底摆脱“大娘娘”刘娥的阴影，而郭皇后只是一个具有象征意义的存在而已。力主废黜皇后之初，宋仁宗不是没有犹豫过、动摇过，但台谏言官的咄咄逼人，让他越发迫切而坚定地希望能彰显自己的威权，以致骑虎难下，覆水难收。

昔日的喧嚷、纠葛已成往事，朝堂与宫闱也恢复了往日的平静，但宋仁宗的心里又隐隐感觉到一种莫名的失落。他很想知道，被迫入道修行的郭皇后，如今过得怎么样，所以不时派人前去探望，言语间不乏惦念关爱之情（“颇念之，遣使存问”）。

据说，宋仁宗对于当初一时激愤而废黜郭皇后，暗自生出悔恨之心。有一天，宋仁宗在后苑瞧见郭皇后乘坐过的肩舆，睹物思人，不禁黯然神伤，当即写了一首题为《庆金枝》的小曲，命人给已经出居瑶华宫的郭氏送去，并表示有意复召她回宫，重续二人的情缘。郭氏颇为感动，也和答了一首给宋仁宗，“辞甚怆惋”。不过，在是否应召回宫的问题上，自尊心极度受损的郭氏，态度异常地坚决：当初是你一纸诏书把我撵走的，现如今想让我回来，“须百官立班受册方可”。

或许郭氏就是为了赌气，随口这么一说，但她算是彻底把天聊死了。要知道，宋仁宗此时已经有了新的皇后，郭氏想重做后宫之主，这不是给宋仁宗出了一个完全无解的难题吗？！

尽管复召回宫的话题不了了之，却让当初煽风点火的内侍阎文应惶惶不可终日。万一郭氏真的杀一个“回马枪”，不必怀疑，第一个挨收拾的就是他了！或许真是出于巧合，郭氏在景祐二年（1035年）十一月不幸染病，宋仁宗让阎文应带着医官前去诊治，结果阎文应暗中指使医官“以药发其疾”，导致郭氏病情恶化，不治身亡，年仅二十四岁。当然，说阎文应暗害郭氏，只是有所风闻而已，众臣僚并没有发现确凿的证据（“中外疑阎文应进毒，而不得其实”）。

即便没有真凭实据，最擅长风闻言事的台谏言官也没有放过这个阎文应。郭氏暴毙之后，言官们随便找了一茬儿，上疏请求宋仁宗惩处阎文应、阎士良父子。宋仁宗见识过台谏言官的狠劲，不想因小失大、引火上身，于是将阎文应外放出京，其子阎士良也被调离了御药院。

阎文应深得宋仁宗的宠信，平日里又跟宰相吕夷简来往密切，一向专横妄为。尽管接到了外放调令，阎文应却一直赖在京城不走。见此情形，业已回京任职的范仲淹（时任天章阁待制）坐不住了，果断上表弹劾阎文应。考虑到对方深厚的背景，范仲淹甚至做好了以命谏诤的准备，“悉以家事属其长子”，并对儿子直言“吾不胜，必死之”。

平心而论，范仲淹有些过虑了。且不说宋仁宗的禀赋就是宅心仁厚，先前“废后之争”的那场风波，恐怕也已经让他心有余悸了，又岂能为一个不值一提的内侍，背上无穷无尽的骂名？最终，在台谏言官的坚持下，阎文应被流放岭南，暴毙于南下途中。

回过头来说宋仁宗，他接到郭氏暴毙的噩耗之后，显得异常悲伤（“深悼之”），不仅下诏以皇后之礼安葬，还擢升了郭氏的两位哥哥，算是聊慰一下亡灵吧。宋仁宗发自肺腑的哀伤，既是怜悯郭皇后的悲凉处境，更是在感慨自己难言的苦楚，爱恋成心结，此恨长绵绵。

温成之殇（上）：善解人意，狂飙演技

（一）

忘我而投入的爱恋，宋仁宗似乎已经不再奢求，但他完全没有意识到，那位在数年之后让他重燃情欲烈火的挚爱伴侣，此时就生活在这深宫大内之中。

这名女子姓张，是河南府永安（今河南巩义附近）人氏。为了不与先前被刘娥刻意压制的张氏相混淆，历史上通常用她后来的谥号“温成”代称，所以这里也遵从惯例，统一叫她温成好了。

温成的父亲名叫张尧封，进士出身，登科及第的具体年份不详。虽说金榜题名之后，张尧封便混迹于大宋王朝的官场，但可以想见，并不是所有人都能在这个大染缸里脱颖而出、青云直上。那些身处金字塔顶尖、迸发出耀眼光芒的高官脚下，踩着不计其数的碌碌平庸者，而最高官职只做到石州（今陕西横山）推官的张尧封，便是其中毫不起眼的一分子。

当然了，貌似碌碌平庸者，说不定也是深藏不露的世外高人，只可惜张尧封还没有等到彰显自身价值的那一天，便在石州推官的任上病逝了。家里的顶梁柱瞬间崩塌，只留下孤儿寡母，窘迫的生活不言自明。好在张尧封还有一个堂兄张尧佐，也是进士出身，辗转各地担任推官，据说做得还不错，史载其“持身谨畏，颇通吏治，晓法律”，明断过不少冤狱。温成的母亲钱氏[1]无所倚靠，便找到夫家堂伯张尧佐，恳请他看在逝去兄弟的情分上，让这些年幼的遗孤跟着他过活。

万千世界，纷繁复杂，做官是一回事，人情则又另当别论。尽管血缘上是一家亲，但说到底还是两家人，或许是出于救急不救穷的心态，也或许是不愿让自己徒增累赘，张尧佐并没有应允。适逢接到朝廷的调令，让他前往

[1] 此据《宋史》、《东都事略》记载。另据《续资治通鉴长编》记载，温成的母亲是曹氏，钱氏则是她的祖母。

蜀中赴任，张尧佐便以路途遥远、难以照料为由，将堂弟的遗孤——当然也包括年齿尚幼的温成在内——全部拒之门外了。

多年以后，面对备受恩宠的温成，张尧佐是否因为此时的不恤亲情，生出些许惭愧之心，姑且留待后文细禀。现在先说温成这一家，眼瞅着堂伯张尧佐扬长而去，母亲钱氏万般无奈之下，只好将温成典卖到齐国大长公主家做了一名舞女，为她重新找一条求生之路。这位齐国大长公主，就是先前力荐一位医官，将突发重病的宋仁宗从死亡线上救回来的魏国大长公主，齐国大长公主的名号是她去世之后才追封的。或许是因为长得乖巧可人，时年八岁的温成在天圣十年（1031 年）的时候，便被齐国大长公主送入禁中，留在杨太后身边充作御侍，并交给一位宫女抚养。

按照这个时间来推算，宋仁宗因为郭皇后抱憾离世而黯然神伤的时候，温成只有十二岁，两人之间还没有发生足以感天动地的惊鸿一瞥。短短数年之后（1040 年以前，但具体年份不详），宋仁宗在一次宴会之上，终于注意到了翩翩起舞、身姿绝妙的温成，从此坠入爱河而无法自拔。

温成从典卖之身到尽享荣华，显然又是一个灰姑娘华丽转身的传奇，与当年的刘娥颇有一些相似巧合之处。平心而论，温成的运气不错，甚至可以说是生逢其时。为什么这么讲呢？试想一下，如果后宫中依然有皇太后刘娥、郭皇后坐镇，宋仁宗的头上被套着双重的紧箍咒，温成的结局恐怕不会比先前尚氏、杨氏两位美人好到哪儿去。现如今，杨太后虽然有太后之名，一来她没有刘娥事事占强的权力欲，二来对宋仁宗的宠溺远远多过管束。至于曹皇后，与妒忌成性的郭皇后相比，完全是走了两个极端。宋仁宗认为她没有多少情趣，但正是得益于她的本分之心，曹皇后对于宋仁宗宠幸其他宫人，表现出了一种安之若素的坦然气度，堪称母仪天下的绝佳典范。

杨太后的宠溺、曹皇后的坦然，让此时的宋仁宗就像一匹脱缰的野马，在充满浓情蜜意的草原上肆意狂奔。身份与奴仆无异的温成，则借此一步登天，恩宠冠于后宫。话说回来，能受宠一时，未必能受宠一世，否则就不会有色衰则爱弛的说法了。结合当年刘娥发迹的经验，侯门一入深如海，颜值

〔清〕佚名《彩绘帝鉴图说》之《不喜珠饰》，讲述宋仁宗见张贵妃佩戴珠饰，登时举袖掩面，曰“满头白纷纷，更没些忌讳”。(现藏于法国国家图书馆)

只是敲门砖，要想将恩宠维系得长久，关键还得看内涵。

前面说过，刘娥的内涵在于她相当卓越的治国才能，特别是后来宋真宗的身体日渐衰颓，愈发倚重刘娥这位贤内助。正所谓相形见绌，温成的内涵则主要体现在“善承迎”，“能探测人主意”，用今天的话来讲，就是善解人意、狂飙演技。

(二)

关于“演技派”温成的诸多精彩片段，宋人笔记中多有记叙，这里不妨举两个方面的例子。

一是节俭。

甜不忘苦、俭以养德，是大宋王朝历代君王奉行的生活理念，宋仁宗自然也不例外。温成受尽恩宠，也懂得投其所好，日常起居同样力求简朴，“素朱漆床，黄绡缘席，黄隔织褥”，仅此而已。后来宋仁宗病重，大臣入内探视，见堂堂的皇家宫寝，竟然如此朴素简约，不禁大为慨叹。还有温成阁中所用的熏香，也都是些寻常之物，断无沉檀、龙麝之类的贵重品种。

庆历年间，广州官府从一位死去的外藩商人那里收没了一批珍珠，并贱估其价，引发群僚争相购买，被监察部门查个正着。随后，这批赃物被送入宫中，上呈御览，当时温成也在场，“有欲得之色”。宋仁宗看着也挺欢喜，便按市价买了下来，分赐给诸位宫人。俗话说得好，上有所好，下必甚焉，大家都想讨一讨圣上的欢心，结果导致珍珠的价格飞涨。没过几天，温成将这些珍珠做成首饰，面露洋洋得意之色，没承想宋仁宗一反先前之态，竟然以袖遮面，颇为不快地说：“满头白纷纷，更没些忌讳。”温成听得此言，登时惭愧不已，当即取下了珍珠首饰，宋仁宗方才转怒为喜，从此禁中便再也没有人佩戴珍珠首饰了。

二是体贴。

话说有一次，宋仁宗在温成这里推杯换盏、大快朵颐，差不多快喝到天亮了，依然是意犹未尽。温成见状，故意命人把酒全部藏了起来，让宋仁宗适可而止。身边的侍从不解，说你怎么能败圣上的兴致呢，温成则回答说：圣上欢饮过度，万一龙体抱恙，众人岂不是要归咎于我，我又何以自明呢?

还有一次，天下遭遇一场大旱，宋仁宗在宫中设坛祈雨。温成不惜刺破自己的手臂，用鲜血写了一篇祷告之辞，为心爱的夫君排忧解难。

凭借各种高超的演技，温成在这禁宫大内之中，真可以说得上是集万千宠爱于一身了。想当年，杨贵妃留下过“一骑红尘妃子笑，无人知是荔枝来”的典故，现如今的温成也毫不逊色。根据《归田录》的记载，温成特别爱吃“香清味美”的江西金橘，以致其“价重京师”。

除了这样的“花边新闻”之外，最能彰显温成所受恩宠的，恐怕就是她的封号和子嗣了。

先说封号，温成得到宋仁宗的临幸之后，最初被封为“清河郡君”，身份还是一名御侍宫女，但已经得到了特殊照顾（“待遇异诸嫔使”）。康定元年（1040 年），温成晋封为才人，跻身妃嫔之列。[1] 转眼到了第二年的年末，温成便从位居第五等的才人，连跳三级升到修媛（嫔的一类，第二等）。庆历三年（1043 年），有台谏言官终于看不下眼，上疏直言温成“宠恣市恩，祸渐已萌”，力谏宋仁宗应该收敛一下了。也正是在这一年，“宠爱日盛，冠于后庭”的温成大病了一场，或许是惺惺作态，也或许是真的有点心虚，她觉得“资薄而宠厚”难免招致无妄之灾，故而向宋仁宗自请降级为第四等的美人。

再说子嗣，从晋封才人的那一年算起，到庆历三年（1043 年）为止，短短三四年的光景，温成便为宋仁宗生了三位公主，生了孕、孕了生，基本上就没怎么消停过。令人遗憾的是，温成终究没能给宋仁宗生下一个皇子，而这三个小公主也没能长大成人，都在幼年便夭折了。

通过“狂飙演技”，温成获得了无以复加的恩宠。不可否认，温成的这些“表演”，确实有真情流露的成分在里面，但从思想动机的本质来讲，逢场作戏的因素还是要多一些。为什么这么讲呢？因为温成这个人的野心未必比当年的刘娥小多少，刘娥玩阳谋居多，但温成擅长的则是要弄阴谋。

根据《闻见近录》的记载，曹皇后身边有一名养女名叫范观音，偶然得到了宋仁宗的临幸。眼瞅着宋仁宗似乎挺中意这个娇媚的女子，温成担心自己的地位不保，一时惶恐不安。适逢天下大旱，宋仁宗“祈雨甚切”，做了很多次法事却始终不见效。当时，贾氏——也就是先前抚养小温成的那位宫女——与朝廷重臣贾昌朝认了宗亲，“威动六宫”，她跟贾昌朝一合计，提出了“出宫人以弭灾变”的动议，并得到了宋仁宗的首肯。趁此大好时机，温成煞有介事地跟宋仁宗建议：为了以足够的诚意感动上天，理应“出所亲厚

[1] 此据《续资治通鉴长编》，另据《宋史·后妃传》记载，温成于庆历元年始封清河郡君，岁中晋封为才人。

者”，曹皇后的养女就挺合适，也算是为后宫做一个表率嘛！于是乎，一个潜在的竞争对手，就这样被温成轻而易举地撵出宫去了。

除了收拾这位可怜的宫女范观音之外，温成其实还有更大的野心，那就是瞄准曹皇后的位置，妄图取而代之。一件看似不大的事，就很能说明这个问题：有一次，温成要出游，觉得自己的轿子坐着不怎么舒坦，想借曹皇后的来用用。当然了，温成的脸皮再厚，也不好意思自己去跟曹皇后借，万一人家不愿意，岂不是自讨无趣？关键时刻，对温成恩宠备至的“暖男”宋仁宗出马了。曹皇后什么反应呢？《宋史》记载了三个字：“无靳色。”“靳”是吝惜的意思，也就是说，曹皇后相当慷慨地答应借给她。不过，或许正是因为曹皇后丝毫不计较的气度，让宋仁宗有些自惭形秽，转而半安慰半威胁地跟温成讲：“文物仪章，上下有秩”，你要是这么当众张扬，在那些大臣那里恐怕不好交代啊！温成听得此言，也只能怏怏作罢。

俗话说见微知著，温成迫不及待的心情可谓昭然若揭，难怪后来司马光心有余悸地感慨说：温成“饮膳供给皆踰于曹后，几夺其位数矣”。

司马光的这番感慨，绝不是空穴来风！如果说先前的那些“演技”与手段，不过是小试牛刀热热身的话，那么发生在庆历八年（1048）初的一场离奇宫变，才算是拉开了“夺位”大戏的序幕。

这一年的新春元始，来得比往年都要早一些，因为这年有一个极为罕见的闰正月。上一次闰正月，还是二百多年前的唐文宗开成四年（839年）。罕见源于自然界的规律，并不意味着祥瑞或者灾殃，但对于宋仁宗而言，他此生度过的唯一一次闰正月，显得异常凶险。

是月二十二日的夜里，一场突如其来的惊变，打破了深宫大内日复一日的平静。崇政殿有四名亲从官，他们名字分别是颜秀、郭逵、王胜和孙利，不知道出于什么原因，四人竟然吃了熊心豹子胆，从崇政殿出发，“杀军校，劫兵仗”，接着又蹿上延和殿的房顶，一路闯到宋仁宗当时所在的福宁殿。

宋仁宗正在福宁殿享受着莺歌燕舞，听到外面一片喧嚷，还不时夹杂着凄厉的尖叫与哀号。旁边有宦官报告说：听这声响，恐怕是有乳母在责罚小女子吧。宋仁宗忍不住自己的好奇心，正想起身出殿门去瞧一瞧，多亏曹皇后正在一旁陪侍，当即呵斥那个睁着眼睛编瞎话的宦官道：“贼在近杀人，敢妄言耶！”

不得不承认，这位不解风情、不受恩宠的曹皇后，真不愧是将门之后。面对突如其来的惊变,曹皇后并没有流露出丝毫的慌乱。在极短的时间之内，曹皇后便判断出一定是有宫人作乱，而且对方的人数并不多，杀伤力也未必强到哪儿去，否则不至于外面喧嚷这么久，福宁殿内依然能平安无恙。

值此紧要关头，曹皇后根据自己的初步判断，迅速做出了四项部署：第一，紧闭福宁殿的大门，作为保护宋仁宗的最后一道防线；第二，如果贼人破不了殿门，势必会想到纵火的办法，所以要提前取水，做好防备；第三，派人从旁门出宫，去通知内侍都知王守忠，命令他即刻率兵入宫平乱;第四，安排当夜在宫内值守的宦侍，无论是太监还是宫女，全都上阵杀敌，延缓这伙贼人的攻势，为等待宫外的援兵争取时间。为了激发这些宦侍的斗志，曹皇后亲自给他们每个人剪下一缕头发，承诺“明日行赏，用是为验”。

正所谓重赏之下必有勇夫，宦侍玩命地拼杀，有效地阻止了贼人进逼福宁殿的步伐。不过，这些宦侍终归不是吃这碗饭的，很快就落了下风，被这伙贼人接连砍倒，死的死、伤的伤，一时间哀号不断，血流遍地。贼人虽然干翻了不少宦侍，但一时也冲不破福宁殿的大门，于是打算采取火攻，幸亏曹皇后早有防备，贼人没能得逞。

场面陷入焦灼之际，王守忠率卫兵闻讯赶来，凭借着数量优势，迅速平息了这场乱局。颜秀、郭逵、孙利三人当场毙命，王胜侥幸逃到宫城的北楼藏匿起来，次日便被四处搜捕的士兵发现，死于乱刀之下。

这场最终有惊无险的宫变，之所以说它离奇，是因为直到将近一千年以后的今天，谁也搞不清楚那伙贼人到底为什么要作乱，以及是否有幕后的主使。

根据《闻见近录》的记载，“亲事官乘醉入禁中”，似乎是一场撒酒疯的意外，但身为宫内的亲从，思想的审查和日常的管束必然是异常严格的，如果喝多了就寻思着杀皇帝玩儿，这脑洞开得未免有点大。

也有人怀疑，这场宫变与不久前发生在贝州（今河北清河）一带的弥勒教徒起事有关。这场兵变始于去年的冬至，前后闹腾了两个来月，才被朝廷派出的官军镇压下去。闰正月初一的那一天，贝州城被官军攻破，这场兵变的首领、也是弥勒教徒的“教主”王则被俘，押赴京师等候问斩。也就是在这场宫变之后的第五天（二十七日），王则被依律处决。从这个时间来分析，颜秀、郭逵、王胜、孙利莫非也是暗藏的弥勒教徒，想刻意制造宫内混乱，伺机营救教主？当然了，怀疑归怀疑，虽说不无道理，但作乱的贼人业已伏诛，死无对证，实在缺乏确凿的证据。

事实上，比分析作乱动机更为重要的问题在于：四个贼人的背后，是否还有主使或者同谋，而这也是此次宫变颇为离奇之处，令人不禁细思极恐。具体来讲，至少有三点疑问，我们无法找到合理的解释：

第一，这伙贼人从崇政殿出发，经延和殿到福宁殿，竟然如入无人之境。当夜在宫中值守的卫兵，是真的没有发觉，还是有人在暗中配合？

第二，在搜捕侥幸逃脱的王胜时，宋仁宗特意下达了旨意，要求留下这个活口便于审讯，但在王胜被士兵发现时，还是被乱刀砍死了。他到底是拒捕被杀，畏罪自杀，还是有人暗中下达了灭口的密令？

第三，宫变虽然得以平息，但动机、党羽依然不甚明了，需要进一步细致调查。然而，案子到底交到谁的手里查办，两府发生了严重的分歧。代表行政系统的丁度（时任参知政事）认为，“宿卫有变，事关社稷”，理应“付外台穷治党与”。代表军政系统的夏竦（时任枢密使）则认为，这事毕竟发生在宫闱之内，拿到宫外去调查恐怕不太合适，到时候搞得满城风雨的，反倒会惹出不必要的麻烦（“不可滋蔓，使反侧者不安”）。两边互不相让，吵得不可开交，最终是宋仁宗一锤定音，就按夏竦说的办，由御史、宦官入禁中查勘，并严控知情人的范围。枢密使夏竦坚持秘密进行审查，不仅草草结了案，而且对于四名贼人的顶头上司——时任内侍副都知的杨怀敏，他也是当夜的值守，理应受到严厉的处置——在夏竦的庇护之下，也只是被降职留用而已。夏竦这样做，到底是真的想息事宁人，还是别有用心的欲盖弥彰之举？

（三）

这一系列的谜团，别说后人难以考辨、莫衷一是，即便在当时，也有人搞不懂到底是怎么回事，希望能够深入追查出真相来。譬如获悉负有直接责任的杨怀敏只是被降职留用之后，以何郯（时任殿中侍御史）为代表的一批台谏言官站了出来，认为“刑罚重轻，颇为倒置，中外闻见，尤所不平”。为此，宋仁宗与这些台谏言官之间，又进行了一场耗时良久的拉锯战。上面想从宽，下面主张从严，宋仁宗迫不得已，只好将杨怀敏贬官外放。后来，宋仁宗又想让他官复原职，结果竟然再次遭到臣僚通过封还词头的方式进行抗议和阻挠，一直掰扯到杨怀敏病死，这事儿才算彻底了结。

尽管台谏言官在杨怀敏的问题上没有妥协，但这场宫变的真相，依然显得扑朔迷离。令人意想不到的是，宋仁宗因为这场宫变而生出的一些念头，不仅迅速转移了众人的注意力，还引爆了一场更为激烈的拉锯战。

宋仁宗的念头其实很简单：正所谓板荡识诚臣嘛，张美人（也就是温成）在这场宫变中立下了大功，朕深受感动，理应奖赏！

等等！根据前文的记叙，这场宫变从发端一直到被平息，不都是曹皇后一个人在力挽狂澜、精心部署吗？温成什么时候出过镜？！事实上，温成确实有一些戏份：当夜，她听到外面有异常的喧嚷，担心宋仁宗遭遇不测，赶紧从自己的寝宫跑到福宁殿陪侍，仅此而已。

平心而论，温成冒险前来陪侍，确实比较暖心，难怪宋仁宗盛赞她“冒不测而来，斯可宠也”，“有扈跸功”。不过，若论扈跸之功，临危不乱的曹皇后理应排在头一位，宋仁宗对此却视而不见、不置一词，未免也太不地道了，这还真是应了今天的一句歌词：对你付出了这么多，你却没有感动过。

我们没有办法转变宋仁宗不地道的想法，但枢密使夏竦却非常善于体察上意，顺势提出“宜讲求所以尊异之礼”。这句话翻译成白话文的意思是说，要考虑给予温成更加尊贵和特别的礼遇。话说得比较委婉，但明眼人一看就知道，这是明目张胆的废立皇后之议！

更有甚者，一位名叫王贽的台谏言官（时任同知谏院），或许是受到夏竦的启发甚至唆使，竟然危言耸听地妄加臆断说，这场宫变想必与曹皇后有些瓜葛，请求有关部门彻查（“言贼根本起皇后合前，请究其事”）。

一个明言褒赏，一个暗箭中伤，都是想把曹皇后搞下台，让温成顶上去。此议一出，迅速招致臣僚群起而攻之。先说殿中侍御史何郯吧，先前因为内侍副都知杨怀敏罚不当罪，他跟宋仁宗呛了好几个回合，如今针对王贽此番蛊惑人心的言论，何郯直接定性说：“此奸人之谋，不可不察也。”事实上，因为宫变发生在曹皇后的眼前，就怀疑曹皇后是幕后指使，这欲加之罪未免太过无耻，连宋仁宗都看不下眼，故而听从了何郯之言，决定“事寝不复究”。

至于如何褒赏温成，宋仁宗虽然在嘴上没有明说，但废立皇后的态度已经昭然若揭。当然，皇后的废立，往小了说是官家的家事，往大了说则关乎社稷安危，如今皇帝、军政系统（枢密使夏竦）、谏院（同知谏院王贽）的意见貌似统一了，但关键还得看行政系统和御史台的态度。

御史台自不必说，何郯已经把王贽之流驳斥为“奸人”。至于行政系统，此时担任宰相的人名叫陈执中，他是宋初名臣陈恕之子。陈恕在太宗、真宗两朝官至参知政事，享有“宋人能吏之首”的美誉。凭借父亲的恩荫，陈执中越过科举这道门槛，直接步入了仕途。在宋真宗病重的时候，“大臣莫敢言建储者”，唯独陈执中站出来充当这只出头鸟，“以蚤定天下根本为说”。所幸宋真宗在立储的问题上并不糊涂，不仅听从陈执中的建议，册立了皇太子（也就是后来的宋仁宗），还擢升陈执中为右正言。

《诗经》有云：“投我以木桃，报之以琼瑶。”正因为有这段往事，宋仁宗一直对陈执中感恩戴德。庆历五年（1045 年），时任参知政事的陈执中晋升为宰相，有人质疑他“才德实无可言”，宋仁宗特意交代负责起草制书的翰林学士张方平，让他妥善措辞，“无使外人得有言”。张方平果然不负所托，直接搬出了陈执中当年力主建储的故事，盛赞其“纳忠先帝，有德朕躬”，如此一来，谁也不好再多嘴了。

现如今，面对夏竦的咄咄逼人，陈执中显得有些手足无措，脑子里一团糨糊，竟然“不知所为”。翰林学士张方平，头脑却异常地清醒，他跟陈执中讲：西汉时期的冯婕妤，曾经为汉元帝阻挡野兽救驾，这是多大的功劳啊，也没听说有什么尊异之礼。再者说，皇后健在而尊异一个美人，势必引起“天下谤议”，您作为当朝宰执，恐怕难辞其咎，会成为众矢之的，背上一辈子的骂名。听了张学士入情入理的分析，陈执中方才恍然大悟，不仅表明了反对废立皇后的态度，而且“持议甚坚”。

除了宰相陈执中之外，还有时任翰林侍读学士的梁适，也发挥了至关重要的抵制作用。当时，连宋仁宗本人也在抱怨，“左右前后皆皇后之党”，话里话外都是对曹皇后的极度不满。梁适大胆进言说：“闾巷之人，今日出一妻，明日又出一妻，犹为不可，况天子乎？”

仔细想来，梁学士的话不无道理，宋仁宗先前力主废掉郭皇后，好歹还有一个“妬忌之行”的理由，如今又想搞掉曹皇后，竟然连一个像样的说辞都拿不出来，这不是把婚姻大事视同儿戏吗？

或许是宋仁宗也觉得此举未免太过，实在难以说服众臣僚，所以决定退而求其次：皇后依然是皇后，温成晋封为贵妃，在后宫的排位仅次于皇后。为了打消群臣的顾虑，宋仁宗还特意跟梁适讲：朕只是想晋封张美人为妃，“本无他意，卿可安心”。

据说，宋仁宗后来当面向曹皇后坦陈了这桩意图废立的陈年往事，并直言“赖梁适谏我，汝乃得免，汝之不废，适之力也”。宋神宗熙宁三年（1070年），梁适与世长辞，曹皇后已经成为太皇太后，特意从自己的私房钱中拿出一笔巨资，在大相国寺为梁适作了一场声势浩大的法事，并对宋神宗感慨说：如果没有梁适，也就没有我的今天啊（“微梁适，吾无今日矣”）！

（四）

得益于陈执中、梁适、何郯等人的据理力争，曹皇后的位置总算是保住了。宋仁宗作出妥协，执意册命温成为贵妃，虽然惹得“外廷纷纭，已有物议”，但抵制的声音明显少了很多，譬如相当活跃的台谏言官何郯，就没有对此提出异议。在他看来，天子册封妃嫔，只要是遵照典章制度来，而且妃嫔不干预政事的话，“置亦无害”。可以说，何郯的这一态度，也代表了大部分人的想法：只要圣上不是换老婆，后宫那些女流之辈也不干扰大家干活，咱们何必跟着瞎起哄？！

温成以子虚乌有的“扈跸”之功晋封为贵妃，看似已经水到渠成的事儿，偏偏在程序上出现了一些纰漏。这是怎么回事呢？原来，按照大宋开国以来的旧例，册封宫人为妃，只需要一封册文，“未尝行册礼”。册文由翰林院负责起草，待旨意告敕之后，再“送中书，经三省，御官告院用印”，最后送抵内廷，方才完成这一整套的流程。为了彰显对于温成的“尊异之礼”，宋仁宗下诏晋封她为贵妃的同时，还“令所司择日备礼册命”。也就是说，不仅要写册文，还要举行一场隆重的册礼。

此时负责起草册文的，是后来大名鼎鼎的“红杏尚书”宋祁，此时担任翰林学士、右谏议大夫、知制诰、史馆修撰等职，正与欧阳修一道编修《新唐书》，他在无意之中竟然捅了一个大娄子。话说回来，宋祁倒不是对册立贵妃这件事有什么意见，完全是因为对于烦冗的流程制度不甚熟悉，他在起草好了册文之后，不待旨意告敕，也没有呈递给中书，而是“径取官告院印用之”，直接送到内廷里去了，结果导致温成“得告大怒，掷地不肯受”。

平心而论，温成大发雷霆之怒，也不完全是恃宠而骄、无理取闹。第一，册文确实不合规矩，既没有旨意告敕，也没有宰相的签章，仿佛是在走旁门左道，这让温成觉得自己受到了侮辱。第二，也是最关键的一点，即使册文的送达符合流程，圣上先前不是已经放话了吗，“令所司择日备礼册命”，这么急匆匆地把册文送进来，是不打算举行册礼了吗？！

温成这么一闹，难辞其咎的宋祁可就倒霉了。他当着宋仁宗的面揽下了所有的罪责，表示自己“不详典礼，成此过误，不敢逃罪”，故而“乞从贬黜，以正公议”，结果被贬官外放去了许州（今河南许昌）。宋祁先前起草的册文自然只能作废，改由另一位翰林学士——时任参知政事的丁度起草，并于庆历八年（1048 年）十二月，在文德殿举行了隆重的册礼。大宋开国以来，为晋封贵妃举行册礼，温成还是头一份！

在此之前，如愿以偿的温成也懂得投桃报李，暗中赏赐知谏院王贽“金币以巨万计”，甚至公开对别人讲，王贽是“我家谏官也”。另外，温成还希望由王贽在册命典礼上负责捧册，但遭到中书的反对，认为按照惯例，只有待制以上的官员才有资格捧册。于是乎，温成在宋仁宗面前大吹枕边风，将王贽“火线提拔”为天章阁待制。

温成之殇（下）：最后的温存

（一）

从离奇宫变到废立之议，最后册命贵妃，这场风波算是过去了，但因温成而起的波澜并没有就此终结。紧接着，围绕提拔重用外戚的问题，宋仁宗与一群台谏言官再度展开了异常激烈的交锋。

这里所说的外戚，正是当年拒绝收养温成的那个张尧佐。平心而论，张尧佐曾经不恤兄弟的遗孤，虽说显得有些无情，但从道理上讲也无可厚非，毕竟家家都有一本难念的经，咱们不能搞“道德绑架”。不过，当年被他拒之门外的温成，现如今备受恩宠，也丝毫不计前嫌，张尧佐但凡有一点羞耻之心的话，不说惭愧汗颜吧，至少也应该敬而远之，你有什么脸面和资格沾人家的光啊？！

张尧佐可倒好，见人卑微六月寒，遇人显贵三冬暖。早在温成刚刚晋封为修媛的时候，张尧佐便“以门阀自表异”，迅速攀附上了温成这条线，毫无半点受之有愧的自知之明，真是将趋炎附势的小人嘴脸发挥到了极致，难怪后来有台谏言官说他“洋洋自得，不知羞辱”。

实事求是地说，张尧佐多少还是有些本事的，并非尸位素餐甚至恃势专横的无能之辈。就说他做推官的时候吧，曾经在吉州（今江西间）翻了一桩冤案，还了一百多人的清白。后来，他升任殿中丞、犀浦（今四川郫县）知县，通过“正其疆界”，解决了困扰当地多年的田产争讼问题。

尽管张尧佐的势利做派为人所不齿，但正所谓朝中有人好做官、举贤不避亲，谁还能没有一点裙带关系？因此，张尧佐先前的几次升迁，并没有招致太多的非议。

譬如庆历四年（1044 年），宋仁宗提拔张尧佐到开封府任职，虽然有台谏言官认为此人“识见浅近，依托后宫嫔嫱之势”，但更主要的反对理由，还是他有外戚的背景，“进用不宜太遽”。宋仁宗则解释说，温成（当时已经从修媛自请降级为美人）受到恩宠不假，但张尧佐得到提拔，“盖因臣僚论荐而后用尔”，这是两码子事儿。对此，台谏言官并没有过多地纠缠。

两年之后，也就是庆历六年（1046 年），张尧佐被外放出京，担任权陕西转运使[1]。虽然有台谏言官弹劾他才不配位，全靠外戚的背景上位（“由宫掖以进，恐上累圣德”），但也只是说说而已，并没有一直咬住他不放。毕竟在当时的环境下做官，谁没挨过台谏言官的炮轰呢？！

转眼又是两年过去，到了庆历八年（1048 年）四月，张尧佐被召回京城，出任兵部郎中、权知开封府。台谏言官又开炮了，说张尧佐靠小侄女温成的关系屡获升迁，提拔得太快，有损公平之道（“非所以公天下”）。对此，宋仁宗通过冷处理的方式，留中不报，根本不搭这个茬，顺利地“蒙混”过了关。

半年多以后（同年十二月），温成被册封为贵妃，在后宫可以说是“一人之下，万人之上”了。小侄女显赫一时，当然没忘记让堂伯张尧佐也跟着水涨船高。翻过年头之后，距离上一次提拔尚不足一年，张尧佐又被擢升为权三司使。隔了半年，相当于代理的“权”字也被拿掉了，张尧佐正式掌管大宋王朝的钱袋子，一时权倾朝野。

[1] 此据《续资治通鉴长编》，另据《闻见近录》记载为河东转运使。

宋仁宗原本以为，过去擢升张尧佐都比较顺利，这一回应该也不会遇到太大的麻烦，但他哪里想到，伴随着这道任命诏书的下达，先前还表现得不温不火的台谏言官，顿时就炸开了锅。

皇祐元年（1049 年）九月，宋仁宗刚把张尧佐头上的“权”字拿掉，一位名叫陈旭的台谏言官（时任监察御史）便上疏提出了异议。陈旭反对的理由，跟先前零零星星的质疑类似，无非讲了两点：一是张尧佐才不配位，没有金刚钻，根本揽不下瓷器活；二是他毕竟有外戚的背景，甭管有没有理财能力，放在这么重要的岗位上，也是极为不妥的。

根据以往的成功经验，宋仁宗相信时间是最好的消融剂，所以依旧采取冷处理的办法，将奏疏留中不报，没有搭陈旭的腔。

过了大半年，转眼到了第二年的六月，宋仁宗差不多都忘了这茬，但台谏言官一直惦记着张尧佐。眼瞅着上面没什么动静，台谏言官再度开火，对准张尧佐也顺带捎上宋仁宗，劈头盖脸就是一顿炮轰。特别值得一提的是，这次带头上疏的台谏言官，除了陈旭、吴奎两位右司谏之外，还有后来成为大宋王朝一张耀眼“名片”的“文曲星”——包拯包青天，时任谏院的主官（知谏院）。

包拯（999—1062 年），字希仁，庐州合肥（今安徽肥东）人。金圣叹批评本《水浒传》说太白金星下界，化作老叟跟哭闹不止的小皇子讲了八个字“文有文曲，武有武曲”，“武曲”指的是一代名将狄青，“文曲”指的就是这位以刚直不阿而闻名后世的包拯。

天圣五年（1027 年），不到而立之年的包拯便进士及第，但为了侍奉双亲，索性辞官回乡去了。一直等到双亲离世、守丧期满，包拯才重出江湖，于景祐四年（1037 年）赴京听选，获授天长（今安徽天长）知县。

为了尽孝，包拯耽误了十年的仕途，不少同年的进士已经官居高位，但他孝道的名声深得宋仁宗的赏识，刚出山便驶入了超车道。这些年来，包拯从知县起步，做过端州（今广东肇庆）知府，于庆历三年（1043 年）入京，先后担任监察御史、三司户部判官。庆历六年（1046 年），包拯外放出京，历任京东、陕西、河北三路转运使，两年后复召入京，出任三司户部副使。皇祐二年（1050年），包拯升任天章阁待制、知谏院。

经过知县、知州、转运使司、三司户部、台谏多个岗位的历练，包拯的心里很清楚，让这个才不配位、又有外戚背景的张尧佐掌管朝廷的钱袋子，风险实在太高了，谁也保不齐将来会让偌大的王朝陷入怎样的窘境。

事不宜迟，为了能让宋仁宗认清形势、回心转意，包拯、陈旭、吴奎等一批台谏言官决定另辟蹊径，从“天人感应”开始掰扯。在他们看来，这些年“群小之道盛”，所以老天爷不太高兴，以致灾害不绝，“水坏城郭，地复震动,大河决溢,沈（沉）溺者众”。谁是“群小”呢？“亿兆之众”有目共睹，就是这个张尧佐，实在太不是东西了！他凭借外戚的身份官居高位、显赫一时，结果“是非倒置，职业都忘”，不仅不能尽忠职守，反而肆意盘剥、胡作非为，岂能不惹得天怒人怨？！

包拯意犹未尽，独自又上了一道奏疏继续掰扯。他跟宋仁宗讲，三司使掌管“天下财用”,是极其关键的专业型岗位,万万马虎不得,理应“精加选擢，委任能臣，免致将来败事”。就拿太宗、真宗两朝来说吧，即便那个时候“帑廪丰盈、用度充足”，朝廷用人依然是慎之又慎，像陈恕、魏羽都是精挑细选出来的能臣良吏。现如今，朝廷的财用捉襟见肘，“上下窘迫如是”，您竟然还把张尧佐放在这个位置上,岂不是雪上加霜？！让这样的人“久居是职”，其结果可想而知，必然是“公私困敝，中外危惧”，“失天下之望，误天下之事”！圣上您爱屋及乌，原本无可厚非，但做任何事情都要讲究一个度，您倒是赏痛快了，却置社稷安危于何种境地呢？！

包拯的这一番激愤之语言犹在耳，先前认为册封贵妃“置亦无害”的何郯，在他离开京城的前夕，也向宋仁宗表达了自己内心的忧虑。

这里多说一句，何郯要走，并不是因为揪住杨怀敏不放，遭到宋仁宗的报复。他是为了照顾自己年迈的老母，自请外放回四川老家任职的。宋仁宗感念其尽孝之心，欣然同意，安排他出任汉州（今四川广汉）知州。

虽说不在其位、不谋其政，但何郯还是想再尽一份台谏言官的责任。或许正是因为身份不一样了，比起包拯的义愤填膺，何郯的言辞明显要和缓恳切许多。他跟宋仁宗讲，张尧佐在官场历练了多年，虽说没有出现过大的差错，但最近这五六年以来，对他的擢升确实过于频繁而迅猛了，台谏言官们有意见，完全可以理解。现如今，张尧佐官居三司使之要职，地位仅次于两府的主官，将来往上再走一步，入宰执或者掌枢密，并不是没有可能。如果真是那样的话，可以想象，“言事之臣必以死争”，圣上您岂不是又要陷入进退两难的境地？！要么罢黜言官，执意擢升张尧佐，要么采纳台谏之言，将张尧佐打回原形，前者有损圣德，后者有失恩宠，您该如何决断？！与其将来为难，倒不如现在就参照安置国舅爷李用和的办法，“富贵尧佐而不假之以权”，既能给足张贵妃、张尧佐的面子，也能让台谏言官无话可说。这样两全其美的事情，何乐而不为呢？！

何郯的分析入情入理，更是肺腑之言，同时也让我们预感到，如果张尧佐真的借助三司使这块跳板入主两府，做宰执也好掌枢密也罢，势必会引发一场剧烈的政坛大地震。何郯有这样的担忧，是不是过虑了呢？这倒未必！事实上，朝野内外当时已经传得沸沸扬扬，说宋仁宗打算借着一场祭祀的由头广布恩泽，让“百官皆迁官”。张尧佐也是百官之一，再往上擢升的话，岂不是真的入主两府了吗？还有传闻说，张尧佐知道参知政事的位置有空缺，已经显得有些迫不及待了（“参知政事阙员，尧佐朝暮待命”）。

在这样的情况之下，已经有台谏言官觉察出了异样，高度警觉起来。时任侍御史的彭思永打算先发制人，联合一些言官共同上疏，趁早打消宋仁宗的念头。其他的言官则认为，这毕竟只是传闻，虽说台谏也可以风闻言事，但为了稳妥起见，还是等接到正式的诏令之后，再力谏不迟。

彭思永觉得这事儿不能傻等，于是独自上疏，坚决反对擢升张尧佐、王守忠之流，认为“外戚秉政、宦官用事，皆非宗社之福”。宋仁宗接到奏疏之后，不禁龙颜震怒：你说的这些个小道消息，都是从哪儿听来的？！轻信谣言批皇帝，你脑子没毛病吧？！

结果呢，彭思永因为弹奏不实，被罢免了侍御史之职。宋仁宗原本打算追查传闻的来源，不抓上一批誓不罢休，多亏右司谏吴奎站出来说了句公道话，认为穷追不舍的话，以后谁还敢讲话啊，无异于“自蔽耳目”，方才平息了宋仁宗的怒火。

话说回来，无论宋仁宗是真的无辜挨顿批，还是欲盖弥彰地玩掩饰，包拯、何郯、陈旭、吴奎、彭思永这些台谏言官的鲜明态度，都让他清醒地意识到，在重用外戚张尧佐的问题上，自己确实已经触犯众怒了。

台谏言官到底有多难缠，宋仁宗早在废黜郭皇后的时候，就已经领教过一回，所以再度面对群情激愤的局面，他也在暗自掂量权衡：为了区区一个张尧佐，跟这些台谏言官撕破脸皮闹腾一场，实在是不值当，倒不如采纳何郯的建议，“富贵尧佐而不假之以权”，这样让各方面都能有一个台阶可下。

于是乎，在皇祐二年（1050 年）闰十一月初六日，宋仁宗一天之内连下了三道诏书：一是规定“后妃之家，毋得除二府职位”；二是任命尚书左丞王举正兼任御史中丞，掌管御史台；三是罢免了张尧佐的三司使之职，改授为宣徽南院使、淮康节度使、景灵宫使一干虚衔。第二天，宋仁宗再次下达诏书，加封张尧佐为同群牧制置使，这依然是没有实权的虚头衔一个。

不得不承认，宋仁宗的这套组合拳打得还是相当娴熟的，这里有必要给大家稍微解释一下。第一道诏书讲得很明白，为所有的外戚（眼下主要是张尧佐）设置了一道职业上的天花板，既断了他们入主两府的道路，也借此堵住台谏言官不饶人的铁嘴。第三道诏书，连同第二天的加封，一股脑儿给张尧佐扣上了四顶高帽，虽说级别堪比参知政事，但其实并没有什么实权，无非是在重大典礼上露露脸、站站台而已，这正是何郯建议的“富贵尧佐而不假之以权”，将张尧佐极尽尊荣地晾在一边。

至于第二道诏书任命的王举正，貌似与张尧佐这件事儿没有关系，其实正是宋仁宗的“神来之笔”！这话从何说起呢？先给大家隆重介绍一下王举正，他在当时算得上是一位响当当的人物。

大家千万不要误会，说王举正响当当，不是说他伶牙俐齿爱挑事儿，恰恰相反，他简直就是一只如假包换的扎嘴葫芦，用《宋史》里的话来说，叫做“厚重寡言”。如果再给这个评价加上一句注解，那就是寡言到了一定的境界！

王举正出身宦门，其父王化基官至礼部尚书，被宋太宗盛赞为“慷慨之士”。进士及第之后，王举正从知县起步，历任编修、知制诰等职，一路做到参知政事，却不断挨台谏言官的炮轰，其中还有两句丝毫不留情面的至评。一是说他在朝为官“懦默不任事”（欧阳修、蔡襄等人说的），二是说他回到家中“妻悍不能制”（李迪之子、御史李徽之说的）。

这样一个木讷寡言、温顺懦弱的货色，宋仁宗却安排他兼任御史台的主官，意图很明显:你们这些言官不是喜欢闹腾吗，朕派一只扎嘴葫芦来坐镇，看你们还怎么瞎咋呼！

（二）

宋仁宗机关算尽，自以为得计，但千算万算都没能算计到，竟然会在王举正的问题上给自己挖了一个坑。当然，这也怨不得宋仁宗缺乏识人之明，毕竟王举正向来就是一副没脾气的衰相。从当朝天子到文武百官，谁也没有预料到，王举正在出任御史中丞之后，竟然彻底脱胎换骨，让所有人都领教了什么是真正的“人狠话更多”！

接到诏书之后的第五天（十一日），以“懦默不任事”而闻名的王举正甩出一记重拳，给宋仁宗进呈了一封措辞相当严厉的奏疏，“力言擢用尧佐不当”。王举正说，张尧佐先前担任三司使，可谓“猥尸其职”，惹出了不小的非议。现如今虽然被罢免，但又赐他四使之衔，这样的恩宠未免太过头了，实在是令天下的忠臣义士心寒！另外，张尧佐这个人也是无耻到了极致，面对群议汹汹，竟然“宴然恃赖，曾无一言自陈”！圣上如此滥加赏赐，既有损圣君之德，朝纲也为之紊乱，进而“四方骇任人之失，三鄙萌轻国之心”，照这样胡闹下去，朝廷的日子还过不过了？！

至于自己的“人设”为何突然发生了惊天逆转，王举正解释说，给张尧佐加封四使之衔，“事干国体，不敢缄默”。也正是因为如此，王举正甚至不惜搭上自己的政治前途，以略带威胁的口吻让宋仁宗彻底做个了断：要么听我一言，褫夺张尧佐之衔，要么罢我的官，外放远郡，我王举正也能图一个眼不见心不烦！

御史台的新任主官王举正愤然直谏，谏院那边当然也没闲着。在王举正上疏的前一天，知谏院包拯也把"私昵后宫"的宋仁宗洗刷了一通。包拯在奏疏中说，张尧佐是"清朝之秽污、白昼之魑魅"，奉劝宋仁宗"断以大义，稍割爱情"，这样才能"仰合天意，俯顺人情"。

王举正把话说得狠，包拯骂得也不轻，一个领导御史台，一个负责谏院，看来都不是省油的灯。眼瞅着台谏言官越说越来劲，宋仁宗被整得没了脾气，索性全部留中不报，懒得搭理他们。

台谏言官的风范，咱们先前不是没有见识过。你搭他的茬吧，他势必要跟你继续争，不搭他的茬吧，他会叫得更狠、跳得更高，也更让你下不来台。果不其然，见宋仁宗这些天一直没什么动静，王举正不干了。

闰十一月十五日，也就是王举正上疏之后的第四天，因迟迟得不到答复，王举正"留百官班廷诤"，将据理力争的舞台从一纸奏疏搬到了群臣济济的朝堂。当着文武百官的面打嘴仗，台谏言官们劲头十足。盛怒不已的宋仁宗最初还想耍赖，说像节度使这样的"粗官"，不值得大家空费口舌争辩。此言一出，原本因为官阶低而站在后面的唐介（时任殿中侍御史里行）"越次而前"，一句话就把宋仁宗怼了回去：太祖、太宗都做过节度使，"恐非粗官"！

批完宋仁宗，王举正、包拯又带着台谏言官找宰相继续掰扯，毕竟加封张尧佐四使头衔，程序上是由行政系统签发的任命。当时担任宰相的是文彦博，面对群情激愤的台谏言官，他实在不知道能作何解释，只能硬着头皮"接访"。言官们的态度也很坚决：要是给不出个说法，咱们今天就耗在这儿了，谁也别想开溜！

宋仁宗万万没有想到，事情竟然会闹到这步田地，堪比当年垂拱殿前的集体示威，使他不得不以宣谕旨的强硬方式，帮着宰执班子暂时解了围。作为当事人的张尧佐，这时候也没办法装聋作哑了，赶紧自请辞去宣徽南院使、景灵宫使两个最为惹眼拉仇恨的头衔。为了尽快息事宁人，宋仁宗决定认一回怂，接受张尧佐的请辞。不过，在次日下达的诏书中，余怒未消的宋仁宗还是显得有些声色俱厉，痛斥台谏言官“其言反复”，“失于喧哗”，责令行政系统对其“取戒厉”（给予警告），并规定今后台谏言官如果要“相率上殿”，必须先经过行政系统请旨。当然，所谓“责令”和“规定”，不过是说一说而已，结果是“卒不行”。毕竟行政系统不敢再给自己惹麻烦，台谏言官也不会真当一回事。他们的理由很简单：若是都按照圣上的旨意来办，那还设置台谏干什么，撤了得了！

（三）

擢升外戚张尧佐引发的风波暂且告一段落，但相隔不到一年，朝堂之上烽烟再度燃起。皇祐三年（1051 年）八月，赋闲在家的张尧佐接到了新的任命，宋仁宗不仅把宣徽南院使的头衔“还”了回来，还给他安排了一个颇有实权的差事：判河阳（今河南孟州）。

细论起来，这真是让人有些搞不懂，宋仁宗到底是情到深处无所顾忌，还是生性比较健忘，好了伤疤便忘了疼。根据《曲洧旧闻》的记载，张尧佐此番履新，是温成的“枕边风”发挥了关键性的作用，这其中还有一段十分生动的描写。话说有一天，温成将前去早朝的宋仁宗送到殿门外，抚着他的后背叮嘱道：“官家今日不要忘了宣徽使。”宋仁宗连声允诺，结果刚下达旨意，就被包拯拦住一通数落。包拯情绪激动，“反复数百言”，又是当着宋仁宗的面掰扯，结果喷了宋仁宗一脸的口水（“唾溅帝面”）。宋仁宗好不容易脱身回来，对着温成一通埋怨：你只管张口讨要什么宣徽使，却不知道像包拯这样的台谏言官有多难缠！

实事求是地说，上面的这段记叙，显然有艺术加工的成分，未必完全符合史实，但不可否认的是，这道任命恰似一颗划破长空的信号弹，让台谏言官的炮火再度对准张尧佐，铺天盖地猛轰过来。

在新一轮的交锋之中，“人狠话更多”的王举正再次充当急先锋，新账旧账搁在一块清算。他先是臭骂张尧佐“叨据非分”，“以尸厚禄”，接着痛批宰执班子“不念祖宗基业之重，顺颜固宠”，当然也没忘记捎带上宋仁宗，指责他“授受非当”，对上天、对黎民都没办法交代（“何以上答天戒，下慰民望哉”）。最后，依然是颇具威胁意味的收尾：如果圣上您执意要滥赏，那我王举正就辞官，以此警醒那些不识忠佞的睁眼瞎（“以诫不识忌讳愚直之人”）。

身为御史中丞的王举正身先士卒，打响了据理力争的第一枪，谏院这边当然也不会躲在后面看大戏。包拯、陈旭、吴奎相继上疏，认为当前“物议腾沸”，而他们身为言官，职责所系，“不得不极谏”。当然了，相比于王举正的咄咄逼人，谏院这边的态度要稍微和缓一些，毕竟打嘴仗的最终目的，不是为了彰显谁的口才好，而是想彻底解决问题。

包拯等谏官认为，此次对于张尧佐的任命，倒算不上有多么恩宠，他们真正担心的是这个张尧佐贪得无厌，骑着骆驼想找马（“幸求觊望，不知纪极”）。宋仁宗这个人呢，耳根子又比较软，难保日后不会继续给他加官晋爵。有鉴于此，谏官们建议跟宋仁宗做一个交换：我们同意此次任命，让张尧佐赶紧到河阳赴任去，但圣上您也要表一个态，讲清楚张尧佐“享此名位，已为过越”，不仅下不为例，还要明令禁止他“处使相之任”或者到谏院供职。

王举正的奏疏言辞激烈，宋仁宗没有搭理他，反观谏院的此番陈情，倒是比较中肯和务实，让宋仁宗感觉到是一个不错的台阶。于是乎，宋仁宗下达了一道类似于“留此存照”的诏书：“自今张尧佐别有迁改，检会此札子进呈执奏。”什么意思呢？意思是说，假如——只是假如啊——说今后要是再擢升张尧佐的话，你们就用这道诏书来投反对票吧！

各方面的利益都能有所照顾，事情原本就此做一个了结，但咱们别忘了，台谏、台谏，除了谏院之外，还有一个御史台呢！

御史台这边，倒不是“人狠话更多”的王举正不依不饶，而是先前出过镜的那位低品级台官——时任殿中侍御史里行的唐介，打算跟宋仁宗硬杠到底。当时，不少人都认为张尧佐只是外放而已，没必要紧追不放（“补外不足争”)。然而，唐介真正在意的是宣徽南院使的荣誉头衔，名义上的地位仅次于两府的主官，外放河阳不过是掩人耳目而已，所以“不计内外，独争之”。

面对这位不识大体、不顾大局的“愣头青”，宋仁宗不想自降身价跟他饶舌，便将皮球踢给了行政系统，说张尧佐的任命都是中书下的。唐介接过宋仁宗的话头，自行“脑补”为中书违背圣上的旨意，擅自行事（“以此知非陛下本意”），于是转而弹劾宰相文彦博。

唐介给文彦博定了一条罪状，说他是“专权任私，挟邪为党”。虽说风闻言事是台谏言官的特权，但罪名是不能乱扣的，所以唐介特意摆出了一份证据。正是这份证据，让宋仁宗龙颜震怒，原告唐介、被告文彦博都相继被贬谪，因为这里面牵涉到了一直置身于事外的温成。

唐介说，文彦博在出任知益州（今四川成都）的时候，给温成送过灯笼锦，以此谋求攀附。后来，文彦博入主中书，官居宰相，“贵妃有力焉”，这不正是外臣勾结内宫吗？！

宋仁宗向来最为忌惮这种事，有些将信将疑，便让唐介与文彦博当面对质。结果呢，文彦博的屁股还真是不太干净，当年确实有向温成送礼之举，所以眼下百口莫辩，只是“拜谢不已”。早已豁出去的唐介劲头更足，进一步“爆料”说，文彦博拜相以来“独专大政”，“三司、开封、谏官、法寺、两制、三馆、诸司要职，皆出其门”，这不是把偌大的朝廷变成文家店了吗？！还有谏院的包拯、吴奎，也不是啥好东西，他们跟文彦博在暗中有所往来，说什么“彦博有才，国家倚赖”，难怪会在张尧佐任命的问题上故意放水，简直就是无法无天啊！

唐介这么一闹腾，从上到下的面子都没地方搁，更何况还把温成搅进了这摊浑水。宋仁宗怒不可遏，打算将唐介贬到春州（今广东阳春）做别驾。

岭南两广，放在今天是好地方，但在当时还是一片瘴疠荒蛮之地，史载“水土温暑，加有瘴气，致死亡者十必四五”。因此，在“不得杀士大夫及上书言事人”的北宋王朝，有一个不成文的潜规则：如果皇帝想把不听话的官员置于死地，又不愿背负有违祖训的骂名，将他贬谪到岭南便是最佳的选择，能不能活着回来，全看这个人的命硬不硬。就说咱们熟知的大文豪苏轼吧，他后来从黄州、惠州一路贬谪到儋州，岂止是岭南，都跑海南岛上去了，但他不仅活得好好的，还放言“日啖荔枝三百颗，不妨长作岭南人”，以苦为乐之余，也不忘给宋哲宗添一添堵。

当然，从统计学的意义上来讲，贬谪到岭南，特别是条件最为恶劣的春州，基本上等于死路一条（“介若至彼，必无生还之理”）。因此，在宋仁宗抛出这项动议的时候，朝堂上的大臣们坐不住了。唐介的上司王举正、时任右正言的蔡襄，甚至受到弹劾的宰相文彦博，都站出来替唐介求情，认为台官言事乃职责所系，因言获罪，未免“责介太重”。

冷静下来之后，宋仁宗也感觉到自己过于冲动了，便将唐介的贬谪之地从春州改到了生活条件好很多的英州（今广东英德），并派出中使护送他上路，“戒必全之，无令道死”。有大臣认为此举极为不妥，万一唐介在途中染病身亡，必然会有人怀疑是被暗害的，朝廷又怎么解释得清楚？宋仁宗如梦初醒，赶紧把护送的中使追了回来，让唐介自己去赴任。

唐介遭到贬黜之后的第三天，文彦博的宰相之职也被罢免，外放到许州（今河南许昌）去了。还有一同遭到弹劾的吴奎，也被外放去了密州（今山东诸城）。包拯上疏替吴奎求情，结果遭到宋仁宗一通抢白，说唐介弹劾你们“阴结文彦博”，如今看来，还真没冤枉你们！听得此言，先前还伶牙俐齿、喋喋不休的包拯也只能选择闭嘴。

伴随着唐介、文彦博、吴奎相继受到责罚，这场异常激烈的交锋终于落下了帷幕。根据《东轩笔录》的记载，有一位名叫李师中的同僚给唐介写了一首诗，言及“并游英俊颜何厚，未死奸谀骨已寒”。还有不久前获赐同进士出身的梅尧臣（时任太常博士），也特意写了一首《书窜诗》，盛赞唐介不畏权贵、仗义执言，并痛斥文彦博“委曲媚贵昵”。当然，梅尧臣可不想引火上身，一直“不敢示人”，后来欧阳修为他编纂诗集，也没敢把这一首收录进去，因而不为时人所知。

至于引爆这场纷争的张尧佐，很快就以实际行动向世人证明：台谏言官紧咬着他不放，还真是为社稷、为苍生的忠直之举！那位曾经明察善断的推官，早已被养尊处优的极致荣华所淹没，充分印证了孟夫子的一句名言："生于忧患，而死于安乐也。"在判河阳的任上，张尧佐将尸位素餐发挥到了极致，以致"民讼久不决"。若不是还有一位名叫吴育的官员"多管闲事"，真不知道会闹出什么乱子。

说到这个吴育，其实也挺有意思。他跟杨亿是老乡，建州浦城（今福建浦城）人，曾经夺得礼部考试的头名，甲科进士及第。根据《宋史》记载，纵观北宋历朝的科举，能以"制策入三等"的只有两个人，一个是后来的大文豪苏轼，一个便是吴育。

像吴育这样的顶级"学霸"，原本是在朝中担任要职的，两府的副职——枢密副使、参知政事他都做过。后来，吴育或许是对朝政有些心灰意冷，托病自请"居散地"赋闲，故而被安排到河南府（今河南洛阳）担任判西京留司御史台。按照宋朝官制，此时的吴育纯属闲散官员，"不领民事"，可他偏偏遇上一个无能鼠辈张尧佐，但凡手上有案子便跑来向他讨教。吴育不仅替他梳理案情、辨析曲直，还亲自起草判决，张尧佐唯一能做的事情就是"畏恐奉行"。

张尧佐在河阳做得实在太不像样，宋仁宗不断接到台谏言官对他的弹劾，光是"人狠话更多"的王举正就进呈了三道表章。没过多久，张尧佐便被召回京城，改授天平军节度使的虚衔，让他赋闲在家、颐养天年。嘉祐三年（1058 年）九月，张尧佐去世，宋仁宗追赠他为"太师"，史载其"恋嫪恩宠，为世所鄙"。

回头来说"愣头青"唐介，虽然"以对上失礼远谪"，但宋仁宗十分感念他的忠直。皇祐四年（1052 年）正月，唐介被贬英州才两个来月，宋仁宗便将他改迁到了郴州（今湖南郴州），不到半年又改任潭州（今湖南长沙）通判。次年八月，唐介被召返京城，回到了御史台，出任殿中侍御史，史载"天子优容言事之臣，近古未有也"。

另据《曲洧旧闻》的记载，宋仁宗后来特意让人画了一幅唐介的画像，挂在温成的阁中，“御题曰：右正言唐介”（当时唐介已到谏院任职），以此告诫自己不要忘记，这是一位忠直敢言的台谏言官。

唐介被召回京城的第二年岁首，也就是皇祐六年（1054年）正月[1]，京师遭遇了一场罕见的严寒和瘟疫，史载“民多冻馁死者”。更令宋仁宗肝肠寸断的是，正值芳龄的温成竟然也不幸染上了这场瘟疫，并在是月初八日香消玉殒，年仅三十一岁。

宋仁宗悲戚欲绝，不停地向旁人念叨起那些历历在目的往事，特别提到了这两桩：一是发生在六年前的那场宫变，温成“挺身从别寝来卫”，这是众所周知的。二是温成刺破手臂，用自己的鲜血书写祷文，襄助宋仁宗祈雨，这事儿则一直不为外人所知（“外皆不得闻”）。忆亡者的在生之德，也算是人之常情，但宋仁宗偏偏拿这两桩事来念叨，想必还有另外的心思。当时，一位名叫石全彬的侍从（时任入内押班）觉察出了宋仁宗的话外之音，提议采用皇后的礼仪规格，在皇仪殿为温成治丧。此言既出，“诸宦者皆以为可”，只有时任入内都知的张惟吉力求稳妥，觉得有必要跟宰执班子商量一下，以免招惹不必要的非议。

超规格治丧的动议提出来之后，群臣的意见并不统一。有人反对说，贵妃去世，当按贵妃的规格治丧，尊卑秩序不能乱套；也有人迎合上意，认为张贵妃的情况特殊，理应给予厚遇。当时出任宰相的是陈执中，当年对宋仁宗有“力言建储”之恩，他在庆历年间也做过宰相，曾被人质疑“才德实无可言”。这个人有一个明显的性格弱点，就是思虑有余、魄力不足，不愿意踩雷，可往往又绕不开。还记得吗？六年前发生的离奇宫变，宋仁宗和枢密使夏竦想借所谓“扈跸”之功的由头，给予温成“尊异之礼”，说白了就是想废立皇后。陈执中身为宰相，竟然不知所措，还是翰林学士张方平一语点醒梦中人。陈执中担心自己会背上引发“天下谤议”的罪名，方才表明反对的态度，并且“持议甚坚”。

[1] 是年三月改元“至和”。

〔宋〕佚名《宋仁宗皇后像》，因郭皇后被废，后世判断图中应为曹皇后。皇后头戴九龙纹钗冠，面贴珠钿，翟衣绶带用环佩，人物神态庄重肃穆，服饰华美而光鲜。（现藏于台北故宫博物院）

现如今，陈执中再一次陷入两难的处境，史载其“不能正”，意思就是不敢提出异议，因为朝中的一干大臣——包括判太常寺、翰林学士承旨王拱辰以及知制诰王洙等等，都表态支持超规格治丧的动议。于是乎，宋仁宗下达诏令，要求近臣、宗室全部到皇仪殿祭奠温成，并辍朝七日，以示哀悼。

参照皇后的礼仪为一位贵妃治丧，竟然还要辍朝七日，台谏言官登时提出了异议。时任殿中侍御史的吕景初认为：贵妃属于一品，辍朝三日即可，荆王（也就是“八大王”赵元俨）去世的时候，也只是辍朝五日，如今竟要为张贵妃辍朝七日，哪有这样的搞法（“使恩礼过荆王，不可以示天下”）？！

面对台谏言官的非议，宋仁宗故技重施玩起了冷处理，没有搭吕景初的腔，但他心里很清楚，这帮人一旦被点炸，是绝不可能自熄的。因此，宋仁宗打算从根子上发力，将这些超乎常规的做法变得名正言顺。具体怎么办呢？简单！“追册贵妃张氏为皇后，赐谥温成”！张贵妃摇身一变成了温成皇后，以皇后的礼仪治丧，辍朝七日，自然是理所应当的了，看你们还能有什么话可说！

与过往的数次交锋类似，这又是宋仁宗的一厢情愿。此诏一下，台谏乃至两府都炸开了锅：曹皇后尚且健在，却又多出来一个追封的皇后，这“生死两皇后”的做法，比超规格治丧的性质还要恶劣！

先说两府这边，时任枢密副使的孙沔连番上疏，认为这事儿于礼不合，并含沙射影地表示，肯定是一帮佞臣在旁边“捧臭脚”（“皆由佞臣赞兹过举”），直接将矛头指向了“不能正”的宰相陈执中。

再来看台谏这边，同样是热闹非凡。去年五月，“人狠话更多”的王举正因为反对行伍出身的狄青出任枢密使，“既不能得，因请解言职”，黯然离开了朝堂，而接替他出任权御史中丞的是一个新面孔——孙抃。

孙抃（996—1064 年），字梦得，眉州（今四川眉山）人，甲科进士及第（具体年份不详）。要说孙抃这个人呢，尽管打嘴仗的“段位”不及他的前任，但性格和经历倒是与王举正颇有一些相似之处。步入官场之后，孙抃在通判、推官、知制诰、史馆修撰乃至吏部郎中等多个岗位上都历练过，史载其“笃厚寡言，质略无威仪，虽久处显要，循循罕所建明”。细品一下，这可不是什么好话，跟欧阳修、蔡襄等人痛骂王举正“懦默不任事”差不多，意思是他待过这么多的关键岗位，结果并没有搞出什么名堂，也没听到他发表过什么高见。正因为如此，在宋仁宗安排他接替王举正的时候，便有台谏言官提出了异议，说这个人“非纠绳才，不可任风宪”。与王举正的“懦默”不同，孙抃偶尔也有横的时候，当即就怒怼了回去，说要是以善于攻讦他人来评价台谏言官胜任与否的话，我确实是没这个本事！

如今面对“生死两皇后”的局面，“笃厚寡言”的孙抃颇有一些“王举正附体”的味道，领着一群言官跟宋仁宗杠上了，“三奏请罢追册”。宋仁宗没接这茬，留中不报，孙抃又带着言官们以辞任外放相威胁，但依然没有得到宋仁宗的正面回应。

与过往交锋有所不同的是，两府、台谏相继上疏反对无效之后，这事儿还真的没办法继续据理力争。去朝堂上吵？对不起，辍朝七日，没人上班。集体入宫示威？帮帮忙，人家正在办丧事呢，死者为大，都是读书人，做人做事不能这么不顾及颜面和影响。

于是乎，丧礼和追册仪式照常进行，但还是在程序上闹出了一点不愉快。原来，宋仁宗想让枢密副使孙沔宣读哀册，但孙沔拒不奉诏，理由是章穆皇后——也就是宋真宗的郭皇后——去世的时候，“行事皆两制官”（“两制”指翰林学士、中书舍人），如今温成皇后还是追谥的，却让两府的主官出面行事，级别太高，不符合规矩！话音刚落，孙沔也不管宋仁宗尴尬与否，竟然当众“置册而退”。眼瞅着追册仪式要闹僵，宰相陈执中赶紧站出来救场，捧起哀册宣读，让仪式得以继续。

（四）

尽管丧礼如期完成，但因温成而起的风波并未停歇。没过多久，宋仁宗给礼院下达诏令，要求他们给列位已故的皇后——当然也包括追谥的温成在内——立小忌。此议一出，又有大臣不答应了，而且并非局限于某一个部门。譬如在集贤院供职的刘敞认为，这是“以私昵之爱而变古越礼”，先前不肯宣读哀册的枢密副使孙沔也“极陈其不可”，还有御史中丞孙抃，更是屡次上疏抗辩。

作为具体承接这项任务的礼院，意见其实也不统一，不少礼官都“列言其不可”。有人向宰相陈执中告刁状说，其实都是一个名叫张刍的礼官在搞鬼，因为他一个人固执己见、不肯奉诏，其他礼官“皆不得已从之尔”。于是乎，陈执中随便找了点由头，将张刍贬黜去了潭州（今湖南长沙），意在杀鸡给猴看，以儆效尤（“欲绝礼官羣[群]议，借刍以警其余尔”）。

张刍挨了整，礼院上下都不敢乱开腔（“礼官议者稍稍息”），但来自台谏系统的阻力依然很大。孙抃等人认为，宋仁宗因为一个温成，方才想起先朝诸皇后，要给她们立忌，这事儿要是传出去，岂不是遭天下人和后世耻笑（“取四方之讥”，“贻万世之诮”）？！台谏言官把话都说到这个份上了，宋仁宗也不好一意孤行，立忌的念头就此不了了之。

过了大半年，也就是至和元年（1054年）的九月，宋仁宗又整出一个幺蛾子，结果新的麻烦又来了。事情的起因倒也不复杂：温成的陵寝不是即将完工了吗，宋仁宗安排几位官员分别出任监护使和监护都监，提前为安葬仪式做好准备。

让最先揣摩出圣意的内侍石全彬担任监护都监，大家没有什么话说，但刚刚从参知政事擢升为宰相（次相）的刘沆被任命为监护使，以孙抃为首的台官们不干了。理由很简单：让当朝宰相领皇后园陵监护使，真是岂有此理，更何况为温成立庙建陵，同样于礼不合！宋仁宗依然想冷处理，但孙抃不依不饶，在朝堂上力争不得，索性“伏地不起”，搞得宋仁宗相当尴尬。

尴尬归尴尬，不听就是不听，该怎么办还是怎么办。稍微有些不同的是，温成的陵寝从“温成园”改为“园陵”，刘沆的差事也从“监护使”改为“园陵使”。没想到时任知谏院的范镇竟然揪住这一点不放，对准礼院一顿炮轰，说他们视礼法如儿戏，“前日是则今日非，今日是则前日非，必有一非于此矣”，但黯然神伤的宋仁宗仍然不予理会。

为了追悼这位平生的挚爱，宋仁宗不仅“自制挽歌词”，还命翰林院为温成撰写碑文。碑文拟好之后，宋仁宗又想请名噪一时的书法“大咖”蔡襄亲自动笔手书。蔡襄时任知制诰，这也是一个狠角色，当即回绝宋仁宗说：“此待诏职也。”——原本是待诏干的活，您让我来做，您倒开得了这个口，我可丢不起这个人！迎面碰上这么一根硬钉子，宋仁宗也只能悻悻然作罢。

转眼到了第二年岁首，临近温成的周年之忌，宋仁宗突然提出要去奉先寺拜谒神御殿。虽然嘴上没有明说，但大家的心里都跟明镜似的：不就是想去温成的陵庙祭奠一番，顺道拜一拜列祖列宗吗，还说得这么道貌岸然。

台谏言官丝毫不给宋仁宗留情面，直言其“欲致奠温成陵庙”的小心思。

孙抃率先开火，说这样的做法“亏损圣德”，欧阳修等谏官也纷纷附议，力争不止。宋仁宗不得不做出让步，承诺自己只拜谒神御殿，不会顺道去温成陵庙祭奠。

转眼到了嘉祐四年（1059 年），有大臣再翻旧账，提出要将业已设立五年的温成庙拆掉。说起这座庙，规格可不是一般的高，宋仁宗当时特意要求“四时祭奠，以待制、舍人摄事，玉帛祼献，登歌设乐，并同太庙之礼”。最先提出拆庙的是一位名叫张瑰的官员，时任同判太常寺兼礼仪使事，但宋仁宗没有搭理他。

历次交锋的经验充分证明，宋仁宗以为不搭理这些人就没事，时间会让他们淡忘一切，未免也太天真了一些。后来，一位名叫杨畋的谏官上了一道奏疏，表面上并没有明言要拆温成庙，但他拿水患洪灾作文章，并引用了《洪范五行传》的一句话：“简宗庙则水不润下。”直白一点说，只要拆庙，保管啥事没有！

在杨畋的这番“引导”之下，太常礼院、翰林院纷纷跟进，极言为温成立庙是“以嬖宠列于秩礼”，“颇违经礼”，有损尊亲致孝的庄重感。嘉祐七年（1062 年）正月，宋仁宗终于彻底认怂，下诏将温成庙改为祠殿，按常礼致祭。次年三月，宋仁宗也因为一场暴病而与世长辞，与他挚爱的温成在黄泉之下继续爱意缠绵去了。

因温成而起的爱恨纠葛，至此终于尘埃落定。其间的跌宕起伏、迂回婉转，令人不得不由衷地感慨一句：生于帝王家，爱得太艰难！

无嗣千尺浪：谁家儿子乱认爹

（一）

普希金在一首诗里这样写道：“一切都是瞬息，一切终将过去，而那过去了的，都会成为亲切的怀念。”毋庸置疑，温成生前给予了宋仁宗无尽的温存，哪怕斯人已逝、时过境迁，重情重义的宋仁宗依然忍不住追忆这位平生的挚爱。当然了，在宋仁宗的记忆里，除了温成的音容笑貌之外，也不乏因为她而与台谏言官之间发生的那些激烈交锋。

我相信很多人都会有这样一种感觉：当时觉得多么了不得的事情，回过头再去看看，往往不过尔尔。相隔的时间越长，心中也会愈加坦然，宋仁宗自然也不例外。

据说，宋仁宗有一次与那位“愣头青”唐介言及当年的诤谏，不乏轻松惬意地感慨说：台谏言官其实也有危言耸听的时候啊！这话从何说起呢？宋仁宗解释道：你们这些台谏言官啊，当年口口声声地争辩说，朕要是重用了张尧佐,势必会重蹈唐玄宗的覆辙,有“播迁之祸”。可朕当时就是重用他了，可“播迁之祸”又在哪儿呢？

尽管早已时过境迁，但唐介依然是那么“愣”，当即怼了宋仁宗一句：虽说重用张尧佐未必有播迁之祸，但陛下您要是播迁的话，恐怕连唐玄宗都不如了！人家好歹还有唐肃宗“兴复社稷”，您有啥呢？！闻听此言，宋仁宗顿时慨然变色，沉默良久之后，方才尴尬地缓缓说道：你说的这事儿吧，正跟宰相商量着呢。——唐介一句类似打哑谜的话，算是把天彻底聊死了。

另据《画墁录》的记载，有一位名叫张知白的台谏言官，因为平日里太不给同僚面子（“言事无所避”），人缘比较差。宋仁宗半开玩笑半怜悯地跟他讲：你这个人太“孤寒”了，没什么朋友，如果家里需要关照的话，尽管跟朕说好了。宋仁宗一番好意，换作别人恐怕早就感激涕零、五体投地了，但张知白偏偏不领这个情，直接怼了回去：“臣非孤寒，陛下乃孤寒。”此话怎讲呢？张知白解释说：我家里有妻子儿女，外面还有亲戚，可圣上您呢，后宫里只有一群女人，连个皇子都没有，还好意思说我孤寒？宋仁宗闻言，表情异常尴尬，回去后竟与曹皇后相对而泣。[1]

唐介、张知白硬怼宋仁宗的传闻到底是真是假，不得而知。常言道：打

[1] 此据《画墁录》，另据《曲洧旧闻》记载，与宋仁宗论“孤寒”的是御史中丞张昪，他说宋仁宗“孤寒”是因为“内自左右近习，外至公卿大臣，无一人忠于陛下者”。

人不打脸，骂人不揭短。唐介、张知白如果真是这么说，确实不太厚道。自古皇位继承，有两大难以破解的终极困境：一是子嗣太多，二是没有子嗣。子嗣太多，难保不会至亲反目、手足相残，而一生爱恨情仇不断的宋仁宗，偏偏遭遇的是“巧妇难为无米之炊”，唐介、张知白这两个“缺心眼”还哪壶不开提哪壶，你说气人不气人？！

话说回来，唐介、张知白冷不丁地把皇子拿出来说事儿，倒未必是故意让宋仁宗难堪。作为大宋的臣子，他们的心里也是万分焦急，毕竟皇嗣关乎社稷的未来，总这么空耗着也不行啊！

膝下没有皇子，并非宋仁宗和后宫的女人们不够努力。恰恰相反，从景祐四年（1037 年）到嘉祐六年（1061 年），也就是宋仁宗从二十八岁到五十二岁，先后有八个女人为他生养了十六名子嗣，平均下来三年生两个，真是不算少了！

问题出在哪儿呢？主要是两点：

第一，公主的占比太高。宋仁宗的十六名子嗣当中，公主有十三个，占比超过八成，尤其是宋仁宗挚爱的温成皇后，还有他晚年宠幸的董氏，连生三胎都是千金。

第二，夭折率太高。十六名子嗣宛如大浪淘沙，顺利活到成年的竟然只有四个公主。如果将这样的状况归结为“基因”问题，似乎不太科学，活得长的又怎么解释？譬如秦鲁国大长公主（第十女），她就活到了八十多岁，历经仁宗、英宗、神宗、哲宗、徽宗、钦宗、高宗七朝，直到南宋初期的绍兴十四年（1144 年）才去世，其间还侥幸逃过了“靖康之难”。如此高寿的公主，在历朝历代都是比较罕见的。

皇子本来就比较稀缺，夭折率又那么高，结果是三位皇子都没能逃脱早夭的命运。长子赵昉，生于景祐四年（1037 年）五月，结果生下来的当天就夭折了。次子赵昕，生于宝元二年（1039 年）八月，在康定二年（1041 年）[1]

[1] 是年十一月改元“庆历”。

二月暴病而亡,宋仁宗“惨然垂涕”。三子赵曦,生于康定二年(1041年)八月，但在庆历三年（1043年）正月，未及等到册封为鄂王，也不幸染病夭亡了，宋仁宗悲痛欲绝，为此“三日不视朝”。

（二）

宋仁宗从青少年步入中老年，宫中却一直没有皇嗣，将来会面临怎样的风险乃至动荡，谁也无法预料。毫不夸张地说，从宋仁宗到文武百官，都陷入了深深的焦虑之中，朝野内外，也滋生出些许别有用心的躁动，譬如有人竟然打起了投机取巧、假冒皇子的算盘。

皇祐二年（1050年），有一位名叫冷青的人突然冒出来，当街爆料自己是如假包换的皇子。据这个冷青自述，他的母亲王氏以前做过宫女，还时常得到宋仁宗的临幸。因为禁中发生了一场火灾，王氏被遣散出宫，但她当时已经怀有身孕，在嫁给一个姓冷的药铺役人之后，生下了冷青。

冷青讲得绘声绘色，还拿出一块自称御赐的绣抱肚为证，引得路人纷纷上前围观，很快就惊动了官府。被差役带到开封府衙之后，冷青不仅毫无半点惧色，而且刚迈进大堂便先声夺人，质问端坐在堂上的钱明逸（时任权知开封府）为什么没有起身迎接自己。

说到钱明逸，这又是一个有故事的人。他是吴越王室的后裔，祖父钱倧是吴越的第四任国君。通过制举及第之后，钱明逸深得宰相吕夷简的赏识，后来又得到宰相章得象的提携，从太常博士擢升为右正言。身为台谏言官，钱明逸头一炮轰的就是主持“新政”的范仲淹和富弼,弹劾他们“更张纲纪，纷扰国经，凡所推荐，多挟朋党”，结果二人都被罢了官。

这样一位狠人，如今坐镇开封府，竟然真的被这个冷青唬住了，见对方“姿状魁杰”，当即“惊愕起立”。惊愕归惊愕，钱明逸冷静下来之后一寻思，觉得这事儿实在过于蹊跷，皇子的身份到底是真是假，他也搞不清楚，最好别去踩这个雷。于是乎，钱明逸给冷青判了一个精神病发作，打算将他送往汝州（今河南汝州）编管。

如此草草了事，俨然成为大宋版的“葫芦僧判断葫芦案”，时任开封府推官的韩绛不干了。韩绛认为，此事无论真假，都关乎宫闱乃至社稷，咱们要对圣上负责，更要对历史负责。不问青红皂白，就贸然将冷青遣送到汝州，岂不是让他继续在外面妖言惑众？！

在韩绛的坚持之下，这事儿终于被捅到了朝廷。到底应该如何处置冷青，群臣的意见其实也不统一。有人跟钱明逸想的差不多，索性将这个信口雌黄的疯子流放到江南去算了。也有人提出异议，认为还是应该把事情调查清楚，如果冷青所言不虚，自然不该被流放，如果他是使诈，“匹夫而希天子之位”，性质极其恶劣，理应处以极刑。事关重大，岂能模棱两可？！

毕竟是牵涉到皇子，宋仁宗也觉得不能稀里糊涂，但他实在想不起来，自己是否真的临幸过那位姓王的宫女。于是乎，宋仁宗将这个调查的任务交给了时任知谏院的包拯。包拯一出马，果然不同凡响，很快就把来龙去脉捋清楚了。

原来，这个冷青的生母王氏，确实在宫中做过杂役，因禁中发生火灾而被遣出。嫁给一个姓冷的平民之后，她先是生下一个女儿，后来才生的冷青。冷青成年之后，漂泊于庐山一带，到处招摇撞骗，妄称自己是皇子。说来也巧，冷青遇到了一个法号“全大道”的僧人，此人俗名高继安，有因罪被发配的前科，后来“专以幻术交结权贵”。姑且算是搞政治投机吧，全大道怂恿冷青来到京城，合谋上演了这出闹剧。所谓皇子，纯属扯淡！

最终，妖言惑众的冷青、全大道被判处死刑，糊涂判案的钱明逸也遭到贬谪，出知蔡州（今河南汝南）。

转眼过了四年，也就是至和元年（1054 年），京城又发生了一桩假冒皇子的案件。与先前那个冷青自行“爆料”不同，这一次的主角名叫张茂实，他完全可以说是被人踹进这摊浑水的。

张茂实是一位行伍出身的军官，时任马军副都指挥使。是年四月的一天，张茂实骑着马走在京城的大街上，突然从旁边蹿出来一个人，不仅伸手勒住他的坐骑，还煞有介事地跟他讲：你可是真宗之子，当今圣上的兄长啊！

我相信，任何一个思维正常的人，遇到这种事情的第一反应都是报官。张茂实毕竟是“体制内”的人，深知这一句话会给自己招惹多大的麻烦，于是赶紧揪住这个神经病，一起来到了开封府衙。

经过开封府的细致调查，拦住张茂实的人并非冷青、全大道那样的疯癫之徒，而这件事的背后，确实是有一些隐情的。原来，宋真宗的次子赵佑即将出生的时候，有一位姓朱的孕妇应选入宫，“以备乳母”。朱氏生下一个男孩，按规矩是要送出宫去的，但宋真宗觉得“此儿丰盈，亦有福相”，破例将他留下来陪伴小皇子。几年之后，赵佑不幸夭折，朱氏的儿子自然也没有留在宫中的必要了，宋真宗便将他托付给内侍张景宗，并嘱咐说“此儿貌厚，汝养视之”，张景宗奉命收养为己子，并取名为茂实。

当街拦住张茂实的人，名叫繁用，他的父亲曾经做过张景宗的奴仆。繁用自幼就听父亲八卦说，张茂实“生于宫中，或言先帝之子”。为了讨得一些恩赏，繁用又把这些八卦翻出来讲给张茂实听，结果非但没有捞到好处，还落下一个“妄言”的罪名，连带着张茂实一道给坑了。

开封府审理后判定，繁用当众散布不实言论，杖责之后发配歙州（今安徽歙县）编管。然而，这件事在京城已经闹得沸沸扬扬，有台谏言官认为处罚得太轻，请求设立诏狱重新进行调查。最终，繁用以“素病心，一时妄言”的罪名，被发配到岭南的窦州（今广东信宜）牢城。

至于无辜被带进坑的张茂实，虽然没有跟着繁用起哄，又能及时报官，但为避嫌疑，依然被罢免了兵权。宋仁宗“察其无他”，擢升他领着宁远节度使的头衔，出知潞州（今山西长治）。

（三）

两起假冒皇子的乌龙案子，虽说闹剧的成分更多一些，但一定程度上也加深了群臣对于皇嗣问题的忧虑。转眼到了至和三年（1056年）的岁首[1]，

[1] 是年九月改元“嘉祐”。

因为宋仁宗的一场重病，让群臣感觉到此事愈加迫在眉睫了。

在上一年的除夕之夜，京师遭遇了一场罕见的大雪，“至压宫架折”，令人顿生一种不祥的预感。是夜，宋仁宗光着脚板站在雪地里，祷告上天不要再“筛面粉”了。尽管临近天明之时，鹅毛般的大雪果然消停，但这位长年不穿鞋袜、“冬不御炉，夏不御扇”的“赤脚大仙”，身子骨早已不比当年，毕竟光阴似流水、岁月不饶人啊。

等到大年初一早朝的时候，群臣列班于朝堂，宋仁宗突然“暴感风眩，冠冕欹侧”，倒在龙椅上昏厥了过去。旁边的内侍赶紧过来掐人中，宋仁宗方才稍稍苏醒过来，群臣行过礼之后，便匆匆结束了早朝。

宋仁宗回到禁中，据说再度昏厥，而且“不知人者三日”。外臣不知详情，深感心惊胆战，说他们是热锅上的蚂蚁一点儿也不夸张。到了正月初五那一天，宋仁宗终于再度露面，在紫宸殿设宴款待契丹的使者。群臣原本稍微松了一口气，但是当宰相文彦博举杯来到御榻前向宋仁宗敬酒的时候，宋仁宗竟然莫名其妙地问了一句：你不高兴吗？文彦博当即愣住，“错愕无以对”，心想这下麻烦大了，圣上这不是魔怔了吗？！

转眼到了第二天（初六日），宋仁宗的病情更为严重。当时，契丹使者入宫拜辞，宋仁宗在紫宸殿设宴为他们饯行。当契丹使者走到中庭的时候，宋仁宗突然语无伦次地大声喊叫道：赶紧把使者召入殿中，朕差点儿见不着他们了！

当朝天子再度魔怔，迅速被内侍扶回了禁中，满心忧虑、一脸尴尬的宰相文彦博只好出来打圆场说：圣上昨晚喝得有点多，今天就不能陪同使者宴饮了。

刚安顿完契丹使者，文彦博便与两府官员赶往殿门等候消息。隔了很长一段时间，禁中一点动静都没有，文彦博焦急万分，又将时任入内副都知的史志聪、邓保吉叫来，询问宋仁宗的状况到底如何。两名内侍刚开始还想打埋伏，说禁中之事都是机密，不能轻易泄露给外臣。文彦博大为光火，当即怒斥道：“主上暴得疾，系宗社安危”，你们这些有资格出入的内侍，怎么连当朝宰相都想瞒，意欲何为？！从今往后，关于圣上病情的风吹草动，都必须如实禀报！

骂完之后，文彦博又带着史志聪、邓保吉前往中书，责令他们立下一道军令状，承诺“今后禁中事如不令两府知，甘伏军令”。正所谓“军中无戏言”，都弄到立军令状的地步了，史志聪、邓保吉也意识到了问题的严重性。当天夜晚，皇城诸门的卫兵向史志聪请示，是否要将各道大门上锁，史志聪心有余悸地回答说：你自己请示宰相去，我可惹不起他！

客观地说，文彦博的“蛮横”使得“禁中事，宰相无不知”，虽然有违常理，但非常之时必有非常之举，方能稳定政局，防止别有用心之徒趁机作乱。

又过了一天（初七日），宋仁宗再度犯魔怔，只见他从禁中疯跑出来，一边跑还一边“语极纷错”地大喊大叫。众人愣了半天，才听清楚宋仁宗嘴里喊的是曹皇后与张茂则图谋不轨！

曹皇后前文已讲过，几年前发生的那场宫变，要是没有她临危不惧、镇定指挥，后果不堪设想。说她图谋不轨，还真是精神恍惚、胡言乱语。至于张茂则，他是一名内侍，平时也不讨宋仁宗的欢喜，总是挨批，胆子又比较小。听宋仁宗在大庭广众之下“栽赃”自己，张茂则竟然被吓得直接上吊，幸亏有人及时发现，将他救了下来。文彦博叫过张茂则，劈头盖脸又是一顿批：圣上有病，你又不是不知道，跟着添什么乱啊？！你要是死了，置曹皇后于何种境地（“汝若死，使中宫何所自容耶”）？！

另据史书记载，宋仁宗在一天夜里持刀自残，应该也是发生在这段时间。不幸之中的万幸，被一位姓董的御侍宫女及时发现，赶紧上前阻止。为了抢下宋仁宗手中的凶器，董氏不顾自身安危，险些切断自己的手指（“几至断指”）。正是因为此番英勇之举，董氏后来颇受宋仁宗的宠幸，从闻喜县君一路晋封到充媛（第二等，嫔的一类），还接连生了三位公主。

回头继续说精神不时错乱的宋仁宗，他显然已经无法正常处理朝政，一时间流言四起、暗流涌动。为应对各种可能出现的突发状况（尤其是宋仁宗可能会突然驾崩），以宰相文彦博为首的两府官员提出了“留宿禁中”的非常举措。但是，外臣在禁中留宿，既没有先例，也不合规矩，先前立下军令状的史志聪就提出异议说："故事两府无留宿殿中者。"文彦博白了他一眼，怒斥道：事情都到这个地步了，你还跟我掰扯什么故事？！

骂归骂，两府官员想在禁中留宿，确实是一桩比较麻烦的事情，于国于史都不好交代。商量来商量去，文彦博跟富弼（次相）琢磨出了一个变通的办法：在大庆殿"昼夜焚香"，为宋仁宗"设醮祈福"，并"设幄宿于殿之西庑"，由两府官员轮流值守。

根据《画墁录》的记载，宋仁宗此次突发疾病，还导致精神一度错乱，吃了很多药都不见效。多亏有人召来一位民间的医士，大胆采用脑后针灸的方式进行诊治。一针扎下去之后，原本昏迷不醒的宋仁宗逐渐醒转过来，开口便说："好惺惺。"从此，这个位于脑后的穴位便得名为"惺惺穴"，也有人说其实就是风府穴。

无论传闻是真是假，宋仁宗在初九日这一天，病情确实有所好转，他还特意到崇政殿召见群臣，安定众人之心。次日（初十日），两府官员想到禁中的寝殿探视一下，史志聪显得有些为难，不愿意放他们进去。

平心而论，史志聪虽说是职责所系，倒确实是个榆木脑袋，难怪这些天挨了好几回批。这次出面骂他的是富弼，质问他"宰相安可一日不见天子"。史志聪不敢违拗，两府官员自此可以前往福宁殿奏事，两制官员（中书舍人、翰林学士）和近臣每天都要到东门问候起居，其他官员则每五天来一回。

接下来几天，宋仁宗的神志逐渐清醒（"神思寖清宁"），但身子骨依然虚弱，一直没有开口说话（"拱默不言"），听辅臣奏事，同意就点点头，不同意就摇摇头，仅此而已。直到二月下旬，宋仁宗的精神和身体才基本恢复正常，开始到延和殿处理朝政。至三月下旬，朝廷终于发布了"圣体康复"的"官宣"，并由宰相领衔，告谢天地、社稷、宗庙、寺观诸祠。

尽管宋仁宗已经痊愈，但经过这样一场大病的折腾，身子骨势必大不如前。就拿坐朝听政来说吧，过去是每日一朝，但宋仁宗实在难以坚持，下诏改为一日坐前殿、一日坐后殿，少走一点算一点。到了六月，宋仁宗又以天气炎热为由，从每日一朝改成了隔日一朝，等过了伏天再恢复。即便勉强出来坐朝听政，宋仁宗的表现也不尽如人意，依然是能动脑袋就不动嘴。

眼瞅着宋仁宗的身体衰弱不堪，有不少大臣认为，立嗣的问题是时候提上议事日程了。根据史书记载，在宋仁宗染病期间，"不能视朝，中外忧恐"，文彦博、富弼等人为防不测，曾经提出过立宗室之子为皇嗣的动议。宋仁宗偶尔清醒的时候，或许预感到自己时日无多，对此表示赞同。尽管这件事初步议定，但尚未来得及启动一系列流程，宋仁宗的病就痊愈了，故而搁置不行。

等到至和三年（1056 年）五月，时任起居舍人、知谏院的范镇冒着不可预知的政治风险，斗胆进呈了一封奏疏，迅速"炒热"了立嗣的话题。

为什么说他这是在冒险呢？显而易见，立嗣的话题确实非常敏感。第一，宋仁宗尚且健在，虽说大病初愈之后龙体依然衰弱，但也不至于行将就木吧，你这么急不可耐地要求立嗣，不是咒人家吗？！第二，也是最关键的，宋仁宗膝下没有皇子，如果这时候立嗣，只能选择宗室之子。同姓一个赵，却是两家人，宋仁宗的灵魂深处，并不愿意接受皇权落入旁门的结果。

在宋仁宗大病初愈之后捅这样的马蜂窝，范镇似乎也有一种不祥的预感。当时，宰相文彦博不知道他上疏所言何事，又不方便直接去问，毕竟人家是台谏言官，万一上的是一道弹劾宰相的奏疏，自己贸然跑去打听，岂不是很尴尬？于是，文彦博委托一位名叫蔡挺的同僚去了解情况。范镇做事光明磊落，从不藏着掖着，索性对蔡挺直言相告，结果把蔡挺吓了一跳。冷静下来之后，蔡挺未免感到有些疑惑，问他为什么没有事先跟宰执通一下气，毕竟人多力量大嘛。范镇义正词严地回答说：我范镇身为言官，理应知无不言，但这毕竟是"作死"的事情，如果宰执心存忌惮，不肯附议，难道要我半途而废吗？！

话说得很硬，也做好了最坏的打算，但范镇作为谏院的主官，并非初入官场的"愣头青"，他给宋仁宗提立嗣的动议，还是比较讲究策略的。

为了引出立嗣的话题，范镇先是给宋仁宗奉上一顶"心忧社稷"的高帽子。范镇煞有介事地回忆说，自己二月出使契丹，在路过河北的时候，听当地人纷纷传言，说圣上在病重期间时常念叨这样一句话：“我惟宗庙社稷计，以忧劳而成此疾。”范镇据此自行“脑补”，认为圣上说这句话的根源，正是担忧皇嗣未立，宗庙社稷的未来不可预知。现如今，托苍天的洪福，圣上龙体康健，更应该“推向者之言而终行之”。

做完这些铺垫之后，范镇给宋仁宗指了一条明路，叫“真宗故事”。什么“故事”呢？咱们在前面说过，宋真宗也是子嗣稀缺的命，在六子赵受益（也就是宋仁宗）出生之前，五名皇子都不幸夭折。特别是在咸平六年（1003 年），当时硕果仅存的次子赵佑早夭，或许是对未来降生新皇子的可能性丧失了信心，宋真宗便将侄子赵允让（雍王赵元第三子）接入禁中抚养。虽然嘴上没有明说，但如果后来没有宋仁宗的话，应该就是这个赵允让继承皇位了。

特意提及“真宗故事”，范镇的言外之意很明显：当年决定收养赵允让的时候，宋真宗才三十六岁，正是如日中天的年纪，往后的日子还长着呢，先帝都知道提前准备，以求万全。当今圣上已经四十七岁了，难道不应该早做打算，以备不时之需吗？！

范镇上疏提议立嗣的消息传出来之后，一批台谏言官——包括御史中丞张昇、殿中侍御史赵抃等等，甚至还有时任并州通判的司马光，都纷纷附议进言，成篇累牍地跟宋仁宗念叨：立嗣、立嗣、立嗣。重要的事情说三遍都不嫌多！

转眼到六月底，范镇倡议立嗣的奏疏又来了。与先前基于“宗庙社稷”的讨论不同，他这一次摆出的主要理由是天灾异象。实事求是地说，这一年的天灾异象真不少，范镇并不缺乏佐证立嗣必要性的素材。

按时间顺序来说吧：从除夕之夜算起，一场“至压宫架折”的大雪袭来，“倒霉”的日子就没怎么断过。大年初一，宋仁宗突发风疾而昏厥，并开始犯各种魔怔，折腾了两个多月才算基本消停。四月初一，黄河在澶州（今河南濮阳）境内的六塔河一段发生大决堤，史载“溺兵夫、漂刍藁不可胜计”，损失异常惨重。进入五月，有两颗流星“相继西流”，紧接着各地淫雨不止，爆发了更大面积的洪灾，河东、河北、京东西、陕西、湖北、两川皆有关于水灾的奏报，“日有十数”，京师也未能幸免，“社稷坛壝辄坏，平原出水，冲折都门”，“人畜死者，不知其数”，连宰相都亲自赶往大堤坐镇，城内“累累老幼，狼籍于天街之中”，城外的坟地也被大水冲毁，“棺椁浮出，骸骨飘流”，简直是惨不忍睹。

六月二十九日，因为“天人感应”而倍受压力的宋仁宗下达了一道诏书，将淫雨成灾、决堤为患归咎于自己为君不德、“天意所谴”，故而让朝堂内外畅所欲言，纵论“时政阙失，毋有所讳”。于是乎，范镇这封借天灾异象而倡议立嗣的奏疏就递上来了。

范镇认为，上天发出这些频繁而严厉的警告，归根结底就在于：“陛下即位以来虚副贰之位三十五年矣”！（“副贰”代指皇嗣储君）既然您已经意识到了“天意所谴”的问题，怎么还能无动于衷呢？！

紧接着，翰林学士欧阳修也上了一道奏疏，借天灾异象大谈立嗣的必要性和紧迫性。他认为，众臣之所以积极倡议立嗣，并非故意跟宋仁宗过不去，让这位膝下无嗣的当朝天子难堪，恰恰相反，正是为了“绝臣下之邪谋”，以“安人主”，说到底都是在为宋仁宗着想的“爱君之计”啊，圣上怎么能“疑而不从”呢？！

时任知制诰的吴奎继续晓之以理、动之以情，认为“社稷必有奉，宗庙必有主”，一直不立皇嗣，终究不是长久之计。除了这一系列的老生常谈之外，吴奎还说了一句大实话：圣上您“春秋犹盛”，等将来新的皇子降生，再把收养的宗室之子送出宫去，又有何不可？！——宋真宗当年确实就是这样做的，也算是“真宗故事”的一部分吧。

同样是提议立嗣，时任殿中侍御史的吕景初说得稍微委婉和隐晦一些。他以历朝皇室封王就藩为例，认为选择贤明的宗室之子，“问安侍膳于宫中”也好，坐镇一方也罢，都能让“天下有所系望”，从而安定人心，稳固国本。

（四）

是年七月，一颗看上去有一丈多长的白色彗星划过浩瀚的星空。八月初一，又发生了一次日食。从现代科学的角度来说，这都是稀松平常的自然现象，但在古人的眼里，完全是“天意所谴”的天灾异象。

司马光借此上疏认为：当务之急，既不是洪水泛滥，也不是财政吃紧，这些都是技术层面的问题。大雨停歇，再稍加疏导、堵塞，水患便可得到治理。滋养有道、耗用有度，财政便会逐渐宽裕起来。那么，真正的当务之急是什么呢？“在于根本未建，众心危疑”，不解决这个问题而空谈其余，无异于“舍其肺腑而救四支”。所谓“根本”，就是“早择宗室之贤，使摄居储副之位”，从而做到有备无患。

隔了几天，范镇的奏疏也递上来了。他先从五月份的两颗流星开始掰扯，说一颗“出天江”，“主大水”；另一颗“出天市”，“主散财”，结果全都应验了。七月出现的这颗流星，则“主急兵”，这可真是福无双至、祸不单行啊！要想化解接踵而至的危机，只有一条路可走，那就是“与大臣速定大议”。

除了上疏宋仁宗之外，范镇还写了一封书信，将宰执班子臭批了一通，说他们面对群议汹汹，竟然无动于衷、无所作为，难道你们这些吃着朝廷俸禄的大佬，都是泥塑的菩萨吗？！

初六、初八两日，范镇再度上疏，认为皇嗣不立，则“天下人心无有所系”，以致天灾异象频发。如今为宗庙社稷计，难道不应该对上天的警告有所反应吗？！

大家可能已经注意到了，从范镇五月份递上第一封奏疏开始，张昇、赵抃、司马光、欧阳修、吴奎、吕景初等官员也纷纷进言，三个月倏忽而过，却一直没有提及宋仁宗对此到底作何反应。其实呢，不是我不想说，而是人家宋仁宗确实没有什么反应，依然采用那套对付台谏言官的老办法：留中不报，让子弹飞！

这个办法确实属于“屡试”，但往往难以达成“不爽”的效果，台谏言官的禀性，咱们又不是没有见识过。就拿现如今的范镇来说吧，皇帝那边也劝了，宰执那边也批了，好话歹话说了几大箩筐，只听声响不见成效，再有耐心的人，忍到这时候也差不多该炸了。果不其然，范镇使出了撒手锏：辞官！既然讲话没人听，老子索性就不干了！

范镇打算撂挑子走人，甚至放出“宁死于朝廷之刑”的狠话，终于逼着宋仁宗作出了回应。不过，宋仁宗的反应并非范镇所期望的立嗣之议，而是要擢升他的官衔，安排他出任御史台的副职主官——侍御史知杂事。范镇也是个横的，竟然坚辞不受，理由很简单：圣上您要觉得我说错了，那就治我的罪，如果认为我是对的，就该依计而行。不掰扯清楚对错，却先升我的官，到底几个意思，想拿高官厚禄堵我的嘴？！

八月十四日夜，那颗白色的彗星消失在天际，范镇一面恳请宋仁宗“速定大计，以答天谴”，一面表明自己请辞台谏言官的坚决态度，归馆供职、外放知州都可以。也正是从这一天开始，范镇与宋仁宗之间又展开了一场耗时两个多月的拉锯战。

范镇这边，“前后上章凡十九次”，翻来覆去就是四个字：立嗣、辞官。宋仁宗这边呢，连下七道圣旨，中书也连发三道札子，敦促范镇到御史台上任。范镇的动议，立嗣也好、辞官也罢，宋仁宗概不回应。面对宋仁宗的催促，范镇也一直强顶硬拖，史载其“待罪几百日，须发为白”。

其间，范师道（时任侍御史）、赵抃（时任殿中侍御史）因为与宰相刘沆（次相）的纠葛而被外放，吴奎（时任知制诰）、吕景初（时任殿中侍御史）领了编定官的差事，忙于为文武百官核算俸禄，台谏言官恳请立嗣的声量顿时小了许多，只有司马光、欧阳修等人还在不遗余力地陪着范镇充当“复读机”。

十一月初三日，数月白了须发的范镇前往垂拱殿奏对，怀着悲戚万分的心情，泣请宋仁宗将他的奏章交给两府大臣审议，是对是错、要杀要剐，给个明断！

看到范镇这番模样，宋仁宗其实也很不是滋味。立嗣之议闹腾了半年，宋仁宗的内心深处又何尝不是有苦难言呢？他当然知道皇嗣关乎宗庙社稷、天下安危，但他真的是不甘心啊！面对这位忠厚耿直的臣属，宋仁宗感慨万分，忍不住流下两行热泪，呜咽着跟范镇坦言：朕深知你的忠心，也明白你说的话都没有错，你就再给朕两三年的时间好不好（“朕知卿忠，卿言是也，当更俟三二年”）？

身为一朝天子，宋仁宗把话说到这个份上，让范镇登时明白了圣上内心的苦楚，他也不再坚持立嗣之议。不过，该辞的官终究是要辞的，宋仁宗也不想强人所难，只得安排他出任起居舍人、集贤殿修撰，还负责纠察京师的刑狱、修撰起居注等具体事务。

范镇转任馆职，暂时不再提这茬，加上宋仁宗的身体日渐康复，立嗣之议也渐渐消弭。到了第二年，也就是嘉祐二年（1057 年），大规模的上疏诤谏已经没有了，只剩下一些零零星星的声音，不时拨弄着宋仁宗内心那根敏感的神经。譬如在二月份的时候，早已告老致仕的前任宰相杜衍去世，他留下一封遗疏，提醒宋仁宗“早建储副，以安人心”。还有欧阳修，适逢宋仁宗的长女兖国公主出嫁，他偏要说一些煞风景的话，再度念叨起立嗣的旧账，继续翻炒遴选宗室之子“出入左右，问安侍膳”的冷饭，但并没有得到宋仁宗的正面回应。

宋仁宗先前让范镇稍安勿躁，姑且等个三两年再看，虽说是情急之下被逼出来的肺腑之言，但平心而论，他多多少少还是有些底气的。

宋仁宗的底气，既来自于龙体的日渐康复，更体现在“十阁”这支庞大的后备生育队伍上。所谓“十阁”，听上去名头挺大，其实说的是十位御侍宫女，当中就包括奋勇夺刀、“几至断指”的董氏，还有温成皇后的妹妹张氏。

在宋仁宗病重的时候，咱们都知道，曹皇后被犯魔怔的夫君扣了一顶“图谋不轨”的帽子，故而不便近前服侍，以免刺激到宋仁宗不时崩溃的神经。后宫里倒是有一位业已成年的福康公主（宋仁宗长女，后进封兖国公主），当时已接近二十岁，而且跟父亲的感情非常好。以往宋仁宗抱恙，福康公主不仅贴身服侍左右，还“徒跣吁天，乞以身代”，用今天的话来说，真是一件非常孝顺、贴心的“小棉袄”。不巧的是，此次宋仁宗病到不省人事，福康公主当时也染病在身（据说也是精神出了问题），谁还敢跟她透露父亲病重的消息呢！

〔清〕佚名《彩绘帝鉴图说》之《夜止烧羊》，讲述宋仁宗夜晚“不寐而饥，思食烧羊”，但又担心会成为定例，“启无穷之杀”，于是宁肯自己忍饥挨饿。（现藏于法国国家图书馆）

因此，在宋仁宗身边陪侍照料的，主要就是这十位御侍宫女。宋仁宗病重时，她们是昼夜操劳的“护工”，等到龙体康健之后，正值青春年华的“十阁”又毅然肩负起孕育皇子的重任。毫不夸张地说，为了履行与范镇的约定，更为了皇嗣这一社稷的根本，宋仁宗真是竭尽全力，在“十阁”这片广袤的原野上插秧播种。

根据《北窗炙輠录》的记载，宋仁宗在某一天早朝的时候，面露不豫之色。尽管宋仁宗嘴上有所掩饰，但群臣心知肚明，纷纷劝诫他“保养圣躬”，晚上不要过于操劳。宋仁宗显得有些尴尬，随口找了一个理由说：并非你们所想的那样，只是“夜来偶失饥”而已。群臣大为不解，一朝天子还能被饿肚子？真是天方夜谭！宋仁宗解释说：朕昨晚上有点饿，突然想吃烧羊肉，可又没有现成的，如果贸然开了这个头，后世子孙跟着学，一晚上还不知道要宰多少只羊呢，最后想想还是算了。

宋仁宗一席话，成功地把群臣带偏了，连后人看到这则故事的时候，都忍不住大发感慨，说他“深仁厚泽，横被四海”。其实呢，讲这则故事的初衷，是想说明两个问题：第一，宋仁宗求子心切，在“十阁”身上耗费了过多的精力，故而时常疲倦不堪，萎靡不振。第二，宋仁宗不忍杀生，主要是担心遭到所谓的“天谴”，让他继续承受无子之痛。除了宁可半夜饿着肚子之外，他还因为御厨“擅杀羊羔”而大发雷霆，认为杀掉这样的未成之物是“枉其生理”，并将监管御厨的内臣罢黜。

光阴似箭，岁月如梭，眼瞅着三两年的约定即将到期，宋仁宗的这番努力是否能换来上天的眷顾呢？

转眼到了嘉祐三年（1058年）的初春，草长莺飞，万物复苏，台谏言官“催账”的奏章也如约而至。二月，刚刚转任右正言的吴及率先上疏，不仅提到“根本未立，四方无所系心”的当务之急，还翻出宋太祖在开宝年间颁布的一道诏书：“内侍年三十无养父者，听养一子为嗣”，恳请宋仁宗遵循祖训、着眼当下，速启立嗣之议，他日若有嫡嗣，再“异其恩礼，复令归邸”，以求两全。三月，转任知制诰的范镇也当面提醒宋仁宗说：“陛下许臣复三年矣，愿早定大计。”

尽管此时“十阁”的身子都不见动静，但从概率的角度来说，不大可能全部“脱靶”，宋仁宗还是满怀信心与期待的。立嗣之议，姑且缓一缓，应该很快就能见分晓了。

果不其然，就在这一年的秋天，“十阁”中的董氏、周氏都怀上了龙种。在翘首企盼的十个来月里，宋仁宗做了很多“图吉利”、“求恩赐”的准备，大概举这么几条：一是推行“胎养令”，对全天下的孕妇每人赏赐三斛“胎养谷”。二是两度大赦天下囚徒，减罪的减罪，释放的释放，为此还惹得时任知制诰的刘敞上疏净谏，说什么“民之多幸，则于国不幸”。三是预备各种金银、珠宝、珍玩以供赏赐，甚至“铸金银为花果”，“所费不可胜纪”，也被刘敞批判为“无益之费，无名之赏”。四是将宋真宗当年担任开封府尹时的办公场所改造为所谓的“潜龙宫”，借此讨个口彩。五是查访后周皇室的后裔，将柴氏一门中的最长者封为崇义公，并“给公田十顷以奉周祀”。

世人将希望寄托于上苍，但天意往往不遂人愿。董氏、周氏在嘉祐四年（1059年）的初夏相继分娩，结果无一例外，诞下的竟然都是公主。其中，周氏所生的皇十女，便是先前提到过的那位非常长寿的秦鲁国大长公主。

失望归失望，宋仁宗的心里也不乏欣喜之情。两位公主的降生，既为皇室增添了新的骨血，也彰显出自己宝刀未老，后续可期，终归是一件值得庆贺的大喜事。因此，除了对群臣大加赏赐之外，宋仁宗还将董氏、周氏两位御侍宫女分别晋封为贵人（第六等）、美人（第四等），让她们跻身妃嫔之列。

生育的得以晋升，没生育的原地踏步，虽说于理有据，但其他的御侍宫女不干了，纷纷要求同进退、共尊荣。平心而论，这些御侍宫女倒不完全是无理取闹，毕竟自古以来的传统，就是“不患寡而患不均”，怀孕虽在人为，但成败在于天意，又不是她们自己不努力，岂能厚此薄彼？！

宋仁宗招架不住这些人七嘴八舌地闹腾，打算将“十阁”全部加封为才人，不料竟被中书顶了回来。中书也有一套说辞：加封进秩皆有成例，没有雨露均沾、吃大锅饭的道理，这不是乱了规矩吗？！

这头争讨个不休，那头堵你没商量，夹在中间的宋仁宗实在没办法，只能以“手诏”的方式给她们加封。除了温成的妹妹张氏“固辞不受”以外，其余的“九阁”终于心满意足了。

绕道走、搞变通的消息传出宫外，又让台谏言官有了诤谏的口实。时任同知谏院的范师道愤然上疏，责难宋仁宗“宠幸太过，恩泽不节”，甚至绕开有司滥加恩赏，这不是大兴拉关系、走后门的不良风气吗？！

与范师道的抗议差不多同时，群臣也感觉到后宫过于庞大，实在有损圣体的康健。适逢六月十六日出现了一次月全食，宋仁宗禁不住群臣的劝谏，连夜遣散了两百多名宫女，旨在“修阴教以应天变”。次月，又遣散了两百多名宫女，其中还包括位列于“十阁”之中的刘氏和黄氏。

根据史料记载，刘氏从民间入宫，原本是做杂役的，偶然得到宋仁宗的临幸之后，“恃上恩，多凌慢”，嚣张得一塌糊涂。更有甚者，刘氏还与外人勾结，充当政治“掮客”（“通请谒为奸”），无意之中被时任御史中丞的韩绛察觉，密告给了宋仁宗。还有黄氏，也属于“十阁”中的“尤骄恣者”，结果与刘氏一道被打发出宫去了。

尽管宫人零落、“十阁”残缺，但宋仁宗依然没有放弃谋求皇嗣的希望和努力。从嘉祐五年（1060 年）五月到嘉祐六年（1061 年）七月，董氏连生两胎，周氏也生了一胎，只可惜这三个新生命也全部是公主。此情此景，足以让年逾天命的宋仁宗心灰意冷，而册立宗子为皇嗣，自然再度成为群臣激辩诤谏的热门话题。

嘉祐六年（1061 年）五月，大名鼎鼎的“红杏尚书”宋祁与世长辞。他在一封进呈给宋仁宗的遗疏中，言及“东宫虚位，天下系望”，算是正式拉开了新一轮立嗣之议的帷幕。

与上一轮的激辩诤谏相比，无论是理由还是说辞，并没有太大的区别，这里就不再一一引述了。至于变化，当然也不是没有。首先，宋仁宗在位近四十年，已经是五十开外的人了，群臣对于立嗣的心情更为迫切。其次，也是最重要的一点，在宋仁宗所说的三两年间，宫里的动静倒是不小，却偏偏不见皇子的踪影。在群臣看来，这就是天意，对于宋仁宗而言，悲痛之余，更缺乏继续拖延下去的底气。

是年闰八月二十二日，出生才两个月的小公主（十三女）不幸夭折。第二天，时任同知谏院的司马光便呈上了一道奏疏，接着又当面陈情，恳请宋仁宗早定立嗣大计。宋仁宗“沉思良久”，似乎决定就此认命，答应司马光会认真考虑这个“古今皆有之”的难题。

宋仁宗言之凿凿，但过了一个来月，依然不见有什么实质性的举动。司马光急了眼，一边敦促宋仁宗“果断而速行之”，一边指责宰执班子毫无作为。他专门跑了一趟中书，劈头盖脸将宰相韩琦等人一通洗刷，说你们要是再不讨论立嗣，等他日禁中大半夜递出一张纸条来，要立某某为嗣，“天下莫敢违”，你们负得起这个历史责任吗？！面对司马光的咄咄逼人，韩琦等人大气都不敢出一口，只能唯唯诺诺地应承，表示自己一定尽力而为。

事实上，司马光真是冤枉宰相韩琦了，人家并没有袖手旁观，看别人的热闹。韩琦也是主张尽快立嗣的，但考虑到政治影响，不便率先倡议，故而找到与司马光交情甚厚的陈洙（时任殿中侍御史里行），请他也上疏诤谏，助司马光一臂之力。

说到陈洙这个人，品级不高、名气也不大，却因为这件事，留下了一个难解之谜。怎么回事呢？原来，陈洙接受了韩琦的请托，立即上疏倡议立嗣。他似乎有一种不详的预感，事前还跟家人坦言：“若得罪，大者死，小者贬窜，汝辈当为之备。”奏疏递上去之后，还没等来回复，陈洙突然就死了。至于死因，有的说是暴病而亡，也有的说是他担心家人受到牵连而饮药自尽。孰是孰非，后人也搞不清楚。

诤谏立嗣，竟然闹出了人命，无形中也给宋仁宗造成了不小的压力。转眼到十月份，宋仁宗终于坐不住了。一日，宰相韩琦率臣僚前往垂拱殿奏事，宋仁宗主动拿出司马光等人倡议立嗣的章疏，让韩琦当场宣读。韩琦刚刚读完，群臣尚未发表看法，宋仁宗立即放话说：“朕有此意多时矣，但未得其人。”——言外之意，大家不必再争论了，赶紧讨论出人选来！

圣上松了口，这回总算是有着落了。韩琦强压着内心的欣喜，顺着宋仁宗的话头回复说：兹事体大，外臣不敢妄议，还是您自个儿拿主意吧！显然，宋仁宗能说出这番话，心里其实早就有了决断，他中意的人选，是一个名叫赵宗实的堂侄，时年三十岁。

赵宗实，后来被赐名为赵曙，也就是继承了大统的宋英宗，他跟这座气度恢宏的皇宫还真是相当有缘分。他的父亲名叫赵允让，如果你记性好，对这个名字应该不会感到陌生。没错，在宋仁宗出生之前，被宋真宗“以绿车旄节迎养于禁中”的“备胎”，正是这个赵允让。在宋仁宗出生之后，宋真宗才以“箫韶部乐”将他送回自己的家。

与父亲赵允让一样，赵宗实很小的时候，其实也有被收养于禁中的经历。那是景祐二年（1035年），宋仁宗将两名宗室之子收养于宫中，一个是汉恭宪王赵元佐（宋真宗长兄）的孙子赵宗保（时年二岁），另一个就是赵宗实（时年四岁）。一直到宝元二年（1039年），宋仁宗的次子赵昕出世（长子赵昉降生当天夭折），赵宗实、赵宗保这两只“备胎”才被送了回去。谁能料想到，时隔二十多年，赵宗实竟然又奇迹般地转了回来。绕不开运数、躲不过命运，真可以说是天意所归。

（五）

历史就是这样，根本谈不上“剧透”，因为大家都知道故事的结局：宋仁宗再无新的子嗣降生，赵宗实后来也登上了皇位。不过，从敲定人选到最终册立为皇嗣，这个过程其实一点儿也不轻松。

其间遭遇的种种波折，如果追根究底的话，既不是宋仁宗心生悔意，也并非宰相韩琦担心的，后宫诸妇会从中作梗，问题偏偏出在让所有人都觉得不可思议的环节：赵宗实自己不愿意！

天上掉下这么一大块馅饼，赵宗实却不敢伸手去接，看似不可理喻，其实也情有可原。借用他事后向亲信吐露心扉时的话讲，“非敢邀福，以避祸也”。此话又从何说起呢？咱们先摆一摆前车之鉴吧，南朝宋时期的刘子鸾，无疑是最具有代表性和说服力的。刘子鸾是南朝宋孝武帝刘骏的第八子，自幼深得父亲的宠爱，因此也遭到长兄刘子业的嫉恨。刘子业即位之后，先是贬刘子鸾为庶人，接着又将他赐死，以绝后患。刘子鸾年方十岁，临死前说了一句著名的话：“愿身不复生王家。”

讲完前车之鉴，咱们再从赵宗实的角度，分析一下他的眼前之忧。如果接受宋仁宗与宰执的安排，入宫充任皇嗣（无论当前有没有得到名分），最终的结局无外乎三种：第一，将来顺利继承皇位，这当然是最理想的情况；第二，在宋仁宗龙驭归天之前，宫内成功诞下皇子，作为“备胎”的赵宗实只能卷铺盖走人，将来会不会被斩草除根，全凭人家的心情；第三，虽然没有新皇子的出现，但其他的宗室之子都在同一条起跑线上，而且听说赵宗实被选中之后，“左右近习多不乐”，他们势必会蠢蠢欲动，相互勾结，进而兴风作浪，最后花落谁家，现在还真不好说。

对于赵宗实而言，如果出现后两种结局，都将使他面临不可预知的风险。皇子的问题可以暂不考虑，后宫确实不见有什么动静，但宗室之子繁多，终究是无法绕开的局面。根据《涑水记闻》的记载，在赵宗实坚辞不受的时候，有人又向宋仁宗推荐了另一名人选——“八大王”赵元俨的儿子赵允初。赵允初跟宋仁宗是同辈兄弟，为人淡泊名利，“惟诵佛书，人以为不慧”，又不太讲礼数，所以经宋仁宗亲自“面试”之后，给他下了一个“岂足任大事”的评价，没有继续考虑。

正是出于对这些风险的深深忧虑，赵宗实抵制的态度一直非常坚决。嘉祐六年（1061 年）十月，赵宗实当时还在服父丧（赵允让在两年前去世），便被中书发来的一道委任状夺情起复，让他出任知宗正寺，负责打理宗室事务。明眼人都看得出来，这是入宫为嗣之前的一个过渡性安排。然而，赵宗实拒绝赴任，并不断上疏陈情，恳请宋仁宗收回成命。宋仁宗顿时没了主意，问宰相韩琦该如何是好，是不是姑且搁置下来（“彼既如此，盍姑已乎”）。

韩琦则认为，这种事情哪有半途而废的道理啊！赵宗实不敢接招，想必是心存疑虑，不如劳烦圣上您亲自赐他一道手札，让他知道这个安排确实是圣上的意思，“必不敢辞”。韩琦没有想到，赵宗实拿定主意不接招，竟然连宋仁宗的面子也不给，索性称病在家，闭门谢客。

这边坚持任命，那边拒绝露面，双方就这么一直耗着。耗到嘉祐七年（1062年）的八月，眼瞅着没个了局，韩琦、欧阳修等人一合计，大有如梦初醒的感觉，一致认为先前的过渡性安排，考虑得确实不够周详。任命赵宗实出任知宗正寺，“外人皆知必为皇子”，既然如此，咱们为什么还要遮遮掩掩，把事情搞得不伦不类呢？！

两人将这一新的判断报告给了宋仁宗，宋仁宗也觉得言之有理，当即决定同意赵宗实的请辞，直接册立他为皇子。八月初五日，宋仁宗正式颁布了立赵宗实为皇子的诏书。初七日，宋仁宗特意召宗室入宫，当面向他们传达圣意,以安众心。初八日,又责成有关部门修造皇子的府邸。初九日，宋仁宗按照皇嗣取名的成例，为赵宗实赐单名为赵曙。十八日，考虑到新府邸一时半会儿难以完工，宋仁宗特意颁布诏令，以皇城司廨宇作为皇子的临时府邸。

有意思的是，宋仁宗这边正在紧锣密鼓地布置，忙得热火朝天，作为核心人物的赵宗实那边呢，却依然是静如止水，“坚卧称疾不入”，搞得从上到下既尴尬万分，又有些无可奈何。

宋仁宗简直要气炸，经过与宰执班子商量之后，决定让虢国公赵宗谔出面充当说客,规劝赵宗实不要再固执己见。赵宗谔是赵元份（宋太宗第四子）这一脉的长房长孙,同出一门但属于旁支的赵宗实,还得管他叫一声堂长兄,由他奉旨去敦劝，想必能起到一些作用。忍无可忍的宋仁宗还给赵宗谔下了一道死命令：赵宗实要是还装病，就用肩舆把他给朕抬进来（“皇子若称疾，即乘肩舆”）！

赵宗谔领了旨意，劈头盖脸将堂弟赵宗实一顿臭骂，说他身为臣子却坚拒君父之命，做得真是太过分了！不过，赵宗谔并不打算按照宋仁宗交代的那样，强行将赵宗实塞进肩舆抬走，那样势必会让赵宗实“失臣子之义，陷于恶名”。——要不怎么说是长房长孙呢，考虑问题就是周到而深远。

赵宗谔想让赵宗实自己回心转意，但到了二十五日这一天，“使者往返数四，留禁门至四鼓”，依然不见赵宗实的踪影。皇子的人不到，但皇宫这边的程序依然照常进行，次日“告天地、宗庙及诸陵”，向天地、祖宗交代一下，官家已经立了嗣。

二十七日这一天，众人翘首企盼的赵宗实终于在赵宗谔的陪同下姗姗来迟，坐着一顶肩舆入了宫。根据史料记载，赵宗实突然改变主意，赵宗谔的斥责或许发挥了一些作用，但要说一语定乾坤，还得是一位名叫周孟阳的幕僚。

周孟阳既是赵宗实身边的亲信，也是一支“笔杆子”，先前赵宗实上表请辞，都是出自周孟阳的手笔。据说，周孟阳每草拟一道表章，赵宗实都会赏给他一些“润笔费”，前前后后写了十八道，竟然累计得了千余缗。对于赵宗实的固执，周孟阳也感到不可思议，身为臣子，哪有这么顽固的，你长了几个脑袋啊？！赵宗实所谓“非敢邀福，以避祸也”，就是解释给周孟阳听的，但周孟阳对此有更加通透的分析：事已至此，天下尽知，您今日坚辞不受，就算圣上点头，同意您继续做藩王，您真的能安然无忧吗？

直白一点说，从宋仁宗决定立赵宗实为皇子的那一天起，无论他接受不接受，那些不可预知的风险都已经存在了。想躲，躲得过去吗？！既然骑虎难下，无处可逃，就应当坦然接受，直面挑战，将主动权掌控在自己的手中，见机行事，化解风险，争取最理想的结局！

周孟阳一言点醒梦中人，赵宗实“抚榻而起”，直呼“吾虑不及此”，这才与赵宗谔一道入了宫。八月的最后一天（三十日），宋仁宗在清居殿召见了赵宗实，这对名义上的父子终于见面了。

根据《邵氏闻见录》记载，皇宫的后苑有一座“迎曙亭”，一日宋仁宗与曹皇后来到这里，不禁想到立为皇子的赵宗实已经被赐名为赵曙。“迎曙”、“迎曙”，迎的不就是那位满心不乐意的皇子吗？！宋仁宗向曹皇后感慨道：“岂偶然哉！”——这或许就是冥冥之中的定数吧！

所谓定数的事儿，其实谁也说不清楚。大家都以为尘埃落定，但关乎社稷根本的风波并未彻底平息。嘉祐八年（1063年）三月的最后一天深夜，也就是赵宗实入宫整整七个月之后，五十四岁的宋仁宗在福宁殿溘然长逝。

赵曙——也就是赵宗实——作为唯一合法的皇嗣，理应登上皇位、继承大统。曹皇后也好，以宰相韩琦为首的群臣也罢，对此都没有提出什么异议。然而，就在四月初一日清晨，即将举行典礼的时候，谨小慎微的赵曙竟然又掉链子了，嘴里不停叫嚷着“某不敢为，某不敢为”，撒腿就想往殿外跑。韩琦等人眼疾手快，冲上前将他摁住，戴冠的戴冠，穿衣的穿衣，几乎是押着他去召见百官的。

或许是精神上的压力太大，赵曙在四月初四日的晚上突然犯起了魔怔，

“不知人，语言失序”。经过医官的诊治，病情稍有好转，但初八日为宋仁宗举行大敛的时候，赵曙再度发病，“号呼狂走，不能成礼”，又在禁中调养了很长一段时间。

尽管赵曙的身体和精神日渐平复，但因为一桩“遗腹子”的乌龙，又让他和曹太后之间一度闹得很僵。这桩乌龙起源于一位名叫韩虫儿的宫女，她自称得到宋仁宗的临幸，并怀上了龙种。当时，宋仁宗已经病入膏肓，无法证实韩虫儿所言是否属实。稳妥起见，曹皇后将她安置在自己身边，“遣宫人善护之，日给缗钱二千”。

赵曙即位之后，已经成为太后的曹氏一直没有声张，但世上哪有不透风的墙啊，这事儿很快就在朝野内外传得沸沸扬扬，而且越说越玄乎。有传闻说，韩虫儿当时正在井边打水，宋仁宗看到一条“小龙”顺着井绳盘了上来，不禁大为惊骇，次日“独处阁中，命召而幸之，遂有娠”，还从韩虫儿的手臂上取走一只金镯子，跟她说“尔当为我生子，以此为验”。

对于别人而言，这些传闻只是茶余饭后的谈资，但钻进赵曙的耳朵里之后，无异于晴天霹雳。加之这位新官家一度精神恍惚，宫闱内外“阴有废立之议”，赵曙的皇位岌岌可危。一直等到九月份，按日子掐算，韩虫儿应该要临产了，却迟迟不见动静。在曹太后的严厉追问之下，再也演不下去的韩虫儿这才道出实情：哪有什么“遗腹子”啊，她是为了躲避养娘的责罚，同时贪图一点好吃的，方才上演这出闹剧的（“免养娘笞捶，庶日得好食耳”）。

真相大白之后，韩虫儿被杖二十，遣送到承天寺安置，但赵曙依然对曹太后心存芥蒂。在他看来，这桩乌龙说不定就是曹太后自导自演出来的，目的在于行废立之议。

实事求是地说，赵曙作如此想，未免有些小人之心了。韩虫儿自称有孕，旁人一时难辨真假，曹太后毕竟要对皇室的血脉负责，悉心照料韩虫儿，并没有什么不妥。兹事体大，在事态尚未明朗之前控制知情范围，也是出于稳定政局的谨慎考虑，更谈不上是玩弄阴谋诡计。再者说，赵曙还是曹太后的亲外甥女婿呢。他的皇后高滔滔（大名高正仪），是曹太后姐姐的女儿，幼年时也被抱养到宫中，与年龄相仿的赵曙共同度过了几年两小无猜的生活。宋仁宗时常拿他们两个开玩笑，让高滔滔做赵曙的妻子，“宫中每以为戏”。庆历七年（1047年），宋仁宗、曹皇后并没有忘记当年的玩笑话，亲自出面为他们主婚，时有“天子娶妇，皇后嫁女”的说法。

于公于私，曹太后都没有刻意收拾赵曙的动机。反倒是赵曙即位之初，不时地犯魔怔，曹太后出于长远考虑，做出一些有备无患的安排，也是无可厚非的。随着时光的推移，确切地说是皇位的稳固，赵曙的狭隘心理才逐渐消解，与曹太后的关系也有所缓和，引领大宋王朝这艘航船继续破浪前行。

第二篇

垂帘

朝堂风云（上）：这个女人不简单

（一）

说完精彩纷呈的宫闱秘事，咱们再来讲一讲宋仁宗时代的朝政。先回到本书开篇引用的那首诗："四十二年如梦觉，东风吹泪过昭陵。"平心而论，将这四十余年的极盛之世完全归功于宋仁宗，对于临朝称制长达十余年的皇太后刘娥而言，显然是有失公允的。

从醮夫再嫁到母仪天下，刘娥的这段人生经历堪称励志传奇，但这仅仅是新一轮传奇的开端。前面提到过，刘娥虽然出身于社会的底层，曾经还靠卖唱为生，但她不仅姿色出众，智商、情商更是"爆表"。按照《宋史》的说法，刘娥"性警悟"，聪明是一方面，关键是悟性很高。大家寻思寻思，一个贫家女子，恐怕大字都不识几个，经过一番历练之后，不仅把后宫的事务处理得井井有条，还能从旁协助宋真宗处理政务，即便不是天才，至少也算"人精"了吧？！

在宋真宗执政后期，因为身体每况愈下，他更加离不开皇后刘娥这位"大秘"了，外人甚至很难判定，最高层的决策到底出自何人之手。从本质上讲，我们完全可以把这样的状况理解为官家夫妻之间的温情脉脉，毕竟谁也没有强迫谁，皇权旁落更是无从谈起。不过，官家不堪重负，皇后鼎力襄助，在客观上既锻炼了刘娥的理政能力，也赋予了这位后宫之主本不应有的至高权力，特别是到了最后的一两年，宋真宗卧病在床，久居宫中，刘娥不仅“渐干外政”，更是“事多决于后”了。

当夫妻之间的温情脉脉，演变成为冰冷的权力分配之后，事态就变得复杂而微妙了。我们可以揣测，宋真宗的内心应该异常地纠结。一方面，他倚重于皇后刘娥的“周谨恭密”；另一方面，他又对这位大权在握的“贤内助”颇多微词。譬如说吧，宋真宗有一天在几位大臣面前盛怒不已，原因是头一天晚上，后宫里的人都跑皇后刘娥那边“捧臭脚”去了，将他一个人晾在寝宫。不过，后世的史官认为根本不可能发生这样的事情，所以给出的解释是宋真宗病糊涂了，“语言或错乱”。另据《东轩笔录》的记载，宋真宗对皇后刘娥干预朝政“意不能平”，故而引发群臣密议废黜皇后，想拥立宋仁宗提前接班。

以现存的史料来看，宋真宗对刘娥多少会有一些怨恨，但还不至于怨恨到要将她废黜的地步，毕竟稳定压倒一切，重病在身的宋真宗岂能置江山社稷的安危于不顾，冒这样的政治风险？！

当然了，眼瞅着皇后掌控的权力越来越大，即便是宋真宗心甘情愿，终究是会有人站出来唱反调的，毕竟这样的状态与传统观念格格不入。

这里所谓的“传统观念”，说来有些话长，但归根结底就是四个字：红颜祸水！如果追根溯源的话，这一传统观念最早应该是成形于西周时期。《尚书·牧誓》里有一句著名的话，叫“牝鸡司晨，惟家之索”，翻译成白话文的意思是说，谁家母鸡打鸣，必有灾祸降临，因为阴阳失序，有违天理。为了佐证这一理论，《诗经》还给出了一个活生生的例子：“赫赫宗周，褒姒灭之。”——“烽火戏诸侯”说的就是这事儿！

再往后，来到汉朝，社会价值体系对于妇女的角色定义更加直白，认为她们“职在供养馈食之间”，只管生火做饭、刷锅洗碗就行，别的事情一概不能插手。更有甚者，三国时期的魏文帝曹丕在册立皇后之前，专门下达了一道诏书，先把“家规”立好。诏书说，鉴于“妇人与政，乱之本也”，所以从今往后，太后不得过问政事，外戚不得辅政，后世子孙“若有背违，天下共诛之”。

客观来讲，红颜祸水的说法虽然充斥着对于妇女的剥削和歧视，但放在封建社会的时代背景之下，也并非完全没有道理。从普遍性上看，妇女的生活圈子往往比较狭小，受教育程度也比较低，如果让后宫的女人（太后、皇后，甚至妃子）把持朝政，她们势必会借助外戚、宦官这些外姓势力，极有可能威胁到一家之天下的统治，导致政局乃至天下动荡，百姓深受其害。

宋朝以前，因为后宫干政而造成的乱局不胜枚举。西汉有吕后专权，刘氏宗室惨遭荼毒。西晋的贾南风丑人多作怪，引发“八王之乱”。唐朝就更多了，先是武后篡唐立周，堂而皇之成了一朝天子，接着韦后乱政，闹得乌烟瘴气，再往后唐玄宗宠幸杨贵妃，更是惹得天怒人怨，以至于“九重城阙烟尘生，千乘万骑西南行”。用后来一位大臣的话说，“唐氏政衰”的症结，无非就是“或母后专制，或妃主擅朝，树恩私党”。鉴于这些深刻的历史教训，尤其擅长防患于未然的大宋王朝，在防范武官作乱的同时，也对后宫干政保持着高度的警惕，史载“女子之防尤严”。

既然整个社会的价值观念不容许妇人干政，那么以维护传统为己任的士大夫阶层，肯定是不会对刘娥的权势熏天袖手旁观的。

（二）

天禧四年（1020 年）之后，史载“帝久疾居宫中，事多决于后”，而高举抗议大旗的，正是当时行政系统的主官——寇准（他是次相，首相向敏中在当年三月去世），核心成员还有参知政事李迪、翰林学士杨亿等一干重臣。

如果大家记性好，或许还记得，在宋真宗执意立刘娥为皇后的时候，李迪、杨亿都是立场坚定的反对派。一个说她“起于寒微，不可母天下”；另一个更是连宋真宗的面子都敢驳，拒绝起草立后的制书。至于“旗手”寇准，与皇后刘娥的积怨其实也很深。

寇准（961—1023年），字平仲，华州下邽（今陕西渭南）人。宋太宗时期，寇准进士及第后步入官场，因为耿介刚直、敢于犯颜直谏，故而深受宋太宗的器重，累迁至枢密副使、参知政事等要职。宋太宗曾经感慨说："朕得寇准，犹文皇之得魏征也。"

正所谓一朝天子一朝臣，宋真宗对这位深得先帝信赖的重臣似乎不怎么感冒。想拜他为相吧，"患其刚直难独任"，后来宋真宗禁不住旁人的挑拨，又对寇准生出不小的嫌隙，怀疑他"多许人官，以为己恩"，仗着手中有权，大搞团团伙伙。因此，寇准的仕途变得磕磕绊绊，上上下下好几回，后来被外放陕州（今河南三门峡），直到天禧三年（1019年）才重新回到朝堂，出任宰相（次相）。

平心而论，宋真宗这么折腾寇准，并不完全是识人不明，寇准自身也有不小的问题。譬如说他奢靡无度，历来摆出一副富家公子的做派，"性豪侈，喜剧饮"，家里从来不点油灯，任凭什么犄角旮旯的地方，都是靠烧蜡烛照明（蜡烛在当时还是奢侈品）。还有，寇准这个人气量比较小，时常让同僚下不来台，所以人缘比较差，《宋史》对他的评价是"虽有直言之风，而少包荒之量"。

或许正是因为眼里容不下一丁点儿沙子吧，寇准真是把皇后刘娥得罪透了。根据史书记载，刘娥的宗亲（其实是她前夫刘美的宗亲）在蜀中蛮横妄为，进而强夺百姓的盐井，用"空手道"外加"黑手道"牟取暴利，结果遭到一位名叫章频的监察御史弹劾。宋真宗碍于刘娥的情面，非但没有惩治为非作歹的刘氏宗亲，还把章频外放宣州（今安徽宣城）了事，寇准上疏力争，要求秉公执法，所以"重失皇后意"。

总而言之，对于寇准、李迪、杨亿等人来说，既然已经与皇后刘娥结下了梁子，得罪到底又有何妨呢？！

当然了，寇准等人的抗议，如果仅仅是出于维护传统观念的考虑，警惕妇人干政可能带来的种种风险，那么与八年前群臣反对立刘娥为皇后相比，这场戏未必能激烈和精彩多少。

咱们不妨先回忆一下当年，立刘娥为皇后的动议是宋真宗提的，但朝中大臣“多以为不可”，支持的人不多，反对的人不少，吵得一塌糊涂。后来宰相王旦主动上疏，恳请“早正母仪”，主要还是出于息事宁人的考虑，并不意味着他临阵倒戈，选择站到刘娥的一边。可以说，当年的刘娥异常孤独，除了深爱她的宋真宗以外，根本谈不上有什么政治上的盟友。原因很简单：她毕竟是女儿之身，又深居宫闱禁中，上哪儿勾搭大臣去？！

再着眼当下，早已时过境迁、今非昔比。刘娥做了八年的皇后，在协助宋真宗处理政务的同时，也在大臣中培植出了一支与心腹无异的同盟队伍。这支队伍的“舵主”，前面曾经出过一回镜。大家还记得吗，宋真宗想请杨亿起草立后的制书，派了一个人前去充当说客。没错！就是劝慰“大年勉为此，不忧不富贵”（杨亿字大年）的丁谓，他当年官居参知政事，如今已经担任军政系统的主官——枢密使了。

除了丁谓之外，皇后刘娥的同盟队伍里还有两位重量级成员，一个是同领枢密使之衔的曹利用，一个是翰林学士钱惟演。曹利用的官职与丁谓平级，但在这件事上面更像丁谓的“跟班”，而且他的戏份主要是在后面，咱们把他留到下文再详细说，这里重点介绍一下钱惟演这朵“奇葩”。

钱惟演（977—1034年），字希圣，钱塘（今浙江杭州）人，吴越国最后一任君主钱俶之子。虽说钱惟演的出身很高贵，文学水平也不低，曾经参与编修《册府元龟》，“西昆体”新诗风也有他的份，但这个人的品行节操历来为世人所不齿。根据《东轩笔录》的记载，钱惟演时常念叨自己的人生梦想，就是“于黄纸尽处押一个字”，意思是出任宰相，过一下在黄纸政令上署名签批的瘾。古往今来，但凡这种做官上瘾、贪心不足的人，往往都是趋炎附势、厚颜无耻之徒，钱惟演自然也不例外，他是见谁显赫就去攀附谁，而且巴结的方法就一条——联姻。先前看到刘娥受宠，他便将自己的妹妹嫁给刘娥的前夫刘美，后来丁谓发迹，又跟丁谓结成亲家。再往后，宋仁宗知道了自己的真实身世，对亲舅舅李用和恩赏有加，钱惟演又动起了与李氏一族联姻的心思，但在台谏言官的强烈抗议之下，马屁没能拍响，反倒遭到降黜，灰溜溜滚回河南府（今河南洛阳）去了。当时，钱惟演不仅自己触了霉头，还不幸殃及子嗣，史载“诸子皆补外州监当”，真是大快人心！

（三）

介绍完这场纷争的主要人物，大家或许已经注意到了：“旗手”寇准是行政系统的主官，“舵主”丁谓则是军政系统的主官。人的本质是“一切社会关系的总和”，你的观点和立场，往往会牵扯出你的角色和地位。因此，原本只是掰扯妇人干政的问题，事实上却演变成为两府之间的大混战。

要说寇准与丁谓之间，私交原本是挺不错的。根据史料记载，寇准曾经向宋初名相李沆举荐过比他年轻几岁的丁谓，李沆觉得这个丁谓有才归有才，就是人品不好，属于得志便猖狂的一类人，不仅压着不用，还奉劝寇准离他远一点，但寇准不以为然。

俗话说“路遥知马力，日久见人心”，与丁谓共事的时间越长，寇准越发感觉到李沆真是有先见之明，对丁谓那副阿谀谄媚的嘴脸更是嫌恶至极。有一次，群臣在办公室里吃午饭，寇准不小心把汤汁弄到了胡须上，丁谓赶紧过来替他擦拭，这正是“溜须”一词的出处。面对如此做派，寇准当众奚落他说：“参政，国之大臣，乃为官长拂须耶！”丁谓顿时尴尬不已，两人从此反目成仇。

还有曹利用，寇准担任枢密使的时候，他是枢密副使，寇准一向瞧不上这个副手，但凡遇到两人的意见不一致，寇准的弯酸话就冒出来了，说什么“君一夫尔，岂解此国家大体耶”。

寇准的嘴巴不饶人，李迪其实也不好惹。他敢当着宋真宗的面搞人身攻击，怒斥丁谓是奸邪、曹利用是同党，曹利用当即回怼说：论写文章，我不如你李迪，但“捐躯以入不测之虏”，你根本就不是个儿！

仗着有皇后刘娥的支持，加之“政事多中宫所决”，丁谓一伙“交通诡秘，其党日固”，这让寇准、李迪等人如坐针毡。从这个角度上来看，行政系统的这些大佬们反对妇人干政，既是出于维护传统观念的考虑，更是当前政治斗争的迫切需要。

双方的态势讲清楚了，咱们再来看看这一仗会怎么打。寇准一方的意图很明确：皇后刘娥应该回归本位，“职在供养馈食之间”，管好后宫里那摊子家长里短的事儿就行了，不要到处抛头露面，插手朝政大事。如此一来，丁谓、曹利用等人将失去政治靠山，即便不会被罢黜外放，也不敢像现在这么嚣张了。

虽说意图十分明确，但如何才能达成目标，寇准这一方的手上，其实并没有抓到什么好牌。大家不妨寻思一下，如果将皇后刘娥排斥在朝政事务之外，道理上肯定是说得通的，也完全契合于防范“牝鸡司晨”的传统观念，但理论与现实之间，往往存在巨大的反差。假如皇后刘娥高风亮节，心甘情愿地放权，从此不再过问政事，那么问题马上就来了：换谁继续干这活呢？！

刘娥不干，换宋真宗干？——宋真宗已经病得不像样了，说句囫囵话都费劲（“时上不豫，艰于语言”），他要是能坚持，哪里还会惹出这些破事儿？！

刘娥不干，宋真宗干不了，换群臣顶上？——大胆！亏你们都是读书人，“惟名与器，不可以假人”，连这个最基本的道理都不懂了吗？！这里可是大宋王朝，自从宋太祖限制了相权之后，天子便具有法定的最终批准权，既不像唐朝那样，宰相以政事堂“堂帖”的名义即可“号令四方”，更不是中世纪的欧洲，可以让大臣代行君主的职权。

既然两条路都走不通，寇准他们还掰扯啥呢？别着急，他们手上确实有一张既合法又合礼的“王牌”：太子监国。这张牌一打，别说皇后刘娥和丁谓一伙哑口无言，恐怕连宋真宗也会深表赞同的吧！

然而，看似合法、合礼的一张牌，偏偏不合情理。为什么这么说呢？大家别忘了，当时的皇太子——也就是后来的宋仁宗赵祯——是大中祥符三年（1010 年）生人，一个十来岁的娃娃，能监哪门子的国？！

根据史料记载，寇准早在天禧三年（1019 年）的时候便向宋真宗提议，让年方十岁的皇太子走到前台，“传以神器，择方正大臣为羽翼”，宋真宗当时是点过头的（“然之”），但等到第二年，群臣又掰扯出这事儿的时候，宋真宗竟然给忘了（“帝不记与准有成言”），结果被丁谓牵着鼻子走。

我倒是觉得吧，宋真宗未必是真的忘了这茬，而是逐渐回过味来，原来寇准这小子在跟他耍心眼呢。什么太子监国，那都是扯，“择方正大臣为羽翼”才是重点！特别是后面还紧跟这样一句话：“丁谓、钱惟演，佞人也，不可以辅少主。”他们都不行，不就只剩下你寇准了吗，自己想做权倾朝野的“羽翼”，还说得这么道貌岸然的，欺负朕老糊涂了是不是？！

正因为有这样一个先天不足，所以寇准这边一出牌，基本上就注定了失败的结局。有的史料记载说，寇准酒后失言，不小心泄露了密谋。也有的史料记载说，是负责草拟表章的杨亿，跟自己的小舅子说漏了嘴，结果传到丁谓的耳朵里，于是连夜与曹利用商量，如何先发制人。事实上，泄不泄密并非此次事败的关键因素，就算他们做得滴水不漏，终究也是白忙活一场。

话说回来，如果寇准等人的提议不被采纳，结果只是白忙活而已，像一缕青烟随风飘散，那就不是严峻而复杂的政治斗争了。政治斗争是什么？你手里有牌，别人手里捏着的也不是废纸，既然你的牌管不住对方，就别怪人家把你往死里炸了。

寇准想通过太子监国来破局，却过不了宋真宗这一关。丁谓抓住时机，不断在宋真宗的面前下寇准的烂药。刚才分析过，宋真宗认定寇准的动机不纯，再听丁谓的百般诋毁，很快就下定了给寇准一个教训的决心。

宋真宗原本打算让晏殊（时任知制诰）起草罢黜寇准的诏令，晏殊不想蹚这摊浑水，一再表示“此非臣职”，让宋真宗另请高明。宋真宗又找来钱惟演，这回算是对路了，钱惟演不仅把这桩差事应承下来，还“极论准专恣，请深责”，摆出一副痛打落水狗的姿态。宋真宗的态度呢，一来于心不忍，二来也不想收拾得太狠，让丁谓一伙得势，所以采取明升暗降的办法，虽然罢黜了寇准的宰相之位，却又加封他为太子太傅、莱国公，让他回家反省，以观后效。

寇准黯然去职，并不意味着丁谓一伙可以一手遮天。在监督机制并不健全的封建社会，刻意安排彼此不和的臣僚同朝为官，形成力量上的制衡，是维系皇权的一项重要手段。让臣僚在下面相互掐架，也成为历代君主屡试不

宋代石刻之持注子侍女。“注子”是盛行于两宋时期的盛酒容器，“其形若罂，而盖、嘴、柄皆具”

爽的驭人之术，用宋真宗自己的话说，“且要异论相搅，即各不敢为非”。

基于这样的用人思路，宋真宗打算让李迪接替寇准，维持“异论相搅”的局面。或许是觉得有些惭愧吧，李迪竟然拒绝领命，直到皇太子赵祯出面，替这位曾经的太子宾客向宋真宗拜谢，李迪才勉强应承下来。于是乎，两府的人事格局发生了一些变化：丁谓擢升为首相，曹利用加“同平章事”的头衔，李迪擢升为次相，一直置身于事外的冯拯则出任枢密使。

虽说赢了一局，但宋真宗“待寇准者犹如故”，让丁谓一伙惶惶不可终日，保不齐寇准哪天又杀一个回马枪，岂不是前功尽弃？！因此，丁谓、曹利用、钱惟演等人加紧密谋，不断做宋真宗的思想工作，想把寇准收拾得再狠一些。面对墙倒众人推的局面，宋真宗有点不耐烦，便召寇准入对，让他自己把事情说清楚。也不知道寇准是怎么想的，一面指责丁谓等人相互勾结，一面又把李迪牵扯进来，声称“臣若有罪，当与李迪同坐，不应独被斥”。——此情此景，确实让人摸不着头脑，到底谁是对手、谁是队友？人家李迪招你惹你了？就算是想鱼死网破、同归于尽，也该看清楚拉谁垫背吧？！

别说咱们看不懂，其实宋真宗听着也头大，特意把李迪叫来与寇准当面对质，当场吵得不可开交。眼瞅着宋真宗面露不悦之色，两人方才悻悻而退。紧接着，宋真宗又单独召见李迪，咬牙切齿地放出一句狠话：寇准外放远地，你还有丁谓、曹利用，全都给朕滚蛋！

平心而论，宋真宗放言要一锅端，很大程度上是出于一时的激愤，吓唬吓唬这些权斗过度的大佬们而已。真要把他们全部撵走，且不说会引发什么样的政局动荡，眼下又让谁来干活呢？然而，出乎所有人的意料，宋真宗这么一炸，还真的炸出了一条大鱼——入内副都知周怀政。

说起这个周怀政，他的人生其实挺不幸的。那还是宋太宗征讨北汉的时候，一位名叫周绍忠的随行宦官从死人堆里捡到一个孤儿，收养为己子，并给他取名为“怀政”。后来，周怀政继承“父业”，供职于禁中，不仅深得宋真宗的恩宠，与皇太子赵祯的关系也处得相当不错。正因如此，周怀政“权任尤盛”，很多人都想来巴结他，其中就包括高居相位的寇准。一来二去，两人便越走越近。可以说，周怀政既是寇准安插在禁中的眼线，也是寇准发起此番政治斗争的坚定盟友。

寇准落败之后，周怀政在禁中的日子就不太好过了。尽管宋真宗不忍心过多地斥责，但也逐渐疏远了这位昔日的亲信。惶恐不安的周怀政听说寇准将被远谪，决定铤而走险，搞一出绝地反击，遂与弟弟周怀信（时任礼宾副使）、杨崇勋（时任客省使）、杨怀吉（时任内殿承制）等人密谋，共同约定在七月二十五日夜发动宫变，先废黜皇后刘娥，再安排太子赵祯提前接班，奉宋真宗为太上皇，并干掉丁谓，复拜寇准为宰相。

周怀政哪里想到，在自己失势的时候做掉脑袋的事情，先前一门心思要巴结他的那些人，绝大多数都是靠不住的。就在二十四日晚上，杨崇勋、杨怀吉担心引火上身，跑到丁谓那里告密去了。丁谓大为惊骇，连夜与曹利用商量对策，结果等到第二天清晨，周怀政便被抓个正着。宋真宗亲自在承明殿审讯，周怀政自知败局已定，也无法抵赖，“但祈哀而已”，最终被处以极刑，押赴城西的普安寺斩首。至于周怀信，在密谋之初他就持坚决反对的态度，并“号泣伏拜”劝周怀政赶紧收手，故而得以免除死罪。

根据《清虚杂著》的记载，周怀政曾经负责照料皇太子赵祯的日常生活，两人的关系非常亲密。当时，赵祯痴迷绘画，“闲时画马为戏”，书法也写得很不错，许多大臣都来向他求字。周怀政也跟着起哄，讨太子的墨宝，赵祯便给这位大玩伴写了一句玩笑话：“周家哥哥斩斩。”如今想来，真是一语成谶啊！

或许正是考虑到这一层关系，宋真宗隐约感觉到，皇太子赵祯即便不是幕后主使，恐怕也难辞其咎，便打算追究他的责任。群臣见状，都不敢开腔，唯独李迪站了出来，泰然自若地怼了一句：您有别的儿子吗，还敢这么“作”（“陛下有几子，乃欲为此计”）？！——李迪的这句大实话，还真是把宋真宗怼得哑口无言。

（四）

毋庸讳言，宋真宗想连同太子一道收拾，确实有点不讲道理，更是一种不计后果的鲁莽。因此，等到完全冷静下来之后，宋真宗很希望能为这场纷争画上一个句号，毕竟寇准也免了，谋反的人也杀了，朝廷还要过日子，不能闹腾个没完。但是，对于丁谓一方而言，穷追猛打的大好时机，岂能轻易放过？！他们坚持认为：周怀政伏诛，那是罪有应得，与周怀政来往甚密的寇准也好，那些与寇准亲厚的官吏也罢，朝廷应该给个说法，不能让他们就这样逍遥法外！

将寇准一方掀翻在地、批倒批臭，显然不符合宋真宗刻意营造“异论相搅”的用人思路。但大家应该注意到，宋真宗在这件事上的话语权其实比较有限，一来自己时常卧病在床，有时候连话都讲不清楚；二来丁谓的背后还有皇后刘娥撑腰，他们趁着宋真宗病重的时候“矫诏”，并非完全没有可能。

在周怀政伏诛之后的第三天，上面对寇准的处理意见下来了，将他从太子太傅降级为太常卿，外放到相州（今河南安阳）出任知州。没过多久，朝廷又给他扣了一个“不务敦修，密朋凶慝”的罪名，再贬谪为道州（今湖南道县）司马。与寇准交厚的几位官员也一并遭到贬黜外放，一些与谋反案多少有点瓜葛的官员，甚至还被除名，成了受人鄙夷的“贼配军”。

比较有意思的是杨亿，当时朝堂的形势很紧张，史载“朝士与准亲厚者，丁谓必斥之”，偏偏与寇准交情甚厚的杨亿是个例外。据说，丁谓特意将杨亿召到中书连唬带诈，杨亿竟然被吓得当场失禁、脸色发白（“便液俱下，面无人色”），丁谓觉得杨亿文才盖世，就此罢黜未免太可惜，所以放了他一马。几个月之后，“文格雄健，才思敏捷”的杨亿去世，年仅四十七岁。

虽然收拾了不少人，但朝堂还在继续洗牌。没过多久，属于丁谓这一边的两员骨干获得升迁，一个是枢密副使任中正，出任参知政事；另一个是翰林学士钱惟演，出任枢密副使。在两府的领导班子里都占着位置，丁谓这一回确实是赚大了。

不过，与任中正、钱惟演一道升迁的，还有时任礼部侍郎的王曾，他也出任参知政事一职。说到王曾，这位老兄还真不是一个等闲之辈，他曾经以“连中三元”而闻名，从解试、省试到殿试都是第一。杨亿读过他写的辞赋，盛赞他是辅佐帝王之才（“王佐器也”），时任宰相的寇准也特别器重他。很显然，这又是宋真宗的精心安排，想让王曾与李迪打配合，对付丁谓一伙，继续维持“异论相搅”的局面。

挑起臣僚斗臣僚，这是君主惯用的驭人之术，不过以目前的态势来看，丁谓这一方具有压倒性的优势。除了曹利用、任中正、钱惟演这几位核心干将之外，枢密使冯拯是钱惟演举荐的，平时没少替丁谓说好话，在李迪看来，“曹利用、冯拯亦相朋党”，都不是什么好货。至于王曾，有记载说他“谄事谓甚至”，在丁谓面前“必涕泣作可怜之色”，连大气都不敢出一口。由此可见，李迪事实上身处极度孤立的境地，根本无法起到制衡丁谓的作用。

就拿人事任免来说吧，丁谓完全可以把李迪撇在一边，对他搞消息封锁（“除吏不以闻”）。李迪先是跟同僚发牢骚，说自己布衣出身、志在报国，“安能附权臣为自安计”，接着“变色而起”，与丁谓据理力争，最后索性动起手来，举起笏板要追打丁谓，幸亏丁谓跑得快，不然肯定挨一顿揍。——俗话说“君子动口不动手”，当朝宰臣竟然闹到这个地步，真是斯文扫地，成何体统啊！

按照宋真宗的意思，甭管谁先动的粗，毕竟一个巴掌拍不响，两人都该各打五十大板，手牵手滚出朝堂，外放到地方上反省去。接到消息之后（翰林院当时将两人罢相的诏令都拟好了），丁谓赶紧跑去找宋真宗掰扯，大言不惭地说自己也是受害者，不应该受到惩处。仗着有皇后刘娥撑腰，在宋真宗尚未明确表态的情况下，丁谓竟然假传旨意，说圣上已经收回成命，让他继续做宰相（“有旨复平章事”）。

事实上，时为翰林学士的刘筠已经接到宋真宗的旨意，并起草好了制书，由枢密使冯拯接替丁谓出任宰相，只是尚未对外公布而已。借助假传旨意而“依旧视事”的丁谓找到刘筠，让他重新起草制书，但刘筠跟当年的杨亿一样骨头硬，打死不愿接这活。迫不得已，丁谓又找到翰林学士晏殊，晏殊接倒是接了，但内心羞愧不已，碰到刘筠只能“侧面而过，不敢揖”。

凭借强大的政治靠山，以及自身的厚颜无耻，丁谓侥幸逃过了一劫，最终只有李迪一人遭到罢黜外放，出任郓州（今山东郓城）知州，次相的位置则由冯拯接替。

经过这一系列的纷争，寇准、李迪相继黯然去职，朝堂呈现出丁谓一方独大的局面。不久之后，丁谓、冯拯、曹利用分别加授太子少师、太子少傅、太子少保的头衔，开现任宰执授“三少”的先河（以往都是致仕之后授予荣誉头衔）。也就是说，他们不仅是当朝宰执，更是储君的老师，如此尊贵的地位，谁还敢招惹？！

丁谓一方大获全胜，也意味着皇后刘娥的地位进一步巩固。在李迪被罢黜之前，宋真宗便向宰执班子提出过“欲令太子政于外，皇后居中详处”的想法。现如今，跟皇后刘娥不怎么对付的人都被撵走了，显然更没有任何讨论的余地。天禧四年（1020 年）闰十二月，病情有所加重的宋真宗递给宰执一幅手书，言及皇太子“年未及壮”，既有赖于文武大臣尽心辅佐，也少不了“皇后辅化宣行”，事实上承认了皇后刘娥参与朝政的合法性。

寇准、李迪等重臣以政治前途为代价的不懈抗争，终究还是取得了一定的成果，譬如安排皇太子赵祯在资善堂听政，“引大臣决天下事”，迈出了走向前台的关键一步。当然，这种制度性的安排，象征意义远远大于实际意义，与寇准最初提议的“太子监国”相去甚远，并未从根本上改变皇后刘娥“裁制于内”的决策程序。伴随着宋真宗日暮西山、行将就木，没有人会怀疑，那位深居禁中的正宫皇后，必将深刻地影响大宋王朝的政局。

朝堂风云（下）：欲得天下宁，当拔眼中“丁”

（一）

乾兴元年（1022 年）二月，病情时有反复的宋真宗“奔六”刚至半程（五十五岁），便已熬到了油尽灯枯的人生终点。面对皇太子年齿尚幼、朝臣几乎一方独大的局面，宋真宗难免会感到忧心忡忡。此时，有宰臣直言不讳地问他，是不是担心皇太子赵祯接班之后镇不住场面，病入膏肓的宋真宗已经无法用语言来回应，只能不停地点头（“颔之数四”）。

平心而论，宋真宗的担忧并非庸人自扰。尽管赵祯是宋真宗膝下唯一存活下来的皇子，但这并不意味着他可以顺理成章地继承大统。根据《邵氏闻见录》的记载，“八大王”赵元俨见宋真宗大限将至，竟以探视为由滞留于禁中，“累日不肯出”，觊觎皇位之心昭然若揭。可人家毕竟是亲王，谁也不敢撵他，多亏李迪想了一个办法，暗中指使内侍在为赵元俨准备的水里掺了一点墨汁。赵元俨做贼心虚，看到水的颜色似乎不大对劲，怀疑有人给他下毒，赶紧拍拍屁股出宫去了。

这里需要说明一下，以上记载应该纯属虚构，因为李迪早就被撵出朝堂了，此时还在郓州知州的任上呢，不可能跟赵元俨要这样的心眼。再者说，《仁宗实录》记载得清清楚楚，宋真宗驾崩的时候，赵元俨正在家里养病呢（“以疾在告”），获悉噩耗之后，“扶疾至内庭，号泣见太后”，根本没有发生赖在禁中不走的事情。

另据《夔州直笔》的记载，卧病在床、口不能言的宋真宗当着丁谓等宰臣的面，做了一连串令人浮想联翩的动作：他先是用手指着自己的胸口，随即展开五指，接着又伸出三根指头。丁谓觉得，五加三不正是八吗，想必是要让“八大王”赵元俨接班吧？！皇后刘娥当时躲在帷幕后面暗中观察，等诸大臣退下之后，她赶紧命内侍追上去传谕，对宋真宗方才的一连串动作给出了一个权威的诠释：“三五日来，疾势稍退，别无他意。”——如果这段记载属实，那么宋仁宗赵祯得以顺利继承大统，皇后刘娥确实功不可没，否则极有可能演变成另一桩“烛影斧声”的悬案。

话说回来，皇后刘娥并非一开始就明白自己与皇太子是利益共同体的道理。自从皇太子赵祯奉诏在“资善堂”听政，尽管他只是认认真真地走过场，毕竟“事皆决于后”，但权力欲极强的刘娥一直老大不乐意，两宫（中宫与东宫）之间的关系显得异常微妙而敏感。

关键时刻，还是那位先前对丁谓唯唯诺诺的参知政事王曾，发挥了一语点醒梦中人的作用。他特意找到与刘氏有姻亲关系的钱惟演，请他给皇后刘娥带一句话：太子年幼，需要中宫的扶持，中宫不倚重太子，也无法赢得人心，所以亲厚太子，则太子安，太子安，则刘氏安！这事儿没必要说一千道一万，道理就是这么简单粗暴。钱惟演深以为然，赶紧将这句话告诉刘娥。刘娥是聪明人，一点就透，史载“两宫由是益亲，人遂无间”。

二月十九日，宋真宗带着对江山的无限眷念，在延庆殿溘然长逝。参知政事王曾负责起草遗诏，除了那些歌功颂德的口水话之外，有一句至关重要的制度性安排：“军国事权兼取皇太后处分。”确切地说，并不是这一句话每个字都重要，毕竟宋真宗在世的时候，已经确认过“皇后辅化宣行”的合法性，真正关键的是一个“权”字。

人们常说，中国的汉字真是博大精深，一字之差，既能有所褒贬，也可以蕴含种种玄机。就拿宋朝的官职来说吧，特别喜欢用两个字作为前缀，一个是“同”，一个便是“权”。“同”的大概意思是说，你相当于这个职衔，可以参照其权限和待遇，“去‘同’字则所任者专”。“权”的大概意思呢，则是暂时代理，这就要分几种情况来说了。一是你资历不够，因工作需要低衔高配，往往加上一个“权”字，“以处未应资格之人”。二是某些特殊的职位形成了惯例，最典型的就是开封府的知府，因为宋太宗、宋真宗做皇子的时候都担任过开封府的主官，所以这之后的知府，都必须加一个“权”字以示区别。三是纯粹的暂代，这活本来有别人干，但因为出现某种特殊的情况，让你暂时代管一段时间。遗诏中提及的“权”，就属于最后一种情形：军国事的处分权原本应该由皇帝行使，但考虑到新任君主年幼，安排皇太后暂时代管一段时间。再直白一点说，等新皇帝长大成人了，特殊情况便不复存在，这个权力必须还回来，也就是咱们时常说的太后还政、皇帝亲政。

然而，仗着有皇太后刘娥在背后撑腰，丁谓公然提出动议，让王曾把这个“权”字删掉，暗藏的图谋其实很明显，咱们就不必点破了。按照王曾以往“谄事谓甚至”的禀性，理应照办无误，没想到值此紧要关头，他的“人设”发生惊天逆转，当即回怼丁谓说：皇帝年幼，故而政出宫闱，加一个“权”字，方可向后人交代，况且先帝遗诏是皇太后亲口转述的，“言犹在耳，何可改也”？！

丁谓被怼得哑口无言，只能选择闭上自己的臭嘴，而他似乎也隐隐感觉到，继寇准、李迪之后，这位一直潜伏在水下的强劲对手，终于浮出水面、露出真容了。

（二）

一个“权”字的增删，其实不过是一场热身，丁谓与王曾旋即展开了异常激烈的交锋，而核心问题就是皇太后刘娥以什么样的形式和流程，履行她暂时代理的政务处分权。

天子年幼，由太后代为处理朝政，这在开国不足百年的大宋王朝算是头一遭，但历史上并不鲜见。“太后”之名，以及临朝主政之制，最早可以追溯到秦国的宣太后芈氏，她在秦昭王时代临朝称制长达四十一年。稍微近一点，西汉有著名的吕后，东汉有窦太后、邓太后，再近一点，唐朝还有首创“垂帘听政”制度的武后。鉴于有这么多可供参考的范例，王曾的意见是遵循古制。当然，他不敢提及吕后、武后这样的“反面典型”，而是援引所谓的“东汉故事”。具体如何操作呢？很简单，皇太后刘娥与新皇帝宋仁宗每五天听政一回，地点在承明殿，宋仁宗居左，皇太后垂帘居右，与大臣讨论并决策军国大事。

丁谓提出的方案稍微复杂一点：先把日常的政务分出大小，大事的讨论与决策，由皇太后、宋仁宗共同召对宰臣处理，小事则由内侍雷允恭负责去向太后请旨，再出来交付给中书执行。既然有所区分，需要当面讨论和决策的政事就不多了，皇太后、宋仁宗共同听政的频率不必太高，每月初一、十五两次即可。仔细琢磨一下，丁谓的这个方案有两大暗藏的玄机：第一，政事孰大孰小，谁说了算？当然是宰相丁谓说了算！第二，内侍雷允恭，本质上是周怀政式的人物，区别在于周怀政是寇准的亲信，雷允恭则是丁谓的亲信，让他充当联络宫内外的传话筒，这不是让丁谓大小通吃、掌控全局了吗？用心何其歹毒也！因此，王曾一针见血地评价说：“两宫异处而柄归宦者，祸端兆矣。”虽然没有点丁谓的名，但大家都是聪明人，没必要说得那么直白。

王曾的方案，丁谓不同意，丁谓的方案，王曾更是坚决反对，朝堂吵成了一锅粥，始终无法达成一致的意见。王曾是阳谋，当面锣对面鼓地据理力争，丁谓这个人比较阴险，用《宋史》的话说就是“憸狡过人”。眼瞅着没办法压制反对意见，丁谓索性绕开廷议，让雷允恭直接找皇太后刘娥游说。没过几天，皇太后便递出一道手书，“处分尽如谓所议”，也就是基本采纳了丁谓提出的方案。根据史料记载，这道手书并非出自皇太后的手笔，而是先由翰林学士起草，雷允恭拿给丁谓过目之后，方才送进去给皇太后签批的。

皇太后刘娥并没有意识到，因为一时耳根子软，竟然给自己挖了一个被宰相架空的坑，“机敏有智谋”的丁谓则迎来了人生的高光时刻，史载其“与雷允恭协比专恣，内挟太后，同列无如之何”。

那道“处分尽如谓所议”的手书是二月二十四日下达的，而就在二月的最后几天，如日中天的丁谓便迫不及待地干了两件大事。

头一件事是在二十七日，丁谓以朝廷的名义，给一干重臣加封荣誉头衔，尤其是宰相（次相）冯拯加封“司空”，枢密使曹利用加封“侍中”，丁谓自己则加封“司徒”，惹得朝堂内外一片哗然。这里需要解释一下，属于“三公”之列的司徒、司空（另一个是司马），还有“侍中”，虽然没有对应的实职，但都是尊荣至极的重量级头衔，大宋开国以来极少除授。如此尊贵的头衔，被丁谓当成白菜分，一加封就是仨，大家当然要哗然。特别是王曾，当面痛斥丁谓说：“今主幼，母后临朝，君执魁柄，而以数十年旷位之官一旦除授，得无公议乎？”言外之意，这是会引起公愤的！不过，权势熏天的丁谓哪里管什么“公议”不“公议”，我们封我们的，你们议你们的，谁敢不服，站出来让我看看！

还有一件事是在两天之后的二十九日，丁谓同样以朝廷的名义，特意关照了一下两位老对手，将时任道州司马的寇准贬到雷州（今广东雷州）做司户参军，时任郓州知州的李迪则被贬到衡州（今湖南衡阳）做团练副使，“播其罪于中外”。咱们在前面分析过，将官员贬谪到岭南，基本上就等于判他死刑了，李迪要去的衡州也好不到哪儿去，同样属于蛮荒烟瘴之地，能不能活着回来，全靠自己的造化。

因此，王曾再一次站出来表示异议，认为处罚过重。丁谓听得此言，死死瞪着王曾，说了一句意味深长的话：“居停主人恐亦未免耳。”这话从何讲起呢？原来，寇准当初被贬离京之前，王曾将自己的宅第借给他住过一段时间。言外之意，你这条漏网之鱼是想自首吗？！王曾的腰板再硬，听丁谓这么明目张胆地要挟恫吓，也只能选择明哲保身、赶紧闭嘴（“踧然惧，遂不复争”）。

当然，丁谓对寇准、李迪恨之入骨，巴不得置他们于死地，只是在不杀士大夫的时代，不敢冒天下之大不韪而已。除了贬谪到烟瘴之地，增加他们死于任上的概率之外，丁谓还琢磨出了一条阴毒的诡计：利用传送敕书的机会，诈一诈寇准和李迪，刻意制造恐怖气氛，让他们心理崩溃、自行了断。

具体怎么操作呢？丁谓暗中交代负责传送敕书的中使，用锦囊套上一把剑挂在马前，让寇准、李迪误以为自己小命不保（“示将有所诛戮状”），情急之下说不定就会中圈套。中使依计而行，来到道州的时候刻意制造紧张气氛，闭口不言此行的来意。一身布衣的寇准当时正在宴请官吏和士绅，众人见中使这番模样，竟然“惶恐不知所为”，暗自寻思着寇准的大限怕是到了。多亏寇准是老江湖，什么阵仗没见过，泰然自若地跟中使讲：既然朝廷要赐死我寇准，那就赶紧把敕书拿出来吧！使诈没有奏效，中使只得乖乖地拿出敕书，寇准还临时从同僚那里借来一身绿袍套上，拜接过敕书之后，他继续与宾客觥筹交错，一直喝到天黑，全然不以为意。

与寇准相比，李迪的心理素质就差太多了。经中使这么一诈，真以为朝廷要将他赐死，举剑便要自裁，多亏一旁的儿子眼疾手快，将李迪救了下来。李迪身边有一位门客名叫邓余，怒气冲冲地威胁中使说：“汝杀吾公，我必杀汝！”其实呢，中使玩玩心眼可以，他还真没胆量出手置李迪于死地。邓余不放心，又将李迪一路护送到衡州赴任。

尽管丁谓给寇准、李迪扣了不少罪名，甚至在敕书中说宋真宗“违豫之初，罹此震惊，遂致沈剧”，将先帝病情恶化的责任也往他们身上推，但公道自在人心，大家的眼睛都不瞎。譬如寇准赴任雷州途中，“道险不能进”，沿路州县纷纷以竹舆相迎，令寇准大受感动。次年九月，寇准在雷州含冤病故，直到十年之后的明道二年（1033 年），业已亲政的宋仁宗才为他平反昭雪，恢复其太子太傅、莱国公的头衔，并赠中书令，谥号“忠愍”。还有大难不死的李迪，在即将前往衡州的时候，时任郓州通判的范讽（就是后来怂恿宰相吕夷简力主废黜郭皇后的那位仁兄）冒着极大的政治风险，不顾中使的一再催促，强行将李迪挽留了数日，还自掏腰包为他置办行装。

据说，得知寇准惨遭远谪，京城便流传开了一首歌谣："欲得天下宁，当拔眼中'丁'，欲得天下好，莫如召寇老。"有人曾经直言不讳地问丁谓：如果李迪被整死了，别人会怎么看待这件事？丁谓毫不在乎地回答说：在那些喜欢舞文弄墨的书生笔下，不过是"天下惜之"四个字而已，他们还能把我怎么着？！——丁谓的跋扈专横，可见一斑！

（三）

老话说得好：天欲其灭亡，必令其疯狂！宰相丁谓想一手遮天，皇太后刘娥当然也不是一盏省油的灯，毕竟权力的蛋糕就这么大，纯粹是此消彼长的"零和"博弈。因此，两人博弈到掀桌子翻脸的地步，其实只是一个时间问题。

尽管咱们可以预见到最终的结局，但出乎意料的是，从队友到对手的变化来得太快，令人有点目不暇接的感觉。具体来讲，至少有两件事情，让皇太后刘娥心里滋生出对丁谓的怨气。

头一件事是丁谓打着"开源节流"的旗号，提出要控制禁中的开支，史载"太后滋不悦"。表面上看，丁谓颇有一点为民请命的味道，让最高层为全天下做一个表率。事实上呢，他是想捋一捋太后的虎须，抖一抖自己的威风。刘娥不高兴也很正常，她未必在乎那几个钱，就是觉得丢不起这个人。丁谓胆敢这么干，岂不是活得不耐烦了吗？！

另一件事，其实是皇太后刘娥主动挑起来的，可以算是一次温柔的反击。话说某一天，刘娥让内侍给中书传达了一道旨意，说小皇帝毕竟年幼，天不见亮就得爬起来穿戴整齐，赶往前殿听政，实在是难为他了，不如把听政的地点改到太后、小皇帝起居的后殿去，时间上省一点是一点，睡眠充足才能健康成长嘛。

这话说得倒是冠冕堂皇，确实也有一定的道理，但能混到朝堂上的人都不是傻子，谁都领悟得出其中蕴含的玄机，皇太后这是"欲独受群臣朝"，明摆着夺权呢！根据《续湘山野录》的记载，丁谓那几天正好告病在家调养，次相冯拯接到皇太后的旨意之后，要了一个心眼，说自己做不了主，要等丁谓回来商议定夺。丁谓回来听说此事，义正词严地给皇太后怼了回去，说什么擅改听政地点，“社稷之理不顺，难敢遵禀”，史载“稍失太后意”。与此同时，丁谓还把冯拯等人洗刷了一通，说他们只会做好好先生，原本应该一口回绝了事，偏要等着他回来做这个坏人。冯拯心里当然不服气：我又不是一把手，凭什么让我冲锋在前？！尽管冯拯不敢当面顶撞丁谓，但事后又跟同僚嘀咕，说丁谓自己想做周公，却让我们充当王莽、董卓之流，真是太会算计了！

话说回来，丁谓驳皇太后的面子，从道理上讲完全没有问题，后殿听政，这不是乱套了吗？！不过，丁谓胆敢这么做，动机也不见得有多么纯粹。从本质上说，无非是争权夺利的拉锯战而已，什么道义公心，全是扯淡！

先是“太后滋不悦”，接着“稍失太后意”，皇太后刘娥愈发感觉到，昔日的政治盟友丁谓，俨然成了她掌控朝政最大的绊脚石。宋太祖的名言“卧榻之侧，岂容他人鼾睡”，放在这里其实也挺合适的，不把权欲熏心的丁谓挤对走，皇太后刘娥恐怕真的无法安然入睡。

乾兴元年（1022 年）的春夏之交，内侍雷允恭闯下了一场大祸，收拾丁谓的机会也悄然而至。怎么回事呢？咱们还得从修造宋真宗的陵寝说起。这年三月，根据以往的惯例，时任入内押班的雷允恭被刘娥委任为管勾山陵事，负责监造先帝宋真宗的陵寝。雷允恭接到任命，马不停蹄来到施工现场，时任判司天监的邢中和告诉他，现在挖的这地儿不太理想，往上百步才是“法宜子孙”的风水宝地。

看风水毕竟是门技术活，雷允恭是个外行，所以非常重视专业人士的意见，便问他为什么不到上面的宝地去挖。邢中和回答说：“恐下有石若水耳。”又有石头又出地下水，恐怕挖不得。说到这里，我不得不怀疑，莫非邢中和是上天派来坑害雷允恭的吗？否则，他既然知道这个地方挖不得，干嘛还要提起这茬呢？

雷允恭也是禁不住这位“专业人士”的忽悠，当即拍板换个地方挖。兹事体大，雷允恭也不敢自作主张，赶紧跑回来向皇太后请示。刘娥听闻，心里也犯着嘀咕，这又不是挖灶做饭，想换地方就换地方？！雷允恭把邢中和先前的那套说辞搬出来，添油加醋地胡侃海吹了一通。刘娥不想搭这茬，便让他找兼任山陵使的丁谓商量。丁谓也挺有意思，明知此事不可妄为，但考虑到自己还要仰仗雷允恭在宫内做内应，故而“无所可否，唯唯而已”，既不说赞成，也不表示反对，跟他打起了马虎眼。雷允恭胆子也是够大，编了一通瞎话蒙骗刘娥，说丁谓对此没有异议。

宰相兼山陵使丁谓都没有意见，皇太后刘娥还能说啥呢，换就换吧。挖到五月份的时候，果然不出邢中和所料，石头、地下水全都冒出来了，以致“工役甚艰，众议藉藉”，负责具体施工的官员只得下令停工，赶紧上报给朝廷，听候进一步的指示。

丁谓接到工地的报告，知道雷允恭闯了大祸，考虑到自己恐怕也难脱干系，索性将这事儿强压了下来。过了两天，一位入内供奉官从工地赶回来，如实向皇太后刘娥做了禀告。刘娥不禁大为光火，当即下令拘捕雷允恭，并派罗崇勋（时任入内供奉官）、李惟新（时任右侍禁合门祗候）两位内侍前往陵寝所在的巩县（今河南巩义），具体负责审理这桩性质和影响都极其恶劣的案子。

自打周怀政伏诛之后，雷允恭仗着有丁谓撑腰，“日益骄恣无所惮”，所以这案子不查不知道，一查真是吓一跳。除了“擅移皇堂”的罪状之外，雷允恭还被查出盗窃了巨额公款，包括金 3110 两、银 4630 两、锦帛 1800 匹、珠宝 43600 颗、玉石 56 两，还有原本作为陪葬品的犀带 1 根、药金 70 两（他也不嫌晦气）。更甚者，就连皇太后赏赐给大臣的玉带，雷允恭也要从中克扣，私自窃取了 3 根，简直是利欲熏心、胆大包天！六月下旬，罪大恶极的雷允恭被杖毙于巩县，无事生非的邢中和也被发配到沙门岛（今山东长岛）去了。

（四）

雷允恭伏诛之后的第三天，丁谓终于倒台了。别看两者间隔的时间不长，兼任山陵使的丁谓确实也难辞其咎，但他毕竟是权倾朝野的首辅之臣，想扳倒这样一位重量级的人物，绝非一朝一夕之功，过程也显得很有戏剧性。

根据《东轩笔录》的记载，扳倒丁谓的核心人物，是后来官居宰辅、当时担任权知开封府的吕夷简。他在审讯雷允恭的时候，特意跟丁谓打起了马虎眼，让雷允恭一个人把罪名扛了下来（“一切止罪允恭，略无及丁之语”）。丁谓看过雷允恭的供词和开封府的判状之后，认为没什么问题，便同意吕夷简当面向皇太后、宋仁宗禀报。当着皇太后和小皇帝的面，吕夷简将先前的供词判状搁置在一边，竹筒倒豆子似的列数丁谓的若干罪状，“久失天下之心”的丁谓方才受到严惩。

事实上，这段记载并不符合史实。南宋史学家李焘在编撰《续资治通鉴长编》的时候考证过，雷允恭的案子并没有移送给开封府，而是罗崇勋、李惟新两位内侍前往巩县办理的。至于借这桩案子扳倒丁谓，真正发挥关键性作用的其实是参知政事王曾。

你没看错，就是那位“谄事谓甚至”、时常“涕泣作可怜之色”的王曾。从遗诏中一个“权”字增删的纷争开始，他的“人设”便在一瞬间发生了逆转。毫不夸张地说，王曾真是一位演技超群的“老戏骨”，先前的委曲求全、阿谀奉承，都是为了有朝一日能把丁谓彻彻底底地斗倒批臭，让他永世不得翻身。

丁谓权势熏天的时候，王曾一边暗中搜集丁谓的黑材料，一边谋划着如何瞒天过海，绕开丁谓告御状，将自己掌握的黑材料直达天听。然而，丁谓毕竟是当朝宰相，不光狡黠诡诈，身边的耳目也不少，王曾想要告他的状，必须找到机会单独面奏，可这样一来，势必会引起丁谓的怀疑，难免打草惊蛇。于是乎，王曾琢磨出了一个办法，他不断在臣僚面前碎碎念，说自己膝下无子，想从自家兄弟那里过继一个。按理说，过继收养乃是个人的家事，但王曾身居高位，必须得到朝廷的承认，将来才有资格享受到恩荫的待遇，所以王曾表示，想在某天早朝之后单独面奏太后，把这事儿讲一讲。[1]

[1] 此据《续资治通鉴长编》，另据《默记》记载，王曾的托词是想为自己的外甥脱除军籍。

除了先前增删“权”字的纷争之外，王曾平日里表现得还算老实，所以丁谓并没有起疑心。雷允恭闯下大祸之后，王曾觉得机会来了，便打着求私情的幌子，跑到皇太后刘娥的面前，弹劾丁谓“包藏祸心”云云，总之罪状一大堆，指使雷允恭“擅移皇堂于绝地”都算是比较轻的了。史载刘娥大为惊骇。我倒觉得应该是无惊有喜，她早就想收拾胆敢跟自己抢权的丁谓了！

丁谓听说自己被王曾耍了，赶紧跑到皇太后刘娥的面前替自己辩解开脱。痛哭流涕地说了好一阵，等内侍卷起垂帘，丁谓才发现榻上空空如也，人家刘娥早就撤了。内侍还不忘奚落丁谓一句："相公谁与语？驾起久矣。"丁谓惶恐不安，"以笏叩头而出"。

等到六月二十五日这一天，皇太后刘娥破例召见群臣于承明殿，唯独没有让丁谓入对。丁谓自知不妙，低声下气地向同僚哀求，请他们看在同朝为官的份上，替自己说几句好话。钱惟演安慰他说：不必担心，吾等自当尽力。话音未落，冯拯便鼓起一双白眼，死死地瞪着钱惟演，把他瞪得心里发毛、局促不安。

群臣来到承明殿，皇太后刘娥率先定了调，说丁谓身为宰相，却与雷允恭相互勾结，并当众出示了一些物证（想必是王曾提供的）。次相冯拯率先接过话头，说丁谓与雷允恭内外勾结，谎称得旨于禁中，“臣等莫辨虚实”，把自己择得干干净净的同时，还给丁谓扣上了“矫诏”的罪名。刘娥听闻，不由得雷霆震怒，想判丁谓的死罪。

尽管冯拯秉持“痛打落水狗”的心态，但贸然诛杀大臣的做法有违祖制，他可担不起这个历史责任，于是赶紧站出来灭火，认为“帝新即位，亟诛大臣，骇天下耳目”，况且丁谓并无谋逆之举，罪不至死，将他降黜就可以了。

事情讨论到这个份上，先前答应丁谓自当尽力的钱惟演压根不敢吭声，只有任中正（时任参知政事）站出来替“恩公”说了句好话，认为丁谓毕竟是受先帝托付的辅臣，有罪归有罪，也应该有功论功。任中正刚说完，王曾就给他怼回来了："谓以不忠，得罪宗庙，尚何议耶？"——用《东轩笔录》里的话说，天下人都巴不得“取彼头颅，置之郊社”，还给他议哪门子的功？！

俗话说得好：墙倒众人推，鼓破万人捶。尽管后世史学家认为丁谓“未必真有祸心”，王曾扳倒丁谓的手段也并不见得那么光明磊落，但“公论不以为过也”，政治斗争就是这么残酷无情。其实，丁谓收拾寇准、李迪也好，王曾扳倒丁谓也罢，本质上就是关乎权力分配的党争，无所谓忠与奸、正与邪。

在承明殿召对的当日，皇太后刘娥与群臣达成了一致意见，罢免丁谓的宰相之职，将他外放到洛阳安置。替丁谓说好话的任中正也挨了收拾，被外放去了郓州，就是李迪先前遭贬的地方。至于钱惟演，关键时刻与丁谓划清了界限（“挤谓以自解”），又仗着与皇太后的姻亲关系，不仅没有受到丁谓的牵连，反而从枢密副使擢升为枢密使，与另一条“漏网之鱼”曹利用平起平坐。

曹利用倒台，咱们还得等上几年，但钱惟演的好景只持续了不到半年。原因很简单：趋炎附势的人，往往最不受待见。别说升任次相的王曾了，就连接替丁谓出任宰相的冯拯，当初还得到过钱惟演的举荐，也打心底里“恶其为人”。冯拯认为，钱惟演既然是皇太后的亲家，按成例“不可预政”，理应外放到地方任职。皇太后刘娥有心庇护，怎奈众口一词，她也不便固执己见，遂于是年十一月将钱惟演外放去了河阳（今河南孟州）。钱惟演的脸皮也是真够厚，刚到河阳赴任，便伸手向皇太后讨要赏赐。刘娥虽然答应卖他一个面子，但台谏言官有话要讲，时任侍御史知杂事的蔡齐认为：赏罚之权在于圣上，“非臣下所当请”，再说钱惟演身为太后的亲家，“私请偏赏”更是难服众心。结果呢，钱惟演赏赐没要成，还挨了台谏言官的一顿炮轰。

俗话说“拔出萝卜带出泥”，丁谓曾经位高权重，必然党羽众多，除了任中正、钱惟演之外，另有几名亲信也受到了惩处。有一位台谏言官奉命查抄丁谓的宅邸，搜出一堆或奉承或请托的书信，牵涉到的人更多。不过，精明过人的刘娥选择了适可而止，下令将这些书信“悉焚之，不以闻”，并以宋仁宗的名义下达了一道“特赦”诏令，承诺“中外臣僚有曾与丁谓往来者，一切不问”，有效地控制了这场政坛地震的波及面和破坏程度。

（五）

得益于皇太后刘娥的英明果断，风云激荡的朝堂迅速恢复了往日的平静，皇太后刘娥与新的宰执班子之间，也需要重新找到一个关乎权力分配的平衡点。

首先是听政的程序安排。既然丁谓已经倒台，他先前主张的方案理应废弃。当然了，丁谓的方案有利于宰相抓权，冯拯内心深处是希望维持现状的，史载其“颇欲蹑谓故迹”，意思是想做大权独揽的第二个丁谓，怎奈受到次相王曾的制衡，对他“晓以祸福，且逆折之”。道理很简单：如果想全盘接过丁谓的职务和权柄，那么丁谓的今天，就是你冯拯的明天。最终，王曾的提议得到皇太后刘娥的采纳，每五日在承明殿垂帘听政一回，遇有特殊情况也可以随时奏对。至于其余四天的繁杂政务，则由宰相领衔处理并做出裁决。

其次是权力的相互制约。宰执班子对于政务的裁决，需要送入禁中给皇帝（实际上是太后）签批，方可交付有关部门执行。涉及到军政的，则由两府进呈，待旨而行。也就是说，皇太后刘娥代替小皇帝行使一切要务的处分权。当然，如果宰执班子对皇太后的处分有异议，也可以暂扣不发，重新商议定夺。

最后是各自表明态度，确认一系列制度性安排的合法性。乾兴元年（1022年）八月初八日，皇太后与宋仁宗按照全新的程序，第一次在承明殿“垂帘决事”。宰相冯拯率领文武百官“拜表称贺”，刘娥“哀恸久之”，并让内侍宣谕，表示待小皇帝成年之后，“即当还政”。冯拯则代表百官表态，认可“太后临朝，盖先帝顾命之托也”。

从此以后，“事一决于两宫”，皇太后与宰执班子终于达成了彼此两便的共识。至于尚处在“见习”阶段的宋仁宗，陪同皇太后五日一次的垂帘听政也好，单独为他“开小灶”的单日视事也罢，基本上都是走走过场、做做样子而已，实际意义不大。宋仁宗深知此理，最初只是带着耳朵听，很少发表意见，不过有一次例外，反倒让皇太后和宰臣对这位少年天子刮目相看了。

这事儿说起来挺重要的，关系到先帝宋真宗的出殡安排。先前雷允恭不是惹祸了嘛，别出心裁地想挖什么风水宝地，结果不仅葬送了自己的性命，也延误了修造陵寝的工期。后来，皇太后刘娥采纳了王曾、吕夷简等人“复用旧穴”的提议，下诏要求“复役如初”。

等到九月下旬，宋真宗的灵驾终于可以出殡了，有关部门请求将灵驾所经道路的城门、庐舍拆掉，便于通行。有台谏言官提出异议，认为先帝的遗诏讲得很清楚，要“务从俭薄”，有关部门却反其道而行之，“治明器侈大”，还要拆城门、庐舍扰民，真是没道理！

皇太后刘娥的意思是既然这些明器都备下了，再裁损也不太合适。就像老百姓去坟头拜祭亲人，香烛纸钱没有往回带的道理，这不是大不敬吗？！至于城门、庐舍要不要拆，刘娥尚未表态，一旁的宋仁宗先发话了：“城门卑者当毁之，民居不当毁也。”——城门拆了可以再修，老百姓造房子不容易，不能拆！在后世史学家看来，这也是宋仁宗“为人君，止于仁”的一个鲜活例证。

宋真宗下葬，标志着一个时代的终结，昔日风云激荡的朝堂，此时也重新归于平静。最后呢，咱们再来说一说“权奸”丁谓的结局，算是对这场权力争斗有个交代吧。

丁谓被罢黜宰相之后，最初是外放到西京洛阳，但短短一个月的时间，新的罪行又被揭露出来。怎么回事儿呢？说是有一个名叫刘德妙的女道士，与丁谓来往甚密。丁谓倒台之后，她也被抓了，并供出丁谓教她如何装神弄鬼、“造符瑞以欺先帝”的秘闻。结果到了七月下旬，丁谓又被贬谪到崖州（今海南三亚）做司户参军。

想当初，丁谓想置寇准于死地，特意将这位老对手贬谪到蛮荒烟瘴之地，谁承想不到半年的光景，他自己竟被贬到了天涯海角。时人拍手称快，“皆以为报复之速，天道安可诬也”。据说，丁谓经过雷州的时候，贬谪于此的寇准特意派人给他送来一头蒸羊。丁谓感慨万千，想跟寇准见上一面，但寇准没有同意。寇准身边的仆从听说主子的仇敌来了，纷纷摩拳擦掌，要取丁谓的性命报仇雪恨，却被寇准紧锁在家中，一个都没有放出去。

丁谓在崖州苦熬度日，无时无刻不惦记着重返朝堂、东山再起。等到天圣三年（1025 年），丁谓觉得风头应该过得差不多了，便托人给时任西京留守的刘烨送去一封书信，请他转交给自己在洛阳的家人。其实，丁谓写的这封家书，既不是给家人看的，更不是给刘烨看的，而是想通过刘烨进呈给朝廷。因此，丁谓特意嘱咐送信的心腹，一定要当着众僚属的面交到刘烨手中。刘烨在众目睽睽之下接到一个重量级罪臣送来的家书，唯一的选择就是原封不动地上交。

丁谓写这封所谓的家书，确实费了一些心思，不仅表明了自己深刻反省之意，还苦口婆心地告诫家人不要心怀怨恨。宋仁宗看过之后，不由得动起了恻隐之心，“欲令生还岭表”，于是不顾宰执班子的反对，将他从崖州内迁为雷州司户参军，这正是寇准生前的最后一任官职。

与寇准卒于任上不同，丁谓在雷州苦熬了五年之后，竟然又挪窝了。天圣八年（1030 年）十二月，宋仁宗行南郊之礼，并大赦天下，有关丁谓即将内徙甚至回朝的消息再度风传开来。享有“风闻言事”特权的台谏言官接连上奏，不断制造舆论压力。宋仁宗也不想给自己找麻烦，便控制了一下赦免的尺度，将丁谓内迁为道州（今湖南道县）司户参军，这里又是寇准当年待过的地方。

在道州熬了两三年，上面对于丁谓的管制似乎放松了一些。明道元年（1032 年）十二月，宋仁宗下诏将苏州没收的丁谓田产“还给其家”，还擢升他的一个儿子为供奉官。次年三月，时年六十七岁的丁谓获准致仕，授秘书监之衔，内迁至光州（今河南潢川）安置。景祐四年（1037 年）闰四月，丁谓在光州去世，终究没能回到他梦寐以求的朝堂。

根据《宋史》的记载，丁谓在被贬谪外放之后，“专事浮屠因果之说”，颇有一点看破红尘的味道。另据《东轩笔录》的记载，丁谓“流落贬窜十五年，髭鬓无斑白”，强悍的心理素质为时人所折服。

在得知丁谓去世的消息之后，王曾不由得大松一口气，心有余悸地跟别人感慨说：我可不是觉得庆幸啊，而是深知丁谓这个人“智数不可测”。如果上天再给他几年的光景，说不定就能回朝掌权了，真要那样的话，“天下之不幸可胜道哉”！

刘娥的手段：女人不狠，地位不稳

（一）

妇人干政，是不是就意味着朝政走向昏乱呢？作为封建王朝最后一位垂帘听政的太后，慈禧在这方面可以说是劣迹斑斑、遗臭万年，但在政治文明造极于整个封建时代的大宋王朝，尤其是大宋开国以来首位临朝称制的皇太后刘娥，情况却截然不同。从乾兴元年（1022 年）二月宋真宗龙驭归天，到明道二年（1033 年）三月刘娥溘然长逝，这位充满传奇色彩的皇太后临朝称制长达 11 年。

11 年的光景不算短，史家对于刘娥的表现还是赞赏有加的。《宋史》认为，刘娥垂帘听政期间，“号令严明，恩威加天下”，“内外肃然，纪纲具举，朝政亡大阙失”（“亡”通“无”）。宋英宗即位之初，时任知谏院的司马光特意给曹太后进呈了一道奏疏，言及刘娥当年“保护圣躬，纲纪四方，进贤退奸，镇抚中外，于赵氏实有大功”。如此不吝溢美之词的赞誉，虽说是出于旁敲侧击曹太后的用意，但大抵还是符合历史事实的。

刘娥以皇太后的身份临朝称制 11 年，到底做出了什么成绩呢？关乎国计民生的政绩，毕竟不是刘娥一个人的功劳，更多是仰仗列位臣僚，所以暂且搁下不提，咱们还是重点讲一讲这位传奇女子的政治智慧，主要体现在三个方面。

第一，在宋真宗龙御归天之后，刘娥在第一时间决定罢废“天书封祀”。

宋真宗在位25年，基本上就做了两桩大事，头一桩是著名的澶渊之盟，再一桩便是所谓的“天书封祀”。

对于澶渊之盟，时人与后世还是比较认可的。虽说观感上有些憋屈，与万国来朝的大唐盛世相去甚远，但毕竟是基于现实的考量，避免战火纷飞、生灵涂炭（关键是总吃败仗），并开创了与异族政权平等外交的先河。

对于“天书封祀”呢，情况就比较复杂了。有的人投其所好，大搞装神弄鬼的把戏，譬如高居庙堂的丁谓竟然与一位江湖女道士暗中勾结，便是典型的例子。但在更多的有识之士看来，什么天书、祥瑞都是胡扯，完全是耗费资财的闹剧。“子不语怪力乱神”、“未能事人，焉能事鬼”，孔圣人早就发出过振聋发聩的谆谆教诲了！

可以说，宋真宗晚年热衷于搞这些鬼把戏，身为皇后的刘娥未必敢反对，但内心深处应该是秉持质疑态度的。因此，当宋真宗驾崩，王曾、吕夷简等大臣提出解决“天书封祀”问题的时候，刘娥毫不犹豫地做出了决断：一律罢废！

“天书封祀”要罢废，宋真宗的面子也要顾及，所以刘娥的这道谕令很有水平。她没有去纠结如何评价“天书封祀”的对错，而是以其人之道还治其人之身，为那些糊弄人的闹剧增添了一层神秘色彩，将它们说成是宋真宗“尊道奉天”之举。既然如此，理应“专属先帝，不可留于人间”，谁的孩子谁抱走，全部作为宋真宗的陪葬品好了。

第二，注意维护与宋仁宗的和谐共生关系。

前面讲刘娥与宋仁宗的关系，负面的内容比较多，譬如粗暴干涉宋仁宗的感情生活，尤其是刻意隐瞒宋仁宗的真实身世，这一切都是出于维护她自身地位的考虑，既显得不近人情，更是埋下了不小的隐患。

不过话说回来，正所谓瑕不掩瑜，在临朝称制的11年里，刘娥与宋仁宗的关系大体上还是比较融洽的。撇开养育了十余载的母子亲情不谈，与小

〔清〕佚名《彩绘帝鉴图说》之《改容听讲》，讲述宋仁宗召学士开经筵，敬信而听从之。（现藏于法国国家图书馆）

皇帝和谐共生，方才符合刘娥的最根本利益。

在宋真宗病入膏肓的时候，“事皆决于后，中外以为忧”，形势异常严峻而复杂。时任参知政事王曾通过钱惟演，给刘娥讲了一番显而易见的道理，史载刘娥“晓然知太子安而己安”，“两宫由是益亲，人遂无间”。

刘娥身为母后，在宋仁宗即位之初便宣谕群臣，要求对这位小皇帝加强教育工作，并制定每日的经筵制度，安排名儒、近臣为他授课，“以辅其德”。宋仁宗生性就比较厚道，积极倡导以孝治天下，对皇太后刘娥更是尊敬有加。用《宋史》的话说，“仁宗君德日就，章献亦全令名”（“章献”是刘娥谥号的前两个字），可谓相得益彰。

天圣七年（1029 年），皇太后刘娥还跟李迪说到与宋仁宗和谐共生的话题。咱们都知道，李迪曾经做过太子宾客，无论是宋真宗先前立刘娥为皇后，还是后来皇太后刘娥借助丁谓之力掌权，他都是立场坚定而强硬的反对派。时过境迁，自我感觉十分良好的刘娥释然了许多，主动问李迪说："今日吾保养天子至此，卿以为何如？"李迪似乎也是心悦诚服，感慨自己"诚不知太后圣德乃至此"。两位昔年频繁较量的对手，颇有一些"相逢一笑泯恩仇"的味道。

第三，致力于防范大臣培植党羽，进而威胁到皇权和政局稳定。

从某种程度上说，治国就是治吏。文武百官名义上都是为君主尽忠、为社稷尽责，其实各有各的心眼，所以当政者的水平高低，往往体现在如何用人、驭人方面。说到驭人之术，宋真宗的手段是刻意营造出"异论相搅"的局面，让群臣相互监督、制衡，君主则可以稳坐钓鱼台。刘娥的路数则截然不同，归纳起来就是八个字：顺我者昌，坐大则亡。

人们常说"顺我者昌，逆我者亡"，但在精明过人的刘娥看来，"逆"并不可怕，真正需要压制的是那些借势坐大之流。就拿丁谓发迹与倒台的历程来说吧，他曾经坚定地站在刘娥的一边，故而得以官居宰相，但当他与内侍雷允恭相互勾结，权势已经威胁到深宫之中的皇太后时，刘娥收拾起他来，也是丝毫不留情面的。因此，像李迪这样的"逆流"，刘娥在时过境迁之后，尚且能与他谈笑风生，但对于权欲熏心的丁谓，等待他的只有外放至死。

刘娥秉持重在防范"坐大"而非一味要求顺从的用人思路，使得像王曾、张知白、吕夷简、鲁宗道这些享誉后世的名臣，尽管在很多问题上与皇太后刘娥多有抵牾，但因为他们向来不搞结党营私那一套，所以也能得到重用，在朝堂上发挥自己的无限潜能。

根据《东都事略》的记载，有一位管理漕运的官员名叫刘绰，他借还朝复命的机会向刘娥报告说，粮仓里还剩余千余斛的粮食，打算无偿上交给朝廷。刘绰的算盘打得挺精，自己估摸着加官晋爵已是十拿九稳，没想到一巴掌拍到马蹄子上，挨了刘娥的一通数落。刘娥特别提到前面说的四位大臣，说他们"岂因盘量收出剩进哉"，哪一个是靠行贿上位的？刘绰登时被说得羞愧难当，群臣更是对刘娥的识人之明佩服得五体投地。

《默记》的记载更有意思，话说刘娥有一次当着宰臣的面大飙演技，流泪抹眼地跟他们讲："国家多难如此，向非宰执同心协力，何以至此。"所以呢，你们赶紧把自家子孙、亲族的名单报上来，我要"尽数推恩"！宰臣们大喜过望，这等便宜当然是不占白不占，于是将父、母、子三族的亲戚姓名都给刘娥报了上去。结果呢，先前承诺的恩泽一丁点儿也没有兑现，刘娥还命内侍将这份名单画成图样，"粘之寝殿壁间"。从此，凡是涉及人事任免的提案，刘娥便按图索骥，这些人要想得到升迁，门儿都没有！

（二）

沿着"顺我者昌，坐大则亡"的用人思路，咱们再来详细说一说，临朝称制的十一年里，作为一介女流的皇太后刘娥，到底是如何与朝堂上的诸位大佬斗智斗勇的。

丁谓倒台之后，继任宰相的是冯拯。冯拯这个人呢，胆略不足、滑头有余，其实难堪大任，加之重病缠身，所以他前后五次上表恳请罢相。天圣元年（1023年）八月，冯拯的病情进一步加剧，眼瞅着快要撑不下去了。按照往常的惯例，如果宰相的位置出现空缺，一般是由次相接任，但此时坐在次相位置上的是王曾，不太符合刘娥"顺我者昌"的用人思路。

刘娥真正中意的宰相人选是王钦若，当时领着刑部尚书的头衔任江宁（今江苏南京）知府。说到这位王钦若，大家应该不会感到陌生。当年刘娥得以被册立为皇后，时任参知政事的王钦若助过一臂之力，此人也颇有文采，编修《册府元龟》、开创"西昆体"的新诗风，都有他的一份功劳。

不过话说回来，王钦若的相貌、人品乃至人缘确实不怎么样。先说相貌，王钦若不仅身材短小，而且脖子上长了一坨赘肉，被同僚戏称为"瘿相"。再说人品，《宋史》说他"智数过人"，乍眼一瞧还以为是在夸他，紧接着就是一句"委曲迁就，以中帝意"，原来心思全都用在阿谀奉承、溜须拍马的方面去了。宋真宗大搞"天书封祀"的时候，王钦若与丁谓表现得最为积极，以致“天下争言符瑞”。还有编修《册府元龟》的时候，但凡上面有褒奖，王钦若尽朝自己头上揽，“自名表首以谢”，如果出现谬误而被责问，便往人家杨亿身上推，“其所为多此类”，这样的龌龊事真是没少干。人品如此卑劣，哪里还有什么人缘可言！王曾后来将王钦若、丁谓等五人并称为“五鬼”，就连宋仁宗也对王钦若的做派看不下眼，直呼“观其所为，真奸邪也”。

正是因为王钦若的名声太臭，刘娥也担心遭到群臣的反对，便玩了一出瞒天过海的把戏，命人暗中将王钦若召入京城，“辅臣皆不与闻”。等群臣反应过来的时候，王钦若已经接替病入膏肓的冯拯，正式走马上任了。

冯拯罢相之后不久便病逝了，而接替他荣登百官之首的王钦若，日子过得异常憋屈。虽说王钦若得到皇太后刘娥的支持，但王曾（次相）、鲁宗道（时任参知政事）这些低头不见抬头见的同僚，没有一个买他的账，史载其“不复能大用事如真宗时”。感觉自己施展不开拳脚，王钦若偶尔也会发一发牢骚，说当年宰相王旦在朝的时候，也不是这个样子啊！就因为这一句感慨，王钦若又挨了鲁宗道一通怼，说人家宰相王旦“先朝重德，固非他人可企”。言外之意，你王钦若算个什么东西，怎么不撒泡尿照一照，还有脸跟人家王旦比？！还有时任监察御史的鞠咏，也是“数睥睨其短”，搞得王钦若相当难堪。

王钦若在宰相的位置上苦熬了两年，俨然是一副坐在火炉子上烘烤的衰相。直到天圣三年（1025 年）七月，一桩有些莫名其妙的案子，竟然成了王钦若的催命符。

事情的起因，源自一个名叫吴植的缺心眼，时任知邵武军、职方员外郎。此人的心眼缺到什么程度呢？话说他抱病在身，想挪一挪地方，便找时任殿中丞的余谔帮忙，给王钦若送去二十两黄金，说白了就是行贿。结果呢，余谔还没有把黄金送出去，急不可耐的吴植便派人来到王钦若的宅第，在大庭广众之下追问此事。王钦若被问得云里雾里，深知此事非同小可，赶紧向开封府报案，并请御史台出面调查，还自己一个清白。

尽管吴植百般抵赖，但案情本身并不复杂，很快就调查清楚了，二十两黄金还在余谔手里捏着呢，王钦若确实是一两没见着。因此，刘娥以宋仁宗的名义下达诏令，将吴植、余谔按律处治，还将无辜的王钦若安慰了一番。不过，王钦若并非完全没有责任，这个缺心眼的吴植，当年就是王钦若举荐的，否则也不会想到走王钦若的后门。御史台打算深究“缪举之罪”，但刘娥出面“诏释不问”。

这事儿原本算是过去了，但平日里看不惯王钦若的那些同僚并不打算就此罢休。有一次，众臣在待漏院准备早朝，旁边突然蹿出一只老鼠，鲁宗道指着惶惶不安的老鼠骂道：“汝犹敢出头！”王钦若知道鲁宗道这是指桑骂槐地针对自己，登时羞愧得无地自容，恨不得找个地缝钻进去。

王钦若这个人心气重，做了两年的憋屈宰相，还被鲁宗道当众奚落，越寻思越觉得心里堵得慌，结果没过多久就病倒了。是年十一月，王钦若郁郁而终，皇太后刘娥“临奠出涕”，又是追赠荣誉头衔，又是录用其亲眷，史载“国朝以来，宰相恤恩，未有钦若比者”，可以说是极尽恩宠了。

王钦若去世之后，王曾终于得以顺位继任宰相，次相则由枢密副使张知白接任。这两位大臣一向作风正派，朝堂内外都没有什么非议，但在枢密使的人选问题上，因为刘娥的一己之私，又惹出了不小的风波。

当时出任枢密使的是曹利用，但这并不影响刘娥再安排一人与他平起平坐，就像先前的钱惟演一样。刘娥想要安排的这个人，前面也出现过，正是当年引荐她进入襄王府的“恩公”——张旻，如今已经改名叫张耆了。

对于这道任命，意见最大的就属时任枢密副使的晏殊了。他认为，张耆这个人一无能力、二无资历，“徒以恩幸，遂极宠荣”，坐着火箭走后门来的，做到枢密副使已经是达到极限了，怎么还能做枢密使呢？！

这里不无冒昧地揣测一下，晏殊对张耆的任命持有异议，或许是觉得这个位置非己莫属，但他对于张耆的评价，并不是完全没有道理。后来王曾也说，张耆就是一个“赤脚健儿”，不仅没什么能耐，还挡住了贤臣的晋升之道。

晏殊把话说得如此直白，非但于事无补，还让刘娥记了他一笔。这事儿过去一年之后，晏殊在天圣五年（1027 年）正月从幸玉清昭应宫，因为持笏的侍从来晚了一步，脾气火爆的晏殊举起笏板就开打，竟将侍从的牙齿敲折了。台谏言官揪住这事儿不放，弹劾晏殊“忿躁无大臣体”，刘娥便顺水推舟，撸掉晏殊的枢密副使之职，将他外放去了宣州（今安徽宣城），不久后迁转为知应天府（今河南商丘）。有意思的是，刘娥对晏殊的一通报复，竟让应天府的教育大为兴盛，史载“自五代以来，天下学废，兴自殊始”。还有后来主持庆历新政的一代名臣范仲淹，也是晏殊被贬谪到应天府期间，举荐给宰相王曾的。

天圣四年（1028 年）二月，“慎名器，无毫发私”的贤相张知白病逝，次相的位置便出现了空缺。对于继任人选，王曾推荐时任参知政事的吕夷简，枢密使曹利用却认为时任枢密副使的张士逊更合适。很显然，两府主官都想安排自己这条线的人上位。双方意见不统一，关键还要看皇太后刘娥如何定夺。

刘娥倾向于张士逊，未必是对他有多么青睐，我估计她是有意防范王曾“坐大”，颇有一点“掺沙子”的意思。说到这个张士逊，曾经也是一位干练果断的良吏，还做过宋仁宗的老师，但在曹利用的手下做事，就像变了一个人似的，史载“时人以‘和鼓’目之”，意思是态度摇摆，喜欢耍滑头。

用曹利用推荐的人制衡王曾，这个小心思当然不方便明说，刘娥提出的理由是张士逊的位次高于吕夷简。王曾并不买账，认为“辅相当择才，不当问位”，坚持举荐吕夷简。两边僵持不下，谁也不肯让步，任命就只能卡在这里，毕竟刘娥有权否决王曾的提议，王曾也有权驳回刘娥的提议，谁也奈何不了谁。关键时刻，还是吕夷简站了出来，认为张士逊资历更深、德行更高，自己愿意让一让，张士逊这才得以走马上任。不过世事难料，张士逊坐在次相的位置上不足一年，他的政治靠山曹利用便惹出了一桩祸事。

（三）

女人不狠，地位不稳。说到“坐大而亡”，除了丁谓那个前车之鉴以外，曹利用的倒台，则又是一个重蹈覆辙的例子。

曹利用（？—1029 年），字用之，赵州宁晋（今河北宁晋）人。他是官宦门第出身，史载其“少喜谈辩，慷慨有志操”，后来借助父亲的恩荫步入官场。要说他这辈子最引以为傲的功绩，应该就是在景德元年（1004 年）秋天跟随宋真宗前往澶州（今河南濮阳），跟契丹人大干了一仗，并奉宋真宗之命，冒死前往契丹的军中议和。临行之际，他还言辞铿锵地向宋真宗做出庄严承诺：“彼若妄有所求，臣不敢生还。”经过与萧太后、辽圣宗耶律隆绪的交涉与较量，曹利用终于不辱使命，带着只给岁币不割地的和约回来了。

除此之外，还有一件事也是曹利用吹牛皮的资本。景德四年（1007 年），地处岭南的宜州（今广西宜山）发生了一场暴乱：当地招募的兵丁不堪忍受知州刘永规的虐待，愤然发动兵变，不仅弄死了刘永规，还推举一位名叫卢成军的兵丁为首领，自称“南平王”，声势异常浩大。宋真宗认为曹利用“晓方略，尽心于事”，特意任命他为广南安抚使，前往岭南平乱。曹利用再度不负厚望，短短数月的光景，便把这份临危受命去救火的差事干净利落地办完了。

大家还记得吗？当年曹利用与李迪互怼的时候，放言自己“捐躯以入不测之虏”，李迪比他差远了，这还真不是曹利用在瞎吹，所以李迪也无力反驳。

不过话说回来，卓著的功勋既可以成为加官晋爵的阶梯，也可能演变成为沉重的思想负担。就拿曹利用来说吧，史载其“在位既久，颇恃功”。在他看来，所有人都应该给自己这个功勋卓著的元老让位。譬如王曾还是次相的时候，曹利用便总想把自己的位次排到王曾的前面，未能如愿便怏怏不平。类似的例子还有很多，惹得同僚议论纷纷，说他“不以逼近自嫌而安于僭礼”，怕是做不长久了。

曹利用心里堵得慌，总是跟同僚闹别扭，刘娥完全可以置之不理，但当曹利用的骄纵影响到皇太后的颜面与权力时，刘娥可就坐不住了。对于资历深厚的曹利用，刘娥原本还有些忌惮他，“称侍中而不名”，对他尊重有加。没想到曹利用更加得意忘形，竟然当着刘娥的面搞小动作，用手指敲击腰间的皮带玩儿，目中无人到了何等地步！

更有甚者，凡是想得到恩赏升迁的人，如果没有向曹利用请托，即便是出自刘娥本人的动议，也会被他借着职权直接驳回去。刘娥最初还蒙在鼓里，觉得曹利用这个人挺讲公道、不恤私情，但有人向刘娥点了水，说如果先找曹家疏通关节的话，曹利用是肯定不会驳回的。刘娥试了一回，果然如此人所言，曹利用批得那叫一个痛快，史载刘娥“始疑其私，颇衔怒”。

后来，刘娥安排当年的恩公张耆出任枢密使，既有投桃报李的用意，也不乏分曹利用之权的考虑。曹利用是聪明人，知道自己在皇太后那里已经挂上号了，既有些后悔，也感到有所惧怕，一时收敛了不少。

曹利用想夹着尾巴过关，偏偏他的侄子曹汭不争气，竟然闯下了一桩足以惊天的大祸！怎么回事呢？原来，这个曹汭是典型的纨绔子弟、好色之徒，时任赵州（今河北赵县）都监。他因为宠幸一名婢女，把家里搞得鸡飞狗跳，无奈之下只好将婢女送了出去，嫁作民妻。虽说婢女已经嫁作他人妇，但曹汭还是难忘旧情，恰好婢女的夫家距离衙门不远，院墙也破败不堪，曹汭便时常偷摸过去再续情缘，与这名婢女颠鸾倒凤。

大约在天圣六年（1028 年）年末的时候，这名婢女与丈夫吵了一架，曹汭跑过去替小情人撑腰。婢女的丈夫就是平头百姓一个，哪里惹得起衙门中人啊，戴了绿帽子不说，还得备下酒宴好生款待。曹汭喝大了之后，竟然忘乎所以，身披一件黄衣，还让在场的几个人一起高呼万岁。

很显然，曹汭是活得不耐烦了，这桩惊天要案很快就捅到了皇太后刘娥那里。刘娥巴不得曹家惹出一点祸事，所以明知曹汭是酒后狂言，依然下令严厉追查，并交给内侍罗崇勋具体负责。罗崇勋曾经挨过曹利用的责罚，一直衔恨在心，让他负责查办此案，曹利用的好日子就算是到头了。

通过罗崇勋的深究严查（想必是动了大刑的），曹汭主动供认说，先前身披黄衣、山呼万岁之举，其实都是受到曹利用的教唆。这份调查报告一出炉，曹利用基本上就死定了，要知道“不杀士大夫”的祖制，从来都是不包括谋逆罪在内的。尽管曹利用“刚愎骄傲，人怨神怒”，但真要取他的性命，群臣的心里还是觉得太过了，史载“物论甚喧，汹汹数日”。不过，当着皇太后刘娥的面，众人纷纷选择明哲保身，“顾望未有对者”，只有张士逊最先站出来，替老领导说了几句公道话，认为这事儿是曹汭自己胡作非为，当与曹利用无关。

刘娥当然知道曹利用不可能教唆曹汭做这样的傻事，但她原本就是想找一个收拾曹利用的口实而已，主动送上门来的机会，岂能轻易放过？！听张士逊这么一说，刘娥不由得怒火中烧，宰相王曾赶紧出来打圆场，同时也替曹利用辩解了几句。刘娥有点弄不明白：你王曾过去不是经常抱怨曹利用横行霸道吗，怎么这时候又替他开脱？王曾回答说，我是认理不认人，一码归一码。听王曾言辞恳切，刘娥的怒火方才缓和了不少。

刘娥解气归解气，该怎么法办还是要怎么法办。曹汭被杖毙，山呼万岁的几个人也成了“贼配军”。曹利用自然难辞其咎，被罢黜了枢密使之职，外放到邓州（今河南邓州），没隔几天又改迁随州（今湖北随州）。至于张士逊，有人举报他与曹利用来往甚密，先前他还替曹利用开脱呢，故而一并罢黜，外放到江宁（今江苏南京）出任知府去了。

曹利用倒台之后，先前攀附他的那些个党羽纷纷倒戈，史载“毁短者甚众”，真是应了那句人走茶凉的老话。

对于倒霉透顶的曹利用而言，人走茶凉不算什么，连他自己都快凉凉了，因为有关部门很快又翻出了新的案底。原来，曹利用先前兼任景灵宫使的时候，竟然挪用公款，拿出去放贷牟利，一直没有归还。刘娥再度震怒，将曹利用贬到房州（今湖北房县）安置，并安排内侍杨怀敏负责押送。

说到对曹利用的怨恨，眼下这个杨怀敏并不比先前“穷探其狱”的罗崇勋少，史载“宦者多恶曹利用，必欲置之死”，真是一点儿也不夸张。趁着押送曹利用前往房州的机会，杨怀敏这一路上没少羞辱他。曹利用何许人也，哪里受过这般凌辱，索性在路上自寻了短见，杨怀敏乐见其亡，只上报说他暴毙了事。

另据史书记载，有司奉命抄没曹利用家产的时候，搜出了十副水晶杯盘，堪称无价之宝。有人一眼就认出来，这是当年从丁谓的宅第查抄出来的旧物，理应收没入国库，可不知道怎么回事，竟然被曹利用据为己有，真是胆大包天、罪有应得！

平心而论，曹利用罪不容赦，但也罪不至死。即使是罪大恶极的丁谓，这时候还在雷州司户参军的任上谋求内徙呢，而且次年便改迁到道州去了，曹利用却被一名内侍逼得自尽而亡，确实令人同情，用《宋史》里的话说，曹利用“忠荩有守，始终不为屈，死非其罪，天下冤之”。

枢密使曹利用死得有点冤，但基本符合“坐大而亡”的规律，不久之后挨收拾的宰相王曾，却颇有一些“匹夫无罪，怀璧其罪”的味道。

这话从何说起呢？前面讲过，王曾为人比较正派，从不结党营私，但也正是因为正派，平日里没少驳皇太后的面子。特别是刘娥野心作祟，偶有僭礼之举，或者私心使然，照顾自家亲族的时候，总是过不了王曾这一关。过去呢，刘娥的权力会受到两府的制约，加之重在防范曹利用这样的“坐大”者，虽然打心底里不喜欢王曾，但明面上还算凑合。

曹利用一倒，掣肘的力量削弱了不少，刘娥开始寻思如何不失体面地搬走王曾这块绊脚石。说来也巧，曹利用愤然自尽四个月之后，也就是天圣七年（1029年）六月，玉清昭应宫发生了一场雷击火，导致这座耗时七年而成、原本拥有三千六百多间房的恢宏道观，被烧得只剩下一两处小殿。

刘娥见状，痛心疾首，言语间似乎有重修之意。要知道，宋真宗当年为了修造这座道观，真是不惜血本啊！据后世史学家推算，耗费白银高达一亿两，相当于朝廷两年的岁入，用当时一位大臣的话来说，可谓“竭天下之才，伤生民之命”。真要是再来一回的话，朝廷的日子还过不过了？！因此，时任枢密副使的范雍赶紧接过刘娥的话头，说这场大火本是天意使然，如果重新修葺，岂不是逆天行事？！

范雍的意见，得到了王曾、吕夷简的一致赞同，刘娥不便违拗众意，但既然是天意，总得对老天爷有个交代吧？王曾认为，自己身为宰相，实在难辞其咎，于是上表请辞。刘娥等的就是这句话，顺水推舟罢黜了王曾的宰相之职，将他外放去了兖州（今山东兖州），不久后又改迁到青州（今山东潍坊），一直到刘娥去世、宋仁宗亲政，他才得以重回朝堂。

（四）

两府的主官，一个“既富贵，负恃以为己功”（曹利用），一个“守我宋之家法”（王曾），虽说是分道扬镳的两路人，最终却是殊途同归，均遭到皇太后刘娥的整肃，死的死、贬的贬，怎一个惨字了得！

现如今，接替王曾出任宰相的吕夷简也好，不必再与曹利用平分秋色的枢密使张耆也罢，都是看刘娥眼色行事的主。如此一来，皇太后、宋仁宗、宰执班子“并驾齐驱”的权力格局，顿时陷入极其危险的失衡状态。谁也无法预料，缺乏有效制约的刘娥，是否会像一匹脱缰的野马任性狂奔，让武则天篡唐立周的历史在大宋王朝重演。

退一步来说，就算“牝鸡司晨”的担忧有些过虑，刘娥自身未必真有那个企图，但眼下确实存在一个当务之急需要解决：宋仁宗业已长大成人，皇太后她老人家打算什么时候还政呢？

说到这里，咱们真得佩服一下王曾的远见卓识，正是他当年执意在遗诏中保留一个“权”字，才让当下的群臣具有充足的法理依据，要求给皇太后临朝称制的应急之举画上一个圆满的句号。毫不夸张地说，尽管这条路走得异常艰辛，但确实在很大程度上遏制了刘娥逾越雷池、另起炉灶的念头。

想必大家都记得，乾兴元年（1022年）八月，刘娥第一次在承明殿“垂帘决事”的时候，曾经当众做出庄严承诺：“候上春秋长，即当还政。”天圣二年（1024年）二月，刘娥又下诏给宰相，重申将来还政给宋仁宗的承诺，并表示自己非常期待“抱孙之欢，永遂含饴之乐”的“退休”生活。

转眼到了天圣六年（1028年），宋仁宗十九岁，距离弱冠还有一年。所谓“弱冠”，大家应该都不陌生，《礼记》云“二十曰弱，冠”，“已冠而字之，成人之道也”，行过冠礼，就是成年人了。既然小皇帝即将成年，是不是应该对还政的事情早做一些安排呢？很遗憾，刘娥那里一丁点儿动静都没有，所以有人开始不乐意了。

当时，王曾、曹利用两位大佬还在两府主官的任上，尤其是王曾，当年执意保留一个“权”字，为的就是这一天。不过，时间上毕竟还差一年，还政的话题直接由两府来提，貌似不太合适。

在这种情况下，神奇而可怕的台谏言官出手了。最先站出来的是刘随（时任左司谏），史载此人“临事明锐敢行”，还得了一个“水晶灯笼”的雅号，寓意其眼光锐利、明察是非，看来天生就是做言官的料。考虑到宋仁宗未及弱冠，刘随倒没有直接说还政的事儿，而是建议“军国常务专禀帝旨”，增强宋仁宗对治国理政的参与程度。刘随的话外之意、弦外之音，刘娥心里比谁都清楚，但她决定置之不理。刘随自觉无趣，心灰意冷之下请求外放，刘娥顺势将他打发去了济州（今山东菏泽）。

天圣七年（1029 年），宋仁宗已经达到亲政的年龄标准了，可刘娥依然没有还政的意思。更何况她在举手投足之间，相继收拾了王曾、曹利用两位大佬。眼瞅着皇太后足以一手遮天，朝堂内外谁还敢去捅这个马蜂窝？！

话是这么说，但事情总会有例外，先前得到晏殊举荐的范仲淹（时任秘阁校理），偏偏就不信这个邪。这年冬至，宋仁宗率文武百官在会庆殿为刘娥贺寿，随即在天安殿临朝听政。范仲淹上疏提出异议，认为此举于礼严重不合，“亏君体，损主威，不可为后世法”。为什么这么讲呢？大家不妨寻思一下，宋仁宗向皇太后贺寿，这是“事亲之道”，本无可厚非，但他“与百官同列”、面北叩拜，岂不是成了“为臣之礼”？到底谁才是当朝的天子？

与先前的刘随一样，范仲淹的奏疏也被刘娥冷处理，如石沉大海一般。倒是晏殊听说这事儿之后，登时就炸了锅，怒气冲冲地找到范仲淹，埋怨他为了自己出风头，进而连累举荐他的人。范仲淹毫不含糊，一句话就把晏殊怼得哑口无言：我之所以这么做，就是怕辜负了您的举荐，没想到“反以忠直获罪门下”！

晏殊自惭形秽，范仲淹也不打算就此罢休。没过多久，范仲淹又进呈了一道奏疏，请求皇太后“卷收大权，还上真主，以享天下之养”。这话说得就再明白不过，但依然没有得到刘娥的任何回应。范仲淹跟刘随一样，也是个火爆脾气：不搭理我是吧？那我就要求外放，眼不见心不烦！这道辞官的奏疏，刘娥搭理得倒挺快，不久便将范仲淹打发到河中府（今山西永济）做通判去了。

时光倏忽而过，转眼又是两年。皇太后刘娥大权在握，宋仁宗依然是一位“未始独对群臣”的“见习皇帝”。此情此景，宋仁宗的老师、翰林学士宋绶实在看不下去了，于是进呈一道奏疏，请求宋仁宗在前殿召对群臣，处理日常政务。如果涉及到军国大事和重要人事任免，再交由皇太后处分。

宋绶提出这种“半还政”式的动议，其实是受到唐朝故事的启发。那是唐睿宗第二次在位时期,因为太平公主与太子李隆基的夺权斗争日趋白热化，唐睿宗索性于先天元年（712 年）内禅退位，称太上皇，让李隆基提前接班，并对太上皇和新皇帝的权力行使范围作了明确的划分。宋绶提出的分权方案，大体上就是参照这个故事来的。皇太后抓大放小，宋仁宗也能有所作为，这样对各方都算是有一个交代。

各司其职的办法，说是“和稀泥”也好，权宜之计也罢，刘娥终究是不肯让渡丝毫的权力。在权力格局完全失衡的情况下，刘娥非但不听劝、不买账，还把宋绶外放到了应天府（今河南商丘），她也想图一个眼不见心不烦。

事实上，刘娥想通过惩戒宋绶以儆效尤，未免有些一厢情愿。伴随着宋仁宗年岁渐长，要求还政的呼声必然越来越高。刘娥一边强压，一边也在玩赖，她跟一位大臣“坦言”，表示自己绝不是恋栈，而是担心缺乏经验的宋仁宗镇不住场子。

天圣十年（1032 年）八月[1]，宫中发生了一场火灾，刘娥、宋仁宗险些葬身火海，这事儿在前面曾经提到过。对于台谏言官而言，起火的原因不重要，重要的是出现灾异，就意味着上天对人间的一些做法有意见。时任殿中丞的滕宗谅（他就是后来范仲淹在《岳阳楼记》开篇提到的滕子京）

---

[1] 是年十一月改元“明道”。

认为，这场突如其来的大火“虽缘人事，实系天时”，按五行的说法，大宋王朝属于火德，“火失其性，由政失其本”。其实绕了这么一大圈，滕宗谅想说的就是两个字：还政！还有时任秘书丞的刘越，也上疏要求皇太后归政，而且话说得不太好听（“言尤鲠直”），但刘娥对付他们都是一个办法：置之不理，让子弹飞。

权力的滋味：千秋功罪任评说

（一）

尽管朝堂内外群议汹汹，有不少大臣前赴后继地要求还政，但大权在握的刘娥有足够的底气和实力岿然不动，任凭子弹乱飞，又能奈我何？！

对于恋栈的刘娥而言，真正的对手既不是宅心仁厚的宋仁宗，也不是飞蛾扑火的群臣，而是无情流逝的岁月。明道二年（1033年）三月，六十五岁的刘娥终于撑不下去了。尽管宋仁宗紧急下诏，“募天下善医，驰传赴京师”，但终究回天乏术，毕竟阎王爷点名来要的人，华佗再世恐怕也留不住！

临终之际，临朝称制长达十一年、至死不肯还政的刘娥下达遗诰，册命杨太妃为皇太后，“与皇帝同议军国事”。斯人已逝，我们无法妄加揣测，刘娥到底是出于什么样的动机，竟然会做出这等明显有悖于常理和众意的安排，顿时惹得群情激愤，“士大夫多不悦”。

群臣感到不高兴，这一点倒是可想而知，但他们到底会有多么不高兴，咱们不妨来举三位台谏言官的例子。头一位是咱们的老熟人——秘阁校理范仲淹，先前自请外放，如今复召回朝，担任右司谏。范仲淹听说遗诰的有关措辞之后，迅速上疏表示异议，话说得相当直白：“今一太后崩，又立一太后，天下且疑陛下不可一日无母后之助矣！”

范仲淹代表谏院发声，御史台这边当然也没闲着。时任御史中丞的蔡齐挺身而出，将文武百官拦在朝堂上组织辩论，并直截了当地向宰相吕夷简表达不满，认为“上春秋长，习知天下情伪”，再让各种太后临朝称制，成何体统？！

要说谁的话最狠，还得看第三位——时任殿中侍御史的庞籍。想必大家都知道，《三侠五义》里讲包拯包青天的故事，里面有一个大反派名叫庞吉庞太师，很多人误以为原型是这位庞籍，其实压根就对不上号。历史上的庞籍为人正派耿介，史载其“治民颇有惠爱”，他与范仲淹、韩琦等人交情深厚，还提携司马光、狄青等一批青年才俊，不应该替一个虚构的人物背黑锅。话题回到眼下，庞籍听说又要安排一位太后垂帘听政，当即就炸了，“请下阁门，取垂帘仪制尽燔之”，并将矛头直接指向宰相吕夷简，提醒宋仁宗“辨邪正、防朋党”，千万不要被那些别有用心之徒忽悠了。庞籍敢把狠话说到这个份上，就连同在御史台供职的孔道辅（孔子第45代孙）都替他捏了一把汗，感慨他是全然不顾“宰相意”的“天子御史”。

台谏言官闹腾得这么厉害，宰相吕夷简深感压力山大。根据《龙川别志》的记载，吕夷简曾向同僚坦陈，自己也不愿意看到太后相继临朝称制的局面，只是担心“仁宗方年少，禁中事莫主张者”。最终，经过群臣的激烈辩论，决定采取一个折中方案：尊杨太妃为皇太后，但删去“与皇帝同议军国事”的字眼。太后是太后，皇帝是皇帝，各安其位才能相安无事嘛！

（二）

刘娥至死不放权，但她至死也未能成为第二个武则天。究其根由，《宋史演义》的说法非常具有代表性：刘娥是“有吕武之才，无吕武之恶”。明朝史学家陈邦瞻也认为，刘娥“非有则天改姓易命之志”。《宋史》讲得更玄乎，说赵匡胤的母亲杜太后“内助之贤，母范之正”，为历代的后宫之主打下了基础、做出了垂范，此后薪火代代相传，方才保得两宋之世三百余年，“外无汉王氏之患，内无唐武、韦之祸”。

咱们还是回到《宋史演义》的说法。“有吕武之才”，足以诠释刘娥为什么可以垂帘十一年而不归政，这位传奇女子确实具备卓越的治国之才。然而，如果只是用“无吕武之恶”来说明她止步于垂帘听政的根本原因，就未免过于理想化了。

深究刘娥未能效法武则天篡唐立周的根源，咱们可以围绕三个灵魂拷问来展开：第一，刘娥想不想？第二，刘娥敢不敢？第三，刘娥能不能？

第一个灵魂拷问：刘娥想不想？我的回答是她朝思暮想！

《宋史》在评论李迪、王曾等几位“贤相”的时候，有一句话是这样说的：“仁宗初立，章献临朝，颇挟其才，将有专制之患。”所谓“专制之患”，往小了说，是“见习皇帝”宋仁宗成了摆设，往大了说，并非没有取而代之的可能。从一些具体的事例来看，这样的担忧绝非空穴来风。

为什么说刘娥朝思暮想呢？因为她垂帘听政这些年，一直热衷于行僭礼之事，总想在礼仪、服饰等方面享受皇帝的待遇。咱们按照时间顺序来摆一摆。

乾兴元年（1022 年）十一月，礼仪院根据刘娥的授意，将她的乘舆定名为“大安辇”，出入鸣鞭、仪卫的规格与皇帝无异。

天圣五年（1027 年）七月，考虑到频繁出现灾异，宋仁宗特意下诏给群臣，明令不得借着郊祀的由头请加尊号，但刘娥“欲独加尊号”，因宰执劝谏而止。

有几件事发生在天圣七年（1029 年）二月以前，都与著名的“鱼头参政”鲁宗道有关（这位老兄生性耿直，加之“鲁”字的上半部是“鱼”字，故而得此雅号）。有一次，刘娥问鲁宗道如何评价武则天，鲁宗道甩出一句“唐之罪人也，几危社稷”，故意把天聊死，刘娥原本还想借题发挥，顺其自然地把话题引到自己身上来，结果硬生生地憋了回去。

鲁宗道见微知著、防患于未然，有人倒是处心积虑地拍刘娥的马屁，公然提出给刘氏立七庙的动议。所谓“七庙”，《礼记》里讲得很清楚：“天子七庙，三昭三穆，与太祖之庙而七。”给皇太后的刘氏立七庙，无天子之名，行天子之实，岂不是要逆天？！当刘娥把这一动议扔给宰执班子讨论的时候，众臣都不敢表态，又是鲁宗道站出来坚决反对，刘娥只得搁置不提。

还有一回，刘娥、宋仁宗前往慈孝寺，刘娥的“大安辇”想走在最前头，依然是鲁宗道站出来提出异议，认为“妇人有三从，在家从父，嫁从夫，夫殁从子”。刘娥没办法，只能乖乖地跟在宋仁宗的后面。

天圣七年（1029年）冬至，宋仁宗率文武百官在会庆殿为刘娥贺寿，“与百官同列”、行“为臣之礼”，此举虽然遭到范仲淹上疏抗议，但刘娥置之不理，依然按既定方案行事。

明道元年（1032年）十二月，礼仪院根据刘娥的授意，讨论来年藉田、谒庙的服饰问题。刘娥“欲纯被帝者之服”，结果遭到参知政事薛奎的一通抢白，问她要是穿成那样的话，“作汉儿拜邪，女儿拜邪”？刘娥被心直口快的薛奎怼得哑口无言，于是经过礼官详议，决定皇太后的服饰参照皇帝的衮服设计，并象征性地做了一些裁减，譬如少两道章纹、“衣去宗彝，裳去藻，不佩剑”等等，并定名为“衮衣”，冠饰则定名为“仪天”。

明道二年（1033年）三月，行将就木的刘娥依然念念不忘皇帝的衮冕。据宋仁宗事后回忆，病入膏肓的刘娥当时已经说不出话来了，却不断地伸手去拉宋仁宗身上的衮服（“犹数引其衣，若有所属”）。薛奎的脑子转得快，赶紧接过话头说：太后意在衮冕，但要是让她身着皇帝的衮冕入殓，“何以见先帝”？！最终，刘娥临终的这个遗愿并没有得到满足，她依然是身着皇后的服饰下葬的。

第二个灵魂拷问：刘娥敢不敢？我的回答是她有点犹豫。

从前面举的几个例子可以发现，刘娥喜欢放“探测气球”，发现大臣有异议，大多数情况下也就放弃了。譬如立刘氏七庙的事儿，刘娥拿给宰执班子讨论过，结果被鲁宗道怼了，只得悻悻作罢。另据《龙川别志》的记载，向刘娥进言立刘氏七庙的人名叫方仲弓，此人品级不高，胆子倒是挺大，依着“武氏故事”的葫芦画瓢，借此巴结皇太后。刘娥看过他的章疏之后，直接甩出一句“吾不作此负祖宗事”予以否决，并当场把方仲弓的这道奏疏“裂而掷之于地”，就差点上一把火烧掉了。甭管哪一种说法符合史实吧，刘娥确实没有再提起过立七庙的事儿。

品级低的官员搞攀附巴结，品级高的官员也想玩政治投机。《宋史》、《龙川别志》都有记载，时任三司使的程琳也在拿“武氏故事”献媚。《宋史》

说他献上《武后临朝图》，《龙川别志》说他“请立刘氏庙，且献七庙图”，同样被刘娥无情地否决。尽管程琳“敏厉深严，长于政事”，先前还驳过刘娥的面子，按律处治了犯法的外戚，后来也得到宋仁宗的重用，做出过不少成绩，但“献图”之事成了他这一生无法抹掉的污点，史载“人以此薄之”，“君子鄙之”。

第三个灵魂拷问：刘娥能不能？这其实就是问题的根本了，我的回答是她万万不能。

刘娥想做而做不到，得益于大宋王朝极其高明而严密的防范制度。说到宋朝统治者如何防患于未然，想必大家立马会想到宋太祖“杯酒释兵权”，以及他创立的一系列制度体系，什么崇文抑武、守内虚外啦，还有兵无常帅、帅无常师啦，归根结底就是让大家一起蒙圈，谁也造不成反。既然知道成不了事，也就不会冒出这样的念头了。

事实上，这套防范制度同样适用于后宫，而且“女子之防尤严”，用《宋史》略显夸饰的话来说，“家法之美无如我宋”。为什么要刻意防范后宫的柔弱女子？前面曾经分析过，既是“牝鸡司晨，惟家之索”的传统观念使然，也是受到历史上诸多经验教训的启发。

有了防范的意识，具体又怎么操作呢？归纳起来讲，就是两点：限制外戚势力、严守宫门之禁。

先说限制外戚势力。咱们常说后宫乱政，点的虽然是后宫的名，其实问题往往是出在外戚身上，正所谓“权重处便有弊”，“外戚权重，则外戚作乱”。因此，宋朝防范外戚势力膨胀的制度最为严密，按照南宋名臣彭龟年的总结，朝廷安置外戚，往往“不令预政，不令管军，不许通宫禁，不许接宾客”，意思是他们啥都不能做，原则上只能养尊处优、混吃等死。《宋史》对此讲得更精辟，叫“崇爵厚禄，不畀事权”，爵位、俸禄统统可以给，唯独职事、权力需要细细掂量。皇祐元年（1049 年），当时特别活跃的台谏言官何郯（时任侍御史知杂事）也在一封奏疏中说道：“祖宗典故，宗室姻亲，未尝委之典禁兵及任要官。”

正是因为有这些成文或者不成文的祖制，外戚想要官居高位，总是会遭遇极大的阻力，毕竟上上下下都有无数双眼睛把他们盯得死死的，但凡有些风吹草动，势必会群起而攻之。譬如前面提到的钱惟演，在枢密使的位置上待了不足半年，屁股还没坐热，便被宰相冯拯以“实太后姻家，不可预政”为由撵了下去。即使是地位不高、权力不大的外戚，往往也会受到有关部门及同僚的特别关照，稍微做出一点违法乱纪的事情，“绳以重刑”的情况并不鲜见。因此，一代名相吕大防不无傲娇地跟宋仁宗讲:“前代外戚多预政事，常致败乱，本朝皇后之族皆不预事，此待外戚之法也。”

再说严守宫门之禁。后宫想乱政，既可以仰仗外戚，也可以勾结大臣，可无论跟谁串通，总得内外相互联络吧？咱们真得佩服一下，大宋王朝统治者拿捏“七寸”的手段确实刁钻！一边摁住外戚，一边再阻断交通，后宫真就成为一座孤岛了。

根据《宋史》记载，“外家男子，旧毋得入谒”，是大宋开国以来的定制，无人敢违拗。一直到宋神宗时期，才为重病在身的曹太皇太后破了一回例，特许她的弟弟曹佾（“八仙”中曹国舅的原型）入宫探视，但曹佾很快就被曹太皇太后打发走了，理由是“此非汝所当得留”。

宋太祖建隆四年（963 年）颁行的《宋刑统》（全名《宋建隆重详定刑统》），对宫门之禁有相当严密的规定，一旦违反，处罚也是极重的。譬如擅闯宫门者，判三年徒刑；即使有出入证件，但门卫“未受文牒而听入”，或者人数与证件不符的，均按擅闯论处；为宫中之人私传书信、衣物者，或者奉命传递而擅自开启者，处以绞刑。

外面的人轻易进不去，里面的人随意出来又怎么办呢？譬如刘娥就没少出宫，时常跑到前夫刘美家去串门子（刘美当时已经去世）。对于这一点，咱们倒不必过于担心，台谏言官虽然不用干活，但他们可不是吃白食的。就说刘娥吧，因为总是往娘家人那边跑，时任左司谏的刘随“奏疏劝止”，刘娥“纳其言，自后不复再驾”，她也知道这个马蜂窝是不能随便捅的。

说完制度上的制约，再来看一看刘娥面临的现实处境，这里面牵涉到两大历史背景：一是士族门阀的没落，二是“共治”格局的形成。

对比唐朝来看，当时的皇室搞政治联姻比较普遍，后宫的皇后、妃嫔很多都是出自士族门阀，先天具有极其庞大的家族势力。经过五代十国的乱局之后，传统门阀被摧毁殆尽，加之大宋王朝特别注重科举取士，并严格限制勋贵子孙参与其中，谨防他们去抢夺寒门子弟的晋身之道。于是乎，残存的士族日渐败落，用北宋理学家张载的话说，“今骤得富贵者，止能为三四十年之计”。在这种情况下，宋朝皇室遴选妃嫔，虽然也讲究门第出身，但与唐朝相比，门槛明显低了很多。刘娥为宋仁宗选后的时候也说，“选于衰旧之门，庶免他日或挠圣政”。据现代史学家统计，宋朝出自非官宦家庭的后妃，占比超过了一半（51.2%），出自高级别官宦的后妃则只有四分之一多一点（26.8%）。

谱写人生传奇的刘娥，就属于平民出身的大多数，而且寒碜得一塌糊涂。根据史料记载，正是因为深感缺乏家族力量的支持，刘娥有过两次相当尴尬的“攀亲”之举。

一次是宋真宗在世的时候，刘娥让宋真宗出面，跟时任权知开封府的刘综套近乎，硬说他与刘娥是近亲。刘综大惊失色，赶紧用一口关中话（“秦音”）“自证清白”说，自己是河中府人氏（今山西永济，当时与关中地区同属陕西路），而且出身寒门，“不曾有亲戚在宫内”。

还有一次发生在天圣三年（1025年），已经是皇太后的刘娥不惜自降身价，想跟时任知河南府的刘烨扯上一点亲戚关系，让他回去把家谱呈上来瞅瞅。与自称寒门出身的刘综不同，这位刘知府的祖上确实是“仕者相继”的士族，最远可以追溯到北齐的中书侍郎刘环隽，最有名的莫过于刘政会，大唐的开国元勋，在“凌烟阁二十四功臣”中排名第二十一位。刘政会往下传十一代，便到刘烨了，而且“世牒具存”，家谱一查一个准。刘娥的眼力够贼，刘烨却也不傻，一说到家谱就开始装病，三番五次地装，真就把刘娥想攀亲的事儿糊弄过去了。

至于“共治”的格局，完整的说法是皇帝与士大夫共治天下，而这正是赵宋造极于整个封建时代的坚实基础和显著特征。“共治”的理念，最早是宋太宗提出来的，他在雍熙二年（985年）跟宰相李昉等人坦言：“天下广大，卿等与朕共理，当各竭公忠，以副任用。”客观地说，这种颇具创造性的治国理念，本质上依然是维护皇权，但也极大地调动了士大夫的积极性和责任感。用《宋史》形容范仲淹的话来说，“每感激论天下事，奋不顾身”，这也成为评判一位士大夫忠奸优劣的核心标准。

正是因为有这样一条关乎公议与名声的评判标准，让刘综、刘烨宁肯开罪于刘娥，也不愿背上攀附后宫的骂名，更让群臣秉持祖宗的家法，对垂帘听政的刘娥保持着高度警惕，既防范她的任何一点僭礼之举，又时刻紧盯外戚的任何一丝风吹草动，还前赴后继地要求她归政于宋仁宗。如果他们不是自认为江山社稷的“股东”（即使只是名义上的），哪里会有不计个人得失的“主人翁”意识和觉悟呢？！从这个角度来看，宋朝首创的政权“混合所有制改革”还是挺成功的。

总而言之，士族没落、共治格局这两大历史背景，让有心培植外戚势力的刘娥举步维艰。在刘娥垂帘听政之初，时任判吏部南曹的丁度便为她量身打造了一篇《王凤论》，以西汉时期专权跋扈的外戚王凤（王莽的伯父）为鉴，先打上一剂预防针，“以戒外戚”。

毋庸讳言，刘娥垂帘听政期间，确实动过扶持外戚势力的念头，但结果难以如愿。想仰仗刘美吧，这位昔日的前夫、后来的兄长，死得比宋真宗还早，天禧五年（1021年）就去世了。他的儿子刘从德，史载其“齿少无才能”，完全就是一个烂泥扶不上墙的纨绔公子。刘娥恩宠庇佑他，倒惹得台谏言官屡屡上疏抗议。或许是因为纵欲过度吧，刘从德于天圣九年（1031年）病死，时年二十四岁，刘娥“悲怜之尤甚”，一口气录用了刘氏的姻戚甚至奴仆达八十人之多，结果又挨了台谏言官的一顿炮轰。这些“交章论列”的言官也够狠，即使是被罢黜外放，也要据理力争、仗义执言。

想提携与刘美有姻亲关系的钱惟演吧，谁承想这位老兄混得比刘美、刘从德父子还要跌宕起伏。当年丁谓发迹的时候，钱惟演挖空心思地往上贴，跟他结成了亲家，丁谓一倒台，钱惟演只能跟着倒霉。天圣元年（1023 年），钱惟演从河阳（今河南孟州）改迁亳州（今安徽亳州），路过京城朝见的时候，“图入相”的动作频频。一位名叫鞠咏的言官（时任侍御史）上奏认为，钱惟演真要入相的话，“必大失天下望”。刘娥让内侍把鞠咏的这道奏疏给钱惟演过目，她虽然没说什么，但意思很明确，众怒难犯啊！这群台谏言官，谁惹得起？！钱惟演呢，揣着明白装糊涂，“犹顾望不行”，似乎打算赖在这儿了。鞠咏不禁放出狠话，说要是钱惟演入相，“当取白麻廷毁之”。钱惟演一听此言，赶紧灰溜溜地启程前往亳州上任去了。

咱们在前面提到过，钱惟演这个人的官瘾真不小，他此生的终极梦想是“于黄纸尽处押一个字”，大有不做宰相死不瞑目的意味。因此，到天圣八年（1030 年）的时候，改迁陈州（今河南淮阳）的钱惟演再度滞留京城玩赖，“迁延不赴，且图相位”。这一次出面轰他的，既有时任天章阁待制的范讽，还有时任殿中侍御史的郭劝。钱惟演自知入相无望，便以先人陵寝在洛阳为由，请求改到河南府任职。只要不入相，什么都好说，刘娥很痛快地答应下来，安排他做了西京留守。正是在西京留守的任上，钱惟演成了一批青年才俊眼中的“伯乐”和“恩师”，其中便有自诩“曾是洛阳花下客”的欧阳修。

话说回来，正所谓树大招风，像刘美、钱惟演这样的重量级外戚，自然是群臣特别关照的对象，但即便是那些无关痛痒的外戚姻亲，往往也难以躲过众人的瞩目。

不妨举三个例子来说吧。头一个与“姿色冠世”的王氏有关，刘娥认为“妖艳太甚，恐不利于少主”，将她许配给了刘从德。后来，王氏的哥哥王齐雄惹上了人命官司，他家仗着是太后的姻亲，谎称被王齐雄打死的老卒是因病而亡，想就此蒙混过关。这桩命案是开封府办的，而时任权知开封府的，正是借“武氏故事”献媚于刘娥的程琳。程琳献媚归献媚，办起牵涉外戚的案子却一点儿也不糊涂，当即下令验尸，戳穿了王家人的谎言。刘娥亲自出面替姻亲开脱，说这人不是王齐雄杀的，而是奴仆动的手。程琳压根儿不给刘娥面子，认为奴仆没有得到主子的授意，哪里有胆子杀人？按照大宋律法，“使令与己犯同”，王齐雄撇得干净吗？！刘娥被程琳怼得哑口无言，只好默认王齐雄被革职。没过多久，刘娥以宋仁宗的名义下达诏令，不仅赦免王齐雄，还让他官复原职，结果又被言官蔡齐一顿炮轰，说她这是“以恩废法”，硬是逼着刘娥收回了成命。

再一个是刘娥想通过“内降”的方式下诏，绕开宰执补授一名军吏。事情本身不大，品级也并不高，但军吏的上司王德用坚决不肯奉诏。他认为，补授军官之事虽小，却是后宫干涉军政之举，这个头坚决不能开！刘娥“固欲与之”，王德用则一直顶着不办，结果刘娥的这个顺水人情没做成。刘娥去世之后，宋仁宗无意间翻到了王德用“抗诏”的奏疏，认为此人可堪大任，特意安排他到枢密院供职，后来官至枢密使。

最后一个是刘娥成功的案例，她擢升了一个名叫马季良的人做龙图阁待制。马季良原本是茶商，做了刘美的女婿之后，便借助外戚的身份步入仕途。刘娥想给他升官，宰相王曾一直坚决不同意。天圣六年（1028 年）六月，王曾告病，回家调养了一段时间，刘娥伺机宣谕给中书，“令亟行除命”，顶着“朝论哗然”的舆论压力，硬是将生米煮成了熟饭。然而在刘娥去世后的次月，宋仁宗就把“因缘以进，无他行能”的马季良撵到濠州（今安徽凤阳）做防御使去了。上任不足半年，马季良便遭到范讽（时任御史中丞）的穷追猛打，说他“侥幸得官，当行追夺”，开封府也翻出他以权谋私、庇护富户免役的案底，结果又被降级为左屯卫将军，迁往滁州（今安徽滁州）安置。

明道二年（1033 年）十二月，时任将作监丞的富弼在一道奏疏中总结说：刘娥垂帘听政这些年，“不敢行武后故事者，盖赖众臣救护之”，使得她“不得纵其欲”，宋仁宗也“可以保其位”，这都是得益于“忠臣之力”啊！

平心而论，群臣“不更其守”，以维护家法和社稷为己任的品格令人钦佩，而刘娥明知不可为而不为的政治智慧，也应该得到充分的肯定。尽管她“以自奉之礼或尊崇太过”，晚年更是“稍进外家”，恋栈到生命的最后一刻，以致“负谤于天下”，但在垂帘听政的十一年里，刘娥“保护圣躬，纲纪四方”，既“于赵氏实有大功”，客观上也完善了宋朝的垂帘听政制度。放在整个封建时代来看，这更是一次维护皇权、确保社稷安定的有益探索和成功实践。

第三篇

战事

西北望，射天狼（上）：不对称的较量

（一）

刘娥硬撑到死不肯归政，群臣的意见很大，好话、歹话甚至狠话都说了无数。宋仁宗当然也是颇有微词，怎奈自己身份特殊，往往不便明言。他只能在心里暗自憧憬，有朝一日告别羁绊、策马任奔腾，该是一幅多么惬意自如的图景。然而，等到皇太后刘娥不得不屈服于无情的岁月，恋恋不舍地与这个世界告别的时候，突然失去这道屏障的宋仁宗才开始意识到，昔日的憧憬是多么地幼稚，身为一朝天子又是多么地艰难。

别的不说，光是嗅觉敏锐、七嘴八舌的大臣（尤其是台谏言官），就已经够他喝上一壶的了。在这些责任感极强的士大夫看来，过去垂帘的皇太后也好，如今亲政的宋仁宗也罢，终究存在这样那样的问题，不谏不批，成何体统？！尤其是经过废后、选后的几番折腾，宋仁宗算是真正领教到了个中的难言苦楚。

类似的纷争，基本上每天都在发生，覆盖到朝政、宫闱的任何一个角落。就拿“言事无所避”的范仲淹来说吧，根据《闻见近录》记载，宋仁宗后来跟张士逊回忆说，“范仲淹尝有疏乞废朕”。大家听听！连皇帝都敢废，还有什么是他们不敢讲的？！当然，宋仁宗话是这么说，但也拿不出什么过硬的

证据，那道要求废黜皇帝的奏疏，也只是道听途说而已。不过，范仲淹确实有“密请建立皇太弟侄”的提议，动机或许是单纯地有备无患，却让宋仁宗感觉到颜面无光：朕还不到三十岁，你就咒我生不出儿子吗？！

到了景祐三年（1036年）五月，围绕是否迁都洛阳的问题，时任宰相的吕夷简与时任权知开封府的范仲淹针尖对麦芒，先是各抒己见，接着竟然发展到人身攻击，把朝堂吵成了一团糨糊。吕夷简跑到宋仁宗的面前告黑状，一股脑地给范仲淹扣上了“越职言事，荐引朋党，离间君臣”三项罪名，尤其是其中的第二条，显然触碰到了宋仁宗最敏感的神经。于是乎，范仲淹被贬谪外放去了饶州（今江西鄱阳）。

撵走范仲淹的第二天，宋仁宗又采纳侍御史韩渎（此人属于吕夷简一伙）的建议，下达了一道颇具里程碑意义的诏书。因为是五月丁亥日颁布的，所以被称为“丁亥诏书”，其核心要义就是“戒百官越职言事”。

贬谪范仲淹、颁布“丁亥诏书”，宋仁宗的本意是想以儆效尤，让那些多嘴饶舌的士大夫们控制一下自己的情绪，没想到竟然会惹出更大的麻烦。说起来确实比较郁闷，上面越是不准越职言事，下面越职言事的人就越多。撵人和禁言的两道诏书一下，朝堂内外的气氛比先前还要热烈。有的公开为范仲淹设宴饯行，也有的上疏抗辩鸣不平，譬如时任馆阁校勘的尹洙，主动上疏“领罪”，认为自己与范仲淹“义兼师友”，“固当从坐”，结果被贬谪去了郢州（今湖北钟祥）。另外一位馆阁校勘欧阳修，更是修书一封，把一位没有上疏抗辩的言官（右司谏高若讷）骂得狗血淋头，说他“在其位而不言”，“不复知人间有羞耻事尔”。高若讷怒不可遏，将这封书信交到宋仁宗的手里，欧阳修也被贬谪到夷陵（今湖北宜昌）做县令去了。

除了尹洙、欧阳修之外，凡是上疏为范仲淹鸣冤叫屈的人，都被视作“朋党”而遭到贬谪外放。至于宰相吕夷简，算是大获全胜了吧，但他紧接着又跟次相王曾因为政见不合，相互攻讦不绝。景祐四年（1037年）四月，理不清这笔糊涂账的宋仁宗不胜其烦，索性将他们一并罢黜外放，吕夷简去许州（今河南许昌），王曾去郓州（今山东郓城），两位大佬双双卷起铺盖走人。

〔明〕佚名《范仲淹像》。范仲淹头戴貂蝉冠，胸前悬挂“方心曲领”项饰，身着绯罗袍朝服，手执朝笏。这是两宋大臣的典型服饰。（现藏于南京博物院）

宋仁宗似乎打算毕其功于一役，不仅撵走了喜欢吵架的叫驴，还特意将几位老态龙钟、难堪大任的病秧子塞进宰执班子，被时人讥笑称“中书翻为养病坊”。大家先憋住别笑，一起来看看这一届班子有多么奇葩：宰相王随，时年六十多岁，疾病缠身是一方面，用后来右司谏韩琦的话说，这位老兄高居庙堂之上，却“不闻长才远略”，只热衷于搞一些僧道巫祝之术，以致“贻诮中外”。次相陈尧佐，时年已经七十五岁了，能耐倒是有一些，怎奈年岁不饶人，时常告病，“事多不举”，基本上干不成什么活。参知政事韩亿、石中立，都是六十六岁，史载这两人“颇以私害公”。尤其是石中立，活脱脱一个“老顽童”似的人物，“滑稽谈笑之誉，为人所称”，“若参决大政，则诚非所长”，这话说得倒是挺客气，如果不留情面地讲，这不是把朝政当成演杂耍了吗？！

话说回来，宰执班子搞成了养老院，不会再像先前那么聒噪，宋仁宗应该感到轻松惬意不少。然而事与愿违，朝堂这边倒是消停了，偏偏树欲静而风不止，远在荒漠戈壁的西夏，此时正在露出狰狞的獠牙。

（二）

说到西夏，虽说是宋仁宗遭遇的全新对手，但对于中原的王朝而言，其实一点也不陌生。

建立西夏政权的党项人，据说属于羌族的一支，所以也被称为“党项羌”，另有说法认为他们是鲜卑族的后裔。作为一个“各为生业”、“不知稼穑”的原始游牧族群，太过遥远的历史不易追溯，咱们就从唐代宗时期开始讲起。

当时，“安史之乱”刚刚得以平息，朝廷担心这些党项人与吐蕃勾结作乱（当时吐蕃已占据陇右地区），便采纳了郭子仪（时任朔方节度使）的建议，将他们从毗邻关中地区的庆州（今甘肃庆阳）北迁到银州（今陕西米脂）、夏州（今陕西靖边）一带安置。这里荒漠遍布、沟壑纵横，正是南北朝时期匈奴人赫连勃勃建立“大夏国”（史称“胡夏”）的故地，当时称为平夏，所以这个族群也被称为党项平夏部。过了一个世纪的光景，中原王朝内部的战乱再起，黄巢起义军一路势如破竹，进而“冲天香阵透长安”，唐僖宗仓皇南逃入蜀，天下为之一震。党项人选择站在朝廷的一边，助力官军收复了长安城。大喜过望的唐僖宗投桃报李，册封党项的首领拓跋思恭为夏州节度使，并赐予皇室的李姓，后来又冠其军名为“定难”。

大唐王朝崩盘之后，五代十国的乱局较以往有过之而无不及。尽管“城头变幻大王旗”，但党项人的处世哲学一如既往：谁能上台，我就认谁，“未尝显与中原抗”，赔着笑脸发大财。眼瞅着中原闹成了一锅粥，党项这边当然也没闲着，不断地开疆拓土，坐拥银、夏、绥（今陕西绥德）、宥（今内蒙古鄂托克前旗）、静（今宁夏永宁）五州之地，史载“兵不事战征，民不睹金革”，小日子过得可谓风生水起。后来西夏得以与北宋、契丹呈三足鼎立之势，家业就是从这个时候开始积攒下来的。

从平夏部、定难军到西夏政权，党项人这一路走得并不轻松，一个非常重要的关节点出现在宋太宗时期。当时，党项人延续过往的做法，对尚处草创阶段的中原之主“贡奉惟谨，征调时应”，宋太宗挥师河东（今山西省腹地）剿灭北汉的时候，隔黄河相望的党项出力甚多。到了太平兴国七年（982 年），继位只有两年的党项首领李继捧竟然率族人迁居到了京城。根据《宋史》的记载，李继捧是自愿这么做的，理由是“诸父、昆弟多相怨”，他实在摆不平家里这摊子破事儿，索性将自己的地盘拱手送给朝廷直接管辖。

只要稍微有一点历史常识，都不难做出判断，《宋史》的说法基本上属于胡扯。这里面确实存在围绕着首领位置的纷争，但最关键的原因还是宋太宗想玩“杯酒释兵权”的把戏，表面上对李继捧及其族人许以高官厚禄，暗地里志在削藩，使党项人控制的五州之地归于王化。

李继捧有一位族弟名叫李继迁，史载其“勇悍有智谋”，因为不肯寄人篱下、任人摆布，便谎称为乳母出殡，带着数十名亲随从银州逃亡。要说这个李继迁，还真是一个传奇人物，他通过“连娶豪族，转迁无常”的一番折腾，很快就成了气候，并率众夺回夏州、银州故地，开始与大宋王朝分庭抗礼。

宋太宗采纳宰相赵普之计，重用李继捧对抗李继迁，让他们一家人自己掐。李继捧获赐姓赵氏，复定难军节度使之职，为了前后文照应和叙述方便，下文还是继续冠以李姓来称呼。

宋太宗和赵普的算盘打得精，党项人其实也不傻。李继迁在雍熙元年（984 年）挨了一顿收拾，后来便投靠了契丹人，“假其援助，以为后图”，淳化元年（990 年）更是被契丹册封为“夏国王”，成为契丹制衡北宋的一枚重量级棋子。等到淳化二年（991 年），奉命镇守夏州、清剿李继迁的李继捧竟然也叛变了，他被契丹册封为“西平王”。如此一来，党项再度成势，让搬起石头砸了脚的大宋朝廷好不尴尬。

宋真宗时期，朝廷的主要精力放在不断南侵的契丹人身上，不宜四面树敌，故而对党项采取绥靖政策，承认其对五州之地的管辖。李继迁得寸进尺，利用宋朝对抗契丹之机，于咸平五年（1002年）进占了灵州（今宁夏灵武），并更其名为西平府。两年之后，李继迁又转而攻打西面的吐蕃，夺取西凉府（今甘肃武威）。用史家的话说，此时的党项“控弦灵武，扼平夏之要冲，驱马凉州，成河西之右臂”，俨然成了独踞一方的小霸主。不过，正是在夺取西凉府的这场战斗中，李继迁挨了吐蕃人的算计，身中流矢、殒命沙场，其子李德明继承了首领之位。

毋庸置疑，李继迁堪称后来西夏政权的奠基者，他不仅剽悍勇猛，也颇具战略眼光。尽管党项在他的领导下行情见涨，但放眼天下，东面的契丹、南面的大宋、西面的吐蕃，没有一个不是强劲的对手，守着一片穷山恶水、荒漠沟壑的党项，四面出击的日子终究是难以长久的。眼下大宋、契丹忙着互撕，暂时没工夫顾及偏居一隅的党项，真要等他们分出高下、腾出手来，党项人的好日子可能就到头了。

鉴于强邻环伺的危险局面，李继迁生前就做出了谋划，特意嘱咐儿子李德明，务必要与宋朝握手言和，从而使党项成为宋、辽两方争相拉拢的对象。李德明依计而行，在位二十八年间，虽然与宋朝偶有边境冲突，但基本上都是在脚踩两只船，既没有把事态扩大，也不会倒向任何一方，始终保持着若即若离的态势。他一边做着契丹人册封的“大夏国王”，一边又向宋朝俯首称臣，获授平西王、夏州刺史，官多不压身，两边的帽子照单全收。

背靠着这两座大山，精明的李德明既谋求到了政治利益，又通过边境互市甚至走私攫取丰厚的经济利益，进而扭头向西攻伐，从吐蕃、回鹘手中抢地盘，兵锋直抵玉门关，将整个河西走廊收入囊中，成为横亘在中原与西域之间的强悍存在。

天圣十年（1032年）十月[1]，年过天命的李德明去世[2]。宋仁宗即将遭遇

[1] 是年十一月改元“明道”。

[2] 关于李德明的去世时间，《宋史·夏国传》记载为十月，《宋史·仁宗本纪》《续资治通鉴长编》记载为十一月，《宋会要辑稿》记载为当年夏天，认为冬天是宋朝获悉消息的时间。

的强劲对手——四年前被册立为“太子”的李元昊,终于走到了历史的前台。

（三）

作为宋仁宗时期最大的“麻烦制造者”之一，李元昊向来就不是一盏省油的灯，用《剑桥中国史》的话说，他“无疑是最具天才、最富想象力的党项统治者”。李元昊率领党项人登上了族群发展史的巅峰，但对于大宋王朝而言，却成了如鲠在喉的隐患甚至灾难。根据《宋史》的记载，李元昊“性雄毅，多大略”，特别是对父亲李德明多年来采取臣服于宋朝的策略，一直颇有微词。李德明曾经跟他解释说：咱们党项人“三十年衣锦绮”，都是拜大宋王朝所赐，闷声不响发大财有什么不好呢？！李元昊对此相当不屑，认为“英雄之生，当王霸耳，何锦绮为”！

平心而论，李元昊这话说得确实有点亏心。如果没有李继迁、李德明两代首领积攒下来的偌大家业，他的腰杆子恐怕还硬不起来。再者说，李德明选择臣服于宋朝，“贡献之使，岁时不绝”，只是着眼于长远的权宜之计，并不意味着他是一个软蛋怂包。用《西夏书事》里的话说，“德明称臣三十年，频窥边境”，早就有另起炉灶的打算了。譬如他明知儿子李元昊反对向宋朝称臣，还册立他为“太子”，并向契丹请婚拉盟友，不就是为了有朝一日反噬宋朝吗？！

与李德明表面恭顺、暗中埋雷不同，李元昊骨子里不愿臣服于宋朝，从他继任党项人的首领伊始,便已经表现得淋漓尽致了。当时，宋朝按照以往的惯例,特意派出使臣前去庆贺,顺便赐予李元昊官爵,承认其继任的合法性。李元昊呢，先是“迁延不出迎”，接着见到使臣，竟然“犹遥立不动”，经屡次催促才勉强拜受了诏命。起身之后,李元昊的嘴里还念念叨叨,说什么“先王大错，有如此国，而犹臣拜于人耶”。

从历史的必然性上来讲，实力愈加强盛的党项，总会有割据自立、与中原王朝平起平坐的那一天。至于偶然性，除了李元昊这位应运而生的剽悍首领之外，还有两名落魄书生的鼎力相助。

两名书生是华州（今陕西渭南）人氏，一个姓张，一个姓吴，本名不详。史载他们“负气倜傥，有纵横才”，原本打算通过科举显身立名，谋个一官半职，结果屡屡铩羽折戟，始终未能如愿以偿。两人倒不气馁，打算另辟蹊径，想通过“放意诗酒，出语惊人”引起某位官员的注意，毕竟举荐也是一条合法的入仕之路。然而，各地的领导都很忙，谁会在意两个酒疯子呢，这条路又没有走通。

正所谓乱世方能出英雄，两位书生深谙此理，听说党项人最近不怎么老实，便一路向西寻求自己真正的归宿。进入党项的地盘之后，两人为了“刷”出关注度，直奔李元昊的名讳而去，一个改名张元，一个改名吴昊，还明目张胆地把名字写在一家酒肆的墙壁上。

党项虽说是一个游牧族群，但受中原文化熏陶数百年，也是相当看重名讳问题的。张元、吴昊故意让巡逻的士兵发现，很快就被逮到李元昊的面前问罪。两人终于见到能管事儿的领导了，赶紧甩出一句谋划已久的话：“姓尚未理会，乃理会名耶？”明面上的意思是说，您的姓氏都是拜人家所赐，还关心名字干什么？！言外之意，您可别忘了自己是谁啊！

俗话说得好，瞌睡来了遇到枕头。李元昊一门心思谋叛宋，上天就给他送来了两位“有识之士”。听他们话里这意思，是要襄助党项人与中原王朝分庭抗礼啊，所以李元昊对张元、吴昊尊宠有加。两人承蒙李元昊的再造之恩，更是殚精竭虑地为其出谋划策，史载“入寇方略多二人导之”。尤其是张元，史载此人“好阴谋，多奇计，然性喜诛杀”，后来更是成为西夏的相国。他一直主张出兵南取关中之地，再东联契丹，窥视河北，“使中国一身二疾”。后来李元昊与宋朝议和，“壮志未酬”的张元还“终日对天咄咄”，真是做到了数典忘祖、遗臭万年的极致！

得张元、吴昊之助，李元昊开始从制度层面谋划如何另起炉灶、自立门户。归纳起来讲，主要体现在“去汉化”和“汉化”两个各有取舍的方面。

“去汉化”，主要目的是建立有别于中原王朝的党项文化。譬如姓氏，李元昊认为“李、赵赐姓不足重”，改姓“嵬名”，头衔称为“吾祖”，也就是“可汗”

的意思。还有年号,过去奉宋朝为正朔,一直是用人家的纪年,如今想要单过,便改元为“开运”。听上去不错,但有人提醒说,“开运”已经被后晋的亡国之君用过了,这不是自己咒自己吗,于是赶紧改成了“广运”。服饰乃至发型,也都改成党项人独有的样式,后来还自创文字,“教国人用以纪事”,从文化上彻底切断与中原王朝的关联。

“汉化”,则是着眼于政权体制,效仿中原王朝建立一整套国家机构。什么中书省、枢密院、三司、御史台等等,都是从宋朝照搬过来的(“其制多与宋同”)。区别也有,李元昊搞的是文武两制,汉人、党项人共同执文,兵政则由党项人专掌。这样的制度性安排,倒不是对汉人不信任,若论驰骋疆场,游牧出身的党项人确实更为擅长。

待一切准备就绪之后,从景祐元年(1034年)开始,李元昊的叛宋征程便驶入了快车道。要说李元昊这个人啊,确实比较鸡贼,他一边不时骚扰边境,试探宋朝的反应,一边不断地派人过来,打着“巩固传统友谊”的旗号,“熟悉边臣因循之势”。当时,适逢宋仁宗遣散了不少宫人,李元昊便不惜重金购得数人,从这些人嘴里刺探情报,以致宋朝的“朝廷刑赏宫闱阴事,纤悉具知”。

又是几年光景过去,眼瞅着情报刺探得差不多了,通过与诸部落歃血为盟,也稳固了自己的后方,李元昊终于在景祐五年(1038年)十月[1]“筑坛受册,即皇帝位”,建国号“大夏”,改元“天授礼法延祚”(他也不嫌念起来麻烦)。因为“大夏”地处宋朝的西北,所以中原习惯上称之为“西夏”。

(四)

西夏与宋朝的较量,从一开始就是不对称的。国力上的不对称显而易见,这里要说的是信息上的不对称。简单来讲,党项人的几代首领处心积虑地谋叛宋,宋朝这边却表现得相当愚钝——迟钝,外加愚蠢。

---

[1] 是年十一月冬至郊祀后改元“宝元”。

早在李继迁去世的时候，时任知镇戎军的曹玮便向宋真宗建议，趁着对方“国危子弱”，迅速采取军事行动，灭掉这个隐患，但宋真宗“欲以恩致德明”，没有同意。后来，李德明做了二十多年的“乖乖崽”，但还是有人察觉出了一丝异样的气息。应该是在天圣六年（1028 年）八月，一位名叫王曙的官员前往河北视察防务，此时已迁转至真定路的曹玮跟他讲：您将来要是执掌兵政的话，一定要特别留意边防！李德明有个儿子叫李元昊，此人异常剽悍，“他日必为边患”！但是，王曙认为曹玮是在危言耸听，很快就把这事儿抛之脑后了，一点也不在意。等到李元昊叛宋的时候，王曙正担任知枢密院事，宋仁宗“数问边计”，身为枢密院主官的他竟然“不能对”，真不知道这个王曙平日里都在干些什么，他后来被罢黜外放到河南府（今河南洛阳）去了。

李元昊上台之后，闹腾得相当欢快，时任知定州的刘平（苏轼好友刘景文的父亲）上疏朝廷，说他看到“元昊车服僭窃，势且叛矣”，建议朝廷早做准备、严加防范。然而上至宋仁宗、下至两府，做出的反应就只有两个字——“不听”！景祐元年（1034 年）十二月，时任屯田员外郎的张亢也进呈了一道奏疏，认为“元昊喜诛杀，势必难制，宜亟防边”，并纵论“西北攻守之计”，结果依然是石沉大海，上面一点反应都没有。

另据史书记载，宝元初年有一位名叫赵宇的“预言帝”（当时的职务不详），曾向朝廷上书，言及李元昊必反，被宰执视为狂徒，贬到福州（今福建福州）做文学参军去了。后来李元昊果然叛宋，赵宇强烈要求给自己平反，结果无人理会，他便偷偷跑到京城继续上书，说刘平（当时已调往前线）“勇而无谋，必败”。宰执不禁大为光火，责令开封府好好收拾一下这个疯子。等到刘平果真兵败三川口，赵宇才得以恢复名誉，并获授青州司马之职。

更有甚者，大宋王朝的封疆大吏——时任知延州的郭劝，还做过一件愚不可及的蠢事。那是在李元昊称帝前的一个月，也就是景祐五年（1038 年）九月，李元昊的叔父山遇惟亮（姓山遇，名惟亮）带着三十多名亲族潜逃到延州（今陕西延安）来了。山遇惟亮在党项人那边可谓位高权重，与弟弟山遇惟永分掌左右厢兵，而且一直坚持“安守藩臣，岁享赐遗之厚”的既定方略，反对与宋朝为敌。怎奈李元昊叛宋之心已定，“酋豪有谏者，辄杀之”，还打算给山遇惟亮扣上谋反的罪名，清除掉这个异己分子。山遇惟亮想保住性命，这才铤而走险，率亲族潜逃到了大宋地界的延州。

按理说，这正是瓦解党项的绝佳机会，毕竟李元昊那里并非铁板一块，而山遇惟亮“有勇略，国人向之”，号召力不可小觑。如果襄助山遇惟亮对抗李元昊，好戏有得看，宋朝大可隔岸观火，坐收渔人之利。然而，令人百思不得其解的是，郭劝竟然将送上门来的山遇惟亮给李元昊遣返了回去，理由是党项人“纳贡四十年，有内附者未尝留”。山遇惟亮被遣送回去之后，李元昊“集骑射兵射而杀之”，一个千载难逢之机就这样被彻底葬送了。不得不说，同姓一个“郭”字，人家郭靖是威名远扬的“郭大侠”，这个郭劝却是蠢到姥姥家的“郭大傻”。

回过头来看，宋朝对李元昊表现得如此愚钝，原因其实并不复杂，概括起来就三条：

第一，宋朝与党项之间承平日久，丧失了应有的警惕。党项人做了近四十年的“乖乖崽”，“贡献之使，岁时不绝”，谁能想到他们翻脸比翻书还快？！

第二，与虎视眈眈的契丹相比，党项显得有些微不足道，一直都不是宋朝关注的重点。也就是说，宋朝从来没有把党项看作强劲的对手，任其撑破了天，终究也只是小打小闹，无碍于大局。

第三，崇文抑武、守内虚外的国策，致使宋朝防范祸起萧墙堪称一流，防范外患则是十足的菜鸟。对于那些尚未演变为现实的预警，最高决策层往往采取一种“鸵鸟式”的态度，遇到危险便把头埋进沙子里，以君子之心度小人之腹，宁可信其无、不愿信其有，以为一纸约定便能换来永恒的和平。

拜这些因素所赐，信息上的不对称竟然发展到了无以复加的地步。宋朝是什么时候发现李元昊心怀异志的呢？说来令人唏嘘，既不是山遇惟亮投奔之时，也不是李元昊称帝建国之日，而是当年冬至举行的郊祀，李元昊没有像往年一样派使者参加。

李元昊到底在搞什么鬼，偌大的朝廷居然两眼一抹黑，除了知道党项人的使者没来之外，其他的事情一概未闻。宋仁宗组织朝议，有大臣提议出兵征讨，管他什么理由，先扑上去揍一顿再说。时任权知开封府的胥偃则认为：动辄出兵征讨，未免也太简单粗暴了。咱们理应先礼后兵，派人前去问罪，“待其辞屈而后加兵”，这样才能师出有名。

出兵还是遣使，朝廷尚未做出最终的决议，来自鄜延路都钤辖司的急报便如一石激起了千层浪：李元昊反了！此时，上至宋仁宗，下至文武百官，说是热锅上的蚂蚁，一点也不夸张。用后来富弼在一封奏疏里的话说：“变起仓卒，事无准绳，众皆谓之忽然。”

仓皇失措之余，朝廷这架庞大的机器开始奔着即将爆发的战事运转。首先是调兵遣将充实西北边防，委任当年报过警的刘平为环庆路副都部署、鄜延环庆路安抚副使，让他清剿、安抚两手抓。其次是关闭陕西、河东地区与党项的边境互市，并下诏悬赏捕捉党项的奸细。

眼瞅着双方箭在弦上，大战一触即发，宋仁宗的小心脏已经提到嗓子眼，“郭大傻”郭劝却又开始犯糊涂病了。这年十二月，郭劝还在知延州的位置上（朝廷已任命范雍接任知延州，但尚未到任），他与时任知鄜州（今陕西富县）的李渭给朝廷进呈了一道奏疏，说李元昊派使者到延州来了，而且“阅其表函，尚称臣”，应该还有缓和的空间，朝廷跟他谈谈呗？

刚才分析过，宋朝的最高决策层充斥着一群“鸵鸟”，看到有危险就一头扎进沙地里，但凡出现一丝和议的希望，便视其为救命稻草。接到郭劝、李渭的报告，宋仁宗不说欣喜若狂吧，至少也是大喜过望，赶紧下诏同意李元昊的使者到京城来谈。没承想，等他看过“郭大傻”口中“尚称臣”的表函之后，肺都要被气炸了！

李元昊的这封表函篇幅不长，但全是堆砌着辞藻、典故的官样文章，直接引用的话，大家不太好理解，我就直接挑重点解释一下。李元昊的意思，归纳起来讲就三点：第一，“臣祖宗本出帝胄”，并不比宋朝的赵氏皇室矮半截；第二，因为“群集又迫，事不得已”，我于某月某日称帝了，国称“大夏”；第三，事已至此，“睿哲成人，宽慈及物”的大宋皇帝，是承认我呢、承认我呢，还是承认我呢？

我估计啊，“郭大傻”拿到这封表函的时候，翻开一瞧，头一句是“臣祖宗……”，心想这下妥了，只要对方称臣，什么都好谈嘛，便兴高采烈地报告给了朝廷。宋仁宗看过李元昊的表函之后，到底是什么样的反应，史书上没有明说，但郭劝、李渭很快就接到了落职的诏令，原因是“坐不察敌情也”。咱们从一个侧面可以看出，宋仁宗该是有多么地尴尬和愤怒！

尴尬也好，愤怒也罢，主动找上门来的问题，终归要想办法解决。首先是如何处置李元昊派来的使者，枢密院的意见是杀掉算了。这恐怕真是气昏了头，全然不顾“两国交兵，不斩来使”的传统法则。当然了，在大宋君臣的眼里，对方是“臣”而非“国”，按欺君谋逆问罪似乎也说得过去。不过，时任参知政事的程琳——他曾经是“养老院”里唯一年富力强的——头脑还算清醒，他认为应该善待使者，不能丧失大国的风范。

这几位使者也挺有意思，他们原本就没打算活着回去，所以压根不领这个情，不仅“不肯受诏及赐物”，还愈发骄横起来。有人咽不下这口气，提议使个阴招，将使者入住的驿馆墙壁推倒，压死这几只兔崽子。程琳依然表示反对，堂堂的大宋王朝，岂能玩弄这等下三滥的招数？！

西夏的使者得以全身而退，宋仁宗和文武百官却愈加纠结。李元昊已经撕破了脸皮，朝廷是剿是抚，总得做个决断吧？！在接下来的廷议当中，既有主剿的，也有主抚的，这事儿本身并不新奇，但双方争相抛出论点的过程，再一次彰显出宋朝在信息上的不对称，到底有多么地不靠谱！

在主剿的大臣看来，李元昊是自不量力的跳梁小丑，朝廷稍微动一下手指头，便能将他捏死在荒漠（“争言小丑可即诛灭”）。譬如临危受命的“前敌总指挥”刘平认为，李元昊“恣行杀害，众叛亲离”，又与吐蕃交战多年，已是精疲力竭，“此乃天亡之时”。反观宋朝，在西北边境屯集了二十万大军，数量上是对方的三倍还要多，区区“小戎”何足挂齿？！

主抚的声音不多，主要来自时任右正言、直集贤院的吴育。咱们在前面提到过这个人，是北宋朝“制策入三等”的“唯二”学霸之一（另一个是大文豪苏轼），他后来官至枢密副使、参知政事，晚年赋闲居于河南府的时候，还替不堪其任的张尧佐干了不少判案的活。此时的吴育品级不高，但反对出兵的态度非常坚决。他的出发点在于，李元昊毕竟是风俗迥异的夷狄，中原“终待以外臣之礼”，如有背叛，“来则备御，去则勿追”，跟这些“野蛮人”瞎较什么劲呢？！再者说，李元昊顶着“藩臣”的名号，守着一片荒蛮之地，要啥没啥，与其兴师动众前去讨伐，倒不如参考大宋草创时暂时承认吴越国的做法（“国初江南故事”），先以适当的名义与他和平共处一段时间，等待时机成熟，咱们再“顺抚而收之”。

主剿的刘平也好，主抚的吴育也罢，其实都犯了信息不对称带来的通病：高估自己、轻视对手。事实上，宋朝未必那么强悍无敌，西夏也未必那么不堪一击。

要说对敌我态势看得通透的明眼人，当然也不是没有，时任通判睦州（今浙江淳安）的张方平就算是一个。别看此人是在东南为官，远离西北边境的烽火狼烟，但他对于宋朝现时的处境，分析得还是相当精准的。张方平认为：自澶渊之盟以来，“天下忘备，将不知兵，士不知战，民不知劳，殆三十年矣”，如果贸然开启战端，享受承平日久的大宋王朝恐怕一时难以进入状态。因此，应该让李元昊的子弹再飞一会儿，为咱们整兵备战争取时间，到时候再凭借强大的国力跟他拼消耗。就凭李元昊那点家底儿，最多不过三年的光景，“不见胜负，不折则破”，妥妥地挨收拾。

遗憾的是，在一片群情激愤的气氛之中，主抚的声音迅速被淹没。张方平的奏疏石沉大海，吴育仿效“国初江南故事”的动议，更是招致当朝宰执的嘲讽。此时的宰执班子，已经不是那个暮气沉沉的“养老院”了。景祐五年（1038 年）三月，距离李元昊称帝还有七个月，宋仁宗采纳谏官韩琦的动议，让那群老态龙钟的宰执回家颐养天年，改任他当年的老师张士逊为宰相。对吴育的嘲讽，正是出自这位帝王师之口，而且说得相当不客气：大家都说吴育的脑子有病，如今看来，果不其然（“人言吴正言心风，果然”）！

（五）

既然主抚派已经被主剿派掀翻在地，一场大战便不可避免了。《孙子兵法》有云：“知彼知己，百战不殆。不知彼而知己，一胜一负。不知彼，不知己，每战必败。”现实或许没有“兵圣”所说的那么绝对，但这场从一开始就信息不对称的较量，注定不可能如主剿派最初设想的那样，大宋军队兵锋所指，便可摧枯拉朽、所向披靡。

双方经过一段时间的积极准备，于宝元二年（1039 年）十一月，略带试探性地交了一回手，交战地点是地处边境线上的保安军（今陕西志丹），位于延州（今陕西延安）的西北方向。当时，西夏方面以轻兵袭扰保安军，被驻守于此的宋军击退，另一路宋军则乘胜追击，连破对方多处堡寨，取得了收拾李元昊的“开门红”。

宋仁宗收到捷报，自然异常欣喜，立即下诏赏赐其功，尤其是在延州都巡检司供职的一位指挥使，战功最为卓著，破例“超四资授官”。熟悉宋史的朋友估计已经猜到了，此人正是北宋朝最能拿得出手的骠勇悍将，《水浒传》里所谓“文有文曲，武有武曲”中的“武曲”——一代名将狄青。

事实上，运筹帷幄的宋仁宗和朝臣也好，镇守在西北边境的前方将领也罢，似乎都没有意识到，李元昊的试探性进攻，是在为接下来大规模的军事行动寻找一个合适的目标。经过频繁的刺探，李元昊大致摸清楚了宋军的兵力部署情况，决定将突破口选在宋朝西北边境的军事重镇——延州。

在此之前，接替“郭大傻”出任知延州的范雍曾经上表朝廷，认为延州“最当贼冲，地阔而砦栅疏”，而且“土兵寡弱，又无宿将为用”，请求增兵驻防，但并没有引起朝廷的重视。朝廷没有搭范雍的腔，自有朝廷的道理，毕竟在距离延州不足四十里的金明寨，驻扎着李士彬统领的十万人马。李士彬也是党项人，但没有跟着李元昊的平夏部混，而是世代归附宋朝，镇守于金明寨。

这可是一个狠角色，人称“铁壁相公”，连李元昊都惧他三分。既然有金明寨的十万人马拱卫延州，还找朝廷要什么援兵？！

宝元三年（1040）正月[1]，李元昊几乎是倾巢出动，号集十万大军直扑延州而来。他的心里其实很清楚，要想攻克延州，必先拿下外围的金明寨。另外，虽说西夏军在数量上与对方势均力敌，但贸然与以逸待劳的李士彬硬怼，李元昊并没有十拿九稳的把握。

既然硬怼不是上策，李元昊便琢磨先玩一出阴招，命人将一封密函，外加锦袍、金带，明目张胆地扔进金明寨。表面上是“约士彬同叛”，其实是阴使反间，想让宋朝方面自毁长城。由于李士彬的身份特殊，李元昊的反间计确实让一些人心生疑窦，但时任鄜延路副都部署的夏随一眼就识破了李元昊的诡计，特意设宴款待李士彬，好言宽慰了他一番。李士彬颇受感动，“誓立功自效”。

李元昊见反间计不奏效，索性玩起了真的，派人暗中前往金明寨劝降李士彬，还承诺“当富贵与共”云云。李士彬二话不说，直接把使者拖出去斩了，只留下随从一条小命回去复命。

李元昊气得够呛，再使一出阴招：既然你不愿意投降我，我投降你总可以吧？！于是乎，受李元昊的暗中指使，一部蕃兵向李士彬诈降。李士彬一时难辨真伪，在接纳这些降兵的同时，又向范雍提议，将他们安置到南方去，以防不测。但是，范雍认为这样做不利于继续招降，断然否决了李士彬的提议，并将这些降兵归入李士彬的麾下，“分隶诸寨甚众”。

李元昊一边派兵诈降充作卧底，一边在正面释放烟幕弹，责令诸将但凡与李士彬的人马相遇，一定要“不战而走”，而且明言“闻铁壁相公名，莫不胆坠于地”。一来二去地，李士彬难免会因为骄纵轻敌而放松警惕。李元昊还利用李士彬带兵严酷的弱点，暗中收买他手下多有怨愤的部将。

给李士彬灌迷魂汤，挖金明寨守军的墙脚，这还不算完呢，李元昊又派

[1] 是年二月改元“康定”。

人去忽悠坐镇延州的范雍，大言不惭地说自己“欲改过归命朝廷”。范雍果然中计，不仅对使者“厚礼而遣之”，还“不复设备”，异想天开地等着李元昊幡然悔悟前来投诚。

做足这一系列的准备之后，李元昊率领十万人马，以雷霆万钧之势夜袭金明寨，“诸降贼皆为内应”，守军登时乱作一团。李士彬大为惊骇，赶紧命手下牵马迎战，但手下对他心怀怨愤（或许早已被李元昊收买），竟然牵来一匹压根跑不起来的弱马。一边是蓄谋已久，一边则是麻痹大意，这场激战的结果可想而知，一天之内，金明三十六寨全部失守。至于李士彬的结局，有的说他当场阵亡，也有的说他力战不敌而被俘，李元昊“割其耳而不杀”，关押了十多年才死去。

（六）

李士彬一败涂地，金明寨十万人马死的死、降的降、逃的逃，导致延州完全暴露在李元昊的兵锋之下。此时的延州守军，只有区区数百人，要想顶住西夏十万大军的猛扑，无异于等死。眼瞅着延州朝不保夕，范雍赶紧向周边的军队求援。黄德和（时任鄜延路都监）、刘平（时任鄜延与环庆路副都部署）、石元孙（时任鄜延路副都部署）等将领深知延州是对付西夏的军事重镇，万万不容有失，于是各自率兵火速驰援。

经过数日的急行军，几路兵马会合在一起，大约有一万人，继续星夜兼程地赶路。等他们赶到距离延州只有五里之遥的一处险隘——三川口（今陕西延安枣园）时，压根没想到诡计多端的李元昊竟然会在此设伏，早已做好了包饺子、吃大餐的准备。

根据《东轩笔录》的记载，宋朝援军落入三川口的圈套，都是李元昊派出的奸细在搞鬼。当时，刘平、石元孙等人率兵行至距延州二十里，一个叫“大柳树”的地方，遇到了自称是范雍派出来的差役。差役告诉他们，知州范雍已经在城门外恭候了，但考虑到天色已晚，为了防止混入奸细，建议援军分批入城，便于一一甄别。刘平、石元孙并未生疑，立即将手下的人马分成了数十队，相隔五里地依次开拔。等到半夜，大约走出去五十来队，刘平、石元孙才发现先前的那个差役早开溜了，登时生出一种不祥的预感，赶紧派士兵跑到前方去查看情况。士兵回报说，延州城内一片漆黑，先前开拔的人马也不见踪影。刘平、石元孙感觉到大事不妙，下令剩余的兵马结队前行，走到三川口的时候，延州城已经近在眼前。将士们刚松了一口气，突然“四山鼓角自鸣”，西夏兵如潮水般从山上涌下来，宋军还没反应过来是怎么回事，便已陷入对方的铁壁合围。

到底有没有奸细从中搞鬼，这事儿不太好说，但刘平、石元孙确实落进了李元昊的圈套，虽然奋力死战，终究是寡不敌众，几乎全军覆没，刘平、石元孙也受伤被俘。当时，黄德和在后方压阵，见前方的人马陷入重围，顿时拔腿开溜，导致“众军随皆溃”。刘平派儿子刘宜孙策马狂追，拉住黄德和的马辔苦苦哀求，请他率兵接应刘平、石元孙突围。黄德和非但临阵脱逃、见死不救，后来还恶人先告状，跟朝廷报告说刘平、石元孙叛变投敌。

眼瞅着援军在三川口惨败，延州“城中忧沮，不知所为”，惶惶不可终日。幸运的是，刘平、石元孙拼死力战拖住李元昊，为折继闵（时任知府州）率兵突袭贺兰谷争取到了足够的时间。李元昊获悉后院起火，加之天降大雪，“戎马多冻死”，只得下令从延州撤围。北宋与西夏的首次大规模交锋，终于落下了帷幕。

这场窝囊仗算是打完了，但对于大宋朝廷而言，追责扯皮的麻烦事才刚刚开始。围绕着兵败三川口，黄德和一口咬定，说刘平、石元孙是叛变投敌，范雍这时候倒不糊涂，上奏说是因为黄德和临阵脱逃，才导致刘平、石元孙殒命沙场（当时并不知道他们被俘）。双方各执一词，远在千里之外的宋仁宗也搞不清楚孰是孰非，便派文彦博（时任殿中侍御史）、梁致诚（时任入内供奉官）和庞籍（时任天章阁待制）组成“专案组”，前去调查此事。

俗话说得好，假的真不了，真的假不了，“专案组”很快就向朝廷递交了“结案报告”：“黄德和退怯当诛，刘平等力战而没，子孙宜加赏恤。”时任知制诰的韩琦也不忘补上一刀，他认为刘平“以疲兵数千，敌贼十余万众，昼夜力战”，“忠勇不愧于古人”，却遭受宵小之徒的诬告陷害，实在是令人心寒！最终，黄德和被处以腰斩，枭首于延州城下，刘平、石元孙得以追赠官爵，“子孙及诸弟皆优迁，未官者录之”。后来宋朝与李元昊议和，石元孙被释放回来，大家才知道两人当时并没有阵亡。至于誓死不肯降敌的刘平，终究没能等到返回故土的这一天，他已经在兴州（今陕西略阳）亡故了。

西北望，射天狼（下）：现实惨烈，颜面何存

（一）

兵败三川口的真相业已大白，该杀的杀了，该赏的也赏了，但朝廷还有很多事情要办。

首先，“宝元”这个明显为李元昊讨彩头的年号不能再用了，宋仁宗于是年二月下诏，改元为“康定”。另据《归田录》记载，李元昊叛宋之后改姓为元氏，“朝廷恶之，遽改元曰康定”。这或许是讹传吧，前面讲过，李元昊为了创建独立的党项文化，改姓“嵬名”而不是元氏，但不管怎么说，他的名字里确实带了一个“元”字。“宝元”者，“保元”也，此“元”并非大宋之“元”，所以宋仁宗怎么看怎么不爽，索性改掉算了。或许是因为改得比较仓促，所以“康定”这两个字选得有些欠考虑，后来有“好事者”觉得康定听上去像谥号，所以在次年冬至郊祀之后，宋仁宗再度下诏改元为“庆历”。

其次，在下诏改元的同一天，宋仁宗其实还下达了另外一道诏令，核心要义是“悉许中外臣庶上封议朝政得失”。大家还记得吗，宋仁宗在景祐三年（1036 年）五月颁行“丁亥诏书”，“戒百官越职言事”，距今已接近四年的光景。大敌当前，是时候放开言路了！

最后，三川口狠挨了一闷棍，促使大宋君臣痛定思痛，重新认识眼前的强劲对手，并重新做出一系列的部署。

过往那些“争言小丑可即诛灭”的傲娇之语，被无情的现实啪啪打脸之后，便再也听不到了。正所谓矫枉过正，去岁十一月才升任参知政事的宋庠似乎是被李元昊吓破了胆，竟然提议加强潼关的守备，宋仁宗也是糊涂了，欣然“从之”，时任知谏院的富弼赶紧出来阻拦：朝廷加强潼关的守备，是想昭示于天下，关中之地不要了吗（“今城潼关，自关以西为弃之邪”）？！

话说回来，宋庠提的馊主意可以置之不理，但执掌军政的枢密院难辞战败之咎，必须好好整饬一番，坐镇前方的官员也要调整补充，再就是朝廷的决策体系，更有必要作适度的完善，以满足战时所需。

这三个方面的部署，毕竟会关系到后面的战局发展，所以咱们还是挨个地说一说。

一是遇事久议不决的枢密院，被宰相张士逊斥为“当任其咎”，结果王鬷、陈执中两名主官（时任知枢密院事），还有副手张观（时任同知枢密院事）一并遭到罢黜，由三司使晏殊接任知枢密院事，几个月后擢升为枢密使。

二是前线官员，知延州的范雍“坐失刘平、石元孙”，改任知安州（今湖北安陆），时任知制诰的韩琦出任陕西安抚使，负责主持秦凤、泾原、环庆、鄜延四路的军政。受韩琦的举荐，先前被贬为知越州（今浙江绍兴）的范仲淹迁任知永兴军，未及赴任，又改为陕西都转运使，负责打理四路的财政。宋仁宗原本打算让高若讷（时任侍御史知杂事）出任知永兴军，但有台谏言官提出异议，认为他跟范仲淹“理实有嫌，宜易以近任”。大家或许还记得，当年范仲淹遭到贬谪的时候，欧阳修破口大骂的就是这个高若讷，如果把他们放在一堆，朝廷岂不是有理不完的官司？！或许正是因为考虑到这一层，尽管宋仁宗表面上嘴硬，说什么“安得以旧事为嫌”，但还是没有让高若讷前去赴任，继续将他留在京城任职。

康定元年（1040 年）五月，负责西北边防的“三巨头”格局正式形成。时任知泾州（今甘肃泾川）的夏竦被任命为陕西都部署，兼经略安抚使、缘边招讨使、知永兴军，坐镇京兆府（永兴军治所，今陕西西安）。韩琦、范仲淹则改任陕西经略安抚副使，一个驻泾州，一个驻延州（范仲淹又兼任知延州），时任知同州（今陕西大荔）的庞籍则接任陕西都转运使之职。

三是朝廷的决策体系，中书门下主管行政，枢密院执掌军政，无权相互干预。放在平时，不仅没什么毛病，还是相当科学的分权制度，但在战时，问题就大了，既缺乏协调配合，也可能政出多门。用翰林学士丁度的话说，“二府分兵民之政，若措置乖异，则天下无适从”，时任知谏院的富弼也认为，战事关乎社稷安危，“不当专委枢密院，而宰相不与”。张士逊对此有些疑虑，担心枢密院说宰相想夺权，结果富弼一句话就把他怼得哑口无言：“此宰相避事尔，非畏夺权也。”

宋仁宗采纳了丁度、富弼等人的建议，下诏要求边境的战事由两府共同商议酌定。至于挨怼的张士逊，这段时间也没少挨台谏言官的弹劾，说他尸位素餐、无所裨益。因为自感压力山大，张士逊前后七次上表请辞，终于获得了批准。紧接着，宋仁宗又将外放了三年之久的吕夷简召回朝堂，接替张士逊出任宰相。

大敌当前，吕夷简非但没有跟范仲淹翻旧账，还主动提议给这位昔日的政敌加封馆职（龙图阁直学士），以示重用。宋仁宗颇受感动，盛赞吕夷简有“长者”的风度，并告诫范仲淹不要再计较过去的那些恩恩怨怨。尽管范仲淹当着宋仁宗的面没有服软，认为自己完全是出于公心，并不欠谁的人情，但还是在私下里向吕夷简表达了谢意：“向以公事忤犯相公，不意相公乃尔奖拔。”

种种迹象表明，兵败三川口犹如一剂苦口的良药，让大宋君臣学会了认清现实、同仇敌忾。用宋仁宗嘱咐韩琦的话来说，“异类猖獗，官军不习战，故数出无功，今因小警，乃开后福”。康定元年（1040年）九月，宋仁宗翘首企盼的“后福”终于来了：延州守军奉范仲淹之命果断出击，一举夺取了西夏控制的要塞芦子关（位于今陕西志丹、靖边两县交界处）。

打出这场漂亮突袭战的，正是先前“超四资授官”、后迁任鄜延路部署司指挥使的狄青，史载其“临敌被发、带铜面具，出入贼中，皆披靡莫敢当”，似乎天生就是一块打硬仗的料，难怪坊间传说他是武曲星下凡，前来护佑“赤脚大仙”宋仁宗的。

韩琦、范仲淹到任之初，时任秦凤路经略安抚判官的尹洙向他们隆重举荐了这位“良将材”，史载“二人一见奇之，待遇甚厚”。尤其是范仲淹，十分青睐这位前途不可限量的后起之秀，特意送他一套《左氏春秋》，并满怀期许地勉励他说:“将不知古今，匹夫勇尔。”后来狄青声名鹊起、执掌枢密，正是得益于范仲淹对他的悉心栽培。

除了骠勇善战的狄青之外，范仲淹驻守的延州其实还有另外一张“王牌”——种世衡。《水浒传》里时常提到的“老种经略相公”，想必大家都不会陌生，普遍认为原型是种师道，也有人说是种师道的父亲种谔。种世衡正是种师道的祖父、种谔的父亲,他所创建的“种家军”与麟府路的“折家军”(《杨家将演义》中佘家的原型）一道，堪称镇守大宋西北边境的两只猛虎。至于大家耳熟能详的“杨家将”,演义的成分更多一些,其实论战斗力远远不及种、折两军。

若论守御之策，别看范仲淹是一位文官，他还真是挺有两把刷子的，这其中当然也不乏老将种世衡的功劳。范仲淹认为，先前“不量贼众而出战”、“有寇则官卑者先出”的守法太死板，怎么可能打得赢呢？！为了应对西夏军出其不意的袭扰，范仲淹别出心裁地将延州的守军分成了六队，每队三千人，平时由六位将领组织操练。敌人来袭时，先看对方来多少人，再决定派多少队出去迎战。

种世衡也向范仲淹建言说，延州东北方向二百里有一处险要，“右捍延安，左可致河东粟，北可图银、夏”，十分有利于筑城镇守。范仲淹欣然采纳，并经请示朝廷同意，安排种世衡率兵前去筑城。由于此地距离西夏很近，时常遭到对方的骚扰，久经沙场的种世衡一边打仗一边施工，历经数月便大功告成，宋仁宗亲赐其名为“青涧城”（位于今陕西清涧境内）。种世衡奉命镇守于此，不仅开垦了一千顷营田，还“募商贾，贷以本钱，使通货得利”，把这座兼具军事要塞和边贸集市功能的小城镇搞得有声有色。

经过守军的一番整饬，西夏军队屡次想袭扰延州，都被范仲淹手中的两张“王牌”揍了回去，不仅不敢再犯，还相互告诫说：千万不要再打延州的主意了，“小范老子腹中自有数万兵甲，不比大范老子可欺也”。——他们口中的“小范”，说的是范仲淹，“大范”则是指先前“好谋而少成”的范雍。

范仲淹在延州干得风生水起，而远在千里之外的京城，朝堂上的君臣却陷入了新一轮的纠结之中。李元昊叛宋之初，围绕着是剿是抚，君臣曾经纠结过一回。仗打到现在，你一心想抚，人家李元昊还不乐意呢，所以君臣这一次纠结的焦点不再是剿与抚，而是应该怎么剿。具体来讲，到底是采取攻势呢，还是采取守势？

先前信息不对称，满朝文武“争言小丑可即诛灭”，几乎是一边倒地赞成主剿，如今挨过一闷棍，群臣的意见又走向了两个极端。主攻派认为，大宋兵败三川口，丢人丢到了姥姥家，此仇不报，以后还怎么在江湖上混？毕竟生死事小，面子事大，咱们得想办法把丢掉的脸面再捞回来！主守派则认为，大宋兵败三川口，说明李元昊这个对手确实不好对付，咱们只有加强边境守备，以不变应万变，才是稳妥万全之策。持主守之议的翰林学士丁度还总结出了大宋对付西夏的三大短板：马不行、技不行（骑射之术）、人不行（适应环境的能力），因此“可以智胜，不可以战斗”。所谓“智胜”，就是“谨亭障，远斥候，控扼要害”，敌来我阻，敌走我不追，看谁耗得过谁。

同样一件事，群臣各有各的视角，各有各的结论，朝堂吵成了一锅粥，结果是谁也说服不了谁。宋仁宗拿不定主意，决定问计于镇守在西北的“三巨头”——夏竦、韩琦、范仲淹，听一听前方看得见狼烟的人怎么说。

“三巨头”当中，担任一把手的夏竦倾向于防守。早在宝元二年（1039年）六月，时任知永兴军的夏竦就给朝廷上过一道奏疏，认为“不较主客之利，不计攻守之便”，劳师以远前去追讨，实在是下下之策，他主张“缮治壁垒，修利器械，约束将佐，控扼险阻”，让对方无隙可乘。

范仲淹更不用说了，守御延州的成功经验，让他显得底气十足，因此竭力主张“严边城，使持久可守，实关内，使无虚可乘”。他还结合宋太宗时期“北伐西讨，艰难岁月，终未收复”的历史教训，认为贸然出兵势必“无功而有患”，因此应该做好打持久战的准备，“日练月计，以待其隙”，毕竟来日方长，咱们耗得起！

相比之下，韩琦显得似乎有些冲动。在他看来，最好的防守就是进攻，如果坐等敌人来袭，等于是将战场的主动权拱手让人。你怎么知道对方从哪里来、到哪里去、有多少人？如果我方仓促应战，必然会屡遭败局。

由于“三巨头”一时无法达成共识，夏竦等人只好给宋仁宗递交了一份措辞模糊的报告：大军尚在操练，建议暂且缓一缓，等敌方来袭，咱们再找机会杀他个人仰马翻，眼下未可轻举妄动（“今兵与将尚未习练，但当持重自保，俟其侵轶，则乘便掩杀，大军盖未可轻举”）。

夏竦念起了“拖”字诀，没说不攻，只是要等机会，但李元昊显得一点也不配合。就在狄青夺取芦子关之后不久，西夏军突袭镇戎军（今宁夏固原），在地处外围的三川寨，大宋守军一战就报销了五千多兵马。宋仁宗得知战报，顿时急了眼，派人给夏竦送去一封手诏，问他到底什么时候才肯出战。夏竦赶紧召集属下制定了两套或攻或守之策，派韩琦、尹洙送往京城面圣请旨。

要说夏竦办的这件事，确实是有点意思。他和范仲淹都是主守的，制定的计划则是或攻或守两套不同的方案，派去京城报告请旨的人呢，又是坚定主攻的韩琦和尹洙。夏竦的葫芦里到底想卖什么药，恕我智商有限，真是没弄明白。不过呢，此次汇报的结果一点也不出意料之外，韩琦、尹洙的到来，坚定了宋仁宗和宰执主攻的信心。用宰相吕夷简的话说，“自刘平败覆以来，言羌事者人人震怯。今韩、尹健果如此，岂可沮之也？”

康定元年（1040年）十二月下旬，宋仁宗正式下诏，责令鄜延、泾原两路兵马于次月上旬进讨李元昊，史载“始用韩琦等所画攻策也”。——胜负在此一举，至少宋仁宗是这么认为的。

（二）

宋仁宗的诏令送达之后，负责泾原路的韩琦自然是满心欢喜，勉为其难的“一把手”夏竦只能照办，唯独负责鄜延路的范仲淹有话要讲。

范仲淹频繁上奏朝廷，讲了很多道理，归根结底就一条：不赞成主动出击。身为副使兼领一路，其余几路他管不着，但范仲淹坚持鄜延路不能轻举妄动。至于理由，一是路途遥远，二是时间仓促，三是这边的守御颇有起色，应该“修复城寨”，发挥“牵制元昊东界军马”的作用。

除了主张防守之外，范仲淹其实更寄希望于通过招抚来解决问题。他向朝廷报告说，李元昊先前“欲自尊大，必被奸人所误”，如今发现大宋的便宜不是这么好占的，恐怕已经大失所望了吧，咱们正好能顺势采取怀柔之策，“使其不僭中国之号而修时贡之礼”。

事实证明，范仲淹对于局势的判断纯属一厢情愿，朝堂上的君臣并不打算回到或剿或抚的老问题上继续纠缠不清。然而，围绕着鄜延路该不该动、能不能动，尽管先前的一道诏令说得斩钉截铁，可眼下禁不住范仲淹的反复游说与陈情，宋仁宗的心里还是犯起了嘀咕。于是乎，他也学着夏竦的玩法，于康定二年（1041 年）正月上旬，下达了一道模棱两可的诏令：鄜延路按兵不动，向李元昊示以招纳之意，你们“三巨头”再好好商量一下，“可以应机乘便，即不拘早晚出师”。

宋仁宗的这道诏令到底是什么意思，咱们再来捋一捋。首先可以肯定的是，先前那道责令主动出击的诏令彻底作废。接下来就只得玩味了，朝廷一方面同意范仲淹之请，鄜延路可以继续严防死守；一方面又让“三巨头”斟酌出兵日期，等于是把烫手山芋扔回了前方，让他们自己看着办。——要说天底下最难办的事，恐怕就是领导让你“看着办”了吧！

“一把手”夏竦接到宋仁宗最新下达的诏令之后，采取的第一个动作就是派尹洙前往延州，游说范仲淹改变立场，协同泾原路主动出击。尹洙“内刚外和，博学有识度”，为人耿介忠直，当年范仲淹被扣上“朋党”的罪名遭到贬谪，时任馆阁校勘的尹洙挺身而出，说自己与范仲淹“义兼师友”，“固当从坐”，惹得宰相吕夷简大为光火，将他贬谪到郢州（今湖北钟祥）监酒税。然而，若论口才，尹洙的确说不过范仲淹，若论私交，范仲淹并不打算给尹洙面子，在原则问题上不做丝毫的让步。

尹洙无功而返，夏竦深知仅凭泾原一路难以获胜，只好将皮球踢回朝廷，请求宋仁宗派人前往鄜延路督战。宋仁宗继续玩“太极”，既不从夏竦之请，也没有置之不理，而是派人将这封奏疏送到了范仲淹的手上。结果可想而知，范仲淹连诏令都敢怼，还怕区区一道奏疏？！他的态度依然是那么坚定：加强守备，少扯闲淡！

宋朝这边扯不完的皮，倒是给李元昊要弄阴谋诡计制造了绝佳的契机。丁度先前说对付西夏“可以智胜，不可以战斗”，还真是小瞧李元昊这个对手了。其实人家才叫“智胜”呢，把镇守在西北边境的“三巨头”耍得团团转。

怎么回事呢？说起来倒也不复杂，李元昊打探到韩琦、范仲淹各执己见，一个主攻、一个主守，便派人分别前往泾州、延州“诈和”。——注意，不是简单的假装求和，而是要让对方一眼就看出自己是在使诈。

李元昊估摸着，同样是“诈和”，韩琦和范仲淹的反应肯定是不一样的。主攻的韩琦，神经一直绷得很紧，突然有人来“诈和”，他势必会认为西夏方面将有大动作，加强戒备之余，更可能争取主动，毕竟对方都逼到家门口了，哪里还顾得上鄜延路那边配合不配合。主守的范仲淹呢，一直寄希望于招抚，有人来“诈和”，他即使明知有诈，也愿意为这1%的机会尽100%的努力，从而更加坚定按兵不动、谋求和解的信心。

事实证明，李元昊真是把“读心术”玩到了炉火纯青的至高境界。韩琦这边果然高度警觉，密切地关注着西夏方面的任何一点风吹草动。范仲淹那边“配合”得更是完美，不仅修书一封，劝李元昊真心臣服大宋，避免“疮痍百姓，伤天地之仁”，还派出使者前往夏州（今陕西靖边），想当面游说李元昊悬崖勒马，结果使者刚到夏州，就被李元昊扣下了。

范仲淹还在翘首企盼西夏方面的回复，韩琦这边却已经跟李元昊真刀真枪地干上了。康定二年（1041年）二月，李元昊召集十万人马，大张旗鼓地闯入泾原路的防区，先是进攻怀远（今宁夏西吉附近），并扬言要夺取重镇渭州（今甘肃平凉）。韩琦先前已被“诈和”搞得神经高度紧张，听说渭州方面告急，便立即赶往镇戎军（今宁夏固原），调出这里的所有守军，外加紧急招募的一万八千名兵勇，在环庆路副部署任福的率领下驰援渭州。

鉴于兵败三川口的深刻教训，韩琦在众将临行之际，还不忘叮嘱几句说：一定要谨防敌军利用险隘设伏，“致师以怒我，为饵以诱我”，你们千万别中圈套，等对方表演累了撤退的时候，再出去揍他们一个措手不及。大军开拔之后，韩琦再度派人前去传檄，对任福耳提面命说：“违节度，有功亦斩。”

韩琦的深切忧虑，或者说某种不祥的预感，在接下来的一场惨烈战斗中落下了实锤。不出所料，李元昊扬言攻打渭州是假，率主力在好水川（今宁夏隆德附近）设伏打援是真。任福先是与西夏军打了一场遭遇战，见对方仓皇逃窜，全然不顾韩琦的告诫，当即下令扔下辎重、轻装追击。宋军饿着肚子追了三天，一头闯入李元昊预设在好水川的伏击圈，结果被干掉一万余人，任福力战不敌，当场阵亡。

西夏军在好水川大获全胜，气焰更加嚣张。那个著名的叛贼张元（当时已拜相国），还在一座寺庙的墙壁上即兴题了一首讥讽诗：“夏竦何曾耸，韩琦未足奇，满川龙虎辇，犹自说兵机。”经此惨败，宋仁宗先前的雄心壮志已经被消磨殆尽，于是年六月下达了一道诏书，责令陕西诸路“自今西贼犯塞，方得出兵掩击诸族，以牵其势”，老老实实守好自己的一亩三分地，不要再出去没事找事了。至于李元昊的十万大军，捞上一笔之后也见好就收，撤回去庆功休整去了，等待合适的时机卷土重来。

（三）

这场窝囊的仗已经打完，又到总结经验教训的时候了。套用一句名言来说：胜利都是一样的，失败却各有各的理由。先前兵败三川口，主要是因为信息不对称，不知彼也不知己，轻视了对手的强悍。如今兵败好水川，问题又出在哪里呢？平心而论，大宋王朝的上上下下都难辞其咎！

首先是宋仁宗和宰执班子优柔寡断。集思广益没有错，但民主有余、集中不足，势必造成在态度上模棱两可，甚至朝令夕改，犯下了兵家的大忌。反观西夏方面，人家遇事也发扬民主，“各问所见，择取其长”，但李元昊一拍板，便只有坚决贯彻执行的道理，不再有讨价还价的余地。

其次是负责西北防务的“三巨头”各执己见。身为主帅的夏竦统领无方，把仅有的那点聪明劲，都用在跟朝廷玩政治博弈上面去了，“颇依违顾避，久之无功”，进而有台谏言官弹劾他“畏懦苟且，不肯尽力，每论边事，但列众人之言”，完全不堪主帅之任。韩琦求战心切，既不看时机，也不讲协同，尚未搞清楚对方的真实意图，便迫不及待地调兵应战，结果正中李元昊的下怀。范仲淹更过分，倒不是嫌他话多，知无不言、言无不尽毕竟是做臣子的权利，但任何时候行使建议权，都不能以削弱执行力作为代价。既然上面已经决心主攻，你有意见可以保留，不理解就在执行中去理解，岂能违背令行禁止的基本法则，反反复复地跟朝廷讨价还价？！

最后是率军奔袭驰援的任福自作主张。战场瞬息万变、危机四伏，任福身为一军之将，竟然置上司韩琦的嘱咐和告诫于不顾，未能识破对手佯败引诱的诡计，这个错误犯得实在是太低级了。

话说回来，咱们在这里分析问题，完全可以从上到下批个遍，但真到追究责任的时候，往往就得反过来操作了。正如范仲淹所驳斥的“有寇则官卑者先出”，其实需要对问题做个了结、给个交代的时候，大抵也是遵循这样的规律。

朝廷经过调查认为，任福抗命不遵、轻兵冒进，理应承担战败的主要责任，但鉴于其本人力战而亡、以身殉国，就没必要再揪住此事不放了。韩琦作为任福的上司和实际指挥者，自然是躲不过去的，但考虑到他事前曾经有所预判，并下达檄令警告过任福，所以只是象征性地惩戒一下，安排他领右司谏之衔改任知秦州（今甘肃天水），宋仁宗还特意下达手诏，好言宽慰了他一番。

相比较而言，范仲淹遇到的麻烦可就大多了。上面之所以要追究他的责任，并非像咱们刚才分析的那样，这位范大人有令不行，还跟朝廷讨价还价，而是因为另一件在群臣看来更为严重的事情。

大家应该没忘记吧，李元昊曾经派人到延州“诈和”，范仲淹一眼就瞧出了破绽。由于西夏过来的人并未携带任何的表章信函，范仲淹“不敢闻于朝廷”，但又不想轻易放弃规劝李元昊的机会，便派使者带着自己的亲笔信，前往夏州当面游说。这位使者名叫韩周，是一名堡寨的监押官，被西夏方面扣押四十多天才被释放归宋，并给范仲淹带来了一封回信。

根据史书记载，这封回信是李元昊授意身边的一名亲信写的，“书辞益慢”，“慢”到什么程度呢？据说“书凡二十六纸，其不可以闻者二十纸”，范仲淹看得几乎要吐血，当场就把不堪入目的二十页给烧了。除了“不可以闻”的二十页之外，剩下的六页勉强还能看，范仲淹赶紧另录一份副本，又对措辞稍加删改，显得没有那么傲慢无礼，方才让韩周送往京城，向朝廷报告情况。

这封被范仲淹加工过的回信送抵京城之后，朝堂上顿时就炸开了锅。李元昊在信中说了什么，这不重要（史书确实也没有讲），群臣更在意的是两点：第一，范仲淹未经请示，更没有得到朝廷的授权，竟然与李元昊有书信往来，胆子也太大了。第二，李元昊回信的原本，竟然被范仲淹给烧了，谁知道他到底是担心刺激到圣上，还是害怕自己通敌的隐秘被暴露？！

或许是不想把事情闹大，宰相吕夷简有意让韩周背锅，诘问他“不禀朝命，擅入西界”之罪。韩周不肯吃这个哑巴亏，当即怼了一句大实话：范大人手握杀伐之权，我敢不听他的命令吗（“经略专杀生，不敢不从”）？！于是乎，尽管韩周被贬谪到通州（今江苏南通）做监税去了，但问题还是绕回到了范仲淹的身上。

按照参知政事宋庠的意思，范仲淹有通敌嫌疑，可斩！宰相吕夷简、参知政事杜衍以及知谏院孙沔则认为，范仲淹忠心可鉴，本意是“欲招纳叛羌”，为朝廷分忧，略微惩戒一下足矣，怎么就沦落到要杀头的地步了？！

根据《涑水记闻》的记载，宋庠之所以表现出异常强硬的态度，似乎是被平日里多有抵牾的吕夷简摆了一道。在廷议之前，吕夷简私下里跟宋庠讲了一句模棱两可的话：“人臣无外交，希文（范仲淹，字希文）乃擅与元昊书，得其书又焚去不奏，他人敢尔邪！”吕夷简的这句话，既可以理解为他想把范仲淹往死里整，也可以看作是感慨范仲淹的胆略过人。宋庠估摸着，吕夷简与范仲淹先前有不少过节，应该是前一个意思才对。于是乎，宋庠抢先向宋仁宗表明了自己的态度，想把范仲淹弄死，顺便也在吕夷简面前讨个好，压根没料到吕夷简会帮着范仲淹说话。

在北宋王朝提议杀一名士大夫，无异于一记惊天炸雷，登时引来朝堂内外一片哗然。其实呢，宋仁宗既没有心思要范仲淹的性命，更没有胆量承担有悖于祖制的罪名，但群臣都对宋庠侧目而视，他自己更是惊慌失措。最终，宋仁宗采纳了吕夷简等人的意见，将范仲淹降为知耀州（今陕西铜川），次月又改任知庆州（今甘肃庆阳）、兼管勾环庆路部署司事，捅了马蜂窝的宋庠则被罢黜参知政事并撵出京城，外放出任知扬州（今江苏扬州）。

（四）

尽管宋仁宗责令陕西各路严加防备，不得擅自邀击，但连胜两场的李元昊断然不会就此收手。康定二年（1041 年）七月，西夏大军卷土重来，攻击目标是地处黄河之外的麟州（今陕西神木）、府州（今陕西府谷）和丰州（今内蒙古准格尔旗）。

细论起来，李元昊选择在河外的麟府路动手，既是考虑到泾原、鄜延两路防范森严，其实也是拜“无守御才”的麟府路军政主官康德舆所赐。康德舆麾下有一支蕃兵，首领名叫乜罗，先前向康德舆讨锦袍、驿料未果，还饱受诋毁和猜忌，说他“与夏国通，战则反射汉人”。乜罗估摸着，即便是跳进黄河恐怕也洗脱不了自己的嫌疑，当然他也没打算跳河，而是真的叛逃过去，做起了李元昊的“带路党”。

李元昊兴师河外，到底是先攻的府州还是先攻的麟州，史料记载不一，但这并不重要，因为他都没能攻下来。虽说麟、府两州“有大河之限，难于援应”，军政主官康德舆又是个怂货，但这里“因山为城，最为险固”，又有“折家军”世代镇守，便宜可不是那么好占的！

就说府州吧，城池依山而建，东南面是水门，“崖壁峭绝，下临大河”，城内有六千余名守军，“居民亦习战”。西夏军原本想从悬崖中部的小路摸上来，只见城头上箭石齐发，倏忽之间就把偷袭的西夏军揍得呜呼哀哉。转而攻打城北，却再度遭遇府州军民的奋力抵抗，“蹂躏死者无算”。

麟州这边更有意思，李元昊派出去的奸细经过一番打探，回报说麟州城内没有水井，压根不用强攻，只要将它围困起来，“不三日，汉人当渴死”。李元昊依计而行，确实令麟州陷入“士卒渴乏”的窘境。危难之际，有人向知州苗继宣献计，将沟渠里的污泥挖出来，堆到城墙上去，跟对方玩一出障眼法。城外的李元昊隔得远，看得不太真切，只能隐约瞧见城墙上湿漉漉的，顿时火冒三丈：逗我玩是不是？！说好的三天渴死他们，人家怎么还在拿泥水抹城墙玩儿呢？！于是乎，倒霉的奸细被处斩，李元昊也解围而去。

麟、府二州暂保无虞，北面的丰州可就没这么好的运气了。守军力战不敌，最终还是被西夏军攻陷。随后，李元昊调头向南，杀了一个回马枪，在介于麟、府二州之间的琉璃堡屯兵驻防，并以轻骑兵四处袭扰，彻底截断了二州的交通。由于援应不继，麟、府二州只能坚壁固守，顿时陷入了绝境，史载“民乏水饮，黄金一两易水一杯”。

或许是被前两场战役打怕了吧，在得知麟府路告急之后，竟然有人提出了一个“放弃治疗”的馊主意。时任知并州的杨偕认为：丰州业已陷落，而麟州“远在绝塞”，原本就是入不敷出的荒凉之地，非但没有贡献税赋，每年倒要耗费百万缗的巨资，咱们干嘛要做这笔亏本生意呢？再者说，像灵州（今宁夏灵武）、夏州（今陕西靖边）这样的汉、唐古郡都落入了敌手，区区一个麟州，又“何足惜哉”？！——尚未开战就认怂，大肆鼓吹以土地换和平，类似的卖国言论放在任何时候，必定是会遭人唾弃的！

幸运的是，优柔寡断的宋仁宗这一次没有踌躇不决，更没有被“放弃治疗”的卖国言论带偏，跟着短视无识之流一起犯糊涂。他跟宰执表态说：“麟州，古郡也。咸平中，尝经寇兵攻围，非不可守，今遽欲弃之，是将退而以黄河为界也。”所谓“寇兵攻围”，是咸平五年（1002年）发生的事情，当时的李继迁就没能攻克麟州，所以眼下固守的可能性还是存在的。

朝廷既然决定防守，指望“无守御才”的康德舆必然不济事，便调派时任知鄜州的张亢前去接替。对人名比较敏感的朋友，想必有一些印象，这个张亢是出过一回镜的。还记得吗？在讲宋朝面对李元昊有多么愚钝的时候，举了几个例子来说明，其中一个便是说时任屯田员外郎的张亢在景祐元年（1034年）上疏朝廷，纵论“西北攻守之计”。

张亢不仅对西北防务自有一番见解，胆略更是超乎常人，史载其“豪迈有奇节”。接到朝廷的调令之后，张亢不打招呼更不摆谱，竟以单骑赶赴府州上任。此时的府州处于坚壁固守的状态，守军让张亢吃了闭门羹，张亢自称是“新军马”，并给城墙上的卫兵出示了敕令，方才得以入城。

上任伊始，张亢便着手做三件事：筑堡、挖井、偷袭。前面两件比较容易理解，这里就不再赘述了，重点说一说第三件。张亢派出去搞偷袭的，并非府州的守军，而是临时招募了一批勇士。所谓“勇士”，好听一点说是亡命之徒，难听一点讲就是乌合之众，岂不是会偷鸡不成反蚀一把米？别着急，张亢也知道这些人不能当成职业化的兵丁使唤,所以不是让他们去偷袭敌营，而是专挑落单的西夏兵下手。

仗着人多去劫道，哪里用得着什么专业训练呢，所以他们每次都能小有斩获。张亢带兵有一个特点，“好施轻财，凡燕犒馈遗，类皆过厚”，只要能提着对方的首级回来，酒肉、赏赐管够。时间一长，原本斗志消沉的守军不干了：哪有放着正规军不用，让一群“盲流”挑大梁的道理？！于是纷纷向张亢请战，要到战场上一显身手，让这些“盲流”看看什么才是打仗。张亢见士气可用，这才掏出了谋划已久的作战方案：偷袭琉璃堡。

稳妥起见，张亢先派出探子抵近琉璃堡侦察。探子不辱使命，给张亢带回一个颇具画面感的重要情报：一群西夏兵围着篝火，一边吃烤羊，一边占卜逗闷子。其中一人煞有介事地说卦象凶险，“明日当有急兵，且趋避之”，其他人则大笑着回答道:宋军都把脑袋埋到裤裆里了，哪里还敢来找死（“汉儿方藏头膝间，何敢至此”）？！

显然，西夏军先前在三川口、好水川连胜两场，如今又攻克了丰州，已经不把宋军放在眼里了。骄兵必败，这是亘古不变的真理。张亢认为时机业已成熟，当夜便率兵偷袭琉璃堡，正在睡梦中的西夏兵猝不及防，在被干掉二百多人之后，仓皇弃堡败去，扔下的牛羊马驼数以万计。

紧接着，张亢又亲率三千精兵，向孤悬敌后的麟州运送辎重给养。当时，琉璃堡这颗钉子虽然被拔掉了，但西夏军主力依然在附近活动，李元昊更是在柏子寨屯集了数万兵马，等着张亢前来送死。张亢深知狭路相逢勇者胜的道理，激励麾下的将士说："若等已陷死地，前斗则生，不然，为贼所屠无余也。"正所谓置之死地而后生，三千精兵无不以一当百，与西夏军打了一场硬碰硬的恶仗。老天爷也出来帮忙，突然迎面朝着西夏军刮起了呼啸的狂风，宋军顺风出击，斩首六百余、夺马千余匹，西夏军"相蹂践赴崖谷死者，不可胜计"。

接连吃了两次亏，李元昊有些蒙圈，但不肯善罢甘休，又与张亢在毗邻麟州的兔毛川大干了一场。若论精彩程度，这场兔毛川之战丝毫不亚于先前的琉璃堡偷袭战和柏子寨遭遇战。当时，张亢麾下主要有两支军队，一支是"虎翼军"，一支是"万胜军"。"虎翼军"剽悍如其名，西夏兵也颇为忌惮；"万胜军"则纯属吹牛皮，其实是在京城新招募的市井无赖，"罢软不能战"，被西夏兵戏称为"东军"，意思是一开战就掉头往回跑（宋朝在东面）。

利用这一强烈的反差，张亢给李元昊上演了一出偷梁换柱的好戏。他先是在兔毛川的山后埋伏下数千精兵，接着将"虎翼军"、"万胜军"的旗帜互换，在他的率领下正面迎敌。西夏兵不明就里，一开战就奔着"万胜军"的旗帜杀过去了，想着先拣软柿子捏，打断这条腿再回头收拾剽悍的"虎翼军"。冒牌的"万胜军"开始飙演技，一触即溃、且战且退，成功将西夏兵引诱到了山后的伏击圈。一时间，数千精兵杀将出来，佯败诱敌的"冒牌货"也原形毕露，这也算是以其人之道还治其人之身了。

兔毛川一战，西夏军被干掉两千多人之后狼狈逃窜，宋军乘胜扩大战果，不出一个月便打通了麟、府二州之间的道路，总算是找回了一点泱泱大宋的颜面。

三方角逐：底气不足的和谈

（一）

值此非常之时，非常之人以非常之举，成就非常之功，大宋军队终于打了一场不需要追责的漂亮仗。话说回来，朝廷这边该算的账，终究还是要算的，倒不是算哪个人的账，而是有人要算钱的账。

众所周知，打仗是一桩相当烧钱的买卖，而且往往是赔钱的买卖。因为李元昊叛宋而引发的这一系列战事，到底把钱烧到了什么样的程度，朝廷是否还能承受得起呢？咱们先来看一下三司提供的账本。据后来担任权三司使事的王尧臣统计，陕西四路与开战前的宝元元年（1038 年）相比，钱帛粮草的花销折合下来，从不足两千万缗暴涨到了三千多万缗，差不多翻了一倍！他给出的结论是："军兴之费广"，"国与民皆弊"。

王尧臣的这本账，是他在庆历三年（1043 年）履新权三司使事的时候核算出来呈报的。其实呢，早在康定二年（1041 年）的兔毛川之战以后，虽然没有详实的数据作为支撑，但朝廷捉襟见肘的窘境，已经让不少大臣感到忧心忡忡了。譬如时任右正言的田况认为，打仗要花钱，而接连遭到袭扰的镇戎、原渭一带，数百里之广农田无法耕种，结果是"竭关中之力，耗都内之钱，才可赡延州、保安军粮刍之费"。还有时任知谏院的张方平也说，朝廷想收拾不听话的李元昊，结果却是"王师数出无功，济其凶谋，气焰益盛"，导致赋税增加了数倍，"天下为之劳弊"。

为了缓解日益严重的财政危机，宋仁宗特意安排贾昌朝（时任权御史中丞）、田况、张方平等台谏言官，与三司使（当时任权三司使的是姚仲孙）讨论如何"裁减浮费"。张方平认为，宫禁应当做出表率，毕竟"由上以率下则于名为正"。咱们必须承认，宋仁宗也好，曹皇后也罢，乃至列位皇亲国戚，此时都是识大体、顾大局的，并没有因为"刀口向内"而埋怨张方平不明事理。在曹皇后的率领下，后宫妃嫔每人各拿出五个月的俸银允作军费，就连“八大王”赵元俨也主动提出“尽纳公使钱”，宋仁宗考虑到他毕竟是皇族中的长辈，所以特别下达一道诏令，让他交纳一半就行了。

账面很难看，日子更难过！因此，伴随着泱泱大国的颜面得以挽回，接下来到底是攻是守，乃至于是战是和的问题，再度摆上了朝廷的议事日程。

事实上，早在康定二年（1041 年）十月，兔毛川之战的硝烟刚刚散尽，宋仁宗便采纳了张方平、陈执中（时任知陕州）等人的建议，免去夏竦统帅之职的同时，也裁撤了陕西都部署司，将四路军政直属于朝廷，让他们“各保疆圉”。简单来讲，当初设立都部署司统领四路的“1+4 格局”，目的在于统筹协调各路的行动，摆出一副主动进攻的架势。裁“1”留“4”的用意，则是让四路各扫门前雪，管好自己的一亩三分地，不放过对方的一兵一卒，这就属于防御性的安排了，转攻为守的态度看来是很明显的。

人事任免方面，咱们再多说两句。先前的主帅夏竦，被打发到河中府（今山西永济）做地方官去了。原来隶属于陕西都部署司的四路，韩琦负责秦凤路、知秦州（今甘肃天水），范仲淹负责环庆路、知庆州（今甘肃庆阳），庞籍负责鄜延路、知延州（今陕西延安），王沿负责泾原路、知渭州（今甘肃平凉）。前面三位是咱们的老熟人，对他们的任命倒没有引起什么非议，唯独对这位新面孔——王沿的任命，身为台谏言官的张方平有话要讲。他认为，李元昊来犯，泾原路往往是首当其冲，而王沿这个人业绩平平，更缺乏作战经验，恐怕难当此任。不过，宋仁宗并没有听取张方平的不同意见，泾原路果然就出了大问题，这当然是后话，且容我放到后文细表。

朝廷裁撤了陕西都部署司，葫芦里卖的什么药，大家心里都很清楚。不过兹事体大，接下来到底是攻是守，还是说明白一点比较好，免得前方因为理解不一致，无所适从而乱了自己的阵脚。或许有点逼着上面表态的意思，范仲淹给朝廷出了一道选择题，也就是所谓的“攻守二议”。

范仲淹认为，攻有攻的利弊，守也有守的优劣，他对这两套策略都做了细致入微的分析。就说攻吧，李元昊的地盘大多是一望无垠的荒漠，打他不容易，找他更不容易，后勤补给也很困难，搞不好就被对方劫道了。因此，咱们如果要攻，就得瞄准易取而且于我有利的地方。譬如延州以西、庆州以东，拿下这片百余里的地界，便能连通延、庆二州，还有环州（今甘肃环县）以西、镇戎军以东，也是类似的状况。总的来讲，有目的性地夺地争城，远比陪着对方打运动战稳妥多了。再来说守，看似稳妥万全，但也并非长久之计，“久戍则军情以殆，远馈则民力将竭，岁月绵远，恐生他患”。要解决这个现实的问题，最好的办法莫过于设置营田，让军队屯垦化、士兵本地化，实现“父母妻子共坚其守”。

既然攻守两方面都有相应的举措，朝廷又会如何抉择呢？或许是巧合，也或许正是范仲淹按照“攻守二议”做出的试探性行动，环庆路的守军主动出击，拔掉金汤等营寨，意图打通延、庆二州。然而，这场小规模战事的效果并不理想，斩敌二十七个，自己却阵亡了四十九人，还要防备对方来复仇，搞得鄜延路那边跟着一起紧张兮兮。

主动进攻不奏效，看来只有加强防守了。庆历二年（1042 年）正月，宋仁宗下达一道诏令，正式对范仲淹的“攻守二议”给予回应。他认为，主攻的弊端太多，还是主守更加稳妥，故而责令各路“勤于训练，严加捍御，制其奔冲，见利乃进，观衅而动”。

（二）

除了技术层面的攻与守，大宋君臣也在战略层面思索着和平解决争端的可能性。康定二年（1041 年）十一月，临近冬至的郊祀，宋仁宗仿佛是希望“奇迹”降临，能在这场盛大的典礼上看到西夏使者的身影。咱们都知道，李元昊与宋朝撕破脸皮、分道扬镳，就是始于未派出使者参加景祐五年（1038 年）的冬至郊祀。弥漫了整整三年的硝烟，如果能回到原点握手言和，岂不是让后人津津乐道的美谈？！因此，宋仁宗特意给延州下达了一道诏令：如果李元昊派人过来，无论是表章还是信函，都必须立即报送到朝廷！

话说回来，宋仁宗决定为李元昊打开一扇窗户，既有期待“奇迹”出现的心理因素，其实也是张方平的建议发挥了功效。

张方平上疏“哭穷”的同时，也对接下来的应对策略提出了自己的想法。他认为，历史上解决与异族的边境争端，都是“以和戎为利，征戍为害”，既然攻要钱、守也要钱，咱们为什么不能胸怀博大一点，借着冬至郊祀的机会，“特推旷恩，以示绥怀之意”呢？！为了表示朝廷的诚意，张方平还提出了两条具体的建议：一是如果对方派人过来的话，“令边臣受而上闻”；二是明令“边臣以谨守封略，勿事杀伐之意”。根据史书记载，宋仁宗读过这道奏疏之后，按捺不住内心的欣喜，直呼“是吾心也”，让张方平去跟宰执班子详议。宰相吕夷简也对张方平佩服得五体投地，拱手盛赞“公言及此，社稷之福”。

先前向朝廷进呈“攻守二议”的范仲淹，此时也针对是战是和的问题提出了自己新的想法。用范仲淹自己的话说，在镇守庆州的这些时日，他“日夜思之，乃知攻有利害，守有安危”，越来越强烈地感觉到，要从根本上解决这个问题，应当采取“招纳之策”。他认为，李元昊四处剽掠，目的就是捞钱，而大宋王朝最不缺的就是钱，既然能用钱解决问题，那就不是问题了！结合曾经被贬到越州(今浙江绍兴)主政的经历，范仲淹给宋仁宗算了一笔账：越州每年纳税绢十二万匹，和买（变相的赋税）绢二十万匹，总共三十万匹有余，如果给李元昊三十万匹的“岁赐”，双方化干戈为玉帛，岂不是“费一郡之入，而息天下之弊”？！于朝廷而言，这桩买卖可真是赚大了！

单从经济效益上来讲，这笔账算得没毛病。俗话说“大炮一响，黄金万两”，反过来理解，没钱还打个鬼的仗？！更令人尴尬的一点在于，朝廷花了大价钱，军队还总是吃败仗，眼睁睁地看着白花花的银子打水漂。即便是转攻为守，漫长的边境线长期云集重兵，吃喝拉撒睡，同样是不小的开销。如果能以三十万匹绢的“岁赐”换取和平，动辄上千万缗的军费不就省下了吗？！

平心而论，国家层面“舍财消灾”的做法，确实有碍于观瞻，令人顿生一种怒其不争的屈辱感，但现实就是你真的打不赢人家。屡战屡败，愈败愈穷，要么认怂，要么作死，还是保住江山社稷要紧啊！再者说，有先前“澶渊之盟”的成功实践，大宋君臣在心理上不仅没有强烈的负罪感，反而会认为是一种顺理成章的高效解决路径。

反观李元昊这边，因为长年征战，边境的互市又被宋朝取缔，日子过得也异常艰难。用《宋史》的话说，“创痍者相半，人困于点集，财力不给”，老百姓则充分发挥民间智慧，集体创作了一首“十不如”的歌谣，虽说具体的内容已经失传，但怨愤之心不言自明。

更令李元昊抓狂的是，与大宋王朝硬怼了三年，但张元当初给他谋划的宏伟蓝图，什么“取陕右地，据关辅形胜，东向而争”，还有联合契丹人，“时窥河北，使中国一身二疾”，竟然连个影子都没能见着。这几年仗没少打，而且胜多败少，但往往是“得地不能据”，抢得一票算一票，心理上多多少少是有一些厌倦了。

（三）

既然两边都感觉到这场战事难以为继，是不是就能坐下来握手言和呢？未必！对于李元昊而言，西夏在战场上具有绝对的主动权，自然没有觍着脸去请和的道理。他此时正谋划着干一票大的，把泾原路的守军胖揍一顿再说。宋朝这边呢，虽说朝廷在战略层面确定了“招纳”的基本方向，但大宋君臣并非只知一味送钱的怂货，他们也深谙“要和谈，先搞残”的道理。

战场上硬拼要吃亏，而且宋仁宗诏令各路“严加捍御”，不可轻举妄动，又怎么才能把李元昊“搞残”呢？这下就轮到种世衡精心谋划的“连环计”出手了。

种世衡的这招“连环计”，过程有点复杂，但目标很纯粹，就是要离间李元昊与野利两兄弟的关系。野利两兄弟出自野利部族，哥哥叫野利旺荣，弟弟叫野利遇乞，各自掌握着一支队伍，号“大王”，堪称李元昊的左膀右臂，他们的侄女（一说妹妹）还是李元昊的皇后。

在此之前，边境地区一度盛传西夏的八卦，说李元昊被西面的吐蕃所败，野利部族发生叛乱，加之遭遇大旱，又被宋朝断了岁赐和互市，导致“国内疲困，思纳款”。传闻终究只是传闻，西夏的处境虽然艰难，但并未沦落到主动服软的地步，野利旺荣觉得这倒是一个以假乱真的机会，于是暗中指使三名手下前往青涧城诈降。种世衡何许人也，这等小伎俩哪里瞒得过他的眼睛。转念一想，种世衡觉得不如将计就计，于是对这三名诈降者厚遇有加，为今后伺机离间预先埋下一道伏笔。

为了演好这出精妙绝伦的连环离间计，种世衡特意起用了一直被他“雪藏”在青涧城的传奇人物——王嵩。王嵩原名不详，当时的身份是一名和尚，法号“光信”，史载此人“骁勇善骑射，习知西境山川道路”。种世衡发现这位“人才”之后，便将他召到了自己的门下，要吃有吃、要喝有喝，但什么差事都不安排，让他爱干嘛干嘛，用史书的话说，“恣其所欲，供亿无算”。王嵩明显是一个“花和尚”，平日里喜欢喝酒，更喜欢撒酒疯，种世衡不仅不以为意，还待之愈厚。王嵩对种世衡感恩戴德，总这么闲着也不太好意思，便时常在种世衡出兵荡寇的时候充当向导。

现如今，王嵩终于派上了真正的用场：他假扮成种世衡与野利旺荣之间的“信使”，只身前往西夏“坑”野利兄弟。具体办法是这样的：种世衡交给王嵩一只蜡丸，里面藏有一颗枣和一张画着乌龟的纸片，“谕以早归之意”。除此之外，种世衡又将一封密函缝进王嵩的衣袍中，并叮嘱他说：密函之事，不到送命的最后时刻坚决不能说，等到非说不可的时候，“当以负恩不能成吾事为言”。

王嵩牢牢记下，并被种世衡用严刑拷打考验了一番，义无反顾地踏上了西去的征程。正如种世衡所料，王嵩见到野利旺荣之后，当场被搜出蜡丸，野利旺荣知道是对方玩弄离间计，连人带物一并交到李元昊的手里。耐人寻味的是，李元昊这时候并没有取王嵩性命的意思，而是将他暂且扣押下来。表面上看，李元昊是想将计就计，跟种世衡过过招，但背后是否对野利旺荣有些许猜忌之心，或者趁机整肃之意，就不得而知了。

作为回应，李元昊特意安排一位名叫李文贵的亲信，以野利旺荣信使的名义前往青涧城给种世衡回话，“或许通和，愿赐一言”，借此打探对方的虚实。不巧的是，种世衡刚被调任知环州，李文贵见到的是知延州庞籍。庞籍先前听闻野利部族叛乱，倒是打过策反野利旺荣的主意，但并没有得到积极的回应。如今，见野利旺荣主动派人来接洽，庞籍怀疑其中有诈，故而既不洽谈也不驱逐，直接将李文贵扣押，静观其变。

用今天的话来说，战场上拿不到的，谈判桌上也休想！无论和谈的提议是试探还是使诈，谁能掌握主动权，终究是要见诸真刀真枪的战场。

眼瞅着李文贵前往延州，竟如泥牛入海，摸不准对方脉搏的李元昊难免有些心急，而张元见自己谋划的宏伟蓝图一直未能实现，此时更是上蹿下跳起来。他跟李元昊建言说：宋朝将精兵劲旅布防于边境，关中腹地必然空虚，咱们应该以重兵威逼边城，吸引对方的注意力，使其各路不敢轻举妄动，便可乘隙深入，“东阻潼关，隔绝两川贡赋，则长安在掌中矣”。

李元昊依张元之计而行，于庆历二年（1042 年）闰九月亲率十万大军，分两路合攻泾原路的镇戎军，先营造出大兵压境之势，再伺机进取关中。负责泾原路军政的是王沿，张方平曾经说他难堪此任，如今看来真是很有先见之明！在王沿的亲自指挥之下，镇戎军的守军贸然出击迎敌，并轻兵冒进，结果又中了对方佯败诱敌之计，在定川寨（今宁夏固原）被揍得人仰马翻，损失近万人。随后，李元昊挥师直抵渭州，并采纳张元的建议，公开打出了“亲临渭水，直据长安”的旗号，导致“关辅居民震恐，多窜山谷间”，从边境、关中再到京城，朝堂内外顿时陷入一片恐慌。

幸运的是，陕西四路并非全是王沿这样的糊涂蛋。隔得远的咱们就不说了，他们即使有心施救，远水恐怕也难解近渴，毗邻的环庆路呢，正好是因为“西师久无功”而颇感自责的范仲淹坐镇，他此时来不及请示朝廷，果断率领六千兵马来援。李元昊担心后路被范仲淹切断，尚未等到援军前来，便主动撤回到西夏境内。接到前方的奏报，宋仁宗不由得大松了一口气，感慨说“吾固知仲淹可用”。

兵败定川寨，既让王沿被罢免，贬为知虢州（河南灵宝），也令宰相吕夷简惊呼“一战不如一战”，更使宋仁宗意识到“1+4 格局”的重要性。因此，在追究王沿责任的同时，宋仁宗下诏复置陕西都部署司，统一协调四路的军事行动。人事方面，则采取韩琦、范仲淹、庞籍三人同领都部署司的办法，韩、范一起驻守泾州，庞籍依然驻守在延州，并具体负责鄜延路。至于另外三路，朝廷另外派出几位大员前来坐镇：文彦博负责秦凤路，知秦州；滕宗谅负责环庆路，知庆州；先前打出一场漂亮仗的张亢则负责首当其冲的泾原路，知渭州。

转眼到了是年十一月，李元昊先后率兵进攻彭阳（今宁夏彭阳）、马蹄川（今陕西子长），结果都是铩羽而归。种种迹象表明，“1+4 格局”可以协调各路“牵制其势”，使对方不敢冒进深入，确实有利于组织有效的防御。另外，种世衡先前精心谋划的连环计，似乎也开始发挥作用了。

原来，在定川寨大获全胜之后，李元昊继续审讯王嵩无果，觉得再没有留着此人的必要，于是下令将他处死。王嵩意识到此刻即将送命，便按照临行之时种世衡的叮嘱，主动交出了缝在衣袍里的密函，并接连大呼“吾负将军，吾负将军”！这封故弄玄虚的密函，内容依然是种世衡与野利旺荣商量“投诚”事宜，并将先前诈降的三个人搬出来“现身说法”，以此证明宋朝方面是讲信誉的，三人均得到厚待云云。

如此一来，李元昊总算是坐实了对野利旺荣的猜忌。考虑到野利部族在西夏的影响力，李元昊静待了三年，才找到机会将野利旺荣处死，并灭其家眷子孙。根据《西夏书事》的记载，野利遇乞虽然暂且逃过一劫，但李元昊对他也是心存疑虑的，加之野利遇乞与李元昊的乳母有些嫌隙，平日里也没少挨谗言诋毁，只是李元昊顾忌其手中的兵权，一直“疑而未发”而已。打探到这些情报之后，种世衡不惜花费重金，搞到了李元昊赐给野利遇乞的一口宝刀。在某个月黑风高的夜晚，种世衡以听说野利遇乞被谗言戕害为由，派人在边境线上焚烧纸钱，并留下那口宝刀和一篇写有“野利兄弟有意中国”的祭文，故意让巡逻的西夏兵搜去。结果可想而知，野利遇乞也被李元昊找机会弄死了。

事情大抵到此为止，但我觉得有必要多说几句。这出精妙绝伦的连环离间计，各种史料记载得有板有眼，种世衡的长子种古后来还为早已逝去的父亲鸣不平，说李元昊是被这出连环计搞得日渐衰微，最终纳款称臣的，但这份功劳却被庞籍刻意掩盖了。历史演义对此更是吹得神乎其神，说正是得益于种世衡的计谋，“元昊之势稍弱，遂请与宋和”。不过，正如种古替亡父请功时被朝廷认定为“妄言”一样，种世衡的连环计与野利兄弟之死，乃至宋夏议和，其实并没有直接的联系。庞籍后来解释说：李元昊废黜皇后，让野利兄弟心怀怨望，谋反未遂才被诛杀，而这一切都是宋夏议和之后发生的事儿了。

客观来讲，以定川寨之战为标志，宋、夏双方的这场战事已经转入僵持阶段。宋朝这边防不胜防，李元昊那边也是徒劳无功，这笔只烧钱、不挣钱的买卖，恐怕谁也不想继续下去了。特别是经过庆历二年（1042 年）的几番较量之后，双方平心静气地坐下来握手言和，不过是一个时机和价码的问题。

（四）

宋夏议和，表面上是两家的事情，但此时雄踞在北方的契丹，依然是一个不容忽视的存在。早在李元昊崛起之初，便通过联姻拜码头，拉拢契丹人一起对抗中原。虽然契丹与宋朝有“澶渊之盟”的约定，但这个世界上只有利益是永恒的。眼瞅着有人跳出来闹事，契丹人的内心深处自然是万分欣喜，巴不得趁此机会敲一敲这个兄弟之国的竹杠，毕竟他们对于“关南之地”的执念，丝毫不亚于大宋王朝对于“幽云十六州”的渴求。

“幽云十六州”，又称“燕云十六州”，这事儿想必大家都知道，是臭名昭著的“儿皇帝”石敬瑭当年埋下的雷。从后晋的第二任皇帝石重贵开始，就不打算认这笔屈辱到了极致的烂账，但真正能够有所作为的是后周世宗柴荣，他曾经率兵夺回了瀛、莫、宁三州和瓦桥、益津、淤口三关，这三州三关，便是契丹人口中的“关南之地”。

江山改为赵姓之后，双方都觉得自己吃了大亏。宋朝不认“幽云十六州”

的烂账，契丹也对“关南之地”耿耿于怀，而且双方都尝试过使用武力来解决领土的争端。就说宋朝这边吧，宋太祖赵匡胤忙着收拾那些卧榻之侧酣睡的人（南唐、南汉、后蜀、南平），暂且无暇北顾。等到宋太宗赵光义时期，在和平解决吴越国的归服问题之后，遂于太平兴国四年（979 年）兴兵北伐，以摧枯拉朽之势灭掉了北汉，随即挥师直指幽州，结果因为劳师以远、准备不足等诸多因素，惨败于高梁河（今北京西直门外）。景德元年（1004 年），契丹大举南下，宋真宗采纳寇准的建议御驾亲征，与其激战于澶州（今河南濮阳），尽管对方的大将萧挞览被射杀，但宋军在总体上依然处于劣势。最终，在一位名叫王继忠的降辽宋人斡旋之下，双方达成和解，互约为兄弟之国，并以先前的实际控制线作为边界，我不再惦记“幽云十六州”，你也别再拿“关南之地”说事。作为补偿，宋朝每年要向契丹交十万两银、二十万匹绢的“保护费”（“以风土之宜，助军旅之费”），从此奠定双方和平共处的外交格局，史称“澶渊之盟”。

尽管有盟约在先，而且宋朝在“保护费”上从来不赖账，但如今宋、夏两家闹腾得鸡飞狗跳、疲惫不堪，时为辽国翰林学士的刘六符觉得有利可图。在他的鼓动之下，辽兴宗耶律宗真打算屯集重兵于幽州、涿州一带，并扬言要迫使宋朝将“关南之地”“归还”给辽国。单方面在边境增兵，又提出重新清理“关南之地”这笔“死账”，显然是要违背先前的“澶渊之盟”，行此撕毁和议之举，岂不是有重启战端之意？咱们可以推想，正在与李元昊纠缠不清的宋朝，此时必然异常紧张。

早在康定二年（1041 年）十月，与辽国近在咫尺的河北路一度盛传“契丹将谋入寇”，宋朝这边就开始加强北方边境的守备了。次年初，保州（今河北保定）获悉一份情报，说契丹方面准备“遣使致书求关南地”，时任知保州的王果耗费重金，搞到了这封书信的底稿，迅速派人送往京城，并提醒朝廷密切关注契丹与李元昊暗中勾结的动向，预先做好防备。

接到河北路的报警之后，朝廷这边便开始做好开战、和谈的两手准备。准备打仗，首在选将，宋仁宗想到了三年前被贬谪外放的王德用。王德用前面出过场，因为敢于顶撞皇太后刘娥，得到了宋仁宗的青睐，他是宝元二年（1039 年）被贬的，原因说起来令人有些窝火。当时，擅长“风闻言事”的台谏言官（御史中丞孔道辅）说他“状貌雄毅”、“人皆异之”，“不宜久典机密”，在重文轻武、防范为要的体制背景之下，时任知枢密院事的王德用就因为这些无厘头的理由被撵出京城，先后出任知随州（今湖北随州）、知曹州（今山东曹县）等职。

有事倚重柱于天，无事弃之如敝帚，身处这样的世道，王德用却显得十分坦然。在得知当初出言中伤他的孔道辅去世之后，王德用并没有丝毫畅快之意，而是为“朝廷亡一忠臣”而深感惋惜。如今接到新的任命，让他去河北路坐镇，王德用更是感激涕零。宋仁宗的心里对他多少有些愧疚之情，特意勉慰他说：“河北方警，藉卿威名镇抚尔。”

安排能征善战的王德用出任保静军节度使、知澶州，宋仁宗对河北路的防务基本上可以放心了。至于接下来如何和谈的问题，既然已经弄到了对方致书的底稿，朝廷就更是胸有成竹、游刃有余了。从这封书信的措辞来看，契丹人并不打算真正动武，而是想借着李元昊叛宋的混乱局势捞上一笔。契丹人在明面上的胃口着实不小，想把整个“关南之地”抢走，但这毕竟违背了“澶渊之盟”的约定，暗地里还是挺心虚的，并没有什么底气，而是指望着先咋呼一阵把宋朝唬住，再谋求自身利益的最大化。

君臣经过商议认为，既然对方的底气不足，割地的事儿咱们就不必谈了。考虑到宋朝确实难以应付两线作战的局面，也不能让契丹人空着手回去，增加岁币或者和亲，都是可选项。增加岁币的选项，群臣的意见还是比较一致的，只是具体数额待议而已，毕竟用钱解决问题屡试不爽，宋朝这几十年来可谓受益匪浅。至于和亲的选项，有两位大臣表示坚决反对，一位是御史中丞贾昌朝，另一位是知制诰富弼，在他们看来，和亲与割地无异，都是辱国之举，咱们可不能丢这个人！

宋朝这边尚未就和亲的选项吵出共识，契丹那边派出的两位使臣——萧英（时任宣徽南院使）、刘六符则按照既定的行程，不日将动身南下。派谁前去迎接他们呢？史载“群臣皆惮行”，这些人吵架的功夫堪称一流，动真格的时候却怂了，谁也不敢伸手去接这个烫手山芋。最终，在宰相吕夷简的举荐之下，知制诰富弼临危受命，以“接伴使”的身份前往雄州（今河北雄县），迎接辽国使臣，并陪护他们入京。

事实证明，富弼真是没有白走这一趟，他发现萧英这个人比较实诚，属于辽国的“温和派”，似乎并不认同辽兴宗的趁火打劫之举。从雄州到京城，富弼一路上从维护宋、辽和平相处的大局出发，对其晓以利害，萧英也跟富弼推心置腹，透露了辽兴宗的底牌：此番遣使致书，并不是真的想讨要“关南之地”，而是意在和亲。萧英还给富弼建议说，如果宋朝不愿意和亲，“更以一事塞之”，糊弄过去就行了。

来到京城之后，宋朝君臣看过书信，并没有一丝异样的神情，刘六符意识到坏事儿了，对方或许已经提前探知到了详情。加之萧英在内心深处就不愿意跟宋朝撕破脸皮，这时候别说底牌了，连底裤都被人家看得清清楚楚，还怎么谈？！宋朝这边趁热打铁，顺势抛出了自己的方案：割地的事儿不谈，要么增加岁币，要么和亲，你们任选其一。萧英表示自己做不了主，需要宋朝派使臣前往辽国洽谈。

宋仁宗原本想让贾昌朝去，但贾昌朝这个人有点鸡贼，担心自己去了之后，万一对方选择和亲的话，不答应吧，有违圣上的旨意；答应吧，又违背自己的本心，故而百般推脱。关键时刻，又是富弼挺身而出，于庆历二年（1042年）四月北上，与辽兴宗、刘六符当面搞了一场激烈的辩论。鉴于辽国方面“所欲得者祖宗故地”的诉求完全站不住脚，辽兴宗打算选择和亲，但先前就认定和亲与割地同为辱国的富弼又跟他玩起了心眼，说按照宋朝的风俗，陪嫁不过十万缗而已，没什么油水。富弼这么说，当然是看出辽兴宗和亲是假、图财是真。果不其然，辽兴宗一听陪嫁的数目，顿时兴趣索然，打算接受增加岁币的方案，但他并没有当场表态，而是让富弼先回去，把正式的誓书带来，再做最后的决定。

是年七月，富弼再度出使辽国，带来了三份誓书，也就是三个具体的方案供契丹人选择。一是辽国出面促成李元昊向宋朝称臣，宋朝可以将岁币增加二十万金帛；二是辽国不出面，或者居中调停未果，宋朝增加的岁币为十万金帛；三是和亲，岁币一分不增。辽兴宗欣然选择了第一个方案，但想在文字上玩心眼，要求增加一个“献”字。富弼态度坚决，宁可双方刀兵相见，也不同意加上这样一个字眼。辽兴宗退而求其次，改为一个“纳”字，富弼“词色俱厉”，没有半点商量的余地。

辽兴宗不想跟富弼浪费时间，直接派刘六符将带有“纳”字的誓书送往宋朝的京城。尽管富弼提前进呈了一道奏疏，说“臣既以死拒之，敌气折矣，可勿复许”，但一心想着息事宁人的枢密使晏殊还是认了怂，搞得富弼对他这位老岳父相当鄙夷。

尽管谈判的过程很艰难，双方的誓书更是在“纳”字上各执一词，但宋、辽最终达成了新的盟约。按照盟约所规定的义务，辽兴宗派人前往西夏，规劝李元昊向宋朝称臣。李元昊原本就是在宋、辽的夹缝中艰难求生，断然不敢一意孤行，同时开罪于两个大块头，除非他是活够了。鉴于李元昊的态度有所松动，辽国方面又派人知会宋朝，说李元昊“欲归款南朝而未敢”，需要宋朝方面做出一些姿态，给他一个“洗心自新”的机会和台阶。

为了表示诚意，同时也算是给契丹人一个面子，宋仁宗于庆历二年（1042年）底给坐镇鄜延路的庞籍下了一道诏令，让他派人去跟李元昊谈判，同时还向庞籍交了朝廷的底：只要李元昊向大宋王朝称臣，他自己在内部称“兀卒”也好，改称“单于”、“可汗”也罢，朝廷这边完全可以睁一只眼闭一只眼。

庞籍接到诏令，认为在兵败定川寨的背景之下派人前去和谈，在气势上已经比较被动了。于是乎，庞籍想到了先前扣押的李文贵，让他代为传达朝廷的和解之意，规劝李元昊称臣，似乎更为稳妥。李元昊这边呢，貌似表现得挺积极，于次年正月派出使者前往延州，打算前往京城跟朝廷谈判。

（五）

俗话说得好，上山容易下山难！战端开启，不过是一念之间，而要坐下来握手言和，自然免不了唇枪舌剑的激烈交锋，你来我往的过程，往往比交战还要漫长和艰难。

对照史书的记载大致整理一下，宋、夏围绕此番和议的交锋总共有三回。头一回是庆历三年（1043年）正月，李元昊派出使者前往延州，但因为他在致书中依然自称为“兀卒”，庞籍认为不符合朝廷要求他称臣的本意，故而拒绝放使者进京，而是打了一个报告上去，让朝廷定夺。

宋仁宗呢，或许真是打够了，对此次和议满怀期待之情，觉得称呼并不是什么大事，故而同意让使者入京详谈。不过，很多人对李元昊的诚意表示高度质疑。就说韩琦、范仲淹吧，他们这些年跟李元昊打过不少交道，深知此人的禀性，于是上疏提醒兴致盎然的宋仁宗，说李元昊“尚怀阴谋”，“欲与朝廷抗礼”，遣使和谈不过是缓兵之计。还有与契丹人智斗过一番的富弼，他将宋夏和议放到宋、辽、夏三国角逐的格局中进行观察，认为李元昊向契丹俯首称臣，却在宋朝的面前妄称“兀卒”，岂不是彰显“契丹为无敌于天下”吗？！

此时，宰执班子已经换了新人，先前举荐富弼出使辽国的宰相吕夷简告老致仕，两府由章得象、晏殊两位和事佬主事。他们倒是想息事宁人，史载“两府厌兵，欲为迁就”（此时宰相依然兼任枢密使），但反对的声音太多，对方称“兀卒”确实也有碍观瞻，所以不敢贸然与李元昊的使者和谈，只能重申一下“自今上表，只称旧名”的要求，同时也开出了先前议定的价码：宋朝册封李元昊为夏国主，岁赐十万匹绢、三万斤茶。

见朝廷的态度坚决，李元昊的使者只能悻悻而去。没过多久，契丹方面便频频致书给宋、夏两方，询问和议的进展如何。或许正是受到来自强邻的压力，李元昊于是年七月再次派出使者与宋朝和谈，并罗列出十一项具体的诉求，正式拉开了第二回交锋的帷幕。

与上一次遣使和谈相比，李元昊这一回非但对朝廷“自今上表，只称旧名”的要求置之不理，反而是变本加厉，公然提出“岁赐”、“割地”、“不称臣”、“弛盐禁”、“至京师市易”、“自立年号”、“更兀卒称为吾祖”等一系列蹬鼻子上脸的条件，“巨细凡十一事”。章得象、晏殊又想认怂，但遭到韩琦的坚决反对，他刚从陕西调回京城出任枢密副使，说话有更大的分量。宋仁宗一时也拿不定主意，便让两府再行商议，结果依然是各执己见，用晏殊的话说，“众议已同，惟韩琦独异”，直接把达不成共识的账都算在韩琦的头上。

此事的讨论范围原先仅限于两府重臣，登时惹恼了余靖、欧阳修等一批台谏言官，他们纷纷上疏要求集思广益，避免“一虑或失，救之不及”。宋仁宗可不想横生枝节，再挨台谏言官的炮轰，所以同意扩大讨论的范围。于是乎，韩琦就不再孤独了，台谏言官将李元昊的所谓“巨细凡十一事”批得体无完肤。尤其是“更兀卒称为吾祖”这一条，在欧阳修、蔡襄、余靖几位谏官看来，“吾祖犹言我翁也”，“足见羌贼悖慢之意”，朝廷要是答应了，以后致书李元昊，岂不是还要叫他一声爷？！

欧阳修进一步上疏认为，如今“不羞屈志、急欲就和”的人无外乎五种：一是不忠的，二是见识浅的，三是奸邪，四是疲兵懦将，五是饱受战乱之苦的边民。除了第五种人，朝廷需要抚慰之外，其余四种“皆不足听”！谁要敢答应李元昊的条件，属于哪一类，自己对号入座去！

别看台谏言官品级低、无实权，他们这些狠话一放，谁还敢去触碰这个雷？！见宋朝方面态度更加坚决，李元昊原本想联合契丹大打出手，但契丹拿人钱财、替人消灾，不仅没有同意，还把李元昊臭骂了一顿。

迫不得已之下，李元昊只能回到谈判桌前。庆历三年（1043年）十一月，宋朝的使臣带回了李元昊的口信，表示愿意放弃“吾祖”的头衔，向宋朝称臣，但要求将岁赐的数额增加到三十万，并允许西夏将青盐贩售给宋朝，每年十万石。这是宋夏和议的第三回交锋，虽说激烈程度不及前两回，但朝廷的态度依然表现得很强硬：岁赐好商量，青盐不准卖！

熟悉中国古代史的朋友，想必不会对宋朝的态度感到惊讶。从“盐铁官营”算起，盐业便是历代朝廷赖以维系财税收入的重要之柱。西夏出产的青盐质量高、价格低，每年从西夏进口十万石，宋朝自己的日子还过不过了？！直白一点说，青盐关乎宋朝经济安全的底线，因此“人人皆知不可许”。

庆历四年（1044 年）五月，李元昊终于在名号、青盐贸易两个核心问题上做出了关键性的让步，“始称臣，自号夏国主”，尽管还有岁赐、互市等一些技术层面的问题需要进一步商榷，但双方达成和议已经是指日可待了。

事情凸显转机，偏偏又闹出了一段小插曲。是年六月，时任参知政事的范仲淹向宋仁宗奏报说，契丹正在集结兵马，声称是要讨伐呆儿族，李元昊方面似乎也有异动，他怀疑这里面可能藏着大阴谋，莫非是契丹与李元昊蛇鼠一窝、串通一气，准备联手对付宋朝？

宋仁宗将这份情报转交给枢密院商议，枢密使杜衍，还有枢密副使富弼、韩琦一致认为，范仲淹是典型的神经过敏。契丹人与呆儿族的纠葛不是一天两天了，而且富弼先前出使辽国的时候已经“颇见情状”，根本没必要把这事儿往自己身上联想。范仲淹不禁大为光火，执意要求朝廷增兵河北路，做到有备无患。韩琦回怼他说：如果契丹人南侵，我韩琦一个人就能对付，“不须朝廷一人一骑”。

事实证明，枢密院的判断是对的，契丹、李元昊调集人马开战，的确是冲着呆儿族去的。怎么回事呢？原来，呆儿族本是党项的一支，先前归附于契丹，后来被李元昊策反，不断在边境挑事。契丹忍无可忍，决定兴兵讨伐，李元昊自然要站出来替小弟撑腰，整个过程都跟宋朝没有什么关系。

咱们不妨设想一下，如果宋朝贸然增兵河北路，不仅违反“澶渊之盟”的约定，还可能引发不可预知的争端，那麻烦可就大了！

虽说与宋朝无关，但契丹方面并不打算让宋朝置身事外，而是遣使邀约宋朝一起收拾李元昊。宋仁宗顿时陷入两难境地，答应吧，先前与李元昊的和议必然前功尽弃；不答应吧，又会开罪于契丹，把自己搭进去。

经过一番商议，群臣给出了两条应对自如之策：一是致书李元昊，规劝他“复顺契丹，早除嫌隙”，并以此作为达成和议的前置条件；二是遣使将宋朝的态度告知契丹方面，把这个烫手山芋扔给李元昊。

庆历四年（1044 年）九月底，李元昊派使者送来了誓书，但契丹方面尚未对宋朝的态度做出回应，朝廷一时也拿不定主意。多亏出使契丹的是谏官余靖，他先前就预见到契丹邀约宋朝收拾李元昊的用意，无外乎借兵、借粮、借钱外加破坏和议，如果暂缓与李元昊交换誓书，岂不是正中契丹人的下怀？！因此，在获悉朝廷打算静观其变的时候，余靖果断建言，认为“速行封册”，才能使李元昊集中精力“与契丹争锋”，于宋朝利益极大。谏官蔡襄也认为，与李元昊达成和议，契丹人也会有所顾忌，“未敢轻绝中国而为患”。

宋仁宗采纳了余靖、蔡襄等人的建议，于十月初二日颁布誓诏，与李元昊方面达成和议，史称“庆历和议”。没过多久，围绕呆儿族的争端也分出了胜负，李元昊占了便宜之后，迅速向契丹请和，并向名义上的“主子”——宋朝告捷，还送来一批契丹俘虏。宋仁宗明白其离间宋、辽的小心眼，只留下告书，俘虏则全部送还给了契丹。

十二月初八日，宋仁宗正式册命李元昊为“夏国主”，赐银二万两、绢二万匹、茶三万斤，李元昊则奉宋朝为正朔，有权自置官属，每岁逢元旦、冬至、乾元（宋仁宗的生日）三节遣使进贺。是月，一直力主叛宋的张元“终日对天咄咄”，不久后便“疽发背死”，冥冥之中，似乎也昭示了宋、夏刀兵相向的终结。

南疆风云：我本将心向朝廷

（一）

说完这场与西夏折腾了数年之久的外战，咱们再来讲一桩“祸起萧墙”的离奇内乱。

从历史的一般规律来说，所谓“祸起萧墙”，必然是王朝的内部出现了问题。仁宗朝虽然有“盛治”之名，但深入骨髓的弊病一点儿也不见少。简单来说，在宋仁宗即位之初，始终困扰着北宋王朝的“三冗”——冗官、冗兵、冗费，便使得普天之下的黎民百姓不堪重负，再加上要给契丹交“保护费”，又与西夏长年交战，赋税、劳役尤为繁重，终于导致各地的百姓揭竿而起。

庆历三年（1043 年），时任枢密副使的富弼更是忧心忡忡地进言说：自用兵西夏以来，“骚动天下，物力穷困，人心怨嗟”，过去的贼寇还不敢诛杀朝廷命官，但“自四五年来，贼入州城打劫者，约三四十州”，“擅开府库，其势日盛”，完全是乱了王法。

民变背后的问题当然不容忽视，但话又说回来，正是得益于构思精妙、设计繁复的防范内贼系统，终北、南两宋之世，这些内乱的规模、范围以及破坏力，都远远不及类似“八王之乱”、“安禄山之乱”、“黄巢大起义”这样的全域性战祸。尽管盗寇时有发生，甚至如欧阳修所言，“一年多如一年，一伙强如一伙”，但规模普遍不大，干柴烈火烧得快，灭得也快，往往迅速被官军平息下去，并没有扩散和发展到难以收拾的地步。

就拿前面曾经提到过的贝州兵变来说吧，如果您记性够好，读得也比较认真，想必对此多少有点印象。这场兵变发生在庆历七年（1047 年）的冬至，一位名叫王则的军校振臂一呼，聚集一群弥勒教徒起事，并占据贝州（今河北清河）与朝廷抗衡，结果呢，两个月之后便被蜂拥而至的官军镇压。

盗寇年年有，难成大气候，颇有一点小病不断、大病不犯的意味，但宋仁宗偏偏摊上了一回颇为离奇的例外。皇祐四年（1052 年）四月，广源州的“南蛮”部落首领侬智高率数千族众起事，凭借其英勇善战的族群传统，一时间竟横扫岭南众多州县，史载“如行无人之境，吏民不胜其毒”。这场战事持续时间之长、波及范围之广，以至于“南徼骚动，天子为之旰食”。——我们不禁要问，侬智高是何许人也，他到底是生吞豹子胆还是脚踩风火轮，竟然能把偌大的岭南之地搅得天翻地覆？这场突如其来的内乱，到底又有怎样的离奇之处呢？

如果刨根究底的话，这场战乱真正的源头并非侬智高，而是泱泱大宋的权力中枢——官家和朝廷。您或许会觉得这是一句正确的废话，常言道乱自上作、官逼民反，哪一次反抗不是因为压迫过甚而起？不过，这条放之四海、四时而皆准的真理，搁到侬智高的头上，却显得异常地别扭而离奇：侬智高起兵反叛，并不是朝廷压迫过甚使然，恰恰相反，是因为朝廷不想搭理他！

为了弄清楚这个看似莫名其妙的逻辑，我们还得从广源州这个地方的历史渊源说起。从现存史料来看，唐朝应该没有“广源州”之名，而是五代十国时期的南汉政权所置。广源州地处“邕州西南，郁江之源”（准确地说，应该是邕州的西面），也就是今天广西靖西一带（一说州治在今越南境内）。这里是壮族先祖——峒人部落的聚居之地，风俗迥异于中原，也就是史书上说的“椎髻左衽”。当时，他们名义上向南汉政权称臣纳贡，实则沿袭着部落首领制的统治模式，自家做自家的主，内部也时常相互征伐劫掠。

宋太祖开宝四年（971 年），王师直下南海之滨，称帝建国五十余年的南汉政权就此灰飞烟灭，但地处边陲的广源州并没有跟随邻近各州一道，改奉宋朝为正朔。一直到宋太宗太平兴国二年（977 年），部落首领侬民富决定“内附输赋税”，广源州才算正式纳入大宋的版图。

对于类似广源州这样地处西南边陲的“南蛮”部落，宋朝遵循前代的做法，继续采取所谓“羁縻”的方式实施管治。史书解释云：“羁，马络头也，縻，牛靷也”，引申为笼络控制之意。简单来说，接受“羁縻”管治的地区名义上“输纳租税，朝廷因授首领官”，其实除了口头上奉表称臣、逢年过节朝贡之外，其余一切事务均由世袭的部落首领负责，朝廷不会干预，也就是后来俗称的“土司”。

平心而论，“树其酋长，使自镇抚”的“羁縻”制度，虽说带有一些民族歧视的色彩，但自肇始以来，着实为边陲的安定发挥了积极的作用。不过呢，凡事都应该讲究一个度，宋朝对于西南边陲的“羁縻”管治，明显走向了另一个极端：由于始终受到“幽云十六州”这场噩梦的困扰，同时还要面对契丹、西夏这两大强敌，北宋王朝对于西南边陲的管治根本就不上心！

朝廷如此做派，冠冕堂皇一些的说法，叫“务在羁縻，不深治也”，说白了就是任其自生自灭，没事少来叨扰，有事自己解决。

俗话说得好，天高皇帝远、遇事自主张，朝廷的管治如此漫不经心，“南蛮”的部落首领应该暗自窃喜才对，怎么反倒挑起朝廷的理来了呢？个中缘由其实并不复杂，因为他们摊上了一个骄纵蛮横、恣意妄为的恶邻——交趾。

（二）

说到交趾，真是令人切齿！从秦朝平定百越算起，交趾便纳入了中原王朝的郡县体系之中，最早设为“象郡”，郡治位于今天的广西崇左附近（一说在今越南境内）。秦末战乱时期，南海尉赵佗盘踞岭南之地，自立为“南越国”。一直到汉武帝时期，中原王朝剪灭了南越，并取《礼记·王制》记载的“南方曰蛮,雕题交趾”,在红河三角洲地区新设了“交趾郡”。所谓“交趾”，古人给出的解释是两足相交、男女同浴、相背而卧（“足相乡然，浴则同川，卧则僢”），总之是异族、异俗，与中原文化有些格格不入。

或许正是因为风俗迥异于中原，这片化外之地的离心力相当强，但凡遭遇到中原王朝自顾不暇的状况，便开始谋划着单干。太远的历史咱们就不再追溯了，单说五代十国时期，交趾[1]与广源州这样的“南蛮”部落一样，名义上也是向南汉政权奉表称臣，但还没等到南汉覆亡，交趾便早已自立起了门户。

宋太祖开宝元年（968 年），一个名叫丁部领的“官二代”（他的父亲领刺史之衔）扫平了交趾内部所谓“十二使君”的割据势力,建立“大瞿越国”,开创了越南历史上的第一个封建王朝，史称“丁朝”。

当时的宋朝还处于草创阶段,除了“幽云十六州”之外,尚有南汉、南唐、吴越、北汉这四大割据政权林立，眼瞅着卧榻之侧挤满酣睡之人，赵匡胤确实没心思顾及隔壁房间发生了什么状况。这里不妨举一个颇具参照性的例子，那是在六年之后的开宝七年（974 年），矩州（今贵州贵阳）的部落首领率领族众归附于朝廷，赵匡胤在敕书中言及“惟尔贵州，远在要荒”，不仅“嫌弃”人家隔得远,还把州名给搞错了（在当地土话中,“矩”、“贵”二字同音），虽说客观上造就了后来的一省之名，但朝廷对于西南“诸蛮”的不屑与怠慢可见一斑。

对于地理位置更接近中原的贵州，官家尚且表现得如此淡漠，被崇山峻

[1] 东汉时期改为“交州”，并一直沿袭下来，为了行文方便，仍然以“交趾”代称。

岭阻隔的交趾，恐怕更是难入朝廷的法眼了。开宝八年（975 年），赵匡胤索性以一道册封丁氏为“交趾郡王”的诏书，给过往的分分合合画上了一个句号，与交趾正式翻开了宗主、藩属关系的新篇章。

然而，出乎官家和朝廷的意料，大宋王朝的怀柔与务实，换来的却是交趾一方“屡为寇害，渐失藩臣礼”，舞枪弄棒、搜刮剽掠的事情时有发生。宋朝这边呢，通过“烛影斧声”接过权柄的宋太宗赵光义，其一生志在收复北境，更加不愿意多看西南边陲一眼，始终秉持克制、忍让的态度，幻想着对方在心满意足之后，便能见好就收。

幻想可谓美妙，现实却相当糟糕，身为宗主的宋朝越是隐忍，交趾这个藩臣的气焰便越是嚣张，交趾的国主黎桓（当时已是“黎朝”）甚至当着宋朝使节的面大放厥词，说什么“首攻番禺，次击闽、越”，狂妄得一塌糊涂，但朝廷方面依然是听之任之。

到了宋真宗主政时期，虽说与契丹达成“澶渊之盟”，收复“幽云十六州”彻底没了指望，北境的压力也减轻了许多，但朝廷对于西南“诸蛮”，仍旧缺乏最基本的兴趣和关注。就说景德三年（1006 年）吧，有一位名叫邵晔的官员进呈了几份西南边境的山川地形图，并建言朝廷加强邕州一带的守备，防范交趾的频繁侵扰，没想到竟然被官家的一盆冷水浇得透心凉。宋真宗是这样答复他的：“祖宗辟土广大，惟当慎守，不必贪无用地，苦劳兵力。”真不知道这位真命天子是从哪里冒出来的勇气和自信，大言不惭地吹嘘什么“辟土广大”，着实令人大跌眼镜！

大宋王朝的历任帝王如此云淡风轻，消极对待西南边陲的防御，致使交趾愈加骄纵妄为，而首当其冲的广源州更是苦不堪言。大抵是在刘娥垂帘主政的天圣年间，交趾便开始不断地蚕食广源州的地盘，并谋划着以此为跳板，觊觎邕州乃至整个岭南。邕州的官员们尽管肩负守土之责，却深谙朝廷不愿与交趾轻启战端的态度，故而基本上是置若罔闻、作壁上观。当然，京城里也好、地方上也罢，不乏一些忧国忧民的官员，不时上书进言，恳请朝廷积极加以防备，可结果呢，不是石沉大海、杳无音讯，便是被两府一口回绝了事。

该管的不想管，不该管的抢着来管，当时广源州的部落首领名叫依存福（另作依全福、依存勖），他实在看不懂这个魔幻的现实，更不愿接受这个残酷的现实，决定利用当地丰富的矿产资源，“招诱中国及诸洞民”，竭尽全力开展异常顽强的抗争。

然而，以一州之力对抗气焰正盛的交趾，无异于以卵击石，依存福率领的广源州峒人部落没能创造奇迹，日渐处于下风。转眼到了天圣七年（1029年），独木难支的依存福通过邕州官员上表朝廷，表达率土“内附”的愿望，怎奈朝廷依然反应冷淡，不肯接受这个送上门来的“烫手山芋”。

事实上，北宋王朝的历代当权者，能对北境的历史包袱心存深厚的执念，却对西南“诸蛮”的现实之忧出奇地淡漠，归根结底就是三个字：不值当！在朝廷的眼里，北境关乎社稷的生死存亡，万不可掉以轻心，而邕州管辖之下的若干羁縻州，包括广源州在内，尽管黄金、丹砂资源丰富，但“峭绝深阻”、习俗迥异、民风剽悍。如果为了这片遍布着穷山恶水和“刁民”的“无用地”，而与交趾刀兵相向、死伤无算，朝堂上大大小小的“算盘”们都能给出近乎一致的答案：这绝对是一笔亏掉血本的买卖啊！耗费钱粮事小，弱化北境的守备事大，普天之下一盘棋，岂能主次不分、舍本逐末？！

平心而论，战略方向上要分清轻重缓急，这一点无可厚非，但在战略上专注于一方，与战术上做到各个方面的积极防御，两者非但不矛盾，还应该是辩证统一的关系。集中力量于一方，就对其余各方采取消极防御的态度，这是典型的只算经济账不算政治账，只算眼前账不算长远账，其结果往往是当下无虞、后患无穷！

（三）

以后的麻烦咱们以后再讲，眼下熬得最为艰难的，自然非求告无门的依全福莫属。最晚到景祐三年（1036年），广源州已经处于交趾的完全控制之下。于是乎，《宋史》对于广源州的记载，有这么一句乍看上去令人有些费解的话：“广源虽号邕管羁縻州，其实服役于交趾。”这句话的意思是说，广源州名义上是邕州管辖的羁縻州之一，但这里的百姓要为交趾服役。很显然，这是中原政权顾及自家颜面的掩饰之辞，其实广源州已经不在大宋王朝的版图上了！

宋朝这边撒手不管，交趾那边又“赋敛无厌”，非把广源州的峒人榨干不可。此时的侬存福，就像是一个亲妈不要、后妈虐待的苦命娃，要么向命运低头，要么奋起改变命运，他不肯服输，选择了后面一条路。宝元二年（1039年），侬存福决定自立门户，既不指望宋朝施以援手，也不再受交趾的驱使和压迫，而是自创了一个“长其国”，扯起大旗占山为王，打算与交趾抗衡到底。

侬存福的勇气可嘉，但实力羸弱也是不争的事实。打旗建国没多久，交趾便出兵镇压，没费多少气力就把广源州的峒人打得四处溃散，侬存福也兵败被俘。

交趾的国主李德政（当时已是“李朝”）拿侬存福充当人质，威逼他的儿子侬智高认怂服软，并向交趾缴纳罚金。侬智高当时只有十五岁，在交趾出兵镇压时侥幸逃脱，情急之下只能选择就范，“岁输金货甚多”，有一回更是给交趾献上了一块重达112两的生金块。

侬智高送来的黄金、财货，交趾方面照收不误，但终究不肯放虎归山，而是将侬存福斩首示众，以绝后患。

交趾人心狠手辣、背信歹毒，深衔杀父之恨的侬智高当然也不是吃素的。康定二年（1041年），流窜于崇山峻岭之间的侬智高袭据傥犹州（今广西崇左一带），创建了“大历国”，继续与交趾抗衡。不过，侬智高头一回露出锋芒，便遭到交趾的迎头痛击，他很快也成了交趾人的俘虏。不过，交趾方面似乎意识到，简单粗暴的杀伐恐怕不能解决根本问题，与其制造新的仇恨，不如通过怀柔的方式笼络峒人。于是乎，交趾将侬智高放了回去，还授予他广源知州的官衔，以示宽宥与和解之意。

古往今来，表现出高姿态是强势者的专属，弱势一方却未必愿意领情。毕竟是杀父之仇，岂能说放下就放下？！侬智高当然放不下，但眼下羸弱的实力不容许他意气用事，正所谓君子报仇、十年不晚，侬智高决定借坡下驴，表面上做交趾的顺民，暗地里养精蓄锐、伺机而动。数年之间，侬智高凭借丰富的矿产资源，对邻近的部落软硬兼施，势力范围逐步扩张，史载“西山诸蛮，凡六十族，皆附智高”（“西山”指今天的左江流域）。

庆历八年（1048年），羽翼渐丰的侬智高终于再露锋芒，率兵袭据安德州（今广西靖西一带）之后，自立国号“南天国”。交趾屡次派兵来剿，均被侬智高率领的峒兵痛揍了回去。交趾人终于意识到，此一时非彼一时，对这些土著的压倒性优势已经不再，轻易摁不住他们了。用后来广西转运使萧固的话说，“智高才武强力，非交趾所能争而畜也”。

侬智高把交趾人收拾得灰头土脸，多少算是报了一些杀父之仇，他接下来要做的事情，便是继承亡父的遗志，与大宋方面取得联系，上书朝廷请求“内附”。

亲妈不愿管的苦命娃想回家，虽然有拉靠山、求生存的政治考量，但站在民族大义的角度来看，理应得到赞许和称颂。然而，大宋方面的反应，着实令侬智高感到失望透顶。简单来讲，朝廷没有答应他的请求，至于个中缘由，与先前坚拒侬全福的时候别无二致：“恐疆场生事，却而不受。”

按照朝廷的逻辑，侬智高先前已经接受了交趾的安抚和册命，如今反叛成仇，交趾必然不会善罢甘休，如果大宋跟着蹚这摊浑水，替侬智高撑腰站台，岂不是要跟交趾纠缠不清？与西夏的那场战事，已经把朝廷搞得筋疲力尽了，何必再为了区区一个侬智高，穿着一双崭新的鞋子去踩一泡臭狗屎呢？

当年侬全福向朝廷“表白”被拒，选择打碎牙齿往肚子里咽，硬着头皮自己顶，如今的侬智高也被无情拒绝，反应却大相径庭，他打算刺激一下朝廷麻木的神经，借助“一哭二闹三上吊”寻求大宋王朝的关注。

所谓“一哭二闹三上吊”，只是一个通俗而形象的说法，侬智高既不哭闹，也不会去上吊，而是率领峒兵调转矛头，频繁骚扰宋朝的邕州一带。——你对我爱理不理，我就闯进你的家里，看你还能不能视而不见？！

侬智高这招确实管用，朝廷受到强烈的刺激，反应异常迅速，但不是设法去安抚，而是调集邻近各路的兵马加以防备。皇祐二年（1050 年）的年末，广西转运使萧固意识到“才武强力”的侬智高不容易对付，特派遣邕州指挥使亓赟前去打探虚实。亓赟这个人呢，见识不高、能力不强，说他是十足的庸才，一点也不过分。他觉得萧固的顾虑太多，一群乌合之众何足挂齿，于是擅自出兵攻打，幻想着一招制敌、邀功请赏，结果偷鸡不成蚀把米，自己反倒成了侬智高的俘虏。

眼瞅着性命不保，亓赟便玩起了心眼，谎称自己是奉命前来招抚的，双方擦枪走火，只是一场误会而已。侬智高听得此言，便信以为真，亲自为亓赟松了绑，与他交谈甚欢，还派出数十人跟随亓赟前往邕州，什么要求都没提，“但乞通贡朝廷”。

亓赟歪打正着，为大宋招抚侬智高创造了绝佳的契机，怎奈朝廷对西南“诸蛮”的成见太深，加之顾忌交趾会做出激烈反应，非但不与侬智高派来的庞大使团接洽，还罪责亓赟“妄许其朝贡，为国生事”，将他贬谪去了全州（今广西全州）。

尽管数十人的使团被宋朝的官员“礼送出境”，但侬智高并没有灰心丧气，继续设法与邕州方面接洽，寻求“内附”的机会。或许是被对方执着的诚意所打动，萧固确实替侬智高给朝廷传了话，这一次宋仁宗没有明言拒绝，而是诏令萧固与广南西路的提点刑狱、钤辖司协商，先报一个处理意见上来，朝廷再行定夺。

很快，萧固的奏报便送到了宋仁宗的案头。萧固认为，侬智高的实力不容小觑，与其放任他在南境恣意妄为，倒不如授其官职进行招抚，让他挡在前面对付交趾，从而达到以“蛮”制“蛮”的效果。

宋仁宗觉得萧固的这个想法不无道理，但他依然心存两个疑虑，一是交趾会不会干涉，二是侬智高会不会反悔。于是乎，宋仁宗向萧固提出了招抚侬智高的两项基本条件：“交趾不争智高，智高终不内寇。”咱们完全能够推想出来，萧固在接到这份诏书的时候，内心必然是万马奔腾：我要是做得了交趾和侬智高的主，事情还能这么麻烦吗？！

宋仁宗的疑虑，萧固没办法给出任何的担保和承诺，只能苦口婆心地继续进谏，认为“蛮人方自相攻，吾乃得以闲而无事”，但宋仁宗和朝堂上的众臣压根没有兴趣听，以“其役属交趾”为由，坚拒侬智高的“内附”之请，招抚之事只得暂且按下不提。

（四）

尽管朝廷的态度异常坚决，但侬智高并没有彻底放弃。皇祐三年（1051年）三月，也就是萧固的谏言被上面驳回之后没多久，侬智高再度带着满满的诚意扑面而来，史载其“奉表献驯象及生熟金银”，并“乞每南郊时贡金千两”。根据史料记载，每年冬至日南郊之礼的费用由各地分摊，广南西路需要承担五百两白银和二百三十贯钱，侬智高一口气承诺千两贡金，比整个广南西路还多，这个诚意够激动人心了吧？！

剃头挑子一头热，这句俗话形象而生动地诠释了侬智高现时的处境。虽说千两贡金也算一笔不小的数目，但对于不愿意在南境惹是生非的朝廷而言，为了这么一点小甜头，还犯不上担着与交趾全面交恶的风险。或许是为了给对方频繁的“内附”请求做一个了结，宋仁宗特意下诏给广南西路，让当地官员以本司的名义回复侬智高，就说“广源州本隶交趾，若与其国同进奉，即许之”。

宋仁宗的意思说得很明白，侬智高要想进贡，就必须跟着交趾人一起来，言外之意就是规劝侬智高向交趾认怂臣服。或许是意识到“本隶交趾”的说辞太过于扎眼，宋仁宗才让广南西路出面回复，并严令不得透露是出自官家的旨意。

该管的依旧撒手不管，自己想送钱竟然也送不出去，侬智高虽然内心衔恨，但并未就此偃旗息鼓。皇祐四年（1052年）四月，侬智高再度派人到邕州献金上书，这次没有再明说请求“内附”的事儿，只是“乞于界首置榷场，以通两界之货”。侬智高觉得，政治上不容易达成共识，但在经济上应该能找到一些利益共同点，亲妈不认苦命娃，做点生意、互通有无总可以吧？

平心而论，侬智高的要求一点儿也不过分。广源州不是西夏，黄金更不是青盐，完全不必担心会搅乱正常的市场秩序，进而威胁到宋朝的经济安全。然而，出乎侬智高意料的是，时任知邕州的陈珙竟然出奇地鸡贼，他担心因此惹出新的事端，影响到自己的升迁之路，在笑纳了贡金之后，竟然将函表扔到仓库里束之高阁。

侬智高不知内情，只是暗自犯起了嘀咕：以往上表陈情，成与不成、受与不受，对方总还能甩出一句准话，这一回竟然如石沉大海，太目中无人了吧？

愤懑难平的侬智高点上一把火，将部落族众的茅屋草舍烧了个精光，正式举起反宋的大旗，并放言要“拔邕州，据广州以自王”。事实证明，侬智高下定决心喊出这番口号，已经是做好了充足的准备，当即亲率五千峒兵顺郁江东下，在攻破横山寨（今广西田东附近）之后，于皇祐四年（1052 年）五月初一日夺取了邕州，不仅干掉了一千多名守军，还生擒知州陈珙等一干官员。

颇具讽刺意味的是，负责搜检仓库的峒兵竟然翻出了侬智高先前派人送来的那封函表，上面已经落满了灰尘。侬智高不禁大为光火，当面叱问陈珙，为什么没有将函表上奏朝廷。陈珙当然不敢实言相告，说自己的真实想法是多一事不如少一事，而是将黑锅甩到朝廷身上，说先前已经上奏过了，没有得到朝廷的回复。侬智高可不是三岁孩子，当即让陈珙把奏疏的草稿拿出来。陈珙就是随口编个蹩脚的理由，哪里有什么草稿，只得“惶恐呼万岁，求自效”，但终究还是落了一个人头点地的悲惨下场。

占据邕州之后，侬智高建国号“大南”，并自封为仁惠皇帝，从此走向了一条反宋到底的不归之路。我本将心向朝廷，怎奈朝廷不收我，夹缝求生的宝宝心里苦，不称职的亲妈何曾知，事情闹到这个地步，说什么都为时已晚了！

（五）

侬全福、侬智高屡次恳请“内附”，总是被高高在上的朝廷无情拒绝。个中缘由，咱们在前面已经分析得比较清楚了，归纳起来无外乎两点：一是对西南“诸蛮”聚居的穷山恶水缺乏兴趣，二是对舞枪弄棒、气焰嚣张的交趾忌惮甚深。看到这里，想必您会产生一个疑问：地理位置和文化素养更加“荒蛮”的交趾，莫非比契丹、西夏这些彪悍勇猛的游牧民族还要难对付吗？

单就军事实力而言，交趾根本登不上台面，勉强算个二流藩属，但要是考虑到宋朝的战略重心集中在北境，毗邻交趾的岭南地区，乃至整个南方，确实经不起一场战事的折腾。大抵从南汉、南唐、吴越这些割据政权相继俯首称臣算起，地域广阔的南方便沉浸于安宁祥和的承平之世，屈指算来，已有长达数十年的光景，加之周边多是汪洋大海，不像北方那样强敌环伺，朝廷的防御部署自然就稀松了许多。

早在宝元元年（1038 年），广南西路安化州（今广西环江附近）的“南蛮”部落曾经起兵反叛，区区三四千之众，竟然能把前来镇压的官军揍得呜呼哀哉，包括广西钤辖在内的数名官员兵败身死。时任直史馆的苏绅为此上疏建言，认为朝廷长期以来“鲜复留意南方，故有今日之患，诚不可不虑也”。不过，这场叛乱很快就得以平息，并没能从根本上扭转朝廷忽视南方防御的局面。

朝廷对南方的防御部署漫不经心，具体表现在两个方面：一是驻军的数量极少，二是战斗力薄弱。熟悉《水浒传》的朋友应该知道，北宋王朝的精锐力量无疑是禁军，包括守卫京城的殿前军，还有分驻各地的侍卫亲军，绝大多数部署在河北、河东、西北方向。地域广阔的南方，尤其是穷乡僻壤的岭南，则主要依靠几近于乌合之众的厢军、乡兵维系一方治安，很多州县的城防工事更是年久失修、不堪一击。

以地处两广交界的封州（今广东封开）为例，这里的守卒只有一百来人，平日里也没有什么像样的军事训练，更谈不上有什么城防。邻近的康州（今广东德庆）稍微好一点，但也只有区区三百人的守卒。令人揪心的是，封州、康州的窘境并非个别现象，咱们完全可以借用史书里的一句话来概括：“南方久不识兵，士卒多畏慑。”

在占据邕州之后，侬智高的五千峒兵发展到上万之众，随即挥师东向。面对如此羸弱不堪的守备力量，完全可以用摧枯拉朽、秋风扫落叶来形容。

根据史料记载，侬智高只用了不足一个月的时间，便从邕州径直闯到广州城下，这一路连破八座州城，除了封州、康州略有抵抗之外，其余六州的官员均是闻风丧胆、弃城逃遁。稍微有一点争议的是端州（今广东肇庆），史书记载知州丁宝臣也是弃城而逃，但后来欧阳修、王安石为这位昔日的同僚撰写墓表，言及他曾经率百余守卒出战，兵败而去。有人认为这是掩饰之辞，不足为信，但欧阳修撰写的墓表中，倒是对当时的局势讲了一句大实话，直言侬智高率万余众“所过如破竹，吏民皆望而散走”。

危急关头，有人赶紧跑到广州告急，此时距离侬智高兵临城下还有两天时间，仓促间略作防备，倒也还来得及。然而，时任知广州的仲简不知道是哪根神经搭错了地方，一口咬定前来报警的人在危言耸听，不仅将他打入大牢，还下达了一道严令：“有言贼至者斩！”

说到这里，我突然想到《康熙王朝》里的一段情节：施琅率台湾水师攻占金厦，福建守将派人进京告急，还一路嚷嚷着“海警”、“海警”，结果被两江总督魏东亭劈头盖脸臭骂了一通。魏东亭另外派人赶往京城报信，一路高喊着“福建大捷”，以安沿途百姓之心。

仲简羁押告急者，并下达严令禁言贼至，如果是出于安定民心的考虑，倒也无可厚非。只可惜仲简不是《康熙王朝》里的魏东亭，他就像一只鸵鸟，但凡遭遇险境，便将脑袋往沙子里埋，以为自己听不到、看不到便能逢凶化吉，遇难呈祥。

一直等到侬智高大兵压境，这只吓破了胆的鸵鸟才想起把城门打开，放周边的百姓入城以加强守备。由于情势危急，只见黑压压的人群蜂拥而至，城门内外哭天喊地，被践踏致死者甚众，那些在最后关头都没能挤进城去的百姓为了活命，索性大腿一拍，投靠了侬智高。

幸运的是，尽管一方父母官是个十足的蠢货，但广州毕竟是岭南地区唯一的对外通商口岸和贸易重镇，高大而坚固的城防绝非摆设，加之城内遍布水井，还储存了充足的钱粮，固守待援并不是什么难题。

反观侬智高这边呢，麾下有上万之众，虽说作战异常勇猛，还动过断绝水源的念头，怎奈广州城墙太高、城内有井，城上的守军还操着巨弩，他们居高临下，一瞄一个准，峒兵手中的盾牌根本就不济事。即便采用人海战术，有的峒兵侥幸冲到了城下，可刚架起云梯准备攻城，守军便迎头泼下猛火油，一时间焦煳味掺杂着血腥味，如同人间炼狱一般。

面对强悍的对手，当地官员既有望风而逃的懦夫，也不乏出手相救的勇者。譬如时任知英州（今广东英德）的苏缄，在获悉广州被侬智高围困之后，立即在当地招募了数千乡勇，星夜启程驰援。还有广州治所的驻地番禺县，县令萧注侥幸逃出城外，迅速招募起两千壮勇，纵火焚烧了峒兵的船只。

转眼到了七月底，峒兵已经打了五十多天的攻坚战，可广州城岿然不动。侬智高意识到，再这么消耗下去终究不是办法，虽说心有不甘，但还是确定撤围西去。然而，峒兵的船只已经被萧注烧毁，没办法逆江而上，苏缄又在长达四十里的道路上布满了木头、巨石，侬智高只好绕了数百里的路，从清远县（今广东清远）渡江西去。

（六）

侬智高起兵连破数州的消息，朝廷方面很早就收到了，原本指望着当地驻军能够平息事态，没想到等到六月份，这把火竟然越烧越大，连岭南重镇广州都处于峒兵的重重围困之中。岭南的仗打得如此窝囊，看来朝廷不出面是不行了，宋仁宗决定派两位“素习蛮事”的官员前往岭南了结这场乱局，一个是做过台谏言官、如今因父丧辞官丁忧的余靖，他负责广南西路；另一个是时任直史馆、如今也在居丧丁父忧的杨畋，他负责广南东路。

余靖是韶州（今广东韶关）人，曾经协助知州“结辑农兵，完葺堡障，共为守御计”，也熟悉岭南的乡风民情。出身“杨门”的杨畋名气更大，他是“杨六郎”杨延昭的堂侄孙，曾经以进士及第的出身投笔从戎、征战疆场。这位“儒将”最显赫的战功，莫过于庆历三年（1043 年）平息了湖南徭人的叛乱，也就是所谓的“平六峒”之功。

单从履历来看，宋仁宗确实是知人善任的，但正如前面分析的，岭南最大的问题是守备兵力薄弱，仅凭两名“素习蛮事”的官员未必能扭转颓势。杨畋刚刚抵达韶州的时候，正值侬智高从广州撤围，绕路西去，顺道还去攻打英州。当时，时任广东钤辖的蒋偕驻守于此，杨畋给他下达的命令，不是据城固守，而是烧毁存粮弃防，率部北上，加强韶州的守备。

从最后的结果来看，杨畋到任伊始，便下达如此混账的军令，未免辱没了“儒将”的名声，但就当时的状况而言，这也是没有办法的办法。岭南诸州的守备力量，杨畋心里是很清楚的，与其做无谓的抵抗，倒不如坚壁清野，集中力量拦住北路，防范侬智高越岭北窜、滋扰荆湖。

杨畋或许盘算着在韶州收拾侬智高，但侬智高显然对岭北的荆湖没什么兴趣。在通过英州之后，侬智高率众向西转战广南西路，但没能攻破贺州（今广西贺州），又调转矛头东向，在两广交界地区转悠了一个多月。

见侬智高无意北犯，杨畋又派遣蒋偕挥师西进，寻机破敌。说起这位蒋偕，算得上是一位铁骨铮铮的热血男儿。他曾经得到范仲淹的举荐，出任环庆路的兵马都监。侬智高围攻广州时，时任韶州团练使的蒋偕率兵驰援，并当面斥责仲简“留兵自守，不袭贼”，论罪当斩。顶着“天章阁待制”头衔的仲简呢，对这个不知天高地厚的愣头青颇为不屑，讥笑着说岂有团练使斩侍从官的道理。蒋偕毫不示弱，说自己手中之剑可斩诸侯，区区侍从何足惧哉！

毫不夸张地说，蒋偕从官场到战场，“举动轻肆”的性格让他吃尽了苦头。就说当下吧，他奉命西进剿“蛮贼”，却因为轻敌而疏于防范，结果在贺州附近一个名叫太平场的地方遭遇峒兵夜袭，不幸殒命沙场。

在蒋偕兵败身死之前，时任广东都监的张忠也在一场遭遇战中，因为“马陷泞，不能奋”，被峒兵手中的标枪戳死了。接连干掉官军的两员重要将领，侬智高的气焰更盛，旋即向西攻伐，一举夺占了昭州（今广西平乐）。

出身将门的杨畋一反常态，把岭南的仗打成这副衰样，宋仁宗也好，朝堂里的重臣也罢，多少有一点恨铁不成钢的失望之感。在贬谪杨畋为知鄂州（今湖北武汉）的诏书中，怒火中烧的宋仁宗真是一点面子也不留，说他当年“有破荆蛮之功”,如今却“弃壁焚粮,为退保之计”,既辱没了自己的“儒将”英名,也败坏了朝廷的剿寇大事!

问责杨畋的同时,宋仁宗猛然想起了时任知秦州的孙沔。或许您还记得,在前面讲宋仁宗追册张贵妃为温成皇后的时候,官至枢密副使的孙沔已经出过镜了,他当着君臣的面搁下哀册,还是宰相陈执中捧起来宣读,方才打破了僵局。

孙沔当众驳宋仁宗的面子,其实是两年之后发生的事儿,宋仁宗此时想到孙沔,完全是因为他的一张“乌鸦嘴”。怎么回事儿呢?原来,侬智高刚刚起兵叛乱的时候,孙沔正从知徐州(今江苏徐州)转任知秦州(今甘肃天水),面圣时建言宋仁宗“当以岭南为忧”,并预测“官军朝夕当有败奏”。

孙沔说出这些逆耳忠言的时候,宋仁宗尚未委任余靖、杨畋前往岭南剿寇,但后来事态的发展竟然被这张“乌鸦嘴”不幸言中了。获悉蒋偕兵败身死之后,宋仁宗便跟宰臣大发感慨说:“南事诚如沔所料。”当时官居宰相的是庞籍,他对孙沔的军事才能再熟悉不过了,此人“三知庆州,边人服其能”,是在西北战场上真刀真枪历练过的,在出任知徐州时还“明购赏,严诛罚”,令境内盗寇近乎绝迹,可以说是平息岭南叛乱的不二人选!

庞籍对孙沔的能力深信不疑,宋仁宗也被孙沔的先见之明所折服,君臣当即敲定,委任孙沔为湖南、江西、广东、广西四路安抚使,专司剿寇事宜,并许其便宜从事。

头衔够多、权力够大,足见朝廷对孙沔的信任与厚望。不过,孙沔对于岭南问题的认识还是相当清醒的:官军不敌峒兵,不是将不行,真的是兵不行!于是乎,孙沔给朝廷提出了一项请求:调遣五千精锐骑兵南下剿寇。

此言一出,不待宋仁宗和宰相庞籍表态,时任参知政事的梁适便率先跳将出来,斥责孙沔太过张狂,竟敢跟朝廷谈条件,还开出这么高的价码,意欲何为?!孙沔解释说,岭南守备薄弱,方才落入这般境地,不出精兵,何以灭贼?!掰扯了两天,朝廷不干了,敦促孙沔启程,最后只拨给他七百人的队伍。

区区数百兵众，又能干成什么事？孙沔唯一能做的，便是传檄岭北各地“缮治营垒，多具宴犒”，谨防侬智高越岭北窜。显然，这种单纯防御的做法，与先前的杨畋如出一辙，既违背了朝廷平息叛乱的初衷，对付只想闯荡于岭南的侬智高，也没有任何意义。转眼到了十月，侬智高的上万之众将广南西路搅得天翻地覆，如同“鬼兵神将，非人可敌”，当地守军“非死则逃，罔敢与敌”，宾州（广西宾阳）、邕州相继被峒兵攻破，两州的主官均弃城而逃。

官军如此不堪一击，侬智高的胆识愈壮，进而跟朝廷叫上了板，放言“得邕、桂七州节度使即降”。消息传到京城，朝堂上一片哗然，用梁适的话说，如果答应了侬智高的条件，则“二广非朝廷有矣”，这简直就是狮子大开口、贪心不足蛇吞象！

几番遣将劳而无功，侬智高的胃口还越打越大，俗话说“国难思良将，家贫思贤妻”，忧心忡忡的宋仁宗又把宰相庞籍叫来，问他到底还有谁能够担当剿灭岭南“蛮贼”的重任。

平心而论，大宋王朝重文轻武不假，但前些年才跟西夏人干了好多个回合，怎么可能找不出骁勇善谋的统帅呢？咱们先挨个数一数看，当年镇守陕西四路、叱咤西北边境的能臣悍将都有谁。头一个自然是鼎鼎大名的范仲淹，能攻能守、文武全才，只可惜年过花甲、抱病日久，在侬智高起兵反叛之后不久，便与世长辞了。再一个是与范仲淹并称“韩范”的韩琦，他倒是正值壮年，但此时正在北方重镇定州（今河北定州）整顿军备，一时难以脱身。“韩范”之后便是庞籍了，可他身为首辅重臣，更没有领兵出征的道理。至于曾经负责泾原路的王沿，一来这是个典型的糊涂蛋，曾经因为兵败定川寨而被朝廷问责；二来他已经在几年前去世了。

当年的四路统帅麾下，倒是有两员战功赫赫的骁将，一位是老将种世衡，他也已经去世多年，还有一位是颇得范仲淹赏识的青年才俊狄青。用欧阳修的一句话来说，“国家兵兴以来，五六年所得边将，惟狄青、种世衡二人而已”。——对啊！咱们怎么把这位被誉为“武曲下凡”的传奇人物给忘了？！

一想到狄青，庞籍便如获至宝，信心十足地推荐给了宋仁宗。巧合的是，刚在是年六月迁任枢密副使的狄青，此时也主动上表请战，还在面圣时说出了一句热血沸腾的话："臣起行伍，非战伐无以报国，愿得蕃落骑数百，益以禁兵，羁贼首至阙下。"

我相信，听到狄青的豪言壮语，宋仁宗的内心必然是感触良多。作为大宋王朝的一国之君，他对于狄青的赏识与厚爱，与重文轻武的传统（也可以说是祖制）显得有些格格不入，为此还在朝堂上引发了不小的波澜。

太远的故事大可不必追溯，就说先前擢升他做枢密副使吧。行伍之人主政枢密，大宋开国以来从未有此先例，所以反对的声浪异常高涨。先是"人狠话更多"的御史中丞王举正表示异议，担心这样的人事安排会导致"四方轻朝廷"。接着左司谏贾黯站出来补刀，一口气列出了"五不可"，话说得也很难听，说什么"朝廷大臣，将耻与为伍"，还把矛头对准宋仁宗，说他"不守祖宗之成规，而自比五季衰乱之政"，仿佛狄青到任之日，便是藩镇播乱、武将篡国之时。

不过，宋仁宗执意擢升狄青到枢密院任职，并没有搭理这些危言耸听的台谏言官。除了破例擢升之外，宋仁宗还特意下达一道敕书，让行伍出身的狄青把脸上的刺字去掉。狄青谢绝了官家的好意，表示自己"愿留此以劝军中，不敢奉诏"。此等拳拳报国之心，令宋仁宗深受感动。

回头来说狄青此番临危受命，他能否不负朝廷的殷切期望，彻底终结余靖、杨畋、孙沔等人一直没能破解的剿寇难题呢？细心的朋友可能已经注意到了，狄青在向宋仁宗请战的时候，其实提出了一项条件："愿得蕃落骑数百，益以禁兵。"也就是说，狄青也意识到了岭南的问题不在将而在兵，如果不调拨精锐力量参战，恐怕换谁都不灵！

毫不夸张地说，先前的孙沔也好，眼下的狄青也罢，提出派遣骑兵南下剿寇的想法，就像宋仁宗执意安排武将掌枢密一样，与时人的固有认知相去甚远，极具颠覆效应。

大抵从战国时期的赵武灵王推行"胡服骑射"开始，骑兵便逐渐发展成为叱咤疆场的中坚力量，但正如西汉名臣晁错所言，“平原广野，此车、骑之地”，咱们把这句话反过来理解，水网密布的江南和山岭纵横的两广，素来不是骑兵的用武之地，马匹在这些地方非但不能给兵士带来风驰电掣的运动和攻击速度，反倒会成为水路、山路行军的沉重负担。一直到南宋初年，时任吏部尚书的吕颐浩在分析步、骑的优劣势时，仍然坚持认为“山林川泽，出入险阻，乃用步之地，步兵之一可御骑兵之十”。

先前孙沔提议调拨骑兵南下剿寇的时候，除了参知政事梁适斥责他太过张狂之外，还有人直言不讳地发出过“南方非用马之地，何以马为”的诘问，足见时人对于骑兵运用的成见之深。

话说回来，凡事都有例外，众口一词之下也不乏明见之人。根据《西台集》记载，在狄青披甲出征之前，一位曾经在江浙地区任过职的官员特意登门面陈机宜。这位名叫令狐挺的老臣认为，岭南一带的地形很复杂，崇山险隘与河谷平原交错，侬智高屡胜而骄，“去险阻而陈平地”，更想不到朝廷的骑兵会千里迢迢跑到岭南去跟他过招。因此，官军只需将侬智高诱至平原地带交战，先用步兵在正面迎击，再发挥骑兵的速度优势突袭其后，便可大获全胜。

事实证明，狄青的面子果然比孙沔大了许多，他提出调拨骑兵南下剿寇，尽管也有人搬出“南方非骑兵所宜”的陈词滥调表示异议，但时任枢密使的高若讷选择站在狄青一边，认为侍卫司所属的“蕃落”骑兵能征善战，“耐艰苦，上下山如平地”，必能不辱使命。于是乎，朝廷特意从陕西各路遴选出一万五千精锐骠骑，其中就包括“杨六郎”杨延昭的儿子杨文广。

（七）

统领兵强马壮的上万骠骑，狄青此番出征可谓志在必得，但他还在上任途中，便遭遇了两桩相当糟心的事儿，而且都跟时任知桂州（今广西桂林）的余靖有关。

头一桩是交趾派人前来接洽，以侬智高叛乱导致交趾入贡受阻为由，表示愿意出兵会同大宋官军清剿。余靖认为，这倒是一个以“蛮”制“蛮”的好办法，既能平定岭南的叛乱，又能替朝廷省下一笔军费开销，何乐而不为呢？于是乎，余靖自作主张，备下粮草虚位以待。宋仁宗原本对此心存疑虑，但余靖认为如果贸然拒绝的话，交趾“必忿而反助智高”，岂不是更难对付？听得此言，朝廷便打算同意让交趾出兵相助，双方携起手来收拾侬智高。

狄青获悉此事之后，认为余靖的想法未免太过于天真和幼稚。“假兵于外以除内寇”，先不说大宋王朝的面子往哪儿搁，就以交趾人向来的秉性而言，如果平定叛乱之后死赖着不走，跟朝廷要地讨赏，不给就一通乱砸，岂不是赶走老虎引来恶狼？狄青一席话，令朝堂上的君臣如梦初醒，赶紧收回成命，重新诏命广南西路“移文止交趾助兵”，方才杜绝了无穷的后患。

再一桩是时任广西钤辖的陈曙贪功心切，率领八千步卒贸然出击，结果一败涂地、溃不成军，灰头土脸地回到了桂州。狄青刚抵达桂州，接到的第一个消息便是这场败绩，不由得怒火中烧。要知道，狄青早在赴任途中，便已经派人紧急传檄至广西各地，严令诸将加强守备，不可擅自出击。陈曙竟然置檄令于不顾，这不是顶风作案吗？！

俗话说得好，慈不掌兵，义不掌财。有人以身试法，一向治军严厉的狄青自然不会心慈手软，当即来了一个“下马威”，将陈曙等三十二名擅自出战的将领拖出军门斩首示众，令在场的孙沔、余靖等人“相顾愕然”。惊愕之余，余靖更是感觉到如芒在背，因为陈曙违令出战，既是他自己贪功使然，也不乏受到余靖言辞逼迫的因素。余靖自知难脱干系，赶紧站出来主动请罪，狄青倒没有穷追不舍，反倒安慰他说，“舍人文臣，军旅之责，非所任也”。

了结这两桩糟心的事情之后，与侬智高的激烈较量，才是对狄青此番南征的真正考验。狄青很清楚，侬智高能把岭南搅得天翻地覆，肯定绝非等闲之辈，高手过招万不可操之过急。因此，狄青到任之后，一直保持着严加守备、按兵不动的态势，等到皇祐五年（1053 年）的上元佳节，方才下令开始筹备粮草。身在邕州的侬智高收到密探送来的情报，料定官军出征尚需时日，便放松了警惕，没想到次日清晨，狄青突然下令开拔，通过一天的急行军，军队于傍晚时分进抵昆仑关。

令人感到匪夷所思的是，如此险要的一处雄关，侬智高竟然没有什么像样的防御部署，以至于官军遇到的最大困难，无非是山路蜿蜒崎岖，不太好走。正月十七日，狄青挥师直指邕州，与侬智高在一个名叫归仁铺的地方发生了一场极其惊险和激烈的遭遇战。

正所谓棋逢对手，这场具有决定性意义的激战打得异常艰难。据狄青自己后来回忆说，侬智高率领的这群“乌合之众”、“蚁附之徒”，战斗力其实相当强悍，他们结阵而战，“轻兵搏我，骄气凌人”。交战之初，侬智高麾下的峒兵在阵势上就占据了上风，他们手持标枪盾牌，身着鲜红色的绛衣，远远望去，如同炽烈的火焰一般，把官军揍得晕头转向、死伤无算，就连久经沙场的孙沔见此情形，也不由得惊恐失色。

千钧一发之际，狄青手执一面白旗，亲率蕃落骑兵突袭到敌阵的后方，忽左忽右往复驰骋，彻底冲乱了对方的阵型。穿山越岭的峒兵从来没有见识过这样的打法，加之军阵一乱，论单兵技能根本无法与狄青麾下的西北精锐匹敌，顿时如无头苍蝇一般四处溃散，官军乘胜追击五十里，“自旦至暄，杀获无余”。

狄青率领官军攻破邕州城之后，缴获“金帛巨万，杂畜数千”，并将五千多具峒兵的尸体集中到城北，垒起一座“京观”（封土而成的高冢），以彰显平乱之功。有人在城中发现一具尸骸身穿金龙衣，猜测此人恐怕就是侬智高，但狄青表示“宁失智高，不敢诬朝廷以贪功”，没搞清楚的事情还是不要乱报为妥。事实证明，狄青的小心谨慎并非多余，侬智高确实没有与邕州共存亡，早在城破之前，他就乘舟入江，逃往大理国去了。

至于侬智高的最终结局，一些史书认为其“存亡莫可知”，也就是不知所终，另一些史书则说大理国杀掉了侬智高，并“函其首至京师”。一直到二十世纪七十年代，在云南大理五华楼发现的一块墓碑证实，大理国主段思廉确实是迫于宋朝方面施加的压力，忍痛于至和二年（1055 年）将侬智高诛杀。

舌剑难防：一代武曲的辉煌与落寞

（一）

一场谈不上有多么漂亮的仗算是打完了，饱受战火摧残的岭南地区也重归安宁，但这段南疆风云的影响之深远，显然超乎战事本身的规模，简单归纳一下，大致有四个方面。

第一，引发出对于朝廷战略失误的反思。

前面说过，侬智高此番叛乱，并非被官府压迫过甚，而是屡求“内附”均遭拒绝，这才铤而走险、揭竿而起。时人也好，后世也罢，都认为朝廷应当为此承担主要责任。民间有文人赋诗云：“因贪交趾象，却失广源金。”观点虽然有失偏颇，但看上去确实是这样的结果。北宋名臣司马光在笔记《涑水记闻》中，毫不避讳地写道:“朝廷及交趾皆不纳，穷无所归，遂谋作乱。”还有南宋史学家李焘编撰的《续资治通鉴长编》，也言及侬智高“既不得请，又与交趾为仇”，最终走上反抗朝廷的道路。

时人批评朝政，多少有所掩饰，等到明朝史学家陈邦瞻编撰《宋史纪事本末》的时候，话说得就更加不客气了，他直接指责大宋王朝的君臣“无故拒却，激其背叛”，以至于“一夫攘臂，二广震惊”。

陈邦瞻指责朝廷糊涂之余，对狄青的战功还是高度肯定的，而更不给面子的责难还在后面。那是清朝嘉庆年间，时任广西巡抚的谢启昆写了一首题为《宋皇祐平蛮碑》的诗，讥讽宋仁宗犯了一个相当低级的错误：“仁庙承平轻远徼，赤鸢以外阻声数。金函不报朝贡踈，雷火频婆遂屯啸。”

第二，平定叛乱其实更是自毁长城，导致南疆的防御压力陡增。

邕州管辖的若干个羁縻州，尤其是坚决不肯向交趾俯首的广源州，原本可以作为对抗这个“小霸王”蚕食滋扰的屏障，但朝廷把侬智高逼反再剿灭之后，这道屏障已经荡然无存。交趾人幸灾乐祸、暗自欢喜，更加恣意妄为，加大了北窜蚕食的步伐，但大宋朝廷似乎也没有吸取多少教训，用《宋史》

里的一句话来说，“自侬徭定后，交人浸骄，守帅常姑息”。

要说广南西路的官员对此完全置若罔闻，似乎也不太准确。譬如嘉祐四年（1059 年），时任知邕州的萧注便向朝廷进言，认为“交趾外奉朝贡，中包祸心，常以蚕食王土为事”，是时候收拾一下这个不知天高地厚的“小霸王”了，但时任广南西路提点刑狱的李师中有不同的意见，他担心“远人闻之不自安”，认为没有必要无端生事。最终，朝廷采纳了李师中这个怂货的意见，继续采取忍让姑息的消极防御政策。

面对蛮横无理又贪得无厌的交趾，忍让克制甚至姑息纵容的做法，无疑是极其危险的。转眼到了宋神宗熙宁八年（1075 年），朝廷的消极态度终于结出了恶果，交趾国主李常杰亲率大军入寇，连破钦州（今广西灵山）、廉州（今广西合浦）之后，于是年十二月兵临邕州城下。而邕州当时的守卒，算上老弱病残也不足三千人，一时间“州民震惊，将窜逃者不可胜数”，尽管时任知邕州的苏缄临危不乱、指挥若定，怎奈寡不敌众，又没有后援，在苦苦坚持了四十多天之后壮烈殉国。

攻破邕州之后，交趾军“尽屠其民，凡五万八千余口”，并焚城而去。噩耗传到京城，举朝为之震惊，大宋王朝的君臣终于下定决心，派遣大军南下反击。经过一番艰苦的鏖战，至熙宁九年（1076 年）底，交趾方面奉表请和，这场战事才落下帷幕，“胜负谁属，实难明矣”。

第三，狄青以骑兵取胜，刷新了大宋君臣对于骑兵的认知，这也算是一个比较积极的影响。

在狄青班师还朝之后，宋仁宗特意在垂拱殿设宴置酒，为他接风庆功，还饶有兴味地检阅了“蕃落”骑兵的布阵，“如归仁铺破贼之势”，看他们是如何在那场恶战中大显神通的。用今天的话来说，实践是检验真理的唯一标准，归仁铺的这场战役，着实为宋朝在南方使用骑兵提供了一个成功的范例。在此之后，朝廷开始着意增强荆湖、广南的守备力量，增募了包括有马、步军在内的所谓“雄略军”，并在广州、桂州、邕州各设置一个指挥使司。然而，除了交趾时常犯边之外，南方的局势总体上日渐平定，朝廷的防备又呈现出稀松的态势。颇具讽刺意味的是，一直等到建炎南渡之后，重北轻南的守备格局才从根本上得以扭转。

（二）

前面谈的几个影响，既有消极的，也有积极的，其实对与错也就那么回事儿，但接下来要讲的最后一个影响，恕我词穷，只能用令人唏嘘来形容了：挂帅平南建奇功，一代武曲难尽忠，狄青最后的一段人生旅程，竟因为这份卓越的功勋而跌宕起伏。

还是先说好的一方面吧，经过剿灭侬智高之战，原本对武将狄青成见颇深的文臣余靖，被狄青的军事才能和人格魅力彻底折服了。

平心而论，文臣余靖对于武将狄青的成见，在重文轻武的时代背景之下实属必然。太久远的往事咱们不必追溯，就说庆历四年（1044年）六月，朝廷打算任命刺面行伍的狄青出任知渭州，时任右正言的余靖便连上四道奏疏表达抗议。他认为，武将负责把仗打好就行了，没有主持一方政务的道理。余靖越说越来劲，甚至还对狄青搞人身攻击，说他是“刚悍之夫”，“为性率暴鄙吝”。事实上，余靖与狄青先前未曾谋面，更谈不上有什么私人过节和利益冲突，他对于狄青的了解，不过是道听途说而已，而这场激烈的论战正是大宋王朝以文制武的一道缩影。

余靖与狄青面对面地打上交道，始于此次南征。原本余靖是最先奉命出征的，没想到竟然劳而无功，根本压不住阵脚。狄青临危受命，先是将联合交趾剿寇的方案搅黄，接着包括陈曙在内的三十二名将领人头落地，着实让余靖感觉到浑身不自在。

不过，这一场仗打下来，眼见为实的余靖彻底改变了对于狄青的成见。在他看来，狄青一不专权，凡事都不忘跟孙沔商量；二不贪功，在掌握确凿的证据之前，坚决不肯拿侬智高“已死乱兵中”的传闻忽悠朝廷；三不记仇，但凡需要草拟战报，总是全权委托给“以文学称乡里”的余靖代劳，毫无半点芥蒂之心。

毫不夸张地说，余靖过去对狄青的那些蔑视与成见，已经完全转化为发自肺腑的钦佩之情，恰如滔滔江水延绵不绝。为了铭记此次平南之功，余靖特意为《大宋平蛮碑》撰写碑文，对狄青的才能和功勋丝毫不吝溢美之词，直言“我公之来，电扫云开，叛蛮斗破，纲领重恢”。狄青去世之后，余靖应其子之请，又为这位莫逆之交撰写了一篇称颂倍至的墓志铭，盛赞“山西出将，天下称贤，功名不朽，亿万斯年”。

对狄青刮目相看、赞誉有加的，除了化成见为敬佩的余靖之外，其实还有当朝天子宋仁宗。然而，正是当朝天子的赏识与器重，反倒给狄青招惹了不小的麻烦。

在获悉官军大获全胜的时候，宋仁宗不由得欣喜若狂，未待狄青回朝复命，便迫不及待地要求群臣“宜速议赏，缓则不足以劝”。既然圣上发了话，为人臣子的当然要尽心尽力、立刻照办。奖赏升迁、抚恤免赋，这些事情都好说，唯独在嘉奖首功之臣——狄青的问题上，当朝的重臣们唇枪舌剑、烽烟骤起，很快就吵成了一锅粥。

按照宋仁宗的本意，想论功将狄青扶正，擢升他出任枢密使，但先前举荐狄青挂帅出征的宰相庞籍第一个站出来反对。庞籍的理由，与先前那些台谏言官反对狄青出任枢密副使时的说法并无二致：本朝偃武崇文，向来没有武人执掌枢密的道理[1]，充任副使已属违制，怎么能得寸进尺擢升为枢密院的主官？！

为了佐证自己的说法，庞籍特意举出两位开国元勋的例子。一位是慕容延钊，“一举得荆南、湖南之地方数千里，兵不血刃”；另一位是曹彬，“平江南，禽李煜”，都为大宋王朝的创建立下了卓越的功勋，但宋太祖只是厚赏金帛财物而已，并没有让他们主政两府。现如今要是把狄青放在枢密使的位置上，对其个人的仕途而言可谓登峰造极，将来再有战事、再立奇功，又该往哪儿升迁？再者说，把狄青扶了正，现任枢密使的高若讷往哪里摆？！

---

[1] 严格意义上说，武人入主两府其实有一个先例，即开国名将曹彬，宋真宗即位之初召拜他为枢密使，但曹彬当时业已年迈，两年后去世。

庞籍唾沫横飞摆了一通道理，着实令宋仁宗无从反驳，他总不能辱没先祖，说赵匡胤当年薄情寡恩不厚道吧？因此，宋仁宗选择避重就轻，挑起了高若讷的毛病。高若讷这个人，大家或许还有些印象，当年范仲淹遭到贬谪，他身为台谏言官却没有发声抗辩，结果被欧阳修指名道姓地一顿臭骂，说他“不复知人间有羞耻事尔”。

此时，宋仁宗嫌高若讷才不堪任，倒不是因为这桩陈年旧闻，而是另外找了两个由头。一是他举荐的官员“狂险无行”，二是他的仆役与人斗殴，还闹出了人命。提到这两件事情，庞籍又有话说了。高若讷举荐的那名官员当时只是平级调动，按照本朝律法，“未迁官者犹不坐”。至于仆役伤人致死，高若讷在案发时就将他交付开封府明正典刑了。再者说，台谏言官先前拿这两件事参劾高若讷的时候，圣上已经明确表态不予追究，天子一言，如同九鼎，岂能食言自肥不认账，自己打自己的脸？

庞籍的一席话合情合理，怼得宋仁宗哑口无言。眼瞅着话题越扯越远，参知政事梁适果断发声，拉回到讨论如何奖赏狄青的问题上来。出乎庞籍的意料，恐怕宋仁宗也始料未及，梁适竟然坚定支持狄青升任枢密使。

当然，梁适不会去踩“祖制”的雷，而是搬出了先前贝州兵变的例子。当时，官居参知政事的文彦博临危受命，领兵平定了叛乱，因功擢升为宰相。您想想看，文彦博平息的不过是一城之乱，便能凭借战功官居宰相，狄青平定的可是整个岭南，怎么就不能擢升为枢密使了？

梁适拿贝州兵变作为参照，庞籍对此也有说辞。首先，当时奖赏过甚，众议多有微词。其次，宰相员额出缺，文彦博以参知政事增补，符合正常程序，平乱之功并非决定性的因素。再者，宰相是文官，可以走马灯似的换，但让武将做枢密使，“非有大罪，不可罢也”。把领导职务终身制用到武将的身上，会留下什么样的隐患、出现什么样的后果，不必说得太细，大家都懂的！

由于庞籍、梁适僵持不下，一时难以达成共识，为了不寒功臣之心，宋仁宗只好做出妥协，恢复狄青的枢密副使之职，加授荣誉头衔、厚赏金帛。尽管如此，宋仁宗还是心存愧疚，又打算给狄青的儿子加官晋爵。稳妥起见，他要先探一下庞籍的口风。这毕竟不是有违祖制的原则性问题，庞籍对此表现得倒是挺大度，还搬出西汉名将卫青“四子皆封侯”的典故，打消了宋仁宗的顾虑。

（三）

平心而论，狄青未必真想在自己身上破例违制，擢升为枢密院的主官，正所谓树大招风，不见得是什么好事。事情原本就此皆大欢喜地圆满解决了，偏偏梁适不肯罢休，索性一道密奏送入宫中，认为“狄青功大赏薄，无以劝后”，还怂恿与他私交甚厚的内侍石全彬里应外合，一起做宋仁宗的思想工作。

看到这里，我不知道您是否有一种“公道自在人心”的畅快淋漓之感？但我想说的是，空谈道义太奢侈，唯有利益能永恒。就说梁适吧，他表现得如此执着，其实这背后的算盘打得相当精准。现如今宰相只有庞籍一人，次相已经出现了空缺，按照正常的程序，作为枢密院主官的高若讷无疑是最有可能的增补人选。梁适要想成为一匹“黑马”，实现弯道超车，最立竿见影的做法就是把高若讷整下去，换上狄青这位刺面行伍之人。如此一来，武将断无充任宰辅的道理，梁适百尺竿头更进一步，岂不是水到渠成、顺理成章？

梁适心里的小九九，宋仁宗未必真的拎不清，但他的内心深处，既赏识狄青的才能，也感觉到对他有所亏欠。在梁适、石全彬的内外夹攻之下，原本心有不甘的宋仁宗彻底改变了主意。趁着两府重臣奏对的机会，宋仁宗一改往日的温文尔雅，以平生罕见的“声色俱厉”之态，冷不丁地当众表示，“平南之功，前者赏之太薄”，特擢升狄青为枢密使，孙沔为枢密副使。至于高若讷，可以给他一个安慰奖，“迁一官，加近上学士，置之经筵”。

宋仁宗搞突然袭击，神情又如此严峻，宰相庞籍被打了个措手不及，顿觉错愕。勉强回过神来之后，庞籍倒没有硬顶，而是采取缓兵之计，提议让群臣前往中书省商议，明日再行定夺。庞籍的这个提议，虽说有敷衍了事之嫌，但也符合重大人事任命的正常程序，偏偏宋仁宗拿定主意铁了心，不想被这帮人议来议去给议黄了，随即回复庞籍说：既然今天人到得挺齐，大家也别多此一举跑中书去了，就在殿门阁内讨论，朕在这坐等你们拿出意见。

宋仁宗已经把话说到这个份上了，傻子也知道不拿出圣上想要的结果，谁也甭想下班。众臣见状，再也不敢违拗，庞籍独木难支，只好勉为其难地交出了“皆如圣旨”，史载宋仁宗“容色乃和”。

宰臣这一关算是过了，接下来还有台谏言官那一群炸雷。反应最为激烈的当属御史中丞王举正。这位仁兄“人狠话更多”，曾经因为反对外戚张尧佐充任要职，不惜“留百官班廷诤”，抻起脖子跟宋仁宗对着干，我估摸着宋仁宗一见他就会头疼。现如今臣死谏、君不听的局面再度上演，王举正写奏章、见圣上，忙得不亦乐乎，终究没办法让宋仁宗心意转圜、收回成命。愤慨之余，王举正上表请辞言官之职，宋仁宗倒愿意顺水推舟，安排他掌管通进银台司去了。

三个多月以后，宰相庞籍莫名其妙地遭遇了一场飞来横祸。事情的起因并不复杂，话说齐州（今山东济南）有一位名叫皇甫渊的书生，因为捕获盗贼而受到官府的奖赏，但他上书朝廷，表示自己不要赏金，想换个一官半职。这事儿被庞籍的外甥赵清贶知道了，便打着庞籍的旗号，暗中向皇甫渊索贿。皇甫渊花了钱，却见不到朝廷的任命，便跑到京城找庞籍问个明白。庞籍被登门讨官的皇甫渊搞得一头雾水，派人将这个神经病押送回了齐州。

与此同时，有人向庞籍透露了赵清贶先前做下的龌龊事，庞籍大为光火，当即将赵清贶送到开封府问罪受审。人证物证俱在，案情并不复杂，赵清贶被施以杖刑、刺配岭外，结果在半道上因为伤重不治而暴毙。

事情原本了结了，但有台谏言官借此参劾庞籍，说他暗中串通开封府杀人灭口。虽说查无实据，但言官认为庞籍当时理应避嫌，把案子交给枢密院审理，怎么能让隶属于行政系统的开封府问罪呢？！于是乎，庞籍遭到罢黜，外放去了郓州（今山东郓城），宰相之职则由宋仁宗的“恩公”陈执中复任，处心积虑的梁适也如愿以偿地增补为次相。

南宋文人徐度在《却扫编》里记载了一则趣闻：那是天圣五年（1027 年），北宋名臣王尧臣在这一年的殿试中状元及第，宫门外“传呼甚宠，观者如堵”。

在人潮涌动的围观者中，便有刚刚投身行伍的狄青。当时，围观者大多流露出一副“羡慕嫉妒恨”的表情，更有与狄青一道从戎的同伴不乏愤懑地感慨说：别人是状元，咱们是大头兵，“穷达之不同如此”。狄青接过话头，冷不丁地冒了一句：我觉得未必，关键还得看自己的才能如何。话音未落，便惹得旁人一阵讪笑。谁能想到，二十五载光阴过去，狄青果真凭借卓越的才能擢升为枢密使，而当年那位春风得意的状元郎王尧臣，此时官居枢密副使，成了狄青的直接下属。

话说回来，表面上的光鲜，往往都是给他人观瞻的，至于光鲜背后的滋味，只能说如鱼饮水，冷暖自知。我猜想，如果能够穿越回那场观礼的话，狄青应该不会再发出那样的豪言壮语了吧。

狄青心里很清楚，朝堂不同于疆场，加之自己武将的敏感身份，凡事更要谨慎三思。因此，执掌着枢密院的狄青就像《红楼梦》里林黛玉初入贾府那样，“步步留心，时时在意，不肯轻易多说一句话，多行一步路”，只不过林黛玉的谨言慎行，是“惟恐被人耻笑”，狄青“大隐于朝”，则是担心被人抓住把柄借机生事，无端招惹出是是非非。

比如，宋仁宗力排众议，擢升狄青为枢密使，是皇祐五年（1053年）五月的事儿，接着刚翻过年头，极尽专宠的温成便染疾而亡，由此引发出一场声势浩大的追册风波。当时，枢密副使孙沔跟一群台谏言官吵得不可开交，甚至在温成的丧礼上拒绝奉诏宣读哀册，但身为枢密院主官的狄青自始至终都未发一言，就如同隐形人一般。

尽管高居庙堂的狄青如履薄冰、如临深渊，怎奈树欲静而风不止，怕什么偏就会来什么。用当下时髦的“墨菲定律”来形容，只要是不好的事情，可能性再低也有极大的概率会发生。

在战战兢兢地度过了三年的平静岁月之后，狄青的麻烦悄然而至：至和三年（1056年）四月初一日，六塔河决口，“溺兵夫、漂刍藁不可胜计”。

这一次伤亡异常惨重的决口，与朝廷大规模治理黄河水患有关。咱们都知道，蜿蜒的黄河孕育了璀璨的华夏文明，但这只难以驯服的狂龙，也把生活在这片沃土的百姓折腾得够呛，故有“河之患萌于周季而浸淫于汉，横溃于宋”的说法。就说宋仁宗主政时期吧，澶州境内的横陇埽在景祐元年（1034年）发生决口，黄河改行“横陇道”，十四年之后的庆历八年（1048年），同样处于澶州境内的商胡埽发生决口，黄河又改行“北流道”，从今天的天津一带入海。三年之后，馆陶县境内的郭固又发生了一次决口，虽然决口被堵住了，但黄河的水势依然不容乐观，似有再度决口改道的迹象，由此引发了朝廷关于如何治理黄河、消除决口隐患的大辩论。

说到治理黄河，基本上就两个办法，要么放任自流，改到哪儿算哪儿；要么筑堤疏浚，将黄河引回故道。时任判大名府的贾昌朝早在商胡埽决口的时候，便提议将黄河从“北流道”引回“京东故道”，也就是恢复横陇埽决口前的河道，但这个工程量相当浩大，用翰林学士欧阳修的话说，“计其所用物力，数倍往年”，眼下“天灾岁旱、民困国贫”，朝廷实在是负担不起。

于是，时任勾当河渠司事的李仲昌提出了一个相对节省的办法，将河水导经澶州境内的六塔河引入“横陇道”。时任宰相的文彦博、富弼都赞成这个方案，却仍然遭到欧阳修的强烈反对。

按照欧阳修的意思呢，“河流已弃之道，自古难复”，黄河的含沙量太大，下游的流速减缓造成淤积，抬高了河床，这才是导致频繁决口改道的根本原因。既然如此，咱们也别瞎忙活了，与其劳民伤财地将河水引入故道，不如疏浚当前“北流道”的下游河段，清理淤积，降低河床。

平心而论，欧阳修提出的办法既稳妥又科学，后世治理黄河就是用的这个办法，但咱们不要忘了，此时此刻是北宋王朝，“幽云十六州”捏在契丹人的手里，一马平川的北方几乎无险可恃，京城的安危很大程度上需要仰仗黄河这道天险。简单来说，只有把河水从“北流道”引回来，黄河才能更有效地发挥屏障作用。从这个角度来分析，朝廷最终采纳了李仲昌的建议，决定招募民夫疏浚六塔河，也就不难理解了。

有意思的是，伴随疏浚六塔河的工程上马，诸位大佬再度粉墨登场。首先是贾昌朝，因为自己的方案遭到否决而心存芥蒂，仗着与温成皇后的裙带关系（他与温成的养母贾氏攀上了姑侄之亲）暗中使坏，说疏浚工程动了京城的风水云云。其次是欧阳修，接连上疏面呈，一边埋怨六塔河工程不该上马；一边痛斥李仲昌是卑鄙小人，“利口伪言，众所共恶”。至于处在风口浪尖的李仲昌，饱受攻讦的他需要用事实来证明自己，故而急功近利，偏要赶在丰水期的四月竣工引流。更有甚者，李仲昌为了追赶工程进度，竟然暗中偷工减料，大搞豆腐渣工程，结果开堤引流之日，也是酿成惨祸之时。

看到这里，大家可能已经忍不住要喊停了，六塔河决口，确实是人祸大过于天灾，可这事儿跟狄青有什么关系呢？从科学的角度来讲，半毛钱关系都没有，但如果从“天人感应”的视角来观察，这关系可就大了去了。如果大家还记得，台谏言官是如何用天灾异象敲打宋仁宗早立皇嗣的，那么对于这样的逻辑和套路，应该不会感到陌生。

是年七月，欧阳修在一封奏疏中历数有悖于“天意”的“罪行”，除了照例指责宋仁宗未立皇嗣之外，还有特别扎眼的一条是质疑狄青“出自行伍，遂掌枢密”，并提议罢黜其枢密使之职，外放一州安置。欧阳修认为，这样做既可以保全狄青的声名，也能“为国家消未萌之患”。

（四）

事实上，抛开六塔河决口这桩颇具象征意义的突发事件不谈，狄青在无意之中也早已沦为同僚的众矢之的，咱们在这里略举几个例子：

第一个例子，姑且称之为“明星效应”。狄青在京城的名气很大，用今天的话来说，就是拥有一大批“骨灰级粉丝”。这倒也容易理解，毕竟从卒伍到庙堂的人生传奇，实在太过于励志了，史载坊间“相与推说，诵咏其材武”。更有甚者，但凡狄青出入府邸，总会吸引众多“粉丝”簇拥围观，“至壅路不得行”，与时下的“追星族”无异。

第二个例子，算得上是借题发挥。根据《东轩笔录》记载，当时的京城为了防范火灾，对夜间用火有着相当严格的管制，时辰一到，别说烧火了，点一支蜡烛都不行。官宦也好，庶民也罢，如果恰逢醮祭之事，必须先向官府报备。有一天，狄府里要举行夜醮，但管事的人一时疏忽，忘了先去报备，结果被官府的巡察抓个正着，告到了开封府。府衙派人前来查看，夜醮早已终结，警告几句也就算了。

谁承想到了第二天，坊间盛传狄青府上“夜有光怪烛天”，而且越传越邪乎。时任知制诰的刘敞听闻之后，便伺机发难，说当年篡唐自立的朱温家里，也是“夜有光怪出屋”。话锋之中暗藏的玄机，不言自明。

第三个例子，属于典型的无事生非。那是在六塔河决口的次月，连日的降雨导致汴水猛涨，史载“坏官私庐舍数万区，城中系筏渡人”。京城众多官员的府邸，大都是位于汴水岸边的“江景房”，结果不幸沦为被洪水淹没的重灾区，狄青家自然也不例外。为了解决臣僚的现实困难，宋仁宗特意恩准他们携家眷前往大相国寺暂且栖身，躲避洪灾。

虽说大相国寺是大宋王朝的皇家寺院，但众多官员栖身于此是出自圣上的旨意，原本无可厚非，偏偏狄青是个红极一时的“明星”，如鹤立鸡群一般，多少双眼睛都把他死死地盯着。没过多久，麻烦就来了，有人煞有介事地说看见他在大殿上转悠，行为举止颇有帝王之相。俗话说得好，谣言一张嘴，辟谣跑断腿，一时间搞得“都下喧然”。

第四个例子，简直就是想置狄青于死地了。根据《东斋纪事》记载，有人竟然将狄青的姓氏、字号（字“汉臣”）、籍贯（汾州），以及他不肯除掉的刺面组合在一起，编出一首用心极其歹毒的歌谣：“汉似胡儿胡似汉，改头换面总一般，只在汾河川子畔”，借此暗喻狄青心怀异志，有谋叛之意。这首歌谣逐渐在坊间流传开来，又有人给时任知谏院的范镇出主意，让他把这事儿给捅上去，但范镇的为人还算正派，认为此举与当年唐太宗听信传言而诛杀李君羡无异，但当今圣上必然不忍戕害无辜，何必徒增君臣之间的猜疑呢？

总而言之，鉴于藩镇播乱、武将篡权给大宋王朝留下了难以磨灭的心理阴影，满朝臣属又不断一本正经地胡说八道，普遍认定将狄青罢黜外放，既有利于狄青自己，更有利于江山社稷，可以说是两全其美的办法。宰相文彦博原先还替狄青申辩几句，说他“忠谨有素”，外面那些流言蜚语都是小人刻意散布，不应当真。但是，伴随着宋仁宗大病一场，加上六塔河决口引发朝堂骚动，越来越多的臣僚站出来跟宋仁宗和宰相文彦博掰扯，说来说去就是两件事：册立皇嗣、外放狄青。

人言可畏，舌剑难防，尤其是遇到这样一群偏执成性的神经质。此情此景，令人不由得想起当年“杯酒释兵权”的时候，赵匡胤说出的那一番肺腑之言：“汝曹虽无异心，其如麾下之人欲富贵者，一旦以黄袍加汝之身，汝虽欲不为，其可得乎？”当年赵匡胤担心有人照葫芦画瓢，再搞出一场“陈桥兵变”，如今的宋仁宗虽然赏识狄青的才能，但在众臣的不断聒噪之下，他也难免生出疑虑，只得挥泪妥协。至和三年（1056年）八月，宰相文彦博签发“熟状”，罢黜狄青的枢密使之职，将他外放去了陈州（今河南淮阳）。

平心而论，狄青当初官居枢密使，是宋仁宗力压群臣非议之后争取到的结果。执掌枢密院这些年，狄青更是“慎密寡言”，未曾犯下什么过错，咱们甚至可以说，狄青是那个时代的完人，在他身上挑不出任何的毛病，怎么会沦落到举朝唯欲“黜”之而后快的田地呢？

据说，狄青自己也想不通这个问题，还找到宰相文彦博询问缘由，替自己申辩一番，文彦博索性直言相告说：“无他，朝廷疑尔。”听得此言，狄青顿觉惊恐万分，再也无话可说。赴任陈州短短数月，刚过天命之年的一代武曲狄青，便在“惊疑终日”的惶恐中郁郁而终了。

我想，如果硬要说狄青有什么过错的话，恐怕是错在人格上的过于完美，更是错生在了大宋王朝吧！

第四篇

新政

庆历天团：治国先选吏，举朝气象新

（一）

一代武曲的落寞，仿佛在向世人昭示，大宋王朝可以为普天之下的士大夫提供施展平生抱负的广阔舞台，却极难有刺面行伍之人的立锥之地。

说到士大夫在这个舞台上极致绚烂的演绎，庆历年间那场轰轰烈烈的变革，无疑是宋仁宗时代最为浓墨重彩的一笔。多少仁人志士、多少悲欢忧乐，如滚滚浪潮一般汹涌奔腾，汇聚到这倏忽而过的数年光阴之中，令人顿生目不暇接之感。我觉得，对于宋仁宗而言，这几年应该是他亲政以来，最为漫长煎熬，也更加五味杂陈的一段时光。

让我们先把时间线拉回到庆历初年，在那场挽回了大宋王朝颜面的兔毛川之战以后，西北战事基本稳定下来，宋、夏双方总体上构成均势，正式开启了讨价还价的和谈历程。西夏李元昊那边,原本打算采取以战养战的谋略，但因为宋军坚壁清野、战局逐渐陷入僵持而难以为继，反观大宋一方，虽说瘦死的骆驼比马大，但一场突如其来的战事，令其内部的积弊显露无遗。

最突出也最紧迫的是在经济方面，朝堂上的“算盘”们早已给出了“天下为之劳弊”的定论，难怪大宋王朝愿意放低姿态，寻求与李元昊握手言和的机会。

除了严重的财政危机之外，摆在明面上的问题还有军事方面。由于大宋开国以来过度防范武人，长期维持将不知兵、兵不识将的局面，导致战斗力相当薄弱。简单来说，原本一千精锐就能搞定的局面，最后动用上万人马也未必济事，甚至还有可能惨遭对方吊打，劳师动众，久战无功，进一步加剧了财政上的困局。

要说隐藏得最深、也最具有根源性的积弊，其实是在政治方面。各地州县暂且不论，单说朝廷这个权力中枢，中书省、枢密院彼此独立，民政不议军、军政不顾民，两套班子自说自话，突遇战事则相互掣肘，协调和决策的效率极其低下。纵观满朝重臣，大多是些慵懒无为、因循守旧之辈，按日点卯、得过且过，大有“无为而治”的态势。

平心而论，朝廷秉持“无为”的执政理念，少干预，不折腾，与民休养生息，倒不见得是什么坏事，但时至今日，外有契丹、西夏两大强敌虎视眈眈，咄咄逼人，边境线上的防御压力骤然加重，内有赋税繁杂、民生凋敝，小规模的兵变、民变时有爆发。外患内忧交织，朝廷的反应却异常迟钝，着实令人担忧，用后世史家的话来说，“弊事不革，积而至于庆历，此当变之时也”！

事实上，随着西夏战事趋于稳定，上至宋仁宗，下至普天之下的有识之士，都不同程度地意识到了大宋王朝面临的严重问题，他们都希望荡涤积弊、锐意变革，从根本上改变眼下暮气沉沉的政局，为这艘巨大的航船注入新的生机与活力。

就说庆历三年（1043 年）吧，新年刚过，时任陕西转运使的孙沔就给宋仁宗呈上了一封痛陈时弊的奏疏。时弊所指为何，咱们就不在这里赘述了，大家心知肚明。孙沔认为，造成眼下困局的根本原因，在于官吏队伍出了问题，州官“猥懦老耄”，县官“昏戆罢软”，方才导致“民力殚竭，师老于边，夷狄争长”。

当然，州县这些问题只是枝叶，根茎其实在于朝廷。孙沔说，皇太后刘娥垂帘主政期间，所任用的都是响当当的能臣干吏，像王曾、张知白、鲁宗道、李迪等等，“以正直迭居两府”，还有曹修古、刘随、鞠咏、孔道辅等一批台谏言官，“以亮节更任论列”。然而，自圣上亲政以来，历任宰臣都是些才不配位之辈，他们高居庙堂，坐享朝廷的高官厚禄，却不思为国效力尽忠，反倒“多忌而不用正人”，将社稷拖入了日渐窘迫的境地。

孙沔所说的历任宰臣都有谁呢？别着急，他在这封奏疏里都逐一作了丝毫不留情面的品评。头一个是吕夷简，孙沔说他“黜忠言，废直道”。明道二年（1033年），郭皇后给了吕夷简一个“多机巧、善应变”的“差评”，导致他被罢相，王随、陈尧佐则得到吕夷简的举荐，接任宰相之职。然而，这两位仁兄“才庸负重，谋议不协”，一上班就开始掐，什么事儿都办不成。随后是张士逊出任宰相，此人“本乏远识，致隳国事”，也是一个典型的庸才。

眼瞅着这几位官老爷都不堪其任，圣上一道诏令，便让吕夷简杀了一个回马枪。孙沔据此认定，吕夷简这个人实在太鸡贼了，“引不若己者为自固之计”，用今天的话来说，颇有一点“武大郎开店”的味道，见不得别人比自己高出一分。复相之后呢，吕夷简依然是那副讨人嫌的嘴脸和做派，“以姑息为安，以避谤为知”，结果是“法令变易，士民怨咨”，将列祖列宗创下的偌大家业，败坏到了如今这副田地。孙沔越说越激动，甚至连“虽尽南山之竹，不足书其罪”的典故都用上了，还将吕夷简比作张禹（西汉权臣）、李林甫（唐朝奸相）之流，足见其切齿愤恨之态。

话说回来，吕夷简是否真像孙沔批判的那么不堪甚至卑劣，确实有待于商榷。他在历史上的“差评”，先前主要来源于郭皇后，我在前面已经分析过了，这事儿的背后是有一些玄机的。当时，宋仁宗刚刚亲政，急于摆脱皇太后刘娥的影响，撸掉了不少官员，郭皇后曾经视皇太后为政治靠山，此时为了撇清自己的干系，便将矛头对准了稳如泰山的宰相吕夷简，让这个“漏网”的大鱼充当自己的政治“投名状”。

总的来说，吕夷简身为宰臣，确实有意地压制过范仲淹、富弼等一批“少壮派”，孙沔说他“引不若己者为自固之计”，也不是没有道理。不过，后世史学家对吕夷简的评价，大体上还是比较公正的，认为他在主少国疑、后宫临朝的特殊时期，“屈伸舒卷，动有操术”，很大程度上发挥了“定海神针”

的作用，正所谓“天下晏然，夷简之力为多”。

别的暂且不论，咱们就说两件事：一是宋仁宗的生母李宸妃去世，吕夷简坚持提高丧礼规格，从而杜绝了难以预料的后患。二是宫中失火，皇太后刘娥和年少的宋仁宗险些丧命，吕夷简非要看到宋仁宗的真容，才肯俯身叩拜，以防不测之忧。俗话说管中窥豹、略见一斑，从这两桩事件可以看到，吕夷简身为宰辅之臣的深谋远虑。

正因为如此，尽管宋仁宗曾经听信过郭皇后的一面之词，但他对吕夷简的才能和贡献还是持肯定态度的。后来吕夷简去世的时候，宋仁宗更是听闻噩耗而伤心落泪，发自肺腑地感慨“安得忧公忘身如夷简者”。

基于这份信任与倚重，吕夷简这些年因为疾病缠身，屡次上疏请求致仕，宋仁宗都一再挽留。庆历二年（1042 年），吕夷简染上风眩之症，一度卧床不起，宋仁宗方才改拜他为司空、平章军国重事。等到他病情稍有好转，宋仁宗又让他每隔几日到中书省，裁决重要政务。宋仁宗不知道从哪儿听到一个偏方，说胡须可以治疗此疾，便剪下自己的胡须相赠，还让御医开出药方，亲自调配熬制，命内侍送到吕夷简的府邸。

更有甚者，宋仁宗还写下一道手诏，说“恨不移卿之疾于朕躬”云云。孙沔以此事为例证，在那封奏疏中进一步总结说：吕夷简执政中书二十年，三度出任宰辅，圣上对其言听计从，“有宋得君，一人而已”！不过，孙沔讲完这番话，紧接下来的一句便是向吕夷简发难，痛斥他“未知何以为陛下报”。在孙沔看来，吕夷简深蒙浩荡的皇恩，却从不思虑如何报答，但他还是替吕夷简想好了聊补于万一的办法——“荐贤材，合公议”，然后自己让位，以此减轻自己的罪责！

根据史料记载，宋仁宗看完这封言辞极其激烈的奏疏之后，并没有作出任何的反应，而是将它转送到吕夷简的手上去了。出乎所有人的意料，吕夷简对此表现得非常超脱和大度，盛赞孙沔说的这些话是“药石之言”，只恨自己没能早十年得以听闻。

转眼到了三月，或许是孙沔的这番“药石之言”发挥了功效，也或许是吕夷简自感身心俱疲、年岁不饶人，他再一次上表请求罢相，并向宋仁宗举荐了富弼等一批“少壮派”，认为他们可堪大用。

接到吕夷简的这一次请辞，宋仁宗终于没有再强行挽留，或许为了弥补些许的遗憾，宋仁宗打破常规，让他领着“司徒、监修国史”的头衔，继续享有与宰臣共商军国大事的特权。

（二）

尽管留着一个“军国大事与中书、枢密院同议”的尾巴，但属于吕夷简的时代已经过去了,他的仕宦生涯也即将画上句号。紧接着,“欲更天下弊事”的宋仁宗亲自遴选了四位“数论事无所避”的“狠角色”走向前台，充任台谏言官。一时间，朝堂的氛围焕然一新，为即将大规模展开的变革，营造出了积极的舆论氛围。作为“庆历天团”的重要组成部分，这四位深受时代眷顾的幸运儿，也被后世称为“庆历四谏官”。

史载“风采倾天下”的“庆历四谏官”都有谁呢？想必大家对他们的名号不会感到陌生，分别是欧阳修、余靖、王素和蔡襄。毫不夸张地说，从这四位“狠角色”中随便拎出一个来，嘴炮都能炸出好几条街去。大家最熟悉的欧阳修，咱们在前面已经见识过多次了，这里暂且略过，重点推介一下其他三位。有意思的是，元朝名相脱脱主持编撰《宋史》的时候，将这三位仁兄的传记放到了一起，真可谓物以类聚、人以群分。

先说余靖（1000—1064 年），字安道，韶州曲江（今广东韶关）人。别看他后来奉命南征的时候显得有些窝囊，但此人文采一流、脾气更冲，用今天的说法叫“键盘侠”，当时应该算作“笔墨侠”。当然了，“键盘侠”大多是看热闹不嫌事大的浅识之徒。这位“笔墨侠”呢，人家可是体制中人，凭借进士及第步入官场，论学识、论胆略，绝非浪得虚名。

早在景祐三年（1036 年）的时候，围绕是否迁都洛阳的问题，朝堂上爆发了一场大论战。宰相吕夷简给时任权知开封府的范仲淹扣了三顶帽子，指责他“越职言事，荐引朋党，离间君臣”，导致范仲淹被罢黜外放，宋仁宗还下达了一道“戒百官越职言事”的“丁亥诏书”，导致朝野一片哗然。当时，因为站出来替范仲淹鸣不平而遭到贬谪的，除了欧阳修、尹洙之外，还有平日里与范仲淹并不怎么对付(“素与仲淹分疏”)、时任集贤校理的余靖。跟欧阳修一样，这位“笔墨侠”没有台谏言官的身份，却干上了台谏言官的活路，痛斥宋仁宗“自亲政以来，屡逐言事者，恐钳天下口”，结果一头撞上“丁亥诏书”的枪口，被打发去了筠州（今江西高安）。

担任台谏言官之后，余靖的兴致更高、脾气更冲，史载其“在职数言事”，上至宋仁宗，下至满朝文武、地方要员，差不多都被他洗刷一个遍。根据《孔氏谈苑》记载，有一年的盛夏时节，余靖拉着宋仁宗掰扯个没完，酷热难耐的宋仁宗好不容易才脱开身，刚回到禁中便忍不住抱怨说，差点被余靖的一身臭汗熏死，他还喷了朕一脸的口水（“被一汗臭汉薰杀，喷唾在吾面上”）。

再说王素（1007—1073 年），字仲仪，莘县（今山东莘县）人，真宗朝宰相王旦之子。王素早年凭借恩荫授赐进士出身，还得到过御史中丞孔道辅的举荐。孔道辅何许人也，史载其“性鲠挺特达，遇事弹劾无所避”，“权贵益忌之”，能入得了他的法眼，又岂是等闲之辈？

尽管名号里带了一个“素”字，但王素绝不是吃素的。身为台谏言官，王素的能耐真是大了去了，没有他不敢说的，也没有他不敢管的，尤其是专管宋仁宗的钱袋子和裤腰带。就说钱袋子吧，那应该是康定二年（1041 年）发生的事儿。是年八月，皇三子赵曦出生[1]，宋仁宗打算“进百僚以官，惠诸军以赏”。王素认为，眼下正值西夏寻衅滋扰、契丹趁火打劫，圣上要是有这点心思和闲钱，不如留着赏赐战功、补充边费。在他的执意坚持之下，大规模的升迁赏赐没能搞成，估计当时很多人都在背后咒骂王素的祖宗十八代。

---

[1] 《宋史・王素传》仅记载了“皇子生”，没有明确是哪一位皇子，但从时间上推算，皇三子的可能性最大，而且根据《续资治通鉴长编》的记载，宋仁宗当时“诏南郊礼近，中外毋得以皇子生复有贡献”，或许与王素的此次进谏有关。

至于裤腰带的事儿，起因是老臣王德用不知从哪儿搞到两位绝色佳人，没有留着自己享用，而是进献给了宋仁宗。王素风闻这个消息之后，当即跑到宋仁宗面前质问，是否确有其事。没想到宋仁宗避而不谈，反问王素是从哪儿听来的宫闱八卦。王素反唇相讥道：台谏言官之职，在于风闻言事，有则改之，无则拉倒，您管我从哪儿听来的作甚？宋仁宗知道躲不过去，只好赔着笑脸跟王素套近乎说，朕是真宗之子，令尊是真宗朝的宰辅，按照坊间的说法，咱们两家也算世交了。这两位佳人呢，“在朕左右，亦甚亲近”，你就给朕一个面子，睁只眼闭只眼，让她们留在宫中如何？王素如获至宝一般，当即回怼说：如果她们在宫中被疏远，我也就不在这里饶舌了，可既然她们颇受圣上的宠幸，恕臣不敬，非撵走不可！

看到王素一副不达目的誓不罢休的样子，宋仁宗深知没有半点商量的余地，只得忍痛割爱，当即命内侍将两位佳人打发出宫，完事儿之后速速回来禀报。王素见状，反倒有些于心不忍，说圣上只要答应撵人就行，不急于这一时。宋仁宗颇感无奈地跟他解释说，“朕虽为帝王，然人情同耳”，如果回到禁中，看见两位佳人梨花带雨、盘桓着不肯离去，朕难保不会怜香惜玉、食言自肥，所以不如趁热打铁，省得夜长梦多。

最后说蔡襄（1012—1067 年），字君谟，兴化仙游（今福建仙游）人。在后世看来，蔡襄头上“书法四大家”的光环，恐怕比“庆历四谏官”要闪耀得多，史载其“工于书，为当时第一，仁宗尤爱之”。据说，宋仁宗最初遴选出来的谏官，只有余靖、欧阳修、王素三位，蔡襄闻讯之后赋诗称贺，“辞多激劝”，可能也发了一些牢骚。三人将这首诗进呈给送宋仁宗御览，没想到宋仁宗不怒反喜，如获至宝，将蔡襄也捎带上了，蔡襄也成为“庆历四谏官”中最年轻的一位，时年只有三十岁冒头。

别看蔡襄年纪最小，他的光辉历史并不比其他几位逊色多少。天圣九年（1031 年），蔡襄进士及第，去漳州（今福建漳州）做了四年的军事判官之后被召回京城，充任馆阁校勘，没过多久便赶上了景祐三年（1036 年）的那场朝堂风波。眼瞅着欧阳修、尹洙、余靖等官员纷纷受到牵连而遭到贬谪，蔡襄憋着一口恶气，写了一组上千字的长诗，题为《四贤一不肖诗》。在称颂范仲淹、欧阳修、尹洙、余靖为“四贤”的同时，蔡襄也把高若讷这个尸位素餐的“不肖之徒”骂得狗血淋头。

如果单论文学水平，蔡襄的这组长诗写得相当一般，但强烈的时政意义让它一夜爆红，史载“都人士争相传写，鬻书者市之，得厚利”，颇有一点洛阳纸贵的意思。更有甚者，连契丹使者都闻讯赶来“淘宝”抢购，带回幽州张贴于馆阁，后来出使契丹的大臣还亲眼见到过这首诗。我想当时要是有“著作权”的话，蔡襄说不定能发一笔横财。

蔡襄此次搭上“顺风车”，跻身“庆历四谏官”之列，一开始倒没有挑宋仁宗的毛病，而是将开门第一场嘴炮对准了宠遇并不见衰的吕夷简。蔡襄认为，吕夷简先前告病居家休养，两府大臣争相“受事于夷简之门”，导致“里巷之人，指点窃笑”，简直是滑天下之大稽。更何况吕夷简主政这些年，好事没干过几桩，坏事倒从没断过，庸碌无为、党同伐异，致使朝廷的政治生态遭到严重破坏，阿谀奉承者大行其道，“天下习以为俗”。现如今，吕夷简虽然告病离朝，却贪恋权势，退而不休，甚至让两府重臣跑到他的府上去议事，这成何体统？！

这封奏疏的话说得相当难听，但效果可谓立竿见影。两天之后，吕夷简便上疏请求“裸退”，宋仁宗也毫不犹豫地答应了，估计这位当朝天子也怕挨台谏言官的嘴炮吧。

（三）

“庆历四谏官”上任伊始，除了将吕夷简彻底轰走之外，在短短数月之内，还接连打了三场轰动朝堂的口水仗。

第一场口水仗，是欧阳修出面替韩琦、范仲淹两位大佬鸣不平。

在吕夷简罢相之后不久，宋仁宗派内侍前往陕西，向韩琦、范仲淹、庞籍三位坐镇西北的军政要员宣谕，说是待西北的局势稍事稳定之后，便把他们召回两府任职，并明确表示这是宋仁宗本人的意思（“此特出朕意，非臣

〔清〕佚名《彩绘帝鉴图说》之《受无逸图》，讲述宋仁宗在讲读阁悬挂龙图阁学士孙奭的画作《尚书·无逸》，又命馆阁校勘蔡襄书《尚书·无逸》于迩英、延义二阁的屏风之上，时时观览，不忘勤政恤民。（现藏于法国国家图书馆）

僚荐举"），让他们抽空酝酿一下接替自己在陕西坐镇的人选。

接到这份圣谕之后，三位大佬的意见高度一致，认为李元昊方面虽然已经流露出和谈的意愿，但事态会如何发展，目前还难下定论，况且西北的形势远远未到刀枪入库、马放南山的时候，此时朝廷要换人（还准备全换），着实有不妥之处。因此，三人一起回复宋仁宗说，"愿尽力塞下，不敢拟他人为代"。

道理是这个道理，但宋仁宗似乎早已做出了决定，此次宣谕，只是通知他们一声，让他们有一个心理准备而已。无论有没有替代人选的举荐，人是换定了，他们终究是要被召回京城履新权力中枢的。

果不其然，转眼到了四月，朝廷的任命就下来了。或许是考虑到全换的影响确实比较大，而且庞籍当时正忙着跟李元昊接洽，所以最终被召回京城的只有韩琦、范仲淹两人，他们被擢升为枢密副使。韩琦、范仲淹“以西事未了”，先后五次上表请辞。时任资政殿学士兼翰林侍读学士的富弼也上疏进言，认为“西寇未殄”，韩、范不宜同时调离前线，可以将他们擢升为枢密副使，一人赴京一人留边，这样更为稳妥。然而，宋仁宗执意让他们返回京城走马上任，韩琦、范仲淹只得领命启程。

按理说，宋仁宗如此执着地把韩琦、范仲淹召回京城，应该是立即委以重任才对。但是，二人到任之后，用今天的话来形容，就是过着朝九晚五的生活，甚至有些混日子之嫌。此话怎讲呢？他们身为枢密院的副主官，每天不过是“随例上殿，呈奏寻常公事”，一直没有被宋仁宗召去开小会，讨论军国要务。大家心里应该明白，参会的人越多，实质性的内容往往就越少，小事开大会，大事开小会，从古到今都是不成文的规矩和惯例。

宋仁宗火急火燎地把韩琦、范仲淹召回朝堂，却把他们晾在一边，与坐冷板凳无异，身为台谏言官的欧阳修不干了。他认为，宋仁宗“未赐召问”的做法，明显不符合常理。别的不说，韩琦、范仲淹在西北前线待了这么久，边境的状况怎么样，朝廷接下来又该如何应对，他们俩最有发言权，圣上难道不应该“特赐召对，从容访问”吗，怎么能让两位堂堂的枢密副使无小会可开、无大事可议呢？

欧阳修的奏疏递上去了，却石沉大海，并没有得到宋仁宗哪怕只言片语的回应。不过，宋仁宗并没有让欧阳修等待得太久，一道召回夏竦出任枢密使的诏令，使得韩琦、范仲淹先热后冷的离奇境遇有了合理的解释，同时也让台谏系统在一夜之间炸开了锅，引发新一轮的口水仗。

第二场口水仗，便是台谏言官集体抵制夏竦回朝并执掌枢密院。

说到夏竦这个人，想必大家都不陌生，先前就是因为他统军无方，陕西四路各自为战，才导致西北的战局急转直下。康定二年（1041 年）十月，也就是兔毛川之战后不久，夏竦遭到朝廷问责，被打发去了河中府（今山西永济），后来又迁至蔡州（今河南汝南）任职。据说，宋仁宗此时决定将他召回朝堂，并出任枢密使的要职，是吕夷简离任之前倾力举荐的。

甭管谁举荐，这道人事任命一宣布，台谏顿时一片哗然。言官们争相上表进言，抗议的声浪异常高涨。大家普遍认为，夏竦当年在陕西的时候，“畏懦苟且，不肯尽力”，身为主帅却人云亦云，从来没有什么主见。更有甚者，他在巡察边防之时，还不忘狎女子淫乐，险些酿成大祸（“侍婢中军帐下，几至军变”）。品行如此卑劣的庸碌之辈，岂堪主持军政的重任？

围绕夏竦的任命问题，史载“前后言者合十八疏”，当面进言的次数更是不可胜记。有一次，宋仁宗实在听得不耐烦了，想起身返回禁中，时任御史中丞的王拱辰赶紧冲上前去，拉扯住宋仁宗的衣襟，死活不肯松手，非要听他把话讲完不可。眼瞅着反对的呼声太高，宋仁宗也意识到众怒难犯，只得乖乖地收回成命，改将时任枢密副使的杜衍扶了正。

有意思的是，宋仁宗先前已经派人将诏书送往蔡州了。夏竦不由得大喜过望，“兼驿而驰”回到京城，却发现事情在短短数日之内，竟然发生了戏剧性的变化。不仅擢升枢密使的诏书作废，让他从哪儿来回哪儿去，而且连入内面圣自陈的机会都不给。

夏竦见状，索性赖在京城不挪步，想看看还有没有转圜的机会。结果呢，余靖的奏疏又递上去了，催促宋仁宗赶紧撵人，省得夏竦不死心，总惦记着“坚求面对，叙恩感泣”，宋仁宗的耳根子又软，难保不会出什么幺蛾子。迫不得已之下，夏竦只好悻悻而去，据说还上了一道万言书替自己申辩，终究于事无补。

第三场口水仗，是台谏言官弹劾王举正。

王举正时任参知政事，关于他被台谏言官群起而攻之的事儿，咱们在前面略有提及。想必大家还记得，王举正为人憨厚老实，向来是一只“厚重寡言”的扎嘴葫芦，在单位寡言少语，回到家中则是“妻管严”，结果就成了台谏言官交相弹劾的活靶子。

率先向王举正发难的，是名相李迪的儿子李徽之，时任御史。尽管李徽之与王举正是连襟，但台谏言官职责所系，斗劣批庸从来不避亲，一丁点儿情面都不留。他给王举正扣了一顶帽子，叫“妻悍不能制，何以谋国事”，连自己老婆都管不了，如何能效命于朝廷呢？欧阳修、余靖、蔡襄等言官也站出来补刀，虽说家长里短的八卦他们搞不清楚，但王举正在参知政事的任上干得很差劲啊，于是给他再扣上一顶“懦默不任职”的帽子。两顶帽子把王举正压得喘不过气来，只好争取主动、自求离任，领着礼部侍郎的职衔，被外放去了许州（今河南许昌）。谁能想到，几年之后的皇祐二年（1050年），王举正出任御史中丞，“人设”竟然发生惊天逆转，从一只扎嘴葫芦摇身一变成了“人狠话更多”的重量级嘴炮。

（四）

三战两捷，造就了“庆历四谏官”的赫赫威名，但他们并没有忘记，第一场口水仗还处在没有下文的状态。因此，众言官在弹劾王举正的同时，把后手都安排好了，一个劲地鼓吹“枢密副使范仲淹有宰辅才，不宜局在兵府”。言外之意，枢密院的庙太小，容不下这尊大神，不如把王举正撵走，让范仲淹来干。

台谏言官的这番话，宋仁宗显然是听进去了，所以批复同意王举正辞任的同时，打算将范仲淹调到中书，接任参知政事之职。然而出人意料的是，范仲淹居然拒绝领命，这其实与大宋王朝的一项制度有关。我在前面讲过，宋朝从中央到地方的政府机构，分为行政系统、军政系统和台谏（监察）系统，几大系统彼此互不统属、互不举荐，逐渐成为一项规矩，目的是防止他们相互勾连、暗结朋党，轻者蒙蔽圣听，重者恣意妄为，危害江山社稷。范仲淹呢，偏偏是一位原则性很强的有识之士，他心里很清楚，欧阳修等人并没有半点私心，跟他也谈不上有多少私交，但规矩不能坏在自己的身上。因此，范仲淹非但不接受委任，还将了宋仁宗一军，反问“执政可由谏官而得乎”。

与范仲淹一样态度坚决、不肯接受委任履新的，还有资政殿学士兼翰林侍读学士富弼。按照宋仁宗的打算，范仲淹到中书接替王举正之后，枢密副使之职由富弼出任，没想到富弼直接把诏命送了回来，苦口婆心地讲了一大堆理由，还说“愿陛下坐薪尝胆，不忘修政”。

富弼的任命，与宋仁宗“不忘修政”有什么关系呢？这事儿还得从几个月前说起。前面提到过，吕夷简告别政坛的时候，曾经向宋仁宗举荐出使契丹有功的富弼。宋仁宗打算擢升他担任枢密副使，但富弼坚持认为，眼下与契丹的和议前景未可预期，朝廷万万不可掉以轻心，而他作为使臣，身份十分敏感，如果在这个时候升迁受赏，无疑是给朝野传递出一个大功告成的信号，上上下下便会放松警惕，万一今后出现什么差池，众人会作何感想？因此，富弼宁愿放弃升迁的机会，借此提醒君臣“勿以既和而忽之”。

时隔数月，没想到富弼的态度依然坚决，宋仁宗不便强人所难，只得将任命暂时搁置下来。但是，对于“欲更天下弊事”的宋仁宗而言，此时不仅需要一个仗义执言的台谏班子，更迫切地需要一个有能力革除积弊的执政班子。正如他跟御史中丞王拱辰所说的，自己每天与执政大臣商议国事，“从容开述，虽至中昃”，不曾有所懈怠，可如今朝廷面临的问题很多，严峻的形势更加催人奋进，为执政班子注入新鲜的血液，从人事安排、议事机制上做好变革的准备，已经到刻不容缓的地步了。

于是乎，转眼到了八月，宋仁宗再次下达诏令，安排范仲淹出任参知政事，富弼出任枢密副使。范仲淹深知宋仁宗的用意，这一次不再坚辞不受。富弼原本还想拒绝奉诏，宋仁宗特意让宰相章得象去做这位“少壮派”的思想工作，说这次擢升是“朝廷特用”，与他出使契丹的功劳无关。富弼迫不得已，方才接受了委任。

至此，众贤云集的“庆历天团”正式组队完成，咱们一起看看此时两府和台谏的人事格局。行政系统这边，宰相章得象（六十六岁）、次相晏殊（五十三岁），因为西北战事的需要，这两位宰辅暂时还兼领枢密使之职，便于协调两府，参知政事则有贾昌朝（四十七岁）和范仲淹（五十五岁）。军政系统这边，枢密使杜衍（六十六岁），枢密副使有三位，头一位名叫王贻永（年龄不详），他是两代四朝宰辅[1]王溥之孙、宋太宗的女婿；另两位是新近擢升的韩琦（三十六岁）和富弼（四十岁）。台谏系统这边，因为言官的品级不高，年龄普遍要低一些，除了御史中丞王拱辰（三十二岁）之外，最吸引眼球的莫过于前面隆重推介的“庆历四谏官”：余靖（四十四岁）、欧阳修（三十七岁，与王拱辰是连襟）、王素（三十七岁）和蔡襄（三十二岁）。可以看到，四十岁上下的“少壮派”在“庆历天团”中占了大半，可谓年富力强、生机勃勃，令人有气象万新之感，时人还有“朝野欢欣至酌酒相庆”的说法。

朝野到底欢欣鼓舞到什么地步呢？这里举一个典型的例子来说明。话说范仲淹有一位门生名叫石介，他被后世归入“宋初三先生”的行列，还与老师孙复共同创立了理学的发端门派——“泰山学派”，当时正在国子监担任讲师。欣闻众贤云集朝堂之上，石介倍感欢欣鼓舞，特意写下一首洋洋洒洒近千字的长诗，题为《庆历圣德颂》，盛赞宋仁宗是明圣之君，“举擢俊良，扫除妖魃。众贤之进，如茅斯拔。大奸之去，如距斯脱”。诗中“俊良”、“众贤”所指，不言自明，而所谓的“妖魃”、“大奸”，虽然没有指名道姓，但大家心里都明白，骂的就是夏竦。或许是过于慷慨激昂，石介在这篇颂诗中，竟然还有“太后乘势，汤沸火热”之类明显有些大不敬的字眼。

据说，范仲淹、韩琦读到这首诗的时候，突然有一种不祥的预感，说是毛骨悚然、冷汗淋漓也不夸张。范仲淹大腿一拍，恨铁不成钢似的跟韩琦抱怨说，石介这小子胆儿也太肥了，如此毫不避讳地高唱赞歌，简直是成事不足、败事有余（“为此怪鬼辈坏之也”）！韩琦也忍不住摇头，认为这首颂诗过于高调，恐怕后患无穷。石介的老师、同样跻身“宋初三先生”的孙复，当时也在国子监担任教职，更是忧心忡忡地预言，“石守道祸始于此”（石介字守道）。后来的事实证明，范仲淹、韩琦和孙复的担忧并非多余，石介的这首《庆历圣德颂》，恰似埋下了一颗威力惊人的政治炸弹，将来一旦引爆，破坏

[1] “两代四朝”，指后周太祖、后周世宗、宋太祖和宋太宗，王溥均担任过宰相。

力相当惊人！

既然是后话，姑且留待后文细禀。当下，《庆历圣德颂》横空出世之后，对朝野的影响之大，完全超乎石介本人的预料。不光京城的士人争相传诵，各地州县也不同程度地有所风闻。根据大文豪苏轼后来回忆，他当时也就八九岁的年纪，还在乡校里读书，无意中看到了这首诗，便向先生请教，问诗中“所颂十一人者何人也”。先生刚开始并不想正面回答他，毕竟是小孩子嘛，能懂什么呀，所以只回了一句“童子何用知之”。没想到苏轼不依不饶，说他们要是神仙，那我确实不敢问，如果只是凡人，为什么我就不能知道呢？或许是被苏轼少年老成的气场镇住了，这位乡校的先生最后“尽以告之”，并对石介称颂的十一位贤人进一步浓缩精华，认为韩琦、范仲淹、富弼、欧阳修四人，实乃人中之杰也！

既然身为人中之杰，势必要做出一些惊天动地的事情。不仅天下人作如此想，“欲更天下弊事”的宋仁宗更是对他们寄予厚望。

在“庆历天团”组队完成以后，宋仁宗每次召见群臣，总是会“以太平责之，数令条奏当世务”，让他们抓紧时间建言献策，而不要只想着做慵懒无为的太平官。范仲淹认为，冰冻三尺非一日之寒，革除积弊也非一朝一夕之功，但宋仁宗还是心急火燎，又以手诏的方式催促他们上疏进言，怎么想的就怎么说，千万不要有所避讳和顾虑。

等到九月份，宋仁宗又将群臣召到了天章阁。这里稍微解释一下，天章阁可不是一般的地方，此阁建成于宋真宗天禧五年（1021 年），里面供奉有宋太祖、宋太宗的御容画像，还有宋真宗的御集御书。天章阁建成之后，圣上在此召见大臣、商议军国要务，被视为最高规格的礼遇。

宋仁宗率领群臣拜谒过太祖、太宗御容之后，随即赐坐召对，还把笔墨纸砚都给他们准备好了，整整齐齐地摆放在案上。既然要群臣作答，考题又是什么呢？据欧阳修后来回忆，题目说简单也挺简单，“问治天下其要有几，施于今者宜何先”，然而细究起来，简直就是对大宋王朝的灵魂拷问啊！这还真应了当下一句时髦的话：字数越少事越大！

看到这样一个题目，众臣当场就“震恐失位，俯伏顿首”了。时代为卷，关乎江山社稷、天下苍生，肩负厚望的“庆历天团”又将如何作答呢？

猛药治疴：剑指“三冗”十连击

（一）

这场非比寻常的天章阁召对，韩琦因为前往陕西巡边，没能参加上，而范仲淹、富弼两位力主变革的“旗手”，面对如此庄重的阵势，非但没有当场落笔成章、一吐为快，反倒与其他大臣一样，“震恐失位，俯伏顿首”，一再表示“此非愚臣所能及，惟陛下所欲为，则天下幸甚”，索性交了白卷。

在天章阁召对中交白卷，不是范仲淹、富弼无话可说、无策可献，而是深知这份答卷关系重大，容不得半点马虎。用后世的一句坊间歌谣来形容，“案上一点墨，民间千点血”，如果仓促而就，考虑不周之处在所难免，更有差之毫厘、谬以千里之忧。

事实证明，“大招”往往是靠“憋”出来的。退朝之后，范仲淹、富弼字斟句酌、反复推敲，共同完成了一道题为《答手诏条陈十事》的奏疏。毫不夸张地说，这道洋洋洒洒数千字的奏疏，既打响了大宋王朝革除积弊的第一炮，更是这场变革的纲领和举措。

为了便于理解这一整套的组合拳，咱们有必要先来捋一捋，现时的大宋王朝，到底面临怎样的危机，又是什么样的原因导致了这场危机。俗话说得好，钱不能解决所有的问题，但没有钱往往是最大的问题。宋仁宗如此迫不及待地“欲更天下弊事”，归根结底就是两个字：没钱。

客观来讲，宋仁宗原本不应该产生这样的稻粱之忧，毕竟再穷不能穷朝廷，更何况与大宋草创之初相比，仁宗朝的赋税收入可谓突飞猛进。根据《宋史·食货志》的统计，在宋太宗主政末期，朝廷的岁入仅有两千二百多万缗，而到了宋仁宗时期，这个数字已经飙升到了一亿两千六百多万，硬生生多了

〔清〕佚名《彩绘帝鉴图说》之《天章召见》，讲述宋仁宗在天章阁召见群臣，商议时政要务，被视为最高规格的礼遇。（现藏于法国国家图书馆）

一亿，“小目标”顺利达成，你也好意思哭穷？！

话说回来，金银如流水，有入必有出，宋仁宗的苦恼，恰恰是出在开支上面。宋太祖、宋太宗时期，别看挣的钱并不多，可到了年底，竟然还能有不少的结余。赵匡胤虽说是行伍出身，还是挺会过日子的，眼瞅着钱多花不完，便将每年结余下来的部分全部归入所谓“封桩库”，以备“军旅饥馑”之类的不时之需，以免“临事厚敛于民”。“封桩库”每年都能有进账，让赵匡胤不由得大喜过望，表示等凑齐500万缗的时候，就拿去向契丹赎买燕、蓟。如果契丹南侵呢，朝廷还可以用这笔巨资去悬赏，按二十匹绢买一个人头计算，二百万匹绢足以买尽契丹的十万精兵。——家里有的是矿，就是这么豪横！

宋真宗主政的时候，每年多少还能剩点儿，等到宋仁宗当家，高达一亿多缗的岁入，堆积足以成山，可一眨眼的工夫，竟然说没就没了。钱越挣越多，怎么越来越不经花呢？这就归结到始终困扰大宋王朝的“三冗”问题了。所谓“三冗”，就是大家熟知的冗兵、冗官、冗费。其中，“冗费”是最终呈现出来的结果，而造成“冗费”的根源，正是“冗吏耗于上，冗兵耗于下”的严峻局面。

正如后世史家所云，“弊事不革，积而至于庆历”。早在大宋开国之初，统治者对国家治理结构进行一系列顶层设计的时候，便已经埋下了“冗兵”、“冗官”积重难返这个恶果的种子。当年，赵匡胤借助陈桥兵变实现黄袍加身的夙愿，承继后周的架子草创大宋，随即便面临着三大亟待破解的难题：

第一，天下分崩离析。

在赵匡胤篡周自立以前，后周朝的重臣王朴曾向柴世宗进献了一道《平边策》，提出先易后难、先南后北的总方略，只可惜雄心勃勃的柴世宗英年早逝，最后让赵匡胤捡了现成。遵照王朴制定的方略，历经太祖、太宗两朝，以太平兴国四年（979 年）灭北汉为标志，宋朝耗费了将近二十年的时间，统一大业才算基本完成。

第二，北方强邻压顶，而症结就在于“幽云十六州”。

按理说，这一大块地盘是“儿皇帝”石敬瑭划出去的，况且时隔后汉、后周两代，新生的宋朝不应该背上这个沉重的历史包袱。然而，“幽云十六州”毕竟是抵挡胡骑南下的天然屏障，没有这道防护，一马平川的中原将时时刻刻处在契丹的军事威胁之中。

因此，宋太宗御驾亲征消灭北汉之后，便乘胜而进，打算一鼓作气横扫幽州，没想到在高梁河（今北京西直门外）折戟沉沙。次年，契丹南下侵扰，宋军兵败瓦桥关（今河北雄县附近），收复“幽云十六州”的夙愿逐渐化为泡影，朝廷只能调集重兵戍守在北部边境线，借助军队的数量优势，勉强维系无险可恃的防御体系。

第三，藩镇播乱、武将骄纵的社会风气。

我相信，在赵匡胤黄袍加身的那一刻，没有人会认为这个新生的政权，与“梁唐晋汉周”、“播乱五十秋”的闹剧有什么区别。但是，赵匡胤立志结束这场乱局，他为此琢磨出了一系列的办法，简单来讲就是崇文偃武的治国方略。于是乎，在防范、压制武将的同时，大宋王朝还空前提高了文官的政治待遇，既有“不得杀士大夫及上书言事人”的祖训，又在实际执行过程中，逐渐形成了“与士大夫治天下”的政治格局。

（二）

种下什么因，结出什么果，从大宋王朝解决后面两个难题的方略出发，大家应该不难发现，必然会造成“冗兵”、“冗官”的积重难返。

先说“冗兵”。

就常理而言，一个王朝在完成平定天下的任务之后，必然会大规模地裁减军队员额。这样做至少有三个好处，一是减少朝廷的军费开支，二是释放出劳动力以恢复生产，三是降低心怀异志的将领拥兵自重甚至起兵谋逆的概率，可以说是一举多得、皆大欢喜。过往的汉、晋、隋、唐诸朝莫不如此，唯独深受“幽云十六州”拖累的宋朝是个例外。

还是用数据来说话，看一看宋朝军队的规模到底有多么神奇。据嘉祐七年（1062 年）枢密院进呈的一份历史统计数据显示：在宋太祖开宝年间，官军的员额是 37.8 万（包括禁军 19.3 万）；宋太宗至道年间则扩充到了 66.6 万（包括禁军 35.8 万），差不多翻了一番；宋真宗天禧年间，大宋官军已经接近百万量级的规模，达到 91.2 万（禁军 43.2 万）；宋仁宗庆历年间，这个数字终于飙升到了 125.9 万（包括禁军 82.6 万）！——如此看来，《水浒传》中时常出现的“八十万禁军”，并非小说家的虚构妄拟之言。

按照庆历八年（1048 年）户部的统计数据，全国登记在册承担赋税劳役的男丁数量，只有不到 2200 万人。简单计算一下，大约每十七名男丁就要供养一名兵丁！另外，这个比例并没有考虑地方负责供养、不隶属于军籍的所谓“乡兵”，而这支“编外”军队的员额，在庆历年间大约有四十万之多。

再说“冗官”。

无论是出于防范武将作乱的需要，还是重塑文治的社会风气，大宋王朝都需要一个庞大的文官队伍，并给予他们极其优厚的待遇。与其他朝代相比，宋朝的文官队伍有三个显著的特征：

一是机构臃肿，形象的说法是叠床架屋，繁复得一塌糊涂。

武将是重点防范对象，对于文臣也不可掉以轻心，宋朝采取的举措是尽可能地分权。形象地来说，原本一个人可以干的活，现在要分给好几个人来干，谨防权力过于集中，滋生一批野心勃勃之徒。

朝堂上的情况，咱们先前提到过不少，行政系统、军政系统、台谏系统自成体系，过去是一人之下、万人之上的宰辅重臣，如今被枢密院分走军权，被三司（盐铁、户部、度支）分走财权，剩下的一亩三分地，还要给参知政事腾挪出一点施展拳脚的空间。

至于地方上的机构和官衔，更是令人眼花缭乱。宋朝的一级行政区称为“路”，这一级设“监司”，有安抚使、转运使、提刑按察使、提举常平使，分管兵民、财赋、司法和救恤。州一级的权力相对集中一些，知州作为主官，但有通判作为牵制，一道公文需要两人联名签署才能下发生效。知州、通判以下，还有副使、判官、推官、监酒、榷税等等。除此之外，像什么节度使、承宣使、观察使、防御使之类的差遣，更是多如牛毛、难以胜计。各级各地机构繁复、职责交叉，你盯着我、我防着你，找茬儿的大有人在，干活的屈指可数，势必造成“人多不洗碗，鸭多不下蛋”的局面，行政效率极其低下。

咸平年间，有大臣进言“三司官吏积习依违，文牒有经五七岁不决者”。一件事情竟然能拖上好几年，这个效率真是令人不敢恭维。于是，宋真宗下诏责令“议减烦冗，参决滞务”，结果刚发生了黄河决口的河北不幸“躺枪”，被裁掉七十五名冗官。

二是官职繁杂，甚至有官无职，朝廷白养着一大群闲人。

按照宋朝官制，表示待遇的官阶（称为“寄禄”）与具体负责的职事是相分离的。咱们不妨以司马光为例，他私下编修《资治通鉴》的时候，头上有一连串的官衔，挑几个重要的来说，分别是朝散大夫、右谏议大夫和权御史中丞充理检使。“朝散大夫”代表品级，决定他穿什么颜色的制服上班。“右谏议大夫”便是寄禄，决定他可以领多少工资、享受哪一级别的待遇。班也上了、钱也拿了，具体干什么工作呢？这两个官衔可管不了，还得看具体的“职事”——“权御史中丞充理检使”，也就是以代理御史中丞的名义兼任理检使，真够绕的。

运气好（确切地说是有门路）的官员，品级、寄禄、职事一应俱全，该干嘛干嘛去，但也有不少官员比较悲催，他们的头上只有寄禄，却没有固定的职事或者临时性的差遣。薪水倒是照发不误，该享受的待遇也差不了，但该去哪儿上班、该干什么工作，政府没有安排，他们自己只能在家耗着，史载“居其官不知其职者，十常八九”，虽说录入官籍，实则与吃空饷无异，算是占着编制的待就业。

三是科举泛滥、取士从宽，加剧了官员队伍的臃肿程度。

在科举初兴的隋、唐两朝，残余的士族门阀还有不小的影响力，朝廷也允许地方长官自辟官署、招募僚员，所以通过定期或者不定期的科举取士，只是广纳天下贤才的适度补充而已。对于当时的读书人而言，金榜题名并非步入仕途的唯一途径，甚至也不是主要的途径。因此，隋、唐两朝科举的录取比例非常低，每届进士科只有大约三十人能登科及第，相对容易一些的明经科，每届也只录取一百人左右。

尽管是千里挑一、万里挑一，但唐朝对于官员职业素养的考察，还是秉持审慎态度的。举子登科及第之后，并不意味着可以身披官袍吃朝廷俸禄，而是需要经历再一轮的测试和选拔，称为“铨选”，具体内容包括“观其书判，已试而铨，察其身言”，核心是作为一名官员的实操技能——根据具体的案例撰写判状。经“铨选”合格者，才能正式录入官籍，接受朝廷的委任，而那些文采一流、才干低劣的“高分低能”者，往往会在这个环节被淘汰，屡试屡黜者并不鲜见。

到了宋朝，士族门阀荡然无存，地方长官也不再有自募僚属的权限，虽说保留了恩荫的制度（这也是官员泛滥的重灾区），但通过科举取士，逐渐成为朝廷招纳贤才最重要的途径。就说太平兴国二年（977年）吧，宋太宗初登皇位，加之南方诸地传檄而定，各地官署均有不少缺额亟待补充，所以这一年的及第人数激增到了七百人，此后便形成定例。更有甚者，在咸平三年（1000年），宋真宗广布恩泽，连同照顾屡试不第者的"特奏名"在内，总共录取了一千八百多人，史载"推恩之广，近代所未有也"。

相比于唐朝，宋朝科举的录取名额不仅增加了一个数量级，而且及第即入仕，不再设置通过"铨选"淘汰掉一批的环节，加之恩荫盛行，"一人入仕，则子孙亲族俱可得官"，官员的职业素养便可想而知了。纵观大宋官场，饱食终日、不思建树者大有人在，官员普遍不求有功、但求无过（尤其是害怕招惹上台谏言官），充斥着江河日下的腐朽气息。

这一系列的因素，共同导致宋朝的官员队伍超乎寻常庞大。尽管没有官方的统计数据，但抱怨"冗官"的声音一直不绝于耳。

宝元二年（1039年），正值西北战事吃紧，时授天章阁待制、同判礼院的宋祁第一次提出了"三冗三费"的问题。他所说的"三冗"，跟咱们在这里讲的"三冗"略有区别，除了"冗兵"、"冗官"之外，宋祁把佛、道泛滥也算成了一冗，"三费"则包括道场斋醮、寺观云集和恩赏官员。说到"冗官"，宋祁做了一个时间维度上的比较，认为时下"纡朱满路、袭紫成林，州县之地不广于前，而官五倍于旧"。

庆历六年（1046年），时任权御史中丞的张方平结合自己的观察和统计，发现翰林院、御史台、三班院（供奉、殿直、承旨）等机构的官员，均较天圣、景祐年间增长了不少，有的甚至扩充了一倍。

大约在皇祐元年（1049年），时任户部副使的包拯进呈了一份统计数据，说在宋真宗景德、大中祥符年间，全国文武官员的总数是9785人，但仅仅过了四十多年，这个数字已经飙升到了17300多人，差不多翻了一倍，这还没有包括候任补缺、尚未获得差遣的"待就业"官员。包拯当时算了一笔账，大宋疆域内 320 个州郡、1250 个县，各级官员皆有定额，但此时的官员数量已经达到定额的三倍还要多，而且每届科举还在不停地招录，一次就达到近千人的规模！

除了编制内的官员之外，各级各地的衙署里还有承担具体事务、差役的吏员，这个数量则更为惊人。由于不在编制之内，宋朝官方应该没有统计过全天下的吏员到底有多少，但在咸平四年（1001 年），时任太常丞的梅询奏报，三司及诸路共计裁减冗吏竟达 19.5 万人之多，后世史家惊呼“所减者如此，未减者可知也”。

（三）

长期积累并愈加严重的“冗兵”、“冗官”，导致大宋朝廷深陷“冗费”的泥潭，逐年入不敷出，以致难以自拔。换句话说，朝廷的岁入确实在不断地增长，但花钱的速度远比挣钱的速度快很多。

排在第一位的“吞金兽”自然是军队。据后世史学家统计，在宋真宗时期，国家赋税收入的 75% 被用于军费开支，而且还在以令人忧虑的速度不断攀升。至宋仁宗主政时期，由于李元昊自立门户，西北边境的形势急剧恶化，军费开支占岁入的比例已接近 80%。

紧随军队之后，异常庞大的文官队伍也是一台威力十足的“碎币机”。相比于其他朝代（尤其是明朝），宋朝文官的待遇可谓首屈一指，后世常有“士大夫天堂”的由衷感慨和无限向往。

其实呢，宋太祖、宋太宗草创之初，文官的俸禄虽然不算低，但与隋、唐两朝相比，也高不到哪儿去。咸平四年（1001 年），时任知制诰的杨亿给宋真宗进呈了一封奏疏，叫嚷着文官的工资太低，像尚书仆射（当时只是寄禄官名，并非实际职事）这等品级的官员，月俸不及军中的千夫之帅，这并不是滑天下之大稽吗？自此以后，文官的俸禄才逐渐增加。

正如后世史学家所言，宋朝的最高统治者希望这支庞大的文官队伍“不复以身家为虑，各自勉其治行”，故而给予他们极其优厚的待遇。与今天每人一张卡、每月一笔钱的工资发放方式不同，宋朝文官的薪水构成相当繁杂。首先是月俸、禄粟，以两府的主官为例，每月可领到三百贯钱、一百石粟，另外还有按年发放的衣赐，包括绫 40 匹、绢 60 匹、棉 100 两，根据官阶逐次有差。其次是职钱（发放给京官）或者所谓“公使钱”（发放给地方官），譬如御史大夫一级有六十贯，翰林学士一级有五十贯。再次是随从、仆役的供养费用，两府主官按七十人计算，另有二十贯的餐食补贴。最后还有名目繁多的津贴，包括茶酒厨料、薪蒿炭盐、饲马刍粟、米面羊口等等。正常的薪水之外，还会有时不时的恩赏，这个数目可就不太好说了，既靠自己的运气，更凭圣上的心情。按照后世史家的说法，“恩逮于百官者，惟恐其不足，财取于万民者，不留其有余”，可谓竭尽国家财力地将官员宠到了极致。

除了“冗兵”、“冗官”造成的“冗费”之外，宋祁言及的佛、道泛滥，也是一个不容小觑的“销金窟”。

早在五代十国时期，南方诸国大多信奉佛法，使得当年“南朝四百八十寺”的盛况再度上演。在大宋一统天下之后，出于稳定社会秩序的需要，宋太祖对佛教采取宽容和保护的态度，到了宋太宗主政时期，更有“浮屠氏之教有裨政治”的说法。得益于皇权的加持，佛教迎来了新的发展契机，僧徒从 6 万多人飙升至 24 万人，宋真宗时期更是达到了 40 万人，而全国 2.5 万多座的佛寺，到宋仁宗时期又增加到了接近 4 万座的规模。

相比于佛教的泛滥，推崇道教的时间不长，始于宋真宗时期，什么“天书封祀”之类的闹剧层出不穷、耗资巨大。譬如大中祥符元年（1008 年），宋真宗前往泰山封禅，花费了 800 多万贯。皇太后刘娥临朝主政伊始，便以“专属先帝，不可留于人间”为由，果断废止了这些烧钱的鬼把戏。然而到了宋仁宗这里，又开始尊奉儒学，搞一次祭礼竟然组织了一万多人的仪仗，耗资更是高达 1200 万贯。

“吞金兽”、“碎币机”、“销金窟”火力全开，足以令朝廷的财政捉襟见肘，偏偏还有名目繁多而冗杂的封赏和用度，譬如郊祀之费，动辄数百上千万缗的规模。另外，按照“澶渊之盟”的协议规定，大宋王朝还得从牙缝里挤出

"保护费"上交给契丹，"庆历和议"之后又增加一个西夏……史载"百年之积，惟有空薄"，这话说得一点儿也不夸张。

（四）

范仲淹、富弼利剑出鞘，直指"三冗"积弊，认为"欲正其末，必端其本，欲清其流，必澄其源"，遂提出重在澄清吏治、助推全面革新的十大举措。

一是"明黜陟"，要制订一套考核官员优劣的评价标准，用今天的话说叫KPI（关键绩效指标）。范仲淹、富弼认为，宋朝的官员之所以不求有功、但求无过，除了担心被台谏言官盯上以外，论资排序的"大锅饭"也是一个至关重要的根源。从宋真宗大中祥符年间开始，朝廷便规定文官三年一迁，武官五年一迁，名为"磨勘"。说起来很动听，实则少"磨"乏"勘"，只是认认真真地走一遍过场而已，结果往往是"不限内外，不问劳逸，贤不肖并进"。有句话叫，只有什么事都不干的人才不会犯错误。放在这里真是再合适不过了。于是乎，一心想有所作为的官员，在旁人看来却成了无事生非的瞎折腾，但凡出现一丝纰漏，被同僚抓住一些把柄，等待他的将是铺天盖地、没完没了的参奏弹劾。长此以往，谁肯犯傻？因此，范仲淹、富弼建议，平时只做太平官、熬到"磨勘"齐步走的做法必须改变，朝廷要论功善行升迁，对于那些无功善可言的官员，轻者原地踏步，重者降黜品秩，恢复太祖、太宗时期"人人自励，以求绩效"的"狼性"氛围。

二是"抑侥幸"，也就是抬高恩荫的门槛、管控恩荫的名额，遏制住"一人得道，鸡犬升天"的泛滥之势。关于恩荫泛滥，前文略有提及，但没有展开说，其实这个问题非常严重。根据范仲淹的推算，如果一位官员做到学士以上的品级，历经二十年便可以通过恩荫获得二十名京官的编制。有的官员家里没有这么多子孙接受恩荫，便举荐异姓亲眷甚至门客来凑数。俗话说无利不起早，这样的举荐当然不会是无偿的，事实上与卖官鬻爵无异。

三是"精贡举"，具体包括改革科举制度和教育体制。范仲淹、富弼认为，沿袭隋唐而来的科举考试内容，与治理国家所需的才能存在严重偏差，应试的举子只知道死记硬背、堆砌辞藻，等到为官一任的时候全部抓瞎。因此，考试的内容要改革，“使人不专辞藻，必明理道”。有了这根指挥棒的作用，便可按照“教以经济之业，取以经济之才”的目标改革教育体制，培养国家真正需要的人才。

四是“择官长”，即制订地方长官的选拔标准。一直以来，朝廷委任路、州、县的主官，往往随心所欲的成分比较大，哪里出了缺，从候任官员里面随便一划拉，“不问贤愚，不较能否”，点到谁算谁，胜任的概率几近于中头彩。范仲淹、富弼建议，要从资历、功过等方面对拟任人选进行全面考察，“委得允当，然后引对”，确保官员能胜任差遣，使才不配位的状况成为小概率事件。

五是“均公田”，也就是根据实际情况调整公田的分配额，解除地方官员的后顾之忧。所谓“公田”，即前面提到过的职田，专门分配给地方官员，让他们收取一定的租金补贴家用，充作养廉之资（“责其廉节，督其善政”）。出发点固然是好的，但放在全国的范围内来考察，由于人事变迁、政策差异等因素的长期积累，存在分配严重不均的问题，多的富得流油，少的捉襟见肘，导致怨声载道，甚至侵占民田之事时有发生。孔老夫子有云，“有国有家者，不患寡而患不均”，同样是为朝廷效力，理应一碗水端平，岂能厚此薄彼？

六是“厚农桑”，简单来讲就是大力开展农业建设。常言道民以食为天，自有夏以来，历朝历代都是采取重农轻商（有时甚至抑商）的国策，但时代发展到宋朝，商业贸易突飞猛进的同时，耕织蚕桑则有所荒疏，导致粮帛的价格居高不下。朝廷在江浙诸路籴米和转运的费用，一年就高达三百万缗，以至于“粟帛常贵，府库日虚”。范仲淹、富弼认为，圣人之德在善政，善政之要在养民，养民之政先务农。农耕实乃国之根本，国本不牢，地动山摇！时至今日，朝廷有必要督促各地（尤其是江浙地区）兴修水利、筑堤开渠，大力发展农业生产，确保“下少饥年，上无贵籴”。

七是“修武备”，这条举措关乎军事体制，并且带有一定的颠覆性。与汉朝的兵役制、唐朝的府兵制不同，宋朝实行的是募兵制，职业化、终身制既削弱了军队的战斗力，也加重了朝廷养兵的负担。范仲淹、富弼建议，应当恢复到唐朝的府兵制，各地挑选出来的兵丁采取平战结合的方式，“三时务农”、“一时教战”，年老者复员、年壮者补入，这样既能减少朝廷的供养之费，又能保障军队的战斗力，从而更加有效地防范外患。

八是“减徭役”，减轻百姓负担，与民休养生息。平心而论，由于宋朝实行的是职业化的募兵制，百姓需要承担的役使已经较汉朝、唐朝减轻了很多，没有兵役，劳役也比较轻，但差役还是少不了的。所谓“差役”，就是由各户轮流摊派出男丁到衙门里服务，譬如站在大堂上手持水火棍、齐声高喊“威武”的衙役就属于这一类。充任衙署差役的农夫，既不能回家劳作，衙门也不支付酬劳，出工出力拿不到薪水不说，自家的活计也没法干，这个负担可就相当沉重了。更有甚者，一些地方人烟稀少，平均一百户就要摊派二百名差役，一家出两名男丁，这日子还怎么过？为了解决这个问题，范仲淹、富弼提出了并县废邑、精简衙门机构的想法，从而减少衙署对于差役的需求数量。与此同时，对于那些正在各级衙署服务的差役，如果想回家务农，则听其自便。

九是“覃恩信”，“覃”是延伸、推广的意思，就是要将圣上给予天下百姓的恩泽落到实处。诸如“宽赋敛、减徭役、存恤孤寡”之类的恩泽，过去一道诏令下去，落到执行层面往往就成了放空炮，光听见轰隆隆的雷声，却见不到一丁点雨滴。百姓享受不到优待，官府乃至朝廷的公信力也会被削弱（“有负圣心，损伤和气”）。范仲淹、富弼建议，今后但凡有恩泽广布，朝廷就应该派遣官员前往各地访贫问苦、督导施行。如此一来，则“天下百姓，莫不幸甚”。

十是“重命令”，即确保法令和政策的稳定性，避免朝令夕改，甚至前后抵牾。范仲淹、富弼建议，朝廷下达的每一道命令，都要经过两府的仔细斟酌、反复参详，“必可经久，方得施行”。另外，公文（特别是律令）的措辞也要简明扼要、裁繁去冗，避免长篇累牍、不明所以。

（五）

范仲淹、富弼列出的诸项变革举措，是否得到宋仁宗的采纳，并顺利执行下去了呢？

根据富弼后来给范仲淹撰写的墓志铭所言，当时的情况并不乐观，诸项奏议“阻而不行者十八九”，即使勉强颁布施行，很快也被废止，以至于圣上之忧不减反增，“生民未得安”。

按常理来说，富弼是此次变革的倡导者和经历者，他的记录应该有比较高的可信度。不过，结合其他史料记载来看，富弼的这些激愤之辞，发牢骚的成分更大一些。新政的举措确实没能坚持太久，但在接到范仲淹、富弼的奏议之后，宋仁宗当即“悉用其说”，“次第颁下”，除了“修武备”这一条以外，其余各项都陆陆续续地推行下去了。

根据《续资治通鉴长编》的记载，在范仲淹、富弼进呈奏疏的当月（十月），“择官长”这一项率先得以实施。六日之后，朝廷又明确了磨勘年限，应该是“明黜陟”的配套性政策。十一月，朝廷相继颁布“试馆职法”、“任子法”，旨在“抑侥幸”，同月实施的还有“均公田”。次年三月，朝廷按照“精贡举”的要求，颁布实施科举取士的新制度，五月则推行“减徭役”。

尽管史书没有明确记载“厚农桑”、“覃恩信”、“重命令”的推行时间，但还是可以从一些史料的记录中寻觅到这三项举措的踪影。根据《宋会要辑稿》记载，在当年的十一月初，宋仁宗下达了一道诏书，要求江淮、两浙等地利用冬季农闲的机会，抓紧整修圩田、河渠，加固堤防，防备水患，这显然就是“厚农桑”的题中应有之义。至于“覃恩信”，范仲淹在一道奏疏中提到，朝廷先前已责成三司使核查“侵欺、盗用、该赦欠负”，并向宋仁宗建议一律免除。还有“重命令”，时任司勋员外郎的吕绍宁在次年五月提出建议，将朝廷现行法令编纂成册（称为“编敕”），下发给地方各级衙门，同时让大理寺将律法分编，“便于检阅而无误出入刑名”，宋仁宗采纳了这一建议。

另据一些史料记载，在“择官长”刚刚推行的时候，范仲淹、富弼两人之间有过一次著名的对话。当时，“锐意改革吏治”的范仲淹打算从各路监司入手，拿过花名册，把那些他认为才不配位的官员全部勾掉。富弼半开玩笑半认真地说，你这一笔下去倒是容易，“焉知一家哭矣”。范仲淹正色凛然地回答说：“一家哭，何如一路哭耶！”

至于“修武备”一项，也就是将宋朝实行的募兵制恢复到唐朝的府兵制，这个问题有点复杂。南宋史学家李焘编撰的《续资治通鉴长编》只是记载说，“辅臣共以为不可而止”，但哪些辅臣认为不可，为什么认为不可，则语焉不详。不过，有一些时人或者后人编撰的笔记纪闻，倒是记录了这样一段逸闻：当初在西北边境叱咤风云、与范仲淹并称为“韩范”的韩琦，恰恰是“修武备”的关键反对者。

韩琦反对恢复府兵制的理由，归结起来就是七个字：“积习已久，不可废。”具体来说，韩琦认为宋朝首创的募兵制未必一无是处，而起于西魏、兴于唐朝的府兵制非但不是什么灵丹妙药，其弊端甚至远远超过招募。

唐朝当年实行府兵制的时候，那些服兵役的百姓连年戍边，“父子兄弟有生离死别之苦”。正是因为考虑到如何减轻百姓的痛苦，宋太祖方才通过招募的方式，把那些游散之徒、流窜之寇聚拢在一起，为国效命于疆场，若逢灾年还广纳饥民。历史事实充分证明，这样做的好处是显而易见的：既解决了朝廷的兵源问题，又能消弭社会上不稳定的因素，还可以让良民“保骨肉相聚之乐”。牺牲一小批，幸福千万家，哪里不好了？

韩琦认为，如果贸然恢复到府兵制，不要空口白牙地说什么没有“调兵于民”，大伙回家去把杜甫的《石壕吏》翻出来读一读，恐怕什么都明白了吧。“暮投石壕村，有吏夜捉人。老翁逾墙走，老妇出门看。吏呼一何怒，妇啼一何苦！听妇前致词：三男邺城戍。一男附书至，二男新战死。存者且偷生，死者长已矣。室中更无人，惟有乳下孙……”百姓悲苦如斯，这难道就是你们想要的结果吗？！

平心而论，撇开募兵制、府兵制的优劣对比不谈，在内忧外患交织的时代，对国防力量做这种颠覆性的手术，未可预知的风险确实太高了。稳妥起见，朝廷只得暂且将“修武备”这一项举措束之高阁，集中精力去澄清吏治，以图国富民强。或许，宋仁宗是想等待一个合适的时机，再行军事体系的变革，但令人遗憾的是，他终究没能等到这样的机会。

暗流汹涌：牵之一发，殃及全身

（一）

范仲淹、富弼等人在宋仁宗的支持下，大刀阔斧地推行“新政”，值此紧要关头，几件看似毫不起眼的事情，仿佛被赋予了一股神奇而魔幻的力量，促使这场轰轰烈烈的“庆历新政”在短短数月之内，便迅速偏离预设的轨道，滑向近乎万劫不复的深渊。

第一件事情，始发于庆历三年（1043年）六至七月间，有人从陕西前线向朝廷呈上奏报，揭发出两宗所谓的“公用钱案”。

提到“公用钱”，想必大家有点眼熟，前面讲宋朝文官待遇的时候，其中有一项收入名目叫“公使钱”。两者虽然只有一字之差，也时常被混为一谈，其实本质上是有很大区别的。

公使钱发放的对象是地方官，以及兼有“某某使”头衔的京官（如节度使、观察使、团练使、刺史等等），根据官阶逐次有差，少则数百贯，多则上万贯，“随月给受，如禄奉焉”，直接发到官员本人的手里。譬如在宋仁宗与群臣商议“裁减浮费”的时候，“八大王”赵元俨主动提出“尽纳公使钱”，他所说的正是这项补贴。

公用钱呢，则是朝廷划拨给各级衙署的特别办公经费，根据衙署品级和州郡大小的不同，也是逐次有差，从二百贯到五千贯不等，这笔款项一般会被用于招待宴请、馈赠补助等临时性的开支。譬如范仲淹、韩琦当初在泾州（今甘肃泾川）坐镇的时候，就曾经动用这笔款项去周济家庭生活困难的僚属。

简单来讲，公使钱属于个人收入，官员完全可以自由支配，谁也管不了，但公用钱属于公款，每一笔款项的开支，都要履行相应的手续。以州衙为例，但凡需要动用这笔款项，必须经过知州、通判的联署签批，并登记造册，接受上级有司的核查审计。

庆历三年（1043 年）四月，宋仁宗的一道诏令，将韩琦、范仲淹同时调离陕西，回朝擢升为枢密副使。接替他们的人名叫郑戬，他跟范仲淹还是连襟，先前担任知永兴军（治所在京兆府，即今陕西西安），史载此人“凭气近侠，用刑峻深，士民多怨之”，如今集韩、范二人之职于一身，全面统领陕西四路，驻镇于泾州。转眼过了两个来月，上任伊始的郑戬，以及时任监察御史的梁坚，相继向朝廷奏报说，知渭州张亢、知庆州滕宗谅违规滥用公用钱，一个拿去做买卖盈利，一个花了十六万缗，实与贪污无异，情节相当严重，数额特别巨大。

说到张亢的名字，想必大家不会感到陌生，奇袭琉璃堡、兔毛川大捷，都是这位骁将的杰作。史载其“少豪迈有奇节”，打起仗来鬼点子不少，而且治军严明、乐善好施，唯独跟新任上司郑戬合不来。由此观之，郑戬揭发张亢，颇有一点公报私仇的味道，但张亢拿公用钱去做买卖，从而获取一定收益的做法，严格来讲确实存在违规问题，梁坚进一步说他“以利自入”，拿公家的钱为自己牟取私利，这个性质就比较恶劣了。

再说滕宗谅，也就是范仲淹在《岳阳楼记》开篇提到的滕子京，这位仁兄先前也出过镜。大家还记得吗？早在天圣十年（1032 年）八月，宫中发生了一场火灾，皇太后刘娥和宋仁宗险些丧命，时任殿中丞的滕宗谅便借题发挥，以“虽缘人事，实系天时”为由，强烈要求刘娥归政。宋仁宗亲政以后，对这位敢言之士颇为青睐，屡有擢升提携。

除此之外，关于滕宗谅的传奇故事还有很多。他比范仲淹小两岁，两人同在大中祥符八年（1015 年）进士及第，算得上是同年之谊，但当时不过是泛泛之交。数年以后，滕宗谅、范仲淹又在泰州（今江苏泰州）聚首，一个任军事推官，一个任盐仓监。当时，泰州境内的海堤因为年久失修，多处溃决，导致良田被淹，盐灶被毁。范仲淹主持修护海堤，滕宗谅出力甚多，而且在突遭风浪的时候，“兵民惊逸，吏皆苍惶”，唯独滕宗谅“神色不变，缓谈其利害”，令范仲淹不由得对这位同僚刮目相看。据范仲淹后来坦承，正是从这个时候起，他才欣喜地发现滕宗谅“必非常之才而心爱焉”，两人从此便结下了极其深厚的友谊，史载“讽雅相善”。李元昊起兵反叛之际，两人临危受命，同在陕西协力守边。特别是宋军兵败定川寨之后，滕宗谅驻守的泾州暴露在西夏军的刀锋之下，防御压力骤增，多亏范仲淹从环庆路率兵驰援，既解了泾州的倒悬之危，很大程度上也救了滕宗谅的性命。

根据《宋史》的记载，滕宗谅这个人很讲义气，“倜傥自任，好施与”，可能就是因为有些目空一切的豪爽性格，才把新任上司郑戬给得罪了吧。在郑戬、梁坚的奏报中，滕宗谅身上至少存在三个问题（或者说罪状）：一是以极低的价格在民间收购牲畜，涉嫌欺压百姓；二是曾经在邠州大摆筵席，“声乐数日”，放纵无度，导致“士卒怨嗟”；三是竟然花出去十六万缗的公用钱，其中包括数万缗的糊涂账，不知道被他花到哪儿去了，想必是暗中据为己有。

接到郑戬、梁坚的奏报之后，宋仁宗忍不住雷霆震怒。要知道，宋朝当时正与西夏交战，虽然初现握手言和的曙光，但西北边境的战事依旧处于胶着状态，朝廷耗资巨大，财政上捉襟见肘。就说前些日子吧，宋仁宗还与群臣商议如何“裁减浮费”，连“八大王”赵元俨都表示要“尽纳公使钱”，聊补朝廷的无米之炊。这两位仁兄可倒好，不是把公用钱当成借鸡生蛋、中饱私囊的工具，便是耗费无度，大把大把地乱撒，简直是胆大包天！

于是乎，宋仁宗责令太常博士燕度前往邠州（今陕西彬县），实地调查这两宗骇人听闻的贪污案。燕度这个人呢，虽然在《宋史》里有传，但历史上没有什么名气，先前勉强拿得出手的事迹，只有他出任京畿的陈留（今河南开封附近）知县时，曾经动员县里的富户出粮赈济灾民。现如今，燕度被宋仁宗点了将，担任两宗“公用钱案”的“专案组”组长，算得上是人生的高光时刻了。然而，燕度接下来的拙劣表现，却惹来台谏言官的一顿炮轰。

怎么回事儿呢？原来，燕度前往陕西着手调查伊始，一面拘讯张亢、滕宗谅两名嫌疑犯，一面将稍微有些牵连的人全部抓来审问，大有不坐实其罪誓不罢休的味道。如此做派，与其说是恪尽职守、不负皇命，倒不如说他想借此立下奇功，谋取晋升之资。更有甚者，就连西北前线屈指可数的悍将狄青，也因为“曾随张亢入界”，被这个燕度给盯上了。比捕风捉影、“骚扰”狄青更为离谱的是，燕度还公然发出一道文牒，就西北边防诸事“劾问”正在陕西巡边的枢密副使韩琦，简直是无理取闹、无礼之至，“吃相”极其难看。

欧阳修听说燕度的所作所为之后，接连进呈了三道奏疏，参劾其“枝蔓勾追”，将无辜之人“囚系满狱”，搞得西北那边人人自危，“劾问”枢密副使韩琦之举，更是“轻慢朝廷，舞弄文法”。欧阳修据此认定，燕度就是想拿别人当垫脚石，谋求自己的升迁，故而“广张声势，肆意罗织”，品行过于卑鄙，理应将他交付有司问罪。

相较于欧阳修的激愤之辞，时任知渭州的尹洙显得要平心静气一些。他也向宋仁宗进呈了一道奏疏，但主要是替狄青申辩陈情。尹洙认为，狄青做人做事向来谨小慎微，绝不可能有假公济私的勾当，更何况眼下朝廷对他“委以一路兵柄”，又正值战事胶着的关键时期，没必要小题大做、自乱阵脚。

宋仁宗没有搭理欧阳修，但欣然采纳了尹洙的建议，责令燕度专司张亢、滕宗谅二人的案子，不要东拉西扯、动摇军心。转眼过了三个来月，燕度领衔的“专案组”终于有了收获，基本上可以结案了。

先说张亢，他自己主动承认，确实拿公用钱去做过买卖，但所获之利并不像梁坚所说的那样，都揣进了个人的腰包，而是用于购置战马和馈赠“游索之人”了。另外，在遭到郑戬告发之前，拿出去的公用钱已经全部归账。这里多说一句，借公用钱去做买卖盈利，用于犒赏军士、激励斗志，从宋太祖时期开始，便是边防部队不公开的秘密了，这也算是约定俗成、情有可原。

总的来讲，张亢的问题比较轻微，毕竟没有将所获之利中饱私囊，根据相关规定并不构成犯罪（“但不入己，更不坐罪”）。用今天的话来说，顶多算是“违纪”，况且张亢的认错态度比较好，案发前已经将本金归账，并没有造成款项损失的不良后果。

滕宗谅这边呢，情况就比较复杂了。十六万缗的公用钱，确确实实是被他花光了，但据范仲淹替这位故交申辩时所说，其中的十五万缗实乃“诸军请受”，不应该算在滕宗谅的头上。剩下的一万缗，数额当然也不算少，但滕宗谅自始至终只承认三千缗的账，那是他刚到泾州上任时花掉的，其余七千缗则是诸军的月饷，却被看热闹不嫌事大的梁坚张冠李戴、混为一谈了。

那么，三千缗又是怎么花掉的呢？腾宗谅表示，一是遵照过往的惯例，犒赏“诸部属羌”，笼络他们共同对付李元昊；二是跟张亢的做法一样，馈赠给一些“游士故人”，防止他们步张元、吴昊之流的后尘，跑去投奔李元昊，数典忘祖反噬中原。

按照滕宗谅的这一说法，账目虽然对不上，但用途还是比较明确的，也符合常理，顶多是在履行签批手续方面存在一些纰漏，但边防重地情况特殊，没必要吹毛求疵、求全责备。

至于郑戬、梁坚给滕宗谅开列的其余两个问题，范仲淹也替他做了辩解。一是低价收购百姓的牲畜，实乃临危应急之举，“纵有亏价，情亦可恕”。再者说，购置得来的那些牲畜，不都犒赏给军士了吗？当时“酒食柴薪并足，众心大喜”，以更加昂扬的斗志迎击来犯之敌，何错之有？二是在邠州大摆筵席，搞得士卒怨声载道的事儿，则纯属胡说八道。范仲淹、韩琦当时也在场，只见众将士欢欣鼓舞，未闻半句嗟怨之辞。

如此说来，滕宗谅的问题也不算大，至少没有“侵欺入己”之举，更谈不上触犯刑律，也可以按照“违纪”处理，意思意思得了。然而，事情坏就坏在滕宗谅这个人太讲江湖义气，他见“专案组”的组长燕度如此“枝蔓勾追”，索性将公用钱的账簿一把火给烧了，以免累及他人。

账簿被滕宗谅付之一炬，性质可就完全变了。往轻了说，这是在毁灭证据、对抗审查；往重了说，简直是目无法纪、扰乱朝纲。任其妄为，那还了得？！

（二）

自“公用钱案”遭到揭发以来，范仲淹一再向宋仁宗陈情申辩，甚至不惜放出狠话，表示甘愿与张亢、滕宗谅“同行贬黜”。宋仁宗了解到详细的案情之后，或许是想送给此次变革的“旗手”范仲淹一个人情，也或许确实对两位臣子动了恻隐之心，经过一番权衡，终于决定从轻发落，只将张亢降职为四方馆使、本路钤辖（官阶不变），滕宗谅则官降一级，贬为知虢州（今河南灵宝），但仍保留他天章阁待制的荣誉头衔。

然而，由于滕宗谅态度恶劣、行为放肆，枢密使杜衍、御史中丞王拱辰，还有一位名叫李京的台谏言官，都对宋仁宗的宽宥仁慈提出了强烈的抗议。杜衍怎么讲的，史书中并没有明确记载，只是欧阳修在一封奏疏中说他“欲深罪滕宗谅”。王拱辰身为御史台的主官，态度一如既往地激愤，痛斥滕宗谅“原心揣情，慢忽朝廷”，认为应该重处，甚至还以辞任相威胁。李京则爆出了一份猛料，说滕宗谅曾经差遣一百多名兵士出去贩茶牟利，沿途还拒绝缴纳税费，但此事并不在“专案组”的结案报告当中。因此，李京提议褫夺其天章阁待制的头衔，以惩戒滕宗谅的贪墨之举。

考虑到反对的声浪实在太高，宋仁宗为了息事宁人，只得重新下达一道诏令，将滕宗谅贬谪到距离京城更远的岳州（今湖南岳阳），还把王拱辰叫来好言劝慰了一番，谨防他撂下挑子、拍屁股走人，故意给圣上和朝廷难堪。

带着“处分”履新岳州，滕宗谅并没有就此消沉下去，而是泰然处之，继续造福一方，并先后完成了几桩功在当代、利在千秋的大事。一是创建岳州学宫、大兴教化，在这片荒远之地践行“精贡举”的变革举措。二是筑偃虹堤、治理水患，欧阳修还特意写了一篇《偃虹堤记》，盛赞滕宗谅“不苟一时之誉，思为利于无穷”。

滕宗谅在知岳州任上完成的第三桩大事，想必大家已经猜到了，就是在万顷碧波的洞庭湖畔，兴修了跻身于“江南三大名楼”之列的岳阳楼。说到这座名楼，除了那篇流誉古今的文章之外，其实还有一段颇为有趣的插曲。当时，从朝廷到地方的财政都非常吃紧，断然没有闲钱提供给滕宗谅搞这些聚文人骚客、览巴陵胜景的“形象工程”。滕宗谅先前已经栽了一回，也不敢再动挪用公款的心思，但大活人当然不会被一泡尿憋死，这位滕知州，竟然别出心裁地琢磨出了一个类似于“众筹”的办法。

根据《涑水记闻》的记载，滕宗谅采取的办法是这样的：先是贴出一张榜文，公开征集民间的各种烂账、死账、呆账，由官府出面向那些“老赖”追讨，所获之资便用于建造岳阳楼。岳州的百姓听闻之后，表现得异常踊跃，“老赖”们自然不敢跟官府玩赖，毕竟欠债还钱天经地义，于是很快筹得近万缗的款项，一座雄伟壮丽的阁楼便拔地而起了。

这里多说一句，因为众所周知的原因，司马光笔下的鸿篇巨制《资治通鉴》也好，随笔而录的《涑水记闻》也罢，对于改革派人物多有丑化和诋毁。就说建造岳阳楼吧，司马光说滕宗谅拿着这笔近万缗的巨额款项，竟然是“自掌之，不设主典案籍”，出入会计全由他一人打理，据此想当然地认为滕宗谅“自入者亦不鲜焉”。其实呢，关于滕宗谅的品行，史家早有定论，说他“及卒，无余财”，真可谓“赤条条来去无牵挂”，就连司马光自己也承认，岳州百姓对滕宗谅的评价颇高，“不以为非，皆称其能”。

岳阳楼落成之际，轰轰烈烈的“庆历新政”已经悲情落幕，范仲淹也被贬谪外放去了邓州（今河南邓州）。应这位故交之请，历经风雨、感触良多的范仲淹隔空遥想，欣然提笔，写下了一篇《岳阳楼记》，盛赞岳州在滕宗谅治下“政通人和，百废俱兴”之余，更是直抒胸臆，发出了那一番掷地有声、传诵千古的忧乐之叹。

接下来要说的第二件事情，同样发生在陕西：先前一举参劾掉两名知州的郑戬，很快又跟另一位州官——时任知渭州的尹洙杠上了，还险些闹出人命官司。

这场争端的起因，源自一个名叫水洛川的地方，也就是今天甘肃省的庄浪县附近。水洛川介于秦州（今甘肃天水）、渭州（今甘肃平凉）两大军事重镇之间，“川平土沃”，附近零零散散地分布着一些羌、氐部落，很多中原的流民亡命辗转辟居于此，“教其百工商贾”，历经岁月流逝，逐渐发展成为一处小有规模的堡寨。

早在唐朝的时候，水洛川便是吐蕃入寇关中的一条重要通道，防御压力一直很大。宋真宗时期担任知秦州的曹玮（曹彬之子）曾经打算妥善经营此地，打通渭、秦两州相互增援的道路，从而巩固边境的守备，只是当时诸事繁杂，一时难以顾及。

庆历二年（1042 年），负责环庆路、知庆州（今甘肃庆阳）的范仲淹，与负责泾原路、知秦州的韩琦，围绕是否应该在水洛川筑城戍守的问题，发生过一番激烈的争执。当时，范仲淹力主筑城，这样便可以阻断李元昊入寇秦亭（今甘肃清水附近）的道路，有助于巩固边防，“其利甚大”。韩琦对此表示异议，说了很多理由，但归根结底就是一句话：构筑水洛城的耗费，与其能够发挥出来的军事价值，两者之间根本不成正比。

这一次，宋仁宗选择站在韩琦一边，他也觉得没必要在广袤的西北边境处处设防，搞得兵力四散，反倒削弱了守备的力量。再者说，与西夏的战事耗时已久，朝廷哪有闲钱给你们砌墙玩？

转眼到了次年八月，接任陕西四路统帅的郑戬巡边至水洛川一带，一位官员的一番举动，令他对筑城于此产生了强烈的兴趣。这位官员名叫刘沪，又被当地军民称为“刘开门”。这个外号是怎么来的呢？话说刘沪在担任渭州瓦亭寨监押的时候，曾经率兵深入敌境，一举夺占了城章川（今甘肃静宁），“收善田数百顷，以益屯兵”。不久之后的康定二年（1041 年）初，宋军在好水川遭遇惨败，一时间“边城昼闭”，很多百姓的家产、牲畜都被西夏军劫掠，只有刘沪打开寨门接纳流民，从此便被人叫作“刘开门”了。

有了先前城章川的成功经验，又借助这个响当当的名号，刘沪派人前往水洛川游说当地的氐族部落首领，规劝其率族众归附朝廷，双方谈得非常顺利。于是，等郑戬巡边到水洛川一带的时候，刘沪便让首领率族众前来拜见郑戬，表达“愿为属户”之意。郑戬大喜过望，当即命刘沪代表朝廷前去接收，没想到部落首领出尔反尔，召集数万族众将刘沪率领的一千兵马重重包围。刘沪临危不乱、镇定指挥，将对方揍得四处溃散，“尽驱其众隶麾下”，这笔买卖可赚大了。

氐族部落服了软、认了怂，标志着大宋官军已经完全控制了水洛川地区。

郑戬当即上奏朝廷，建议构筑水洛城，借助当地部落的力量加强边境守备，“实为封疆之利”。奏疏递上去的同时,郑戬也玩了一个心眼。他心里很清楚，韩琦当年是反对在此筑城的,所以特别提出一项请求,“乞令韩琦不预商量”。

赶巧的是，擢升枢密副使之后没多久，韩琦便马不停蹄地赶往陕西巡边去了，确实没有参与此次商议过程。此时已擢升参知政事的范仲淹呢，他是非常支持筑城的，又因为提出十项变革举措而深得宋仁宗的倚重，所以商议的结果丝毫不出意外，朝廷的批复很快就下来了，同意郑戬之请，开始构筑水洛城。

郑戬进呈奏疏，朝廷做出肯定的批复，都是庆历三年（1043 年）十月发生的事儿。等到十二月，韩琦完成巡边回朝，当即上奏宋仁宗，认为先前构筑水洛城的决定是完全错误的。韩琦所说的反对理由，归纳起来有这么几点：第一，耗资巨大，劳民伤财；第二，兵力分散戍守，遇敌来犯只能坚壁清野,“不战而自困”;第三，水洛川一带的部落缺乏中原教化，俗称“生蕃”，群众基础不牢固；第四，以当地部落的实力，数千官军往来其间，谁敢站出来阻拦，所以凭借水洛城来实现秦、渭二州互通，本身就是一个伪命题。韩琦认为，水洛城根本没有必要构筑，只需责令泾原、秦凤两路的驻军加强巡检、熟悉通道，“以备缓急策应”即可。韩琦还提醒宋仁宗说，驻守在泾原、秦凤两路的军政长官，包括文彦博、尹洙和狄青，其实都是反对在水洛川筑城的。

听了韩琦这番入情入理的细致分析之后，宋仁宗似乎意识到，先前同意修城的决定有点草率了，遂于庆历四年（1044）正月下达诏书，责令水洛城立即停工，不修了。

与此同时，韩琦还结合此次巡边的情况向宋仁宗提出建议，认为眼下与西夏的和谈已经取得阶段性成果，边境战事也趋于缓和，没必要再通过一个“前沿指挥部”（即陕西四路都部署司）协调各路的行动了，放手让他们各自守备即可。韩琦的这个建议，宋仁宗也采纳了。于是乎，刚接到一盆冷水的郑戬又收到一道诏书，让他复任知永兴军之职，但仍兼领四路都部署。

（三）

如果郑戬不折不扣地执行诏令，将修筑水洛城的队伍撤下来，事情就算是过去了，来日方长，以后还能继续掰扯。然而出乎所有人的意料，郑戬并没有下令停工，而是利用继续兼领四路都部署的机会，督令具体负责筑城的许迁（时任泾原都监）和刘沪（时任渭州西路巡检）加快施工进度，还派遣时任永兴军节度推官的董士廉率兵前去支援。与此同时，郑戬也没忘记打笔墨官司，一方面移文渭州（水洛川归属驻镇渭州的泾原路管辖），向知渭州尹洙（他还兼管泾原路）道明“越级指挥”的原由；另一方面接连向朝廷进呈奏疏，“极言城水洛之便”。

对于郑戬固执己见的频繁奏报，朝廷表现得异常冷淡，毕竟先前已经做出“二审”,没必要翻来覆去地闲扯淡,你以为满朝文武都闲得慌吗？！不过，欧阳修以台谏言官所特有的敏锐嗅觉，突然意识到这里面还隐藏着一个无法自圆其说的纰漏：既然朝廷已经决定撤销陕西四路都部署司，也恢复了各路的都部署司，怎么还能让郑戬兼领四路都部署呢？庙都拆掉了，又把担任住持的和尚留着，这是发的什么神经？

经过欧阳修这么一点拨，宋仁宗如梦初醒。于是乎，郑戬又收到了第三道诏书，其中没有提及水洛城半句，而是罢免其四路都部署司之职，让他集中精力管好永兴军就行了。

如此一来，郑戬已经没有权限向水洛城方面发号施令了。作为水洛筑城部队的直接上司，尹洙先是将许迁召回渭州，随后传檄刘沪、董士廉，责令他们遵照朝廷下达的诏令，立即停止施工，把部队撤下来。

当地的部落首领听说水洛城即将成为“烂尾工程”，赶紧率领族众前来堵路，不让刘沪、董士廉撤走，并表示愿意“自备财力修城”，不再耗费朝廷的一分钱。刘沪、董士廉原本都是力主筑城的，见此情形不由得暗自欣喜，硬是顶着抗命不遵的罪名继续在水洛城搬砖。

与此同时，朝廷似乎也从水洛城公然抗诏、继续“违建”的一丝诡异中逐渐回过神来，认为有必要派几位官员去实地调查一番，搞清楚其中的利弊关系之后，再行商议定夺。

朝廷派出的“调查组”还在路上，水洛城那边就出大事儿了。原来，尹洙五次三番传檄刘沪、董士廉无果，一时盛怒不已，索性命令时任泾原路副都部署的狄青领兵巡边，顺带着缉捕刘沪、董士廉，将二人斩首示众，以正典刑。多亏狄青平日里行事谨小慎微，深知此事关系重大，千万不可意气用事，酿成无法挽回的大错。因此，他把尹洙的命令打了一个折扣，只是将刘沪、董士廉二人缉拿，押赴德顺军（今宁夏隆德）先关押起来，等朝廷派出的“调查组”来了再说。

消息传到京城，朝堂上顿时就炸开了锅。此时，修筑水洛城的问题已经不是重点，众臣更加的关注是尹洙、狄青一方与刘沪、董士廉一方（背后还有郑戬），在这件事情的处理方式上到底孰是孰非。正如谏官孙甫发出的“灵魂拷问”：“此狱系一方利害，但未知朝廷处置何如尔？”——到底应该如何处置这桩麻烦事，宋仁宗的脑子里估计也是一团糨糊。

且不说宋仁宗的态度，估计他这一时半会儿也没什么态度，咱们先来看看群臣的想法。只拣重要的几位人物来说：枢密副使韩琦，对修筑水洛城秉持异议，自然站在尹洙、狄青一边。参知政事范仲淹，力主修筑水洛城，所以一心替刘沪、董士廉鸣不平，并提议先将二人转移到邠州去，谨防尹洙、狄青一怒之下真把他们给咔嚓了。右正言余靖，他的想法跟范仲淹差不多，此处略过不表。知谏院欧阳修，也支持修筑水洛城，但态度上要中立一些。他一方面认为，刘沪筑水洛城之功，堪比当年范仲淹筑大顺城、种世衡筑青涧城；另一方面又觉得尹洙、狄青的做法虽说简单粗暴，但也情有可原，没必要揪住不放，还是应该顾全大局，让双方都能有一个台阶下。

平心而论，此时的范仲淹、余靖，对于武将狄青多少有一些成见和误解。要不是狄青先前谨慎行事，刘沪、董士廉恐怕早就人头落地了。后来，宋仁宗采纳范仲淹的建议，下诏将刘、董二人从德顺军转移到邠州，狄青当即读懂了朝廷的用意，索性将刘沪、董士廉释放出狱，让他们前往水洛城继续搬砖去了。

转眼到了庆历四年（1044年）五月，“调查组”终于将报告上奏朝廷，说水洛城的主体工程业已完成，只差一些配套性的施工任务，“弃之诚可惜”，还不如让刘沪、董士廉他们一鼓作气修完算了。于是乎，宋仁宗与宰臣终于对这场掰扯了大半年还险些闹出人命的官司做出了“终审裁定”：刘沪、董士廉继续在水洛城搬砖，尹洙卷起铺盖走人，先是让他知庆州，随即调离陕西，去河东路任知晋州（今山西临汾），不久之后又改任知潞州（今山西长治）。

这里捎带着多说一句，知渭州尹洙调离之后，宋仁宗原本打算擢升狄青接任，结果遭到右正言余靖的连番炮轰。我在前面提到过这事儿。当时，余靖的态度很强硬，话说得也很难听，结果狄青非但没能接任知渭州之职，还被调离陕西，也去了河东路，出任权并代部署。

庆历四年（1044年）六月，引发一系列争端的水洛城终于顺利竣工，宋仁宗于次月赏赐筑城部队的同时，又对“违本路帅命”的刘沪、董士廉略施惩戒。刘沪被降了官阶，但仍让他驻守水洛城，董士廉调任确山（今河南确山）知县，罚铜八斤。八月，狄青被调回陕西，出任泾原路都部署。不久，刘沪染暴疾而亡，家人原本要将他的灵柩运回老家，但水洛城的百姓“遮道号泣请留”。最终，刘沪长眠于水洛城，这里的百姓“立祠城隅，岁时祀之”。时至今日，甘肃省庄浪县仍有不少纪念刘沪筑城之功的遗迹和风俗。

史称“争水洛城事”的争端基本落下帷幕，却留给后人无尽的思索与慨叹。该不该修筑这座边城，原本只是见仁见智的技术问题，有分歧、有争议，再平常不过。深陷其中的当事双方呢，郑戬、刘沪、董士廉也好，尹洙、狄青也罢，都有说得过去的地方，也都有考虑欠妥甚至行为过火之处。不过要是追本溯源的话，朝令夕改、反复摇摆的朝廷应该负主要责任。试想一下，如果最初接到郑戬奏报的时候能够仔细参详，多征求一下陕西四路诸位长官的意见，而不是仅凭一面之词贸然决策，接着又在短短半年之内几经反复，兴许就不会惹出这么多的麻烦了。

至于力主筑城的变革“旗手”范仲淹，恐怕也难辞其咎。“重命令”是他提出的十大举措之一，用到自己身上的时候却大打折扣，竟然趁着秉持异议的韩琦不在朝堂，迎合郑戬仓促拍板，实在有失一位变革派政治家的水准。

俗话说得好，该来的总会来，想躲也躲不过。就在“公用钱案”、“争水洛城事”闹得沸沸扬扬的时候，石介写下的那篇《庆历圣德颂》，果然引发了一场关于“朋党之议”的风波，范仲淹、韩琦先前不祥的预感不幸被坐实。

石介在那首洋洋洒洒近千字的长诗中，对范仲淹、韩琦、富弼、欧阳修等“俊良”、“众贤”丝毫不吝溢美之词，同时又不点名地痛斥夏竦是“妖魃”、“大奸”，一点情面也不留。当时，这首长诗在朝野迅速走红，士人争相抄录传诵，就连远在眉州（今四川眉山）的总角小儿苏轼都有所耳闻，更别提被批得体无完肤的夏竦了。据说，夏竦特意在家中立了一块石碑，上书六个大字“夙世冤家石介”，足见其切齿痛恨之至。再加上先前擢升枢密使的那场“乌龙”，惨遭“戏弄”的夏竦更是与范仲淹、韩琦、富弼、欧阳修等人结下了不共戴天之仇。

于是乎，夏竦利用自己的人脉关系，在朝野恶意散布政治谣言，给杜衍、范仲淹、欧阳修等人扣上了一顶“朋党”的帽子。尽管夏竦是恶意而为、以泄私愤，但不得不承认，此人真是“贼”眼独具，这个攻击点找得相当精准。何出此言？可从三个方面来分析：

第一个方面，所谓的“朋党”，用今天的话说叫搞团团伙伙、党同伐异，自古以来就是极其敏感的政治话题，其严重程度也就稍稍比“谋逆”好那么一丁点儿。

《韩非子》有云：“交众与多，外内朋党，虽有大过，其蔽多矣”，大抵是“朋党”这个字眼比较早的出处了。正所谓物以类聚、人以群分，官员因为立场相近、利益相通而形成某个政治派别，历史上并不鲜见，远有东汉的“党锢之祸”，近有唐朝的“牛李党争”，往后还会出现元祐党人、东林党人……

“朋党”之害，并不仅仅是像西晋大臣郤诜所说的那样，“朋党则诬調，诬調则臧否失实”，严重破坏官场生态，而是极有可能威胁到皇权的安危。因此，历朝历代的统治者都视“朋党”为洪水猛兽，臣僚更是避之唯恐不及。更有甚者，即便是那些明目张胆搞“朋党”的人，提起“朋党”也是一副含血愤天的做派。就拿唐朝时的“牛李党争”来说吧，身为一朝天子的唐文宗什么都明白，却什么也做不了，只能时常哀叹“去河北贼易，去朝中朋党难”。然而，作为这场党争的关键人物李德裕（“李党”的魁首），却大言不惭地痛斥“朋党”之流“依倚幸臣，诬陷君子”，简直就是贼喊捉贼、可恶又可笑，这说明他也不想被人贴上这道“催命符”啊！

转眼来到宋朝，政治环境宽松了许多，尽管统治者依然心存忌讳，臣僚也不愿被人贴上“朋党”的标签，但已经有士大夫开始正视这个客观存在的现象了。譬如宋初名臣王禹偁，他认为“朋党之来远矣”，而且有“君子之党”、“小人之党”的区别。即便如此，从实际操作的层面来观察，“朋党”一词依然是贬义远远大于褒义。以景祐三年（1036年）发生的那场争端为例，范仲淹便是因为“越职言事，荐引朋党，离间君臣”而被贬黜外放的，替范仲淹申辩鸣冤的一批官员，宰相吕夷简更是抓住有利时机，将他们“皆指为党人”。现如今，夏竦又把这事儿挑将起来，还说得有鼻子有眼，当年“专以朋党污善良”的局面极有可能再度上演。

第二个方面，欧阳修此时的欠妥行为，确实让夏竦抓住了一个不小的把柄。按照宋朝制度设计的初衷，台谏言官理应发挥劝谏君主、纠察臣僚的作用，欧阳修跻身于“庆历四谏官”之列，却因为与范仲淹、富弼等人理念相近、交情甚笃，竟然不厌其烦地给他们呐喊助威、高唱赞歌，没有丝毫的避讳（“略不以形迹嫌疑顾避”）。

台谏言官竭力为两府重臣“代言”，监察专员摇身一变成了宣传干事，一般人看来都难免浮想联翩，更别说居心叵测的夏竦会借此大做文章了。

第三个方面，范仲淹、富弼等人大刀阔斧地推行“新政”，规模与力度空前，势必会从广度和深度上打破原有的利益平衡。常言道，触动利益比触动灵魂还要艰难，反过来理解，利益一旦被触动，各种幺蛾子必然会层出不穷。咱们在前面讲过一个故事，范仲淹雷厉风行，将那些才不配位的官员逐一勾掉，认为“一家哭，何如一路哭耶”。那些“一家哭”的官员，丢了官位、断了前程，岂肯善罢甘休？毫不夸张地说，夏竦干了一件很多人想干不敢干或者不知道怎么干的事情！既然有人已经站出来打响了第一枪，各种攻讦诋毁、诽谤诬陷，势必会如潮水一般席卷而来。

在以上几个方面因素的综合作用之下，夏竦制造的政治谣言传播得异常迅猛。根据史书记载，一位名叫蓝元震的内侍深感忧虑，煞有介事地向宋仁宗进言说，范仲淹、欧阳修等人“以国家爵禄为私惠，胶固朋党”，如果任由他们发展下去，恐怕不出三两年就会党羽遍布，惑乱朝纲了！

（四）

朝野传闻四起，深居宫中的宋仁宗多少有些耳闻，但他选择相信范仲淹、欧阳修等人的品行。即便是内侍蓝元震把话说得如此明了，宋仁宗依然“终不之信也”。话说回来，朝堂内外对范仲淹一干人等议论纷纷，虽然“朋党”的说法并无确凿的证据，但无论是为了防患于未然，还是出于对当事人负责的考虑，都有必要敲打他们一番，用今天的话来说，就算是开展一次“提醒谈话”吧。于是乎，在庆历四年（1044 年）四月，宋仁宗当着宰辅重臣的面，提出了一个看似有些莫名其妙的问题：“自昔小人多为朋党，亦有君子之党乎？”

先前群议汹汹，韩琦、范仲淹等人本着“清者自清”的理念，并未加以理睬和申辩，但宋仁宗主动甩出这个话题，说明圣上心中多多少少还是有些疑虑的。范仲淹见问，便结合自己在西北守边时的亲身体验回答说：一支军队里，英勇善战的士兵喜欢凑在一起，贪生怕死的士兵也喜欢凑在一起，正所谓“方以类聚，物以群分”是也。朝堂自然也是这个道理，忠良相聚成朋，奸佞狼狈一党，这就需要圣上明察善辨了。

欧阳修的级别不够，没能参加此次暗藏玄机的召对，但他获悉消息之后，当即写了一篇文章抗辩，这就是著名的《朋党论》。欧阳修与范仲淹的想法差不多，如果追本溯源的话，跟王禹偁堪称一脉相承。欧阳修认为，“朋党之说，自古有之”，“此自然之理也”，想靠人力去消灭它，既不可能，更没必要。不过，此朋党与彼朋党还是有明显区别的。简单来讲，君子“以同道为朋”，依靠道义、忠心、名节维系在一起，小人则是“以同利为朋”，要么“见利而争先”，要么“利尽而交疏”，反目成仇甚至六亲不认者，更是比比皆是。“故为人君者，但当退小人之伪朋，用君子之真朋，则天下治矣。”

欧阳修的这篇文章写得很精彩，论点鲜明，推理有据，堪称说理小文的经典之作。不过平心而论，先前的王禹偁也好，如今的范仲淹、欧阳修也罢，对于“朋党”的诠释颇有一点“白马非马”的味道：马身上的毛色再怎么洁白如雪，不还是一匹马吗？同理，所谓“君子之党”，本质上依然是“朋党”，既然是“朋党”，便有盘根错节之忧，更有危及皇权之患。再者说，君子、小人真的那么泾渭分明吗？谁又能做出完全客观中立的判断呢？要知道，即便是范仲淹、富弼、欧阳修，难道他们没有说错话、做错事的时候吗？范仲淹在“争水洛城事”中的表现就不尽如人意吧？如果现实尽如唱戏那般，全凭脸谱色彩区分善恶忠奸，恐怕这个天下就不会有什么难事了吧！

闲言少叙，说回这一次别有深意的“提醒谈话”。对于范仲淹、欧阳修的回答，宋仁宗是否满意呢？尽管主流史书对此没有明确记载，但南宋名儒谢枋得在编纂《文章轨范》时，为选入的《朋党论》写了一段评语，其中有一句便是说欧阳修“上朋党论，以破邪说，仁宗感悟”。由此看来，范仲淹、欧阳修在宋仁宗那里，算是勉强过关了。

我觉得吧，宋仁宗之所以感悟与释然，与其说是欧阳修的文章写得好，倒不如说是事实胜于雄辩。想必大家已经注意到了，在“公用钱案”、“争水洛城事”这两场争执中，相互掰扯得最厉害的，恰恰是力主变革的这群“朋党”。围绕如何处治滕宗谅，杜衍、王拱辰跟范仲淹掐；围绕要不要修筑水洛城，范仲淹、尹洙又跟韩琦掐。尽管他们秉持相近的价值观，彼此之间的私人交情更是没得说，但在面对具体问题的时候，无一例外地都会选择公而忘私，甚至各执己见、互不相让，而不是私相授受、暗通款曲，这不正是孔老夫子所说的“君子和而不同”吗？！

既然宋仁宗表明了态度，“朋党之议”便逐渐得以平息，但这显然有违夏竦的初衷。不出大家所料，他又要准备搞事情了。

前面分析过，“朋党”的严重性仅次于“谋逆”，可这么大的阵势都没能把范仲淹、富弼等人扳倒，接下来能够发挥功效的，恐怕只剩下“谋逆”了。然而，“谋逆”这顶帽子不是想扣给谁就能扣给谁的，你上哪儿挖证据去？即使弄了一些捕风捉影、牵强附会的黑材料，可又能有几个人会深信不疑呢？毕竟在大宋王朝的士大夫看来，一干文臣要是能“谋逆”的话，那一番烦冗缜密的顶层设计岂不是成了摆设？

（五）

话说回来，对于处心积虑的夏竦而言，只要贼心不死，一切皆有可能！大约在庆历四年（1044 年）的五六月间，夏竦果真又炮制出一则更加耸人听闻的政治谣言：石介写信给枢密副使富弼，催促他赶紧“行伊、霍之事”，甚至连废立皇帝的诏书都草拟好了。

俗话说得好，谣言一张嘴，辟谣跑断腿。所谓的“废立诏草”，纯属夏竦为了不可告人的目的而凭空捏造出来的。至于石介给枢密副使富弼写信，倒是有这么回事儿，但石介在信中提到的是“行伊、周之事”。据说，夏竦为了构陷“夙世冤家石介”，暗中指使一名婢女临摹石介的书法，经过坚持不懈的练习，终于达到以假乱真的地步。于是乎，夏竦暗中指使这名婢女将石介写给富弼的书信誊录一份，改“伊、周”为“伊、霍”，并伪造出了一份废立的诏书。

关于“伊、周”与“伊、霍”的区别，相信不用我过多解释，对历史感兴趣的朋友想必不会感到陌生。“周”指西周的贤臣周公旦，曾经以摄政之名，忠心耿耿地辅佐年幼的周成王，堪称历代辅臣的楷模。“霍”指西汉的权臣霍光，曾经废掉海昏侯刘贺，立汉宣帝刘询。“伊”指商朝的大臣伊尹，辅佐、废立的事儿他都干过。因此，“伊、周”合称表示尽心辅佐，“伊、霍”合称则蕴含废立之意。

造谣中伤的沉渣再度泛起，相信宋仁宗多多少少也听到了一些风声。这场风言风语的可信度到底有多高，宋仁宗心里还是有数的，所以并没有表现出任何异样的神色，甚至连一场严肃的“提醒谈话”都没有进行过。但是，身处风口浪尖之上的范仲淹、富弼愈发感到惶恐和尴尬，“不敢自安于朝”，两人都要求出去巡边。

宋仁宗也觉得，让范仲淹、富弼两位“旗手”暂时离开朝堂，出去避一避风头，恐怕是眼下最为稳妥的办法了。于是乎，二人各自受领了一份“宣抚使”的差事，范仲淹六月动身去了陕西和河东，富弼则在两个月之后去了河北。

富弼前脚刚走，“宣传干事”欧阳修也紧随其后，被外放前往河北，担任都转运按察使。宋仁宗的用意很明显,也是想让欧阳修暂时远离这个漩涡，所以临行之际特意叮嘱他“勿为久居计，有事第言之”。一个月之后，富弼的岳父、当朝宰相（次相）晏殊也遭到台谏言官的弹劾，黯然离开朝堂，被外放去了颍州（今安徽阜阳），由枢密使杜衍继任其职。

夏竦掀起的两场谣言风波，终于以范仲淹、富弼、欧阳修等人相继离朝而告一段落。根据《龙川别志》的记载，范仲淹前往陕西巡边的途中，在郑州（今河南郑州）巧遇了闲居于此、颐养天年的老对手吕夷简。按理说，仇人见面应当分外眼红，但经过这些年的风雨沉浮，范仲淹亲身体验到了辅臣的辛酸与苦楚，“惟有悔过之语”，两位宿敌“欣然相与语终日”，颇有一些“相逢一笑泯恩仇”的味道。几个月之后，吕夷简溘然长逝，这场促膝长谈竟然成了两位大佬的诀别。

回头再来说一说石介，夏竦处心积虑地搞出这么多鬼名堂，归根究底都是因他而起。范仲淹、富弼、欧阳修相继受到牵连，石介非但不可能独善其身，反而成为朝野争相诋毁的众矢之的（“谗谤益甚，人多指目介”）。在这种情况之下，京城显然是待不下去了，石介只得辞去国子监的教职。宋仁宗并没有过多地责备这位直肠子的一介书生，还授予他濮州（今河南濮阳）通判之职，不过没有实任，而是让石介先回家去待着，俟缺进补。然而，尚未等到职位出缺，石介便于次年七月郁郁而终了。

即便石介已经告别人世，但衔恨在心的夏竦终究难以释怀。事有凑巧，就在石介去世之后没多久，有一个名叫孔直温的人鼓动造反，还没闹出什么名堂便被官府抓个正着，并在其家中搜到了石介写给这个狂人的一封书信。石介与孔直温有书信往来，这事儿倒是不假，但仅仅是两位读书人之间的笔墨之交，石介与孔直温的疯狂举动没有任何关系。

事实是很清楚的，但夏竦偏要借机找茬儿，煞有介事地说石介是诈死，其实他早就受富弼的指使，跑到契丹串谋出兵事宜去了。为了把戏演得够真，夏竦还怂恿宋仁宗下达一道诏书，责令兖州（石介的老家在兖州，死后也葬于此）的官府去开棺验尸，看看坟包里到底有没有埋着石介的尸身。当时，接替晏殊出任宰相的杜衍已经被贬黜外放，担任的恰好是知兖州。接到宋仁宗的诏令之后，杜衍心中不禁犯起了嘀咕，便征询几位僚属的意见。俗话说得好，公道自在人心，从知州杜衍到大小官吏，乃至兖州城的普通百姓，都对这一亵渎亡灵的做法深感不齿，史载“众数百保介已死”，掘墓开棺的事情最终不了了之。

一网打尽：覆巢之下，焉有完卵

（一）

庆历四年（1044 年）真是一个多事之秋，朝廷刚刚审结完“公用钱案”，紧接着又闹出“争水洛城事”，夏竦恶意散布政治谣言，更是让范仲淹、富弼、欧阳修等人在朝堂难觅立足之地，相继外出巡边去了。没想到一波未平、一波又起，转眼到了是年九月，包括御史中丞王拱辰、监察御史刘元瑜在内的一批台谏言官，又爆料出一桩公款吃喝的案件线索。朝廷责成开封府进行调查，结果不查不知道、一查吓一跳，越往深处挖，暴露的问题就越多，最后竟然搞成了庆历年间屈指可数的大案要案，史称“进奏院案”。

说到进奏院，其实是一个寡淡到了极致的清水衙门，日常的职责就是搜集朝廷的政令，定期雕刻刊印成邸报，发放给地方官员，便于各地及时了解朝廷的大政方针。

至于台谏言官揭发的公款吃喝线索，其实也不是什么特别扎眼的事儿。当时宋朝有一个风俗，每年的春秋两季都会举行祠神的活动，时人称之为“赛神会”。每逢祠神之日，京城衙署的官员通常会搞一点团建，“吏史列坐，合乐终日”，增进一下同僚之间的情谊。

置酒设宴，钱从哪儿来呢？一般情况之下，要么让衙署的胥吏“孝敬”，要么动用一些灰色进项，当然也有官员自掏腰包凑份子的。所谓灰色进项，不同的衙署则各有千秋。就拿进奏院来说吧，虽说是个穷得叮当响的清水衙门，但一年下来积攒了不少废旧的邸报，拿去变卖之后便可充作团建的经费，这些年来因循成习，逐渐成了惯例，毕竟都是为了让大家乐呵一下，谁也不会去较这个真。

这年九月，适逢秋季的“赛神会”，进奏院打算遵循旧例，倒腾一些废旧的邸报拿去变卖，搞一次团建。出面组织此事的，是进奏院的两位主事官员，一位名叫刘巽，另一位便是著名的大书法家苏舜钦。苏舜钦这个人心眼比较实诚，向来看不惯衙署官员敲胥吏的竹杠，所以提出倡议，让官员自掏腰包补足一部分，他自己则带头出了十贯钱。当时，有一个名叫李定的官员也想跟着凑份子，一起热闹一下，但或许是平日里看他不顺眼，苏舜钦并没有同意。李定衔恨在心，四处打探此次团建的内情，并添枝加叶地到处散布流言，结果就传到台谏言官的耳朵里去了。

咱们都知道，台谏言官这个神奇的存在，闲来无事都要朝墙根踢三脚，如今风闻有官员动用公款大吃大喝，顿时精神抖擞、斗志昂扬，一竿子就捅到朝廷，上达于天听。或许是觉得这样的案子不值一提，朝廷便按照属地管理的原则，交付给开封府查办。

办理朝廷交代的案子，开封府可不敢有半点马虎。据苏舜钦事后回忆，他在接受讯问的时候，还挨过诸如“捽首就吏”、“刺骨定刑”之类的刑讯逼供，这在对士大夫非常优待的大宋王朝确实不多见。经过一番认真甚至严酷的审理，开封府发现这桩看似稀松平常的案件背后，竟然隐藏着一连串的罪行，归纳起来有下列五项：

第一，邸报再破旧，那也是公家的财产，变卖所得理应充公，却被进奏院的官员拿去吃喝玩乐，此举实与偷盗公家财物无异。因此，开封府给两位组织活动的主官，定了一个“监主自盗”的罪名。按照宋朝的刑律，这可是一项重罪，较一般的盗窃要另加二等处罚，数额达到三十匹绢就可以判处极刑。进奏院此次变卖废旧邸报，所得有四五十贯之多，单从涉案金额上看，已经够得上掉脑袋了。

第二，苏舜钦等人在席间为了营造气氛，特意召来几名官妓陪饮助兴。按照朝廷的规定，“以官妓歌舞佐酒”的行为不是不可以，但必须符合两个条件：一是官妓只能出现在公宴的场合，二是“不得私侍枕席”。参加此次宴饮的官员倒是没有把官妓带回自家床上继续助兴，但这场宴饮只是私人聚会，根本算不上公宴。因此，苏舜钦等人涉嫌私召官妓，按照宋朝的律法，这也是构成犯罪的行为。

第三，史馆检讨王洙，竟然在席间“与妓女杂坐”，简直不成体统。这一行为虽然不构成犯罪，但已属于严重违纪。

第四，集贤校理江休复、集贤校理刁约、太常博士周延隽和殿中丞周延让，这四位官员尚在服丧期间，却参与妓乐宴饮，严重违背礼制。

第五，集贤校理王益柔的表现最为恶劣，他喝高了之后竟然大发酒疯，妄言什么“醉卧北极遣帝扶，周公、孔子驱为奴”，明目张胆地拿先贤开涮，简直是狂妄至极、大逆不道。

接到开封府的审查报告之后，宋仁宗龙颜震怒：身处天子脚下、首善之区、京城衙署，这些官员竟然如此浮浪轻薄，真是斯文扫地、辱没朝廷！

案子业已审结，到底应该如何惩处这群官员，群臣呈现出近乎一边倒的态势。学士宋祁、知制诰张方平主张严惩，尤其是对酒后狂言的王益柔，不杀不足以平众怒。宰相章得象不持立场（“无所可否”），刚刚升任枢密使的贾昌朝则暗中支持王拱辰往死里参劾苏舜钦等人。赶巧的是，宰相杜衍是“主犯”苏舜钦的岳父，为了避嫌而选择沉默。颇为赏识苏舜钦才学的范仲淹、富弼、欧阳修等人，此时业已相继离朝。结果偌大的朝堂之上，只有枢密副使韩琦站出来，替这些年少轻狂的青年才俊们说几句好话。

韩琦认为，苏舜钦等人喝多了撑得慌（“醉饱之过”），做下一些糊涂事，并不是什么罪不容诛的大错，象征性地给他们一点教训就行了，以彰显圣上的仁厚之心。至于“少年狂语”的王益柔，就看在他年轻不懂事的份上，略施惩戒一下吧，没必要小题大做。

听完韩琦这一番话，宋仁宗内心的怒火消解了不少，苏舜钦、刘巽、王益柔的小命算是保住了，但死罪可免、活罪难逃，朝廷给予的处罚还是相当严厉的。第一，“监主自盗”的苏舜钦、刘巽“除名勒停”，也就是被剥夺官籍，成为一介庶民。第二，“与妓女杂坐”的王洙，罢馆阁之职，外放濠州（今安徽凤阳）。第三，“服惨未除”的江休复、刁约、周延隽和周延让均被降职，除周延隽留京贬为秘书丞以外，其余三人分别外放至蔡州（今河南汝南）、海州（今江苏连云港）和宿州（今安徽宿州）。第四，“谤讪周、孔”的王益柔，罢馆阁之职，外放复州（今湖北仙桃附近）。

除此之外，凡是凑份子参加此次宴饮的官员，都遭到不同程度的贬谪。据说，北宋的著名诗人梅尧臣也在此列，他后来写过一首《杂兴》，其中有一句是“一客不得食，覆鼎伤众宾”，或许暗指的就是这次倒霉透顶的遭遇。

有意思的是，先前滕宗谅被贬岳州，靠“众筹”造了一座气度恢宏的岳阳楼，如今苏舜钦寓居苏州，则自掏腰包建了一座小巧别致的“沧浪亭”，并作《沧浪亭记》，还自号“沧浪翁”。“沧浪”之谓者，源自《孟子·离娄》记载的两句歌谣：“沧浪之水清兮，可以濯我缨。沧浪之水浊兮，可以濯我足。”屈原在被流放的途中，听到一位渔夫咏唱此歌，便将它写进了《渔父》这首诗里。苏舜钦如此中意于“沧浪”之名，或许是想与“信而见疑，忠而被谤”的三闾大夫屈原，来一场穿越时空的惺惺相惜吧！

（二）

感慨“仕宦溺人为至深”的苏舜钦，将自己的人生际遇与屈原作比，其实蕴含着他对于“进奏院案”的别样思索：这场震惊朝野、轰动一时的严厉整肃，真的只是一桩平淡无奇的经济案件吗？

削籍为民之初，苏舜钦一度万念俱灰，用他自己的话来说，“一夕三起，茫然天地间无所赴愬”。不过，伴随着心情的日渐平复，苏舜钦愈发强烈地感觉到，自己只是一个微不足道的牺牲品而已。他给远在河北的欧阳修写信抱怨说，往年春秋季的“赛神会”，进奏院倒腾废旧邸报变卖，京城的其他衙署也是十八般武艺各显神通，并不是图能有多少钱财进账，只是为了给大家凑个乐子而已。细论起来，这么做确实有违规之处，但因循成习、情有可恕。再者说，过去不追究进奏院的责任，如今也不找其他衙署的麻烦，专揪我苏舜钦一个人的小辫子，还丝毫不留情面地一撸到底，就差取我的项上人头了。如此不加掩饰地“选择性执法”，背后真的没有猫腻？

常言道：事出反常必有妖。性格略显偏执的苏舜钦坚持认为，“进奏院案”的背后其实暗藏着某些人的险恶用心。具体来讲，王拱辰与杜衍、范仲淹“有语言之隙，其势相轧”，便想拿他苏舜钦作为突破口和铺路石，毕竟杜衍是他的岳父，范仲淹对他有赏识、提携之恩。想到这里，苏舜钦的心中更加窝火，自己成了杜衍的挡箭牌，可这位老丈人身为当朝宰辅，竟然“恐栗畏缩，自保其位，心知非是，不肯开言”，眼睁睁地看着自己女婿被收拾得惨不忍睹，连一句求情申辩的话都没有，世态炎凉至此，实在令人心寒！

苏舜钦的这一想法，是否站得住脚呢？我觉得凭空臆想的成分更大一些。首先，说王拱辰与杜衍、范仲淹有嫌隙，就故意拿苏舜钦开刀，这话说得多少有点昧良心。苏舜钦先前充任馆职，既得益于范仲淹的赏识，也不乏王拱辰的倾力举荐。其次，杜衍“不肯开言”，绝不是苏舜钦所认为的为了“自保其位”，而是单纯的避嫌而已。要知道，在先前的“公用钱案”中，杜衍的态度是相当强硬的（“欲深罪滕宗谅”），如今轮到自己的女婿犯案，他这时候要是站出来护犊子，非但于事无补，反倒会成为台谏言官狂轰滥炸的活靶子。

事实上，苏舜钦不遗余力地将这桩经济案件“政治化”，真实的意图是想给自己挽回些许尊严，并摆脱这副沉重的道德枷锁。这话从何说起呢？平心而论，贬谪、罢黜并不是什么大不了的事儿，毕竟在朝为官、伴君如虎，谁都难免挨上几板子。就说范仲淹、富弼、欧阳修吧，如今还在外面晃荡着呢！不过呢，几位大佬是"政治犯"，可以说是为存道义而历经磨难，有朝一日时过境迁，这些不堪回首的际遇，反而能成为他们重返朝堂的政治资本。苏舜钦呢，活脱脱一个"经济犯"，任凭日后的政治风云如何变幻，贪污受贿的污点，终究为世人所不齿。恰如他在写给文彦博的一封书信中坦承的那样，"夫为吏作贿，国典之所永弃，人情之所不堪"。难怪有人说"凡为官者，私罪不可有，公罪不可无"（据说这句话出自范仲淹之口），"公罪"被人视为忠贞不屈的功勋，"私罪"则是蝇营狗苟的枷锁。

因此，苏舜钦一直想把自己包装成为政治迫害的牺牲品，为"私罪"套上"公罪"的外衣以混淆视听。尽管苏舜钦在四年之后郁郁而终、英年早逝，但他的这番努力似乎并没有白费。欧阳修读罢苏舜钦自诉冤屈的书信，特意在末尾写了两句意味深长的话，一句是"子美可哀，吾恨不能为之言"，另一句是"子美可哀，吾恨不能言"（苏舜钦字子美）。

或许更能让苏舜钦感到欣慰的是，后世史家基本上都被他"政治化"的小伎俩带偏了。很多人认为，"进奏院案"的背后，正是新、旧两派的激烈党争，有的说王拱辰是主谋，有的又说宰相章得象、枢密使贾昌朝是幕后主使，甚至将这桩案件看作是守旧派对"庆历新政"最为致命的打击。譬如根据一些史料的记载，苏舜钦等人被严厉处治之后，王拱辰便沾沾自喜地放言道："吾一举网尽矣！"

平心而论，"进奏院案"与先前的几场风波一样，多多少少会受到一些新、旧党争的影响，毕竟变革时代的背景摆在那里，各方力量无时无刻不在角逐较劲。但是，将"进奏院案"、"公用钱案"这样的经济案件，简单归入新、旧党争的范畴，未免过于武断和想当然。要知道，先前揭发滕宗谅的郑戬、"欲深罪滕宗谅"的杜衍，都是这场"新政"的坚定支持者，他们与范仲淹的私交也不错。如今揭发苏舜钦等人的王拱辰，在政治立场上并不反对施行"新政”，与范仲淹、欧阳修等人的交情也不浅，他当年还举荐苏舜钦充任馆职呢。如果单纯从党争的角度来诠释，这非但不是新、旧之争，反倒是变革派的窝里斗吧？

前面分析过，与张亢、滕宗谅两位僚属的紧张关系，是新上司郑戬揭发“公用钱案”的一条导火索。再来看“进奏院案”，王拱辰与苏舜钦等官员并无私人仇怨可言，他站出来揭发此事，完全是一位台谏言官的职责所系。

在王拱辰的骨子里，参劾群臣从来没有看人下菜碟的道理，管它什么变革派、守旧派，出了纰漏就该挨收拾。举个例子来说吧，先前为了阻止夏竦担任枢密使，王拱辰真是豁出去了，扯住宋仁宗的衣襟不肯放手。在王拱辰等人的坚持下，夏竦没能如愿回朝，最终是枢密副使杜衍扶了正。试想一下，如果王拱辰揭发“进奏院案”的用意，真像苏舜钦本人和一些史家所说的那样，是为了扳倒杜衍，那他当初直接支持夏竦不就行了，何必多此一举、自找麻烦？

我相信，御史中丞王拱辰揭发“进奏院案”，完全出于一位台谏言官的公心，只是适逢变革派由盛转衰的敏感时期而已，这应该算是历史的巧合吧。

更为巧合的是，在大约十年之后的至和二年（1055 年），时任三司使的王拱辰也栽到了一场宴饮上面。当时，王拱辰奉命出使契丹，在对方安排的酒宴上“痛饮深夜，席上联句，语同俳优”，严重损害大宋王朝的形象。宋仁宗原本还想袒护一下王拱辰，罚他一些钱财了事，但纠举此事的台谏言官不依不饶，一再上奏要求严惩不贷。最终，王拱辰被罢黜三司使之职，先是外放去了并州（今山西太原），不久之后又改知永兴军。

（三）

职业的操守与本能使然，王拱辰、刘元瑜等人揭发出一桩震惊朝野的“进奏院案”。与此同时，其他的台谏言官当然没有闲着，而是搞出了比“进奏院案”还要大得多的动静。怎么回事儿呢？原来，在苏舜钦等人案发的当月，也就是庆历四年（1044 年）九月，官居宰相（次相）的晏殊，竟然被蔡襄、孙甫两位台谏言官的嘴炮轰下台了。

与王拱辰、刘元瑜的风闻言事不同，蔡襄、孙甫盯上晏殊，颇有一点替欧阳修报仇雪恨的意思。欧阳修先前在谏院的时候，晏殊“苦其论事烦数”，曾经当面斥责过他几回。就在上个月，欧阳修紧随范仲淹、富弼的步伐，被迫离朝巡边去了，蔡襄、孙甫便误认为是晏殊在背后搞鬼。其实呢，蔡襄、孙甫真是想多了，晏殊非但没有落井下石，反而是对范仲淹、欧阳修等变革派的“旗手”提携关照有加，更何况晏殊还是富弼的岳父呢！就当时的情势而言，范仲淹等人暂时离开朝堂，很大程度上是宋仁宗迫于舆论的压力，不得不采取一些应急保护措施而已。

由于不理解其中的内情，蔡襄、孙甫对晏殊的成见便越来越深。不过让两位台谏言官略感棘手的是，晏殊不仅能写一手绝妙的好词，混迹官场更是做到了几乎滴水不漏的境界，想抓他的小辫子，那可真不是一件轻而易举的事情。

蔡襄、孙甫费了老大的劲，方才从陈年往事里翻了一些“黑材料”出来，揭发晏殊当年撰拟李宸妃（宋仁宗生母）碑文的时候，明知这桩宫闱秘闻却“没而不言”。还有一处把柄应该是新近发生的，说晏殊役使官兵修建出租房来牟利。另外，根据《龙川别志》的记载，命不久矣的“八大王”赵元俨也凑了一回热闹，煞有介事地跟宋仁宗讲，晏殊“名在图谶，胡为用之”，编得有鼻子有眼的。

撇开“八大王”压根不靠谱的“名在图谶”不谈，蔡襄、孙甫抓了晏殊的两根小辫子，其实没有一个经得起推敲和调查。就说为李宸妃撰拟碑文的事儿吧，咱们在前面讲宫闱故事的时候提到过，晏殊当时确实是揣着明白装糊涂，说李宸妃“生女一人，早卒无子”。后来宋仁宗问及此事，吕夷简、晏殊给了一个令人无力反驳的解释：当年皇太后刘娥尚在，谁敢捅这个马蜂窝？宋仁宗虽然心里不大舒坦（“上终不悦”），但也没有再追究此事。

再说役使官兵建造出租房，这事儿是晏殊的一个外甥干的，他本人并不知情。再者说，那些被派去修房子的官兵，本来就是朝廷按制度配置给晏殊的军吏（称为“宣借”），凭什么不能用？

很显然，蔡襄、孙甫揭发晏殊，即便不是诬告，也纯属没话找话说，宋仁宗完全可以置之不理。不过，或许是联想到生母李宸妃的那档子事，深藏内心的这股子怨气一直没机会释放，宋仁宗全然不顾“时以谓非殊之罪”的舆论，打算狠狠地收拾一下晏殊（“欲重黜之”）。多亏时为龙图阁学士的宋祁勇敢地站出来据理力争，晏殊才得以从轻发落。虽说是从轻，宰相的位置自然是保不住了，晏殊最终被外放去了颍州。

罢免晏殊之后，宋仁宗对执政班子做了一次人事调整：枢密使杜衍接替晏殊，擢升为次相，参知政事贾昌朝擢升枢密使，时任知青州（今山东青州）的陈执中回朝出任参知政事。

说到陈执中，想必大家多少有些印象。当年宋真宗重病在身，却硬挺着不肯立皇嗣，“大臣莫敢言建储者”，唯独初入仕途的陈执中仗义执言，“以蚤定天下根本为说”。宋真宗采纳了陈执中的建议，立皇六子赵祯（也就是后来的宋仁宗）为储君。单就这桩陈年旧闻来说，宋仁宗确实欠陈执中一个大人情。

擢升陈执中出任参知政事，不乏宋仁宗投桃报李的考量，但他万万没有意料到，先前扳倒宰相晏殊的蔡襄、孙甫竟然又叫嚷开了。对于杜衍、贾昌朝的擢升，两位台谏言官没有意见，偏偏对陈执中横挑鼻子竖挑眼，话还说得相当难听。蔡襄、孙甫认为，陈执中这个人“刚愎不学”，如果让他出任执政大臣，实乃“天下不幸”。

其实，在晏殊被轰走之初，蔡襄便提议让富弼回朝补缺，眼下又竭力反对陈执中的任命。蔡襄前后截然相反的态度，让宋仁宗感觉到这场嘴炮的背后恐怕并不单纯。要知道，行政、台谏分属于不同的系统，互不隶属、互不举荐。蔡襄做台谏言官不是一天两天了，岂会不懂这个规矩？他揣着明白装糊涂，公然提名行政系统的主官，而且还是跻身“三大敏感人物”之列的富弼，到底意欲何为？由此看来，先前闹得沸沸扬扬的“朋党之议”，恐怕真的不是空穴来风吧？！

越往“朋党”的上面琢磨,宋仁宗的心里越不是滋味。以他素来的禀性,尽管对大臣的劝谏有略感厌烦的时候,但大体上来讲,从善如流、采言纳谏还是常态。不过,“朋党”毕竟关乎皇权的威严,宋仁宗这一次并不打算妥协让步,索性直接派内侍去青州宣谕,让陈执中赶紧回京履新。或许是为了打消陈执中的疑虑(夏竦先前就被摆过一道),宋仁宗甚至还让内侍给他带话,就说“举朝皆以为不可,朕不惑人言,力用卿尔”。次日一早,蔡襄、孙甫又来了,还没等他们开始掰扯,宋仁宗便先发制人,略带一些挑衅地放话说:你们又想来叨咕陈执中的事吗?不好意思啊,朕昨日已经派内侍去青州宣谕了。听了宋仁宗的这句话,史载“谏官乃不敢复言”。

宋仁宗原本以为,两位言官应该会知难而退,接受这个既成事实。但他似乎忘了,一言不合就撂挑子,也是台谏言官表明态度的惯用手法。蔡襄、孙甫觉得自己被耍了,顿时直接开炸,一道提交了辞呈,请求离朝外放。——话不投机半句多,眼不见来心不烦!

眼瞅着事情越来越僵,刚刚擢升宰相的杜衍赶紧出来打圆场,认为“谏官无故出,终非美事”,建议驳回二人的辞呈,再好言劝慰一番。宋仁宗采纳了杜衍的意见,苦口婆心地跟蔡襄讲:你们把挑子一撂,赚得犯颜直谏的声名,心里倒是舒坦了,可曾想过这样做的话,会给朕留下一个闭目塞听、驱逐言者的骂名?

听宋仁宗说得如此恳切,孙甫不再吭声,但蔡襄仍旧坚持辞任,还找了一个有些蹩脚的借口,说是要返回原籍莆田(今福建莆田)去侍奉双亲。说到蔡襄的家事,宋仁宗倒是略知一二,他先前请假回乡,想把双亲接到京城奉养,结果老两口不愿意背井离乡,跟着儿子去陌生的大城市生活,蔡襄无可奈何,只能空手而归。想起这桩往事,宋仁宗的火气又上来了,劈头盖脸地责问蔡襄道:你上次回乡没把双亲接来,当时怎么没有上表请辞、留在原籍呢?

心里的小算盘被宋仁宗一语道破,蔡襄相当尴尬,“皇恐不能对”。还是孙甫反应敏捷,替蔡襄捅破了这层窗户纸,说他先前心存一些期盼,可现如今说话不管用，便动起了思乡之情。宋仁宗知道多说无益，索性批准了蔡襄的辞呈，将他外放去了福州。

（四）

需要解释一下，蔡襄对待富弼、陈执中的强烈反差，让宋仁宗隐约看到些许“朋党”的影子，这并不是我想当然的主观臆断。是年十一月颁布的一道诏书，便足以说明宋仁宗内心的微妙变化。

在《续资治通鉴长编》的记载中，这道诏书显得尤为突兀，既没有交代宋仁宗下诏的原由，也没有说明诏书颁布后产生的效果。不过，诏书开篇的第一句话就点明“朋党”，令人不由得浮想联翩：“朕闻至治之世，元、凯共朝，不为朋党，君明臣哲，垂荣无极，何其德之盛也。”末尾还有一句：“至于属文之人，类亡体要，诋斥前圣，放肆异言，以讪上为能，以行怪为美。”大家是不是一下子就能联想到“进奏院案”里的那群“酒疯子”？——毫不夸张地说，这道诏书的颁布，寓意着宋仁宗开始在“新政”和“朋党”之间画上等号了。

紧接着，宋仁宗又向著名的饱学之士丁度提出了一个近乎灵魂式的拷问：朝廷用人，应当以资历为先，还是以才干为先（“用人以资与才孰先”）？大家或许还记得，范仲淹、富弼先前提出的“明黜陟”、“择官长”，实际上已经针对这个问题给出了以才为先的回答。宋仁宗眼下发出此问，应该只有一个解释：对于范仲淹、富弼先前的说法和做法，他的心里已经产生了疑虑。

平心而论，咱们不应该埋怨宋仁宗朝秦暮楚、摇摆不定。从古到今，官场也好、职场也罢，“资与才孰先”，始终是一个颇费思量甚至倍感纠结的问题，所以我说它是灵魂式的拷问，真的一点儿也不夸张。

对于诸如范仲淹、富弼之类的理想主义者而言，提出这个问题是非常可笑的。没有才干，资历能管什么用？论资排辈，会埋没多少人才？然而，从务实的角度出发，这种非此即彼的看法不仅仅是可笑的，更是极其幼稚的。

咱们都知道，资历是用数据说话的显性指标，客观性比较强，也容易统一标准。才干则是仁者见仁、智者见智的隐性指标，不同的人有不同的评判法则，更具有主观性。就拿范仲淹亲力亲为的“择官长”来说吧，胜任与否的标准到底是什么，实际操作中又如何拿捏尺度？范仲淹有自己的想法，换一个人来执行，必然又有不同的观点，这样非但无法形成广泛的共识，相反还为权力寻租创造了滋长蔓延的空间。

实事求是地说，“庆历新政”在逐步推行的过程当中，确实遭遇到了类似的现实问题。“明黜陟”、“择官长”，看上去光鲜亮丽，但落到具体执行的官员手里，情况就不容乐观了。恕我直言，像范仲淹这样大公无私、问心无愧的政治家，在偌大的官场里不过是凤毛麟角而已，更多的则是那些趋炎附势、贪利忘义之徒。乘着“新政”的东风，这些官员非但不思变革除弊，反倒是“不辨虚实”、“希进用之速”，甚至“阴招贿赂，阳托荐贤”，“不因请托，则人莫肯言”，搞得上上下下盘根错节，乌烟瘴气。——理想对抗人性，结果往往就是遍体鳞伤啊！

回头来说宋仁宗发出的灵魂式拷问。丁度不愧是一代饱学名士，他的回答相当有水平，既简明扼要，又非常务实:“承平宜用资，边事未平宜用才。”简单来讲，身处承平守成的环境，四平八稳无疑是最重要的，以资为先、论资排辈，能够尽最大可能地管控住风险。“边事未平”呢，一切就要从解决问题出发，力求出奇制胜，选人用人应当不拘一格，能者上、庸者下、重才干、轻资历。对于这样的情况，其实早有古人给出了一句至理名言 :“盖世必有非常之人，然后有非常之事，有非常之事，然后有非常之功。”

听了丁度的这番话，宋仁宗顿生醍醐灌顶之感，但理性务实的想法，难免会遭到理想主义者的攻击。譬如先前与蔡襄共同扳倒宰相晏殊的孙甫，一口咬定丁度私心作祟,抛出这些明显有悖于“新政”举措的言论来混淆视听，借此为自己谋求晋身之阶。

尽管风闻言事是台谏言官专享的特权，但孙甫毫无根据地参劾丁度，完全是不负责任的瞎胡闹。宋仁宗实在看不下眼，亲自出面替丁度站台，说他十五年来“数论天下事，顾未尝及私”，台谏言官也不能毫无底线地给别人乱扣帽子。无端遭到诘难的丁度更是难咽这口气，毕竟对于一位饱学名士而言，生死事小、名节事大，被泼了一身的脏水，以后还怎么在学术界混？于是乎，丁度当即向朝廷进呈了一道奏疏，请求与孙甫当面对质，把这事儿彻底掰扯清楚，省得日后招惹出更多的流言蜚语。

或许是出于息事宁人的考虑，宰相杜衍以孙甫刚从契丹出使回来为由，将丁度的奏疏扣了下来，寄希望于时间能够化解这场激烈的争执。然而，孙甫对丁度大搞毫无根据的人身攻击，让宋仁宗对他能否胜任台谏言官，产生了严重的质疑。庆历五年（1045 年）正月，孙甫被罢去右正言之职，领着右司谏的头衔，外放去了邓州（今河南邓州）。

（五）

宋仁宗对“新政”态度上的微妙变化,不仅让肆意放炮的孙甫遭到贬黜，就连远在陕西巡边的范仲淹，也感觉到了阵阵的寒意。

自范仲淹、富弼离朝巡边以来，对变革派的质疑和责难非但没有消停下去，反而是愈演愈烈，一系列变革举措“亦稍沮止”。作为“新政”的有力支持者，杜衍虽然擢升为宰相，怎奈势单力薄、独木难支，越来越感觉到自己已经力不从心了。眼瞅着形势实在不容乐观，范仲淹深感忧虑之余，似乎想以退为进，试探一下朝廷的虚实，便进呈了一道奏疏，请求辞去参知政事之职，看看宋仁宗会作何反应。

前面分析过,宋仁宗其实已经开始在“新政”和“朋党”之间画等号了，蔡襄、孙甫的言行举止，更是加深了他内心的疑虑和担忧。接到范仲淹的辞呈，宋仁宗原本打算顺水推舟，省得还要顶着舆论的压力撸他，没想到却被宰相章得象给拦住了。

大家千万不要误会，章得象不赞成宋仁宗顺势批准范仲淹的辞呈，并不是想维护这位变革派的“旗手”，而是有更加阴险的谋划。章得象认为，范仲淹“素有虚名”,眼下突然提出辞任,其实是想打探一下圣上和朝廷的虚实，所以他给宋仁宗献上了一条可攻可守的计策：为了不背负“轻黜贤臣”的骂名，不妨以其人之道还治其人之身，先驳回他的辞呈，好言挽留一番，再看他会作何反应。如果范仲淹坚持辞任，说明他真的不想干了，届时再批准也不迟。如果范仲淹收回辞呈、送上谢表，“则是挟诈要君，乃可罢也”。

宋仁宗依计而行，范仲淹果然上当，误以为事情尚有转机，当即呈上谢表，结果正中章得象的下怀。值此紧要关头，充任谏官没多久的钱明逸（时任右正言）受宰相章得象的暗中指使，伺机爆出一堆猛料，参劾富弼“纷扰国经”、“多挟朋党”，又说去岁十一月那道“戒励朋党”的诏书颁布之后，范仲淹“心惧彰露，称疾乞医”，这不是做贼心虚吗？

章得象设套、钱明逸补刀，成功触痛了宋仁宗心中最敏感的神经。于是乎，在孙甫被罢黜之后十来天，范仲淹、富弼的朝职也一起遭到罢免，就地从巡边改为驻边。范仲淹领着资政殿学士的头衔，担任知邠州（今陕西彬州）、兼陕西四路缘边安抚使，富弼也顶着资政殿学士的头衔，担任知郓州（今山东郓城）、兼京东西路安抚使。后来，范仲淹调任知杭州，皇祐四年（1052年）五月病逝于赴任知颍州的途中。

如果说罢免范仲淹、富弼的朝职，是宋仁宗、章得象“蓄谋已久”的话，那么杜衍在次日也被罢黜外放，着实出乎很多人的意料。

屈指算来，杜衍做了一百二十天的宰相，与“无所建明”的章得象相比，他的政绩可谓斐然。尽管杜衍竭力维系“新政”的施行，这让宋仁宗多多少少有些心存芥蒂，但他出任宰相的这段时间里，跟宋仁宗一起上演过不少“双簧”，而且君臣二人配合得相当默契。

怎么回事呢？原来，宋仁宗这个人面皮子薄、耳根子软，但凡宗亲近幸提出什么诉求，无论是讨赏求赐，还是谋个一官半职，他都不好意思拒绝。长此以往，怎么得了？因此早在康定元年（1040年）的时候，宋仁宗便下达了一道诏书，规定凡是由宫内直接发出的任免诏令（称为“内降”），都要经过两府审议才能生效。如果两府不同意，则“封还”驳回。杜衍出任宰相的时候，宋仁宗照例滥施“内降”，杜衍便悉数“封还”，一个唱红脸，一个唱白脸，把那些走圣上后门的宗亲近幸耍得团团转。

既然君臣二人相得益彰，宋仁宗为什么突然要把杜衍轰走呢？这事儿还得从蔡襄、孙甫一言不合撂挑子的时候说起。当时，中书省经过集体讨论，认为两位台谏言官不能走，并将这个商议的结果向宋仁宗当面请示。宋仁宗也是比较贼，他一句话也没有说，只是略微点了一下头。杜衍以为这事儿妥了，回去就命属吏草拟了一道令札，让蔡襄、孙甫“供职如旧”。章得象、杜衍都在令札上签了字，偏偏新任参知政事的陈执中闹出一个幺蛾子，认为圣上先前“无明旨”，应该再去请示一下，不必急于这一时。听陈执中这么一说，杜衍没有再坚持，而是将这道令札撕毁烧掉了。

事情原本就这样过去了，但陈执中伺机使坏，跑到宋仁宗面前告刁状，煞有介事地说杜衍暗藏“党顾二人”之心，被他发现端倪之后，竟然毁灭证据，这是典型的“怀奸不忠”！听到“朋党”这个字眼，宋仁宗便气不打一处来，当即决定罢黜杜衍的宰相之职，将他外放去了兖州（今山东兖州）。

特别值得一提的是，杜衍罢相的制书出自丁度的手笔。先前因为孙甫恶语伤人的事儿，丁度质疑杜衍拉偏架，迁怒于这位当朝宰相不是一天两天了。如今终于等到报复的机会，丁度自然不会手软，尽拣难听的话往制书上面写，甚至痛斥“颇彰朋比之风，难处咨谋之地”，想当然地给杜衍扣上了一顶结党营私的帽子。——原本是造谣中伤的受害者，摇身一变竟然成了栽赃陷害的加害者，党争之弊，从中便可略见一斑！

（六）

伴随着杜衍黯然离朝，执政班子又做了一次人事调整。贾昌朝擢升次相，仍兼领枢密使，时任知郓州的宋庠（宋祁之兄）擢升参知政事，时任权知开封府的吴育和时任知延州的庞籍，一道擢升为枢密副使。

眼睁睁地看着一批“同道中人”相继离朝外放，枢密副使韩琦的心里五味杂陈、愤懑难耐。庆历五年（1045 年）三月，韩琦终于忍不住了，冒着“朋党之疑”的政治风险，斗胆进呈了一道奏疏，试探性地替富弼稍事申辩一二，结果却是“疏入不报”，上至君主、下至宰臣，没有人愿意搭理他这茬。

韩琦或许尚未意识到，自己非但不能扭转乾坤，枢密副使的位置其实已经岌岌可危了。个中缘由，还得从先前的“争水洛城事”说起。大家应该还记得，在那场耗时数月的争端当中，最无辜也最窝火的是两个人，一个是主持修城的刘沪，另一个是被郑戬派去帮忙的董士廉。两人奉郑戬之命去修筑水洛城，还夜以继日地赶工期，结果先是被尹洙、狄青抓去蹲了二十来天的大狱，等到大功告成的时候，竟然又莫名其妙地挨了朝廷的处分。神仙干仗、小鬼遭殃，这事儿不管摊到谁的头上，恐怕都会造成一时难以磨灭的心理阴影。

遭此无妄之灾，刘沪很快就染疾而亡了，仇恨的种子却一直深藏于董士廉的内心。对于董士廉而言，命运之神并没有让他等待得太久，转眼一年过去，宋仁宗对“新政”疑窦丛生，让董士廉看到了报仇雪恨的机会。

大约从杜衍罢相以后开始，董士廉便时常跑到中书“上访”，认为朝廷先前给他的处分不公，要求平反昭雪，史载“辅臣多主之”。为了达到给自己“翻案”的目的，董士廉还揭发了尹洙在渭州任知州时挪用“公用钱”的违法犯罪线索。

经过一番细致的调查，朝廷发现董士廉还真的不是栽赃陷害、血口喷人。原来，尹洙担任知渭州的时候，麾下有一位部将名叫孙用，是从京城调过去的，此人穷困不堪，连赴任的路费都是借的高利贷。尹洙“惜其才可用”，担心他无力还债、以罪相抵，白白断送了大好前程，便擅自做主，拿州衙的“公用钱”替他偿还。为了弥补亏空，尹洙又动用军费去做买卖，以所获之利来冲账。

有张亢、滕宗谅“公用钱案”的前车之鉴，这里不必过多解释，大家应该都清楚尹洙的这一行为是罪不容赦的。尹洙可是范仲淹、韩琦的老部下，所以台谏言官们又来劲了，纷纷上表参劾韩琦，说他“处置边机不当”。

于是乎，还没等到尹洙的案子审结，惴惴不安的韩琦就被撸了，领着资政殿学士的头衔出知扬州。数月之后，时任知潞州的尹洙被追夺两官，贬谪为崇信节度副使的闲职，两年后病逝于邓州（今河南邓州）。

回过头来说朝堂，近期的人事更迭确实比较频繁。韩琦离朝之后没多久，台谏言官又盯上了宰相章得象，参劾他“无所建明”、“居位自若”。章得象倍感压力山大，前后十次上表请辞，终于得到宋仁宗的批准，领着同平章事的头衔外放去了陈州（今河南淮阳）。

章得象罢相之后，次相贾昌朝顺位进补为首相，参知政事陈执中擢升次相，枢密副使吴育转任参知政事，先前与杜衍、孙甫闹得相当不愉快的丁度，则出任枢密副使。两府重臣，尽是与“新政”格格不入甚至视如仇雠的守旧派势力了。

（七）

朝堂上风云突变，让远在河北充任转运按察使的欧阳修心急如焚，当即进呈了一道奏疏，替杜衍、韩琦、范仲淹、富弼这四位“同道中人”鸣冤叫屈。欧阳修表示，“天下士皆素知其可用之贤，而不闻其可罢之罪”，但那些卑劣宵小之徒拿“朋党、专权之说”挑拨离间、迷惑圣听，导致四人相继被罢黜外放，无异于自断股肱，一时间“群邪相贺于内，四夷相贺于外”，真是可惜、可叹！

与先前替富弼申辩的韩琦一样，欧阳修不仅遭受到“疏入不报”的冷遇，更让他成为守旧势力的眼中钉、肉中刺，惟欲除之而后快，史载“指修为朋党者益恶焉”。有所不同的是，先前韩琦黯然去职，明面上是受到尹洙的牵连，但欧阳修的此番劫难，则与发生在他家里的一桩桃色丑闻有关。

俗话说水有源头树有根，事情还得从欧阳修的家世说起。他有一位胞妹，名不详，咱们就称她作欧阳氏吧，因为父亲早亡，兄妹俩与母亲相依为命，彼此感情很深。大约在景祐初年，欧阳氏嫁给一个名叫张龟正的人作续弦，然而非常不幸的是，张龟正没过多久便病死了，只留下一个与前妻所生的小女儿张氏，年方七岁。欧阳氏孤苦无依，只得带着继女回到娘家，靠欧阳修的接济勉强过活。

转眼到了庆历初年，欧阳修以娘舅的身份做主，为尚未“及笄”（指十五岁)的张氏谋了一门亲事,将她出嫁给自己的族侄欧阳晟。庆历五年(1045年)的夏天,出任虔州(今江西赣州)司户的欧阳晟任期届满,带着妻子张氏和一个名叫陈谏的仆从返回京城述职,没想到张氏竟与仆从陈谏私通,还被欧阳晟抓个正着。欧阳晟怒不可遏,当即将这对狗男女扭送到开封府问罪。经过开封府的勘问,张氏对通奸之事供认不讳,紧接着又主动爆料了一桩惊世骇俗的陈年丑闻,说自己早在出嫁之前,便受到欧阳修的引诱,闹出了甥舅乱伦的奸情。

由于时隔数载,无从查证,为了表明自己所言不虚,张氏还将欧阳修写的一首《望江南》吟诵了一遍:"江南柳,叶小未成阴。人为丝轻那忍折,莺嫌枝嫩不胜吟。留著待春深。十四五,闲抱琵琶寻。阶上簸钱阶下走,恁时相见早留心。何况到如今。"——你品,你细品,这些个浮词艳语到底是啥意思?

突如其来又令人不齿的乱伦案说到这里,至少有三个谜团着实令人费解:

第一,这首《望江南》到底是不是欧阳修写的?有人说确系无疑,也有人说是出自他人的手笔。如果作者另有其人,为什么又要伪托欧阳修之名呢?有人说这是"炒作"的需要,毕竟弹唱这首词的娼妓越多,传播的范围和力度就越大,如果作者的名气太小,连烟花女子都瞧不上,势必流量过低,很快也就湮没无闻了。也有人说这是刻意栽赃陷害,借此坐实欧阳修与外甥女乱伦的罪名。

第二,即便《望江南》是欧阳修所作,词中所谓"叶小未成阴"、"闲抱琵琶寻"、"相见早留心"、"留著待春深",真的就是暗喻欧阳修对外甥女张氏的别样情怀吗?实话讲,由于欧阳修本人并没有承认,这个问题只能无解。

从另外一个角度来看,这首词似乎也有暗喻某位萍水之交的可能。想必大家都知道,欧阳修一生文采风流,少年轻狂之时更是举止风流,特别热衷于狎妓宴游、声色犬马。像什么"曾是洛阳花下客,野芳虽晚不须嗟"、"人生自是有情痴,此恨不关风与月",还有"柳絮已将春去远,海棠应恨我来迟",

这些风流之韵均出自欧阳修的手笔,区区一首《望江南》又能说明什么问题?

第三，开封府勘问的只是通奸案，张氏为什么还要主动爆料乱伦的丑闻？有一种说法认为，张氏这样做是想替自己开脱罪责。她把官居要职的欧阳修牵扯进来，既可以说明自己的浪荡另有缘由，说不定也能借助欧阳修的影响力大事化小、小事化了。也有一种说法认为，张氏是受到时任权知开封府事的杨日严教唆，稀里糊涂地被别人当枪使了。杨日严教唆张氏乱咬，是因为他曾经挨过欧阳修的弹劾，故而衔恨在心，挟私报复。

所谓“甥舅乱伦”的谜团很多，时至今日也没有一个明确的答案，但这并不影响当时的某些人伺机攻击变革派“硕果仅存”的欧阳修。先前参劾范仲淹、富弼的谏官钱明逸再度出手，给欧阳修扣了一顶“私于张氏，且欺其财”的帽子。——先诱色、再骗财，又多出一条罪状来。

此案牵涉到朝廷重臣，台谏言官又上表弹劾，案情也确实比较复杂，开封府显然是管不了了。于是,宋仁宗责成时任户部判官的苏世安去接手此案,务必查一个水落石出。鉴于通奸案已经勘问清楚，无需再审，“专案组”便将调查重点放在了欧阳修的两条罪状上面。

先说甥舅乱伦案，目前只有张氏一人的口供，还有一首模棱两可的《望江南》,既无旁证,更无物证,根本谈不上证据确凿。不过,这个案子太特殊了,要想找到确凿的证据，眼下确实没有这个可能。俗话说捉奸捉双，你还能穿越时空不成？“专案组”认为，从客观上分析，张氏的口供是目前能获取并采信的唯一证据，既然如此，那就是它了！

再说欺财案，“专案组”经过调查发现，这还真不是台谏言官牵强附会、空穴来风。原来，张龟正去世的时候，张氏尚未出嫁，按照宋朝的制度，她是享有遗产继承权的，一般以预备嫁妆的形式体现，所以又被称为“奁产”。由于张氏只有七岁，这笔“奁产”便由继母欧阳氏代为保管。根据欧阳修事后自陈，他见胞妹“丧厥夫而无讬，携孤女以来归”，实在是于心不忍，便拿这笔“奁产”替她们购置了田产，作为母女二人的生活来源。或许是考虑到张氏尚未成年，田契上写的是欧阳氏的名字。平心而论，欧阳修的行为或许只是出于一片好心，但本质上的确违反了相关的律法。

最终，“专案组”凭借张氏的口供和一张写着欧阳氏名字的田契，认定欧阳修乱伦、欺财的两项罪名成立，但还不能立即判决。按照当时的惯例，如此重大的案件往往是需要复查的，也称为“监勘”，防止有人徇私枉法，刻意制造冤假错案。

根据《默记》的记载，宰相（此时应该是贾昌朝）向宋仁宗提议，安排一个名叫王昭明的内侍去“监勘”此案。贾昌朝这时候想起此人，绝对没有安什么好心。先前欧阳修被安排前往河北暂避风头的时候，宋仁宗打算让这个王昭明跟着一起去，却遭到欧阳修的拒绝，还说什么“臣实耻之”，言外之意是瞧不上他的宦官身份。

俗话说得好，打人不打脸，骂人不揭短，因为身上的零件不全而受到鄙视，王昭明必然是怀恨在心。贾昌朝提议让他去“监勘”，实则一石二鸟之计，既能送王昭明一个公报私仇的人情，又能把欧阳修往死里整。——官场险恶，贾昌朝真是够鸡贼！

然而，令贾昌朝始料未及的是，身体有缺的王昭明良知未泯，不仅没有落井下石，还把负责“专案组”的苏世安一顿痛批。王昭明认为，田契是欺财的铁证，这一项罪名没什么可说的，但仅凭一方口供就认定甥舅乱伦，未免过于草率。要知道，欧阳修可不是常人哪，圣上先前“无三日不说”，如果为了“迎合宰相意，加以大恶”，将来圣上要是回心转意，翻出这桩糊涂案来，你苏世安脖子硬不怕砍，我王昭明可不想沾一身血！

经过王昭明的一番点拨，苏世安如梦方醒，不由得大为惊骇，赶紧把甥舅乱伦的罪名抹掉，仅以擅自动用他人“奁产”的罪名结案。庆历五年（1045年）八月，欧阳修被罢黜谏官和河北都转运按察使之职，外放去了滁州（今安徽滁州），将近十年之后才得以回朝，充任翰林学士的闲职。由于没有迎合贾昌朝之意，往欧阳修身上泼脏水，王昭明、苏世安都被贬谪出了京城。

说到欧阳修被贬滁州，大家的脑海里是不是已经浮现出那篇千古名文，张口吟诵“醉翁之意不在酒”了？没错！这篇闻名后世的《醉翁亭记》，便创作于欧阳修此次贬谪期间。不过与滕宗谅造岳阳楼、苏舜钦造沧浪亭不同，这座位于滁州城外琅琊山麓的亭子，并非欧阳修所造，而是一位僧人的杰作。原来，欧阳修来到滁州之后，时常到琅琊山游览，并结识了琅琊寺的住持智仙，一僧一俗相见恨晚、引为知音。为了方便聚首畅聊，智仙特意建造了这座亭台，而欧阳修自号“醉翁”，便冠其名为“醉翁亭”，又写下这篇《醉翁亭记》，传为千古佳话。

（八）

在“新政”这一篇的末尾，我觉得很有必要向大家交代一下，这场轰轰烈烈的变革到底是什么样的结局。

常言道：人走茶凉，人亡政息。变革派的中坚力量虽然健在，但已相继黯然离朝，各自奔赴江湖之远，悲天悯地、忧君伤己去了。既然如此，业已颁布施行的诸项变革举措，岂不是要彻底凉凉？——也许很多人都是这么认为的，但我想跟大家说的是，事情并不是那么绝对，更没有那么简单。

咱们先回顾一下范仲淹、富弼当初针对“三冗”积弊提出的十项变革举措：一曰“明黜陟”，二曰“抑侥幸”，三曰“精贡举”，四曰“择官长”，五曰“均公田”，六曰“厚农桑”，七曰“修武备”，八曰“减徭役”，九曰“覃恩信”，十曰“重命令”。除了第七项“修武备”关乎军事体制，谁也担不起这个干系之外，其余九项均在庆历三年（1043 年）至庆历四年（1044 年）的两年间陆续颁布推行。

前面说过，范仲淹、富弼离朝之后，这些变革举措“亦稍沮止”，基本上是仰仗宰相杜衍勉强维持。随着杜衍、韩琦、欧阳修相继罢黜，举朝尽是因循守旧之辈，“新政”的废罢不过是时间问题。

平心而论，“新政”难以为继，有宋仁宗态度转变、朝廷人事更迭等方面的原因，但变革本身所衍生出来的问题也不容忽视。尤其是关乎澄清吏治的“明黜陟”、“择官长”等诸项举措，产生的问题很多，受到的非议也不少。简单来讲，澄清吏治的初衷，仿佛落入了一个怪圈：用一批人干掉另一批人，而这批干掉别人的人，可能比先前那批被干掉的人还要混账。

早在庆历四年（1044 年）八月，时任监察御史的包拯便意识到了这个问题。当时，朝廷按照“择官长”的变革举措，向各地派出“巡视组”督察吏治。出发点固然是好的,但在实际操作的过程中,有不少巡视大员竟然“不辨虚实，一例论奏”，“苟图振举之名，以希进用之速”，甚至颠倒黑白、良莠不分，搞得“天下官吏各怀危惧”，包拯为此深感痛惜之至。

毋庸置疑，随着变革派在政坛的失势，这场“庆历新政”总体上确实是以失败告终，但在变革的举措层面，并非整齐划一的废罢新制、恢复旧制，而是有着不尽相同的具体情况。

先说“抑侥幸”吧，很多人不时问候变革派的祖宗十八代，便是因为这一项举措截断了他们入仕的坦途。不过，“抑侥幸”最初推行的时候，包括有一系列的具体政策，所以废罢并非一朝一夕之事，而且在恢复旧制的过程当中,还遭遇到了一些阻力。譬如针对恩荫授官,“新政”采取了很多“限流”措施，包括规定年限、严格考试和京官担保，否则“永不预选”。

庆历五年（1045 年）三月，朝廷打算废止这些做法，时任监察御史的包拯便明确表示反对，认为“新政”的若干举措推行以来，全天下的读书人“莫不靡然向风，笃于为学”，贸然废罢过于草率，理应让“有司再加详定，依旧施行”。

还有庆历六年（1046 年）四月,朝廷打算废罢“新政”中关于“陈乞恩泽”的限制措施，原本站在范仲淹对立面的张方平（时任权御史中丞）也站出来反对,主张“依新制为便”,“不可以人废言”。宋仁宗部分采纳了张方平的意见，仅对部分高级别的武官恢复旧制，其余武官仍按“新政”的措施执行。

再说“明黜陟”，因为是一系列衍生问题的重灾区，这项举措遭到彻底的废罢。然而到了庆历八年（1048 年），又是张方平（时为翰林学士）向宋仁宗建言，认为“磨勘”制度越来越僵化了，本意是考察官员，结果成了吃大锅饭，导致众多官员“习以为常，皆谓本分合得，无贤不肖，莫知所劝”，因此有必要“稍革此制”，“有劳绩可褒”的才能升迁，只有让官员感受到晋升的压力，他们才能有动力发挥出自己最大的潜能。

另一个衍生问题的重灾区是“择官长”，废罢得也很彻底，但在张方平提议优化“磨勘”制度的同时，时任御史中丞的鱼周询也认为“改弦易辙，正在此时”，重新提出举荐州军长官的举措，旨在“进擢得人”。

接着来说“精贡举”，包括科举考试和兴办教育两个方面。科举考试早在庆历五年（1045 年）二月就恢复旧制了，但鱼周询所谓的“改弦易辙，正在此时”，也包括对科举考试内容进行优化，他建议按照先前“新政”的做法，“先取策论，诸科兼通经义”，从而降低录取人数、控制冗员。而在兴办教育方面，“新政”推行之后重建了太学，即便是最为顽固的守旧派，也没有说过要把它给撤了。各地兴办的学校呢，用后来宋神宗时期一位大臣的话说，因为“有学舍、官田、房廊之利”，谁也不会傻到跟钱不过去，反倒是一片欣欣向荣的景象，“学校之盛，侔于汉唐矣”。回过头来看，如果没有“精贡举”为天下学子铺就了一条更加宽广的求学之路，嘉祐二年（1057 年）那道群星闪耀的“千古第一榜”，恐怕就会黯然失色许多了。

至于“厚农桑”，旨在保障和促进农业生产，无论政治立场如何，更不会傻到跟自己的肚子过不去，所以各项举措的推行也比较顺利，并没有遭到废罢之议的困扰，顶多就是有大臣提出要充分调查研判，不能头脑发热、一哄而上，搞一些中看不中用的形象工程、政绩工程。

简单归纳一下，“庆历新政”作为一个整体，如昙花一现般黯然落幕。范仲淹、富弼等人提出的变革举措，大部分也遭到废罢，但后来不乏一些声音要求恢复。还有一部分举措，则得到了进一步的完善并继续推行。毫不夸张地说，尽管范仲淹、富弼等人倡导的“新政”以惨败收场，但大宋王朝的有识之士们，并没有停止革除积弊的思考和努力。来也匆匆、去也匆匆的“庆历新政”，无疑是一次有益的探索与尝试，为十多年后的“嘉祐之治”打下了良好的基础，也为二十多年后更加气度恢宏的“熙宁变法”积累了丰富的实践经验，更吹响了革除积弊、焕然一新的号角！

第五篇

盛治

群星闪耀：一榜冠千古，二苏多磨难

（一）

在宋仁宗时代的四十余年间，如果说“庆历新政”宛如风起云涌的激情燃烧，那么“嘉祐之治”恰似岁月静好的温情脉脉。

“嘉祐”，是宋仁宗使用的最后一个年号，也是从他亲政以来，使用时间最长的两个年号之一（另一个是“庆历”）。说到年号，令人不由得叹为观止，宋仁宗真是太能折腾了！终两宋之世，他使用过的年号最多（九个。第二名是南宋理宗，八个），而且特别热衷于不按套路出牌，年中即行改元，导致在同一年里，前后出现了两个年号。

为了见识一下宋仁宗的这股折腾劲儿，咱们按照时间顺序来捋一捋：

天生十年（1032 年），正值皇太后刘娥垂帘主政的末期，禁宫在这年的八月发生了一场大火，皇太后、宋仁宗母子俩险些葬身火海。等到十一月，被烧毁的宫殿修葺完毕，宋仁宗宣布改元为“明道”，而且即行即改，所以天圣十年也是明道元年。

明道二年（1033 年），因为频繁发生旱灾、蝗灾，执政大臣提议“宜有变更，以导迎和气”，宋仁宗便于十二月下旬下诏，宣布次年改元为“景祐”。

景佑五年（1038 年）冬至郊祀之后，宋仁宗宣布改元“宝元”，又是即行即改，所以景祐五年也是宝元元年。这一次年中改元，似乎并没有特别的缘由，但冥冥之中自有定数，恰恰是在这一年的郊祀，西夏的李元昊第一次“朝贡不至”。

宝元三年（1040年），冥冥之中的那个定数终于在宋仁宗的心中应验了：“宝元”者，“保元”也，大宋王朝的新年号竟然替起兵叛宋的李元昊讨了一个好彩头！是年二月，宋仁宗宣布改元为“康定”，同样是即行即改，所以宝元三年也是康定元年。按照欧阳修的说法，李元昊叛宋之后改姓元氏，“朝廷恶之，遽改元曰康定”。

康定二年（1041年）的冬至郊祀以后，宋仁宗再度改元为“庆历”，依然是即行即改，所以康定二年也是庆历元年。至于个中缘由，官方没有明言，按照欧阳修的说法，这是因为有好事者提出“康定乃谥尔”。

庆历八年（1048年）的春夏之交，中原遭遇了一场极其严重的水灾，“伤暴禾麦，漂溢堤防”，导致黎民百姓“流离乡邦，携挈老幼”。是年十二月初一日，宋仁宗出于“冀消弭于灾变”的考虑，宣布次年改元为“皇祐”。

皇祐六年（1054年）三月，司天监报告说，四月初一日将发生一次日食。宋仁宗吓得够呛，赶紧下达一道“罪己诏”，说自己“畏天之威，栗栗危惧”，并宣布改元为“至和”，又是即行即改，所以皇祐六年也是至和元年。

至和三年（1056年）应该是最闹腾的一年：宋仁宗在年初大病了一场，“不能视朝，中外忧恐”，折腾了两个来月才勉强缓过神来。四月初一日，李仲昌的“豆腐渣工程”导致六塔河发生决口，“溺兵夫、漂刍藁不可胜计”。五月，两颗流星“相继西流”，京师又爆发严重洪灾，“累累老幼，狼籍于天街之中”。六月，洪灾蔓延至河东、河北、京东、京西、陕西、湖北、两川等地，“人畜死者，不知其数”。七月，天空中出现了一颗极其罕见的白色彗星，彗尾看上去有一丈多长。八月初一日，又发生一次日食……

除了没有片刻消停的天灾异象之外，宋仁宗还联想到了另一个冥冥之中的定数：至道三年（997年），宋太宗驾崩。“至道”、“至和”，仅仅一字之差，如今又同为三年，稍微联想一下都觉得瘆得慌！是年九月，宋仁宗迫不及待地宣布改元，当然是即行即改，所以至和三年也是嘉祐元年。——“嘉”者吉庆，“祐”者护佑，但愿是个好彩头吧！

或许连宋仁宗自己都没有预料到，变更年号的好彩头真是立竿见影，竟然在嘉祐二年（1057）新春之际的一场科举上面得到了应验。

屈指算来，科举制度从隋朝大业三年（607年）初创，至清朝光绪三十一年（1905年）寿终正寝，跨越了将近一千三百年的历史，也创造了无数闻名于后世的志士仁人。不过，只有嘉祐二年的这场科举，才能称得起空前绝后、登峰造极的美名，后世甚至誉之为“千古第一榜”！

主持这场科举的，正是时为翰林学士的欧阳修，点检试卷官则由馆阁校勘梅尧臣出任。说到欧阳修，自从他庆历五年（1045年）被贬到滁州之后，先后辗转扬州、颍州（今安徽阜阳）、南京等地，直至至和元年（1054年）五月才得以回京，此时已是“鬓须皆白，眼目昏暗”，宋仁宗差点儿没把他认出来，不由得恻然伤感。然而没过几个月，因为“小人恐修复用”，不断地栽赃陷害，欧阳修再一次被贬黜外放。好在诏令刚下达，宋仁宗便心生悔意，加之宰相刘沆、知谏院范镇等一批重臣替他陈情申辩，欧阳修才得以留在京城，领着翰林学士兼史馆修撰的头衔，与宋祁一道主持《新唐书》的编修工作去了。

由此可见，自从返回朝堂以后，欧阳修已经被排斥在权力中枢之外了，事实上与退居二线无异。不过，欧阳修宛如一座高不可攀的雄峰，无论搬到哪里都能耸入云端、令人仰止。先前充任史馆修撰，他不仅圆满完成了《新唐书》的编修任务，还利用闲暇之余“干私活”，修撰了一部《新五代史》。如今奉旨充任权知贡举，主持当年的礼部考试（称为“省试”[1]），欧阳修更是把庆历以来的文风荡涤得一干二净，在文学界掀起了一场不小的波澜。

说到文风，宋朝初期主要受到“西昆体”的影响，形式上追求华丽的辞藻，

[1] 宋朝的科举分为三级：第一级是由各州府或国子监主持的“解试”，一般在当年秋季举行，故又称“秋闱”，相当于明清时期的“乡试”。第二级是由礼部主持的“省试”，一般在次年春季举行，故又称“春闱”，相当于明清时期的“会试”。第三级是由天子名义上主持的“殿试”，紧随“省试”举行。

思想上则空洞无物，而且严重脱离社会现实，简单来讲就是无病呻吟、矫揉造作。发展到庆历年间，革除积弊的氛围日益浓烈，“西昆体”赖以生存的土壤荡然无存，取而代之的则是所谓的“太学体”。

顾名思义，“太学体”正是范仲淹当年推行“精贡举”、重建太学的副产品。刮起这场文风的核心人物，想必大家都不会感到陌生，正是凭借一篇《庆历圣德颂》先走红、后倒霉的国子监讲师石介。先前批判“西昆体”，石介的调门最高、批得也最狠，痛斥其“穷妍极态，缀风月，弄花草，淫巧侈丽，浮华纂组”。然而，石介“酷愤时文之弊，力振古道”，开创出所谓的“太学体”，则完全是走向了另一个极端。这种文风既没有骈文的典雅华丽，也没有古文的平实质朴，而是近乎偏执地追求险怪晦涩，尽是一些佶屈聱牙、故作高深的字眼，以此彰显自己的知识储备丰富、理论水平高。

对于这种矫枉过正的文风，时人与后世皆多有诟病。譬如苏轼后来评价说，“求深者或至于迂，务奇者怪僻而不可读”。简单来讲，就是无的放矢、不看对象，如果通篇都要翻辞源、查典故，这样的文章谁还愿意去读？

利用主持这一届科举的机会，积极倡导“复古”的欧阳修决心彻底变革文风。因此，凡是属于“太学体”风格的词赋、策论，最后的评分都非常低。那些平日里对“太学体”驾轻就熟的“学霸”们，在去年秋季的“解试”中可谓出类拔萃，原本以为到了“省试”这一关，应该会十拿九稳，没想到竟然一夜之间沦为“学渣”，史载“时所推誉，皆不在选”。说得稍微夸张一点，十年寒窗苦读下来，曾经历练钻研的文风，竟然不在此次“省试”的考纲范围之内！

“玩笑”开大了，惹得参试的举子一片怨声载道。尤其是那些落榜的太学生，平时接受的教育和“解试”是一套，结果“省试”的评价指标又是截然相反的一套，找谁说理去？众人当然没有回去埋怨国子监的讲师拿错了教材，而是直接将矛头对准了这场“省试”的主考官欧阳修。大家召集在一起，将欧阳修围堵在去早朝的路上，劈头盖脸将他一通臭骂。由于聚集起来堵路的落第考生实在人多，负责维护治安的巡逻衙役根本拦不住。更有甚者，不知是哪位落第考生，竟然匿名写了一篇《祭欧阳修文》，扔到欧阳修的家中，借着一番诅咒来排解心头之恨。

关于这场热闹非凡的“省试”,《梦溪笔谈》还记载了一则趣闻。话说有一位名叫刘几的太学生,因为深得“太学体”的真传,平日里就是“全校第一”（“累为国学第一人”）。他写的文章呢，当然多是些“怪崄之语”，却成为同窗士人争相效仿的范文。欧阳修知道刘几这个名字，早就看他不顺眼了。等到阅卷的时候，虽然考生的试卷已经按照规定誊录、封弥（即“糊名”），但欧阳修仅凭“天地轧，万物茁，圣人发”几个字，便料定这篇文章必然是出自刘几的手笔。于是乎，欧阳修当场给他的文章续了六个字，叫做“秀才刺，试官刷”，接着“以大朱笔横抹之，自首至尾”，出榜时更是给了一个“纰缪”的评价。果不其然，这篇文章真是刘几的杰作，而这位顶尖“学霸”也在主考官欧阳修的“崇高礼遇”之下落榜了。

从遭遇此次惨败开始，刘几便改弦更张，回去苦心钻研古文。数年之后，又是欧阳修担任主考官，有一篇文章深得他的赏识，将其评为第一。等到唱名的时候，得知写这篇文章的举子名叫刘辉，有人告诉欧阳修说，眼前的这个刘辉,正是几年前的那位顶尖“学霸”刘几,欧阳修听闻,“愕然久之”。——我只想说，“学霸”终究是“学霸”，任凭考纲千变万化，假以时日根本不在话下，真是不服不行啊！

（二）

回头来说这场“省试”，昔日的“学霸”纷纷被黜落，还闹出了当街聚众喧哗的群体性事件,但在策论的考试中,一篇风格迥异于“太学体”的文章,引起了阅卷考官梅尧臣的特别关注。跟今天的高考阅卷一样，但凡出现一篇“满分作文”,总会被老师们争相传阅。梅尧臣认定,这就是一篇“满分作文”,所以赶紧推荐给了主考官欧阳修。

这篇文章的题目是考官预设好了的，叫做《刑赏忠厚之至论》，谁写的呢？试卷被封弥了嘛，目前还不知道。文章主体的论点，恰如其中引用的一句古语："赏疑从与，所以广恩也，罚疑从去，所以慎刑也。"用今天的话来说，就是疑罪从无、慎用刑罚。我相信，经历过甥舅乱伦案、欺财案，以及一系列弹劾风波的欧阳修，对于这句话一定是深有感触的。

不出梅尧臣所料，欧阳修也非常欣赏这篇文章，说他此时的反应是拍案叫绝，也丝毫不为过。要说稍微有那么一点小瑕疵，便是文章中提到了这么一个典故：话说尧帝当政之时，掌管刑法的"士师"名叫皋陶，皋陶执法很严，判了三次死刑，结果都被尧帝宽宥赦免。欧阳修好歹是博览群书的饱学之士，竟然不知道哪本书上有所谓"皋陶曰'杀之'三，尧曰'宥之'三"的故事，便问梅尧臣"此出何书"。这个问题还真把梅尧臣给问住了，心想连你这位翰林学士都搞不清楚，我区区馆阁校勘又上哪儿明白去？不过，梅尧臣反应倒挺快，直接甩了一句"何须出处"出来。欧阳修以为梅尧臣也是偶然忘记了，便没有再追问下去。

尽管没有深究所谓的典故，但欧阳修心里还是有些疑虑。从这篇文章的风格和笔法来看，欧阳修严重怀疑这是曾巩的杰作，而曾巩又是他的门生，如果直接给一个满分，难免惹别人的闲话，思虑再三之后，他还是决定将这篇文章圈定为第二名。

等到阅卷工作完毕，工作人员将试卷启封唱名，第一名竟然是曾巩。欧阳修愣了，不是给他圈的第二名吗？不对，不对！先前品评的那篇《刑赏忠厚之至论》，作者显然是另有其人啊！第二名的名字，也就是这篇文章的作者，欧阳修、梅尧臣先前听都没听说过。他不是太学生，而是从四川眉州"解试"中脱颖而出的一位年轻举子，名叫苏轼，时年只有二十二岁。——没错！苏轼苏子瞻，也就是后来力压群雄、冠绝两宋之世的顶级大文豪苏东坡！

按照以往的惯例，金榜题名的考生都要前来拜谢主考官。欧阳修心里始终惦记着典故那一茬，便把先前问梅尧臣的话一字不落地抛给了"始作俑者"苏轼。苏轼回答说，这个典故在《三国志》的孔融传注里。[1]欧阳修还是没

[1] 陈寿所撰的《三国志》里并没有孔融的传记，苏轼所说的"孔融传注"，当是指裴松之在《崔琰传》中以附注的方式为孔融撰写的传记，见《三国志·魏书十二》。

〔宋〕佚名《憩寂图》,〔清〕吴荣光题跋指出，原画系苏东坡与李伯时根据杜甫的诗意共同创作，后来摹仿者甚众。(现藏于上海博物馆)

能想起来，当着众举子的面也不便细问，只好自己回去翻书找，结果一个字也没见着。

时隔数日，一头雾水的欧阳修见到苏轼，再一次提及这个典故。苏轼见问，方才娓娓道来：曹操灭掉袁绍之后，打算将袁熙的妻子赏赐给儿子曹丕，孔融当场搬出一个典故，说“昔武王伐纣，以妲己赐周公”。曹操大吃一惊，便问这句话是哪本书上写的，孔融回答说，其实哪本书上也没有写，而是我结合眼前发生的事情，有感而发瞎编出来的。苏轼进一步解释道：文章里面的尧帝、皋陶之事，其实也是这么编出来的。听完苏轼的这番解释，欧阳修惊骇不已，事后跟人感慨说：“此人可谓善读书，善用书，他日文章，必独步天下。”

大约一百多年以后，南宋名臣杨万里对这桩“悬案”提出了新的见解，说《礼记》里确实记载了三辟三宥的典故，只是没有道明是否发生在尧帝、皋陶之间而已。因此，杨万里认为苏轼“虽用孔融意，然亦用《礼记》故事”。

既然得到主考官欧阳修、阅卷官梅尧臣的青睐与褒奖，苏轼是否能借助这场“省试”声名鹊起呢？很遗憾，并没有！原因很简单，这一届的大神太多，而苏轼又是典型的偏科考生。

这里先解释一下“省试”的程序，进士科的举子们需要经历四场内容各异的考试。第一场考吟诗作赋，题目、韵脚都是给定的。第二场考试论，按照考官预设的题目写一篇短评。第三场考试策，考题是一些有关时政方面的问题，需要考生发表自己的见解，提出解决方案。第四场考经义，通常是从儒家经典中摘取一句话，由考生阐述其蕴含的寓意和道理。

苏轼那篇近乎满分的《刑赏忠厚之至论》，是第二场试论的短评，欧阳修圈定为第二名。但他的第一场考得很差，连及格线都没碰到，直接判定为不合格，第三场的成绩不详，第四场倒是得了第一等。综合四场考试的成绩，苏轼只能算勉强通过，取得了下一轮“殿试”的资格。换句话说，如果没有欧阳修亲自圈定的那个第二名，苏轼完全有可能在这一届“省试”中名落孙山。

那么，这一届“省试”有多少举子在进士科金榜题名呢？史料的记载有零有整，总共是373人。是年三月，在宋仁宗的亲自见证之下，“殿试”在崇政殿隆重举行，几天之后放榜唱名，共计有388人登科及第。——等一等！373人参加考试，最后录取了388人？您没有眼花看错，373名考生没有一个被黜落，最后还多出了15人！

“省试”过关者进入“殿试”，一个也没有被黜落，其实是从这一届科举才开始定下的规矩。至于原因，有说法认为是拜先前的群体性事件所赐，或许是出于稳定考生情绪的考虑，但这一说法并没有得到官方的证实。我猜想，如果让朝廷来回答这个问题，应该会归结到“圣上仁厚，恩泽广布”之类的套话上面，咱们就不必刨根问底了。至于多出来的15人，叫做“特奏名”，这是给历届落第举子特设的专门考试，也被称为“附试”，与常规的考试相比，带有一定的照顾性质。

进士科登榜的388人中，有262人进士及第，剩下的126人赐同进士出身。除了进士科之外，诸科还有389人及第，特奏名214人同出身。也就是说，这一届科举总共录取了将近一千人！——革除“冗官”之弊，真是任重而道远啊！

说嘉祐二年（1057年）的这场科举是“千古第一榜”，当然不是因为录取的人数多，而是在这一届登科及第的榜单中（当然主要是进士科），云集了一批后来叱咤北宋政坛、文坛的耀眼明星。

咱们挨个数一数：状元名叫章衡，虽然官做得不大，在政坛也没什么名气，但文章写得绝妙，为人也很正派，后来苏轼评价他说，“子平之才，百年无人望其项背”（章衡字子平）。有意思的是，章衡的叔叔——后来“熙宁变法”的核心骨干章惇，也参加了这一届进士科的考试，因为名次不及侄子章衡，面子上挂不住，索性“委敕而出”，也就是主动放弃了登科及第的资格。两年之后，章惇重新参加了一次科举，以甲等的优异成绩登进士科及第。

多少有些“泯然众人”的状元之下，大家耳熟能详的名字可就多了。苏轼自不必说，还有一同跻身“唐宋八大家”之列的苏辙、曾巩，加上主考官欧阳修，这里已经凑齐一半了。剩下一半呢，包括终生与科举无缘、但早已名声在外的苏洵“苏老泉”，还有早在庆历二年（1042年）进士科及第的王安石，以及唐朝的韩愈、柳宗元。巧合的是，曾巩的弟弟曾布也是在这一届科举中登科及第的。

除了苏家两兄弟和曾家两兄弟之外，榜单上还有这么一群“大神”：理学创始人程颢、张载及其弟子吕大钧，文武双全的一代名将王韶，“熙宁变法”的核心骨干吕惠卿，后来人品卑劣但著述颇丰的邓绾，编修《神宗实录》、题写“苏公堤”的林希，属于守旧派阵营的“洛党”骨干朱光庭……

诸多“大神”赫然在列，从“省试”中勉强过关的苏轼，“殿试”的成绩其实并不理想。根据后世考证，苏轼的名次是第四甲，可以被授予“判司薄尉”之类的低级别官职，苏辙则是更靠后的第五甲，毕业即待业，连立即授官的资格都没有，需要归入候任的队伍里继续煎熬。此时谁能预料到，成绩近乎垫底的苏家两兄弟，加上他们那位“二十七，始发愤”的老父亲苏洵，日后会成为闪耀文坛的三颗巨星，被后人盛誉为“一门父子三词客，千古文章四大家”[1]！

（三）

苏家两兄弟登科及第之后，并没有留在京城等候吏部的铨选授官，而是马不停蹄地赶回故乡眉州，因为他们接到一道噩耗，母亲程氏不幸辞世了。

二苏的母亲程氏，是眉州富豪程文应的女儿，与历史上不可胜记的女性一样，她的名字并没有流传下来，但时至今日，她依然被视为相夫教子的典范。或许是得益于出身在一个开放包容的豪门富室，程氏成为当时相当稀有的知识女性，自苏轼、苏辙少年时期便“亲授以书，闻古今成败”。有一次，程氏读到《后汉书·范滂传》，不禁“慨然太息”，侍立一旁的苏轼也被“慨然有澄清天下之志”的范滂深深吸引，立志也要做一位不畏权贵的名臣。程氏感到非常欣慰，说你要是能成为范滂，为母也不辞做送儿舍生取义的范母！可以说，贯穿苏轼一生的忧民报国思想，正是得益于母亲程氏的悉心教导。

嘉祐四年（1059 年）九月，苏轼、苏辙两兄弟丁忧期满，与父亲苏洵一道离开故乡眉州，乘舟顺岷江、长江而下，途经渝州（今重庆市）、三峡，至江陵府（今湖北泾州）弃舟登岸，转由陆路北上，于次年二月抵达京城。三月，经过吏部铨选，苏轼获授河南府福昌县（今河南宜阳附近）主簿，苏辙获授河南府渑池县（今河南渑池）主簿。

不过，苏家两兄弟都没有去赴任，当然不是因为嫌弃官卑职小，而是要为明年的一场特殊考试提前做好充足的准备。原来，朝廷决定在嘉祐六年（1061 年）举办一届制举，欧阳修获悉之后，当即邀约起时任天章阁待制的

---

[1] 这是清初名臣张鹏翮为四川眉州三苏祠题写的一副楹联，“三词客”是指“三苏”无疑，但“四大家”所指，说法不一。第一种说法是韩愈、柳宗元、欧阳修和苏轼，第二种说法是“三苏”和欧阳修，第三种说法是欧阳修、苏轼、王安石和黄庭坚。还有说法认为，既然是为三苏祠题写的楹联，不应牵涉到其他人，“四大家”应当是指“三苏”的散文和苏轼的词。

杨畋，一道举荐苏家两兄弟去参加这场意义非凡的考试。

与先前说到的贡举（也称为“常科”）不同，制举（也称为“制科”）大约起源于唐太宗贞观年间，是朝廷为了发现和选拔特殊人才而设立的特殊考试。在士族门阀尚有残余的唐朝，制举异常兴盛，但进入宋朝以后，随着贡举的规范化、制度化，作为补充的制举日渐式微。

与贡举相比，制举主要有以下三大不同之处：

第一，举办时间不固定。贡举是制度化的常设考试，譬如宋仁宗主政后期是两年一届，而制举属于非常设的考试，需要通过皇帝下诏的方式临时进行安排。

第二，对应试者有身份限制。贡举面向全天下的学子，但制举的诸多科目当中，绝大部分仅限官员报名参加，而且需要至少两位大臣的举荐，用今天的话来说，有点“保送在职教育研究生”的味道。当然，也有极小部分的科目向平民开放，只要没有犯罪前科，都可以自荐报名。

第三，录取比例低到了极致。前面说过，宋朝的科举取士相当泛滥，动辄数百上千的录取规模，但这说的仅仅是贡举。制举的录取人数呢，完全走了另一个极端，可以说是屈指可数、凤毛麟角。根据史料记载，终两宋之世只举行过 22 次制举，而总共录取的人数更是只有区区 41 人！

正所谓物以稀为贵，既然是为了选拔特殊的人才，录取比例极低倒也情有可原。在实际操作当中，又如何确保近乎于暴虐的极高淘汰率呢？答案就是两个字：流程！

俗话说流程虐死人，放到制举考试的上面，这还真不是一句玩笑话。首先，如果你是一名在职官员，必须有人举荐才能参加制举，两位大臣缺一不可，面子不够大恐怕也不行。其次是资格审查，这一步倒是相对简单一些。拿到报考资格之后，考生将面临异常残酷的三道关口：

第一关称为“进卷”，考生需要上交五十篇策论，由“两制”官员——包括翰林学士（称为“内制”）和中书舍人（称为“外制”）——负责评分。如果这五十篇策论的文辞够优美、逻辑够清晰，能够拿到“次优”及以上的分数，那么恭喜你，这一关就算是过了。

第二关称为“阁试”，因为考试地点设在秘阁而得名，属于制举的初试环节。考试内容是撰写六篇试论，每篇五百字以上，要求在一天之内完成。试论的主题通常是经史方面的内容，重点考察考生的涉猎是否广泛（“盖欲探其博学”）。时人普遍认为，这一关的难度是最高的，因为“进卷”中的五十篇策论可以提前撰拟、反复润色，后面进入廷策环节，平日里多少也有一些积累和练习，唯独“阁试”这一关，经、史浩如烟海，鬼知道题目从哪本书里出来，还要求一天之内完成六篇，这哪儿是考试啊，简直成了炼狱！换句话说，如果能从“阁试”的刀山火海中脱颖而出，距离登科及第便只有咫尺之遥了。

第三关称为“御试”，属于制举的复试环节，由天子亲自主持，目的是“欲观其才用”。考题是一道试策问，以皇帝的名义抛出问题，考生提出自己的见解和对策，要求三千字以上，也是一天之内完成。

苏家两兄弟参加的制举，科目是“贤良方正能直言极谏科”，顾名思义，就是想选拔有见识、有胆略的饱学之士。与先前贡举的全面考察不同，这场考试仿佛是专挑苏轼、苏辙最擅长的领域考，所以两兄弟相当顺利地通过了前两关，与另外两名考生一道进入“御试”环节。——您没看错，最终只有四人闯入最后一关，足见淘汰率有多么惊人！

嘉祐六年（1061 年）八月，“御试”在崇政殿如期举行。考试题目是由宋仁宗出的一道策问，言及“朕德有所未至，教有所未孚，阙政尚多”，并列举了各方面存在的弊端，诸如“利入已浚，浮费弥广，军冗而未练，官冗而未澄”之类，说来说去还是“三冗”的老话题，要求四位考生提出自己的见解和对策。

毫不夸张地说，苏轼的这篇文章写得相当精彩，招招打在了要害上。譬如针对“利入已浚，浮费弥广”的问题，苏轼认为其根源在于二虏（契丹、西夏）和后宫。二虏呢，咱们确实控制不了（“不得已”），但后宫明明可以控制却不加以控制（“得已而不已”），导致“后宫之费不下一敌国”。因此，要想节省浮费，当务之急就是拿后宫开刀。还有“军冗而未练”，苏轼认为根源在于“将不足恃”,能力不够、人数来凑,岂能不冗?至于“官冗而未澄”，苏轼的对策是改革考察官员的方式，使得“才者常用，不才者常闲”，这与范仲淹、富弼曾经倡导的“明黜陟”，倒有一些异曲同工之妙。

欧阳修举荐苏轼参加制举的时候，曾经盛赞其“学问通博，资识明敏，文采烂然，论议蠭出”，从这篇文章来看绝非溢美之词，逻辑清楚，立场鲜明，见解独到，故而备受诸位阅卷官的推崇。最终，苏轼近乎破天荒地被评为三等，顺利登科及第。这里解释一下，制举录取的成绩总共分为五等，其中一、二等纯属虚设，估计是给神仙下凡预留的，直至大宋亡国也没有考生拿到过。第五等也不常见，毕竟大家都是好面子的人，垫底及第，传出去不好听。绝大多数的入选者都是第四等，黜落者则不入等，连分数都不给。在苏轼之前，只有吴育一个人得过三等，后来官至枢密副使、参知政事，而在北宋王朝的历史上，“制策入三等”的就只有吴育和苏轼两个人。

毋庸置疑，苏轼从此声名鹊起，但要说这场制举最大的看点，其实在他的胞弟苏辙身上。面对同样一道策问，血气方刚的苏辙（时年二十三岁）颇有一点“怒从心头起”的味道，完全不按套路出牌，开篇即云宋仁宗的这些“忧惧之言”是“有其言耳，未有其实”，一点诚意都没有。紧接着，苏辙便把宋仁宗狠狠地批了一通,指责他“宫中贵姬至以千数,歌舞饮酒,欢乐失节，坐朝不闻咨谟，便殿无所顾问”，并劝谏圣上千万不要心存侥幸、自欺欺人，说什么“好色于内而不害外事”。除此之外，苏辙还连带着把宰臣、三司使也骂了个遍，雨露均沾，一个也没落下。

交上这份洋洋洒洒六千余言的答卷，苏辙感觉畅快淋漓之余，又心生一丝悔意，不祥的预感油然而生，“自谓必见黜”，登科及第恐怕是没指望了。

俗话说冲动是魔鬼、不容你后悔，苏辙的担忧不是没有道理，但他或许没有预料到，围绕着这篇丝毫不给宋仁宗面子的文章，下至阅卷官、上至朝堂重臣，甚至宋仁宗本人也参与到其中，竟然争执、纠结了半个来月的光景。

争论的焦点，倒不是如何治这位考生的罪，毕竟因言获罪并非大宋王朝的惯常作风，更何况这是制举“御试”的答卷，言辞激烈一些也无可厚非。这场漫长而激烈的争论，其实是就事论事的：首先，是否要将这名考生黜落；其次，如果将他录取，又该如何评定等级。

为了后面叙述方便，这里先给大家简单介绍一下制举“御试”的评卷流程。考生的试卷经过誊录、封弥以后，一般要经过初评、复评两个环节。负责初评的阅卷官员称为“初考制策官”，由两人担任；负责复评的阅卷官员称为“覆考制策官”，也由两人担任。如果初评、复评的意见出现分歧，需要再增加一个环节，交由两名“详定编排官”定夺。具体到这届制举的“御试”，“初考制策官”有翰林学士胡宿（另一人不详），而“覆考制策官”是时任知谏院的司马光和翰林学士范镇。

负责初评的胡宿，史载此人“清谨忠实，内刚外和”，“学通天人之奥”，既有渊博的学识，又不乏刚毅的性格。他认为，这名考生应当直接黜落，理由是这篇文章有两个不容宽宥的问题。第一，答非所问。考题出得很清楚，需要考生针对一系列问题提出见解和对策，可这位考生呢，从头到尾打嘴炮，下笔千言、离题万里。第二，政治立场有偏差，很多诘难不仅缺乏依据，还严重失实。

平心而论，胡宿给出的初评意见不是没有道理。跑题的事儿撇开不谈，这是明摆着的纰漏，就说文中所谓的“宫中贵姬至以千数，歌舞饮酒，优笑无度”吧，完全是胡说八道。事实上，宋仁宗在宫闱生活方面还是比较自律的，从先前被王素硬生生地撵走两位佳人，便可略见一斑。苏辙后来自己也承认，当年“采道路之言，论宫掖之秘”，在那篇答卷上写了很多不负责任的话。从这个角度来说，将他直接黜落，真是一点儿也不冤。

另一位阅卷官想必与胡宿的意见一致，按黜落的结论完成了初评。接着进入复评，司马光认为这位考生“独有爱君忧国之心，不可不收”，不仅要将他录取，而且提议列入三等，也就是最高的等级。范镇的态度显得折中一些，也认为不应该黜落，但列入三等似乎也太高调了一些，还是以最常见的四等录取为妥。最终，司马光做出了让步，同意按照范镇的意见给出复评结果。初评、复评意见相左，自然交由两名“详定编排官”定夺，他们采纳了复评意见，决定按第四等录取。

按照正常的流程，评卷工作业已终结，可以将试卷启封，放榜唱名了，但为人耿介的胡宿依然秉持异议，坚定认为应当直接黜落，随即又与司马光、范镇争执不休，几位阅卷官为此竟然吵成了一团糨糊。

虽说评卷工作是高度保密的，但俗话说得好，好事不出门、坏事传千里，有考生借“御试”痛批君臣、阅卷官又各执己见的“爆炸性新闻”，很快就传到了朝堂上。有大臣支持胡宿的意见，认为这等满口胡言乱语的狂妄之徒，理应直接黜落。反倒是时任三司使的蔡襄，或许因为做过言官，批君斗臣的事儿没少干，尽管自己也在挨批之列，但他表现得相当大度，说这位考生对三司使的批评还是有些道理的，甚至让他感到有些自惭形秽（“吾愧之而不敢怨”）。

鉴于双方意见的分歧太大，朝廷决定打破常规，重新安排考官进行评判。经过一番审慎的斟酌，新的考官采纳了初评的意见，将这名考生黜落，并提请宋仁宗最终定夺。

先前胡宿固执己见，硬是把评判结果扳了回来，没想到司马光也不是一盏省油的灯，直接给宋仁宗上了一道奏疏，表达自己的意见。司马光认为，这位考生“指陈朝廷得失，无所顾虑，于四人之中，最为切直”，如果将他直接黜落，倒显得圣上和朝廷忒小气和虚伪了。唱高调的录取，唱反调的黜落，岂不是与设立“贤良方正能直言极谏科”的初衷背道而驰？如此一来，“四方以言为讳”，更是有损圣上的宽明之德。相反，如果能将这位考生录取，让全天下尽知圣上“容纳直言之德”，岂不是成就了一桩美谈？

宋仁宗这个人呢，其实特别在意旁人和后世对他的评价，司马光的这番肺腑之言，恰好暗合其心意。因此，宋仁宗向群臣表示，尽管这篇文章里有一些道听途说的不实之辞，但瑕不掩瑜，不应该求全责备。再者说，朕决定开“直言极谏科”取士，就是想听到逆耳忠言，如今考生直言不讳，反倒要遭到黜落，朕往后还如何取信于天下（“吾以直言求士，士以直言告我，今而黜之，天下其谓我何"）？

宋仁宗一锤定音，这场持续了半月之久的争议才算是尘埃落定。等到试卷启封唱名，君臣方才获悉，掀起此番波澜的考生名叫苏辙。至于他的评定结果呢，既不是最常见的第四等，也不是垫底的第五等，而是"第四等次"，即略微比第四等低一些，想必是专门为他那篇引发诸多争议的文章所设吧。

据说，宋仁宗对苏轼、苏辙的才学感到异常欣喜，回到禁中便迫不及待地感慨说，"朕今日为子孙得两宰相矣"。对于这段记载，后世多有质疑，认为夸大其词的成分比较大。相比之下，北宋文人方勺编撰的《泊宅编》，对这段趣闻的记载似乎更靠谱一些：话说若干年以后，曹太皇太后告诉孙子宋神宗，她记得宋仁宗主持那场"御试"回到禁中，便大喜过望地表示"今日得二文士"，接着又感慨"然吾老矣，虑不能用，将以遗后人"。

制举登科及第之后，苏轼获授大理评事、签书凤翔府判官事，苏辙获授商州（今陕西商洛）军事推官。按照宋朝的惯例，他们的任命状（称为"官告"）需要由知制诰起草，以彰显朝廷惜才爱才的庄重感和仪式感。然而，先前掀起一场波澜的苏辙，在这个"认认真真走过场"的环节，偏偏又遇到了新的麻烦：接到任务的知制诰，坚决不肯给苏辙起草官告！

谁有这么大的脾气，连宋仁宗的面子都敢驳？你还别说，真是一尊大神！他不仅跻身于"唐宋八大家"之列，还是后来"熙宁变法"的核心人物，列宁盛赞其为"中国十一世纪最伟大的变革家"。没错！眼下这位拒不领命的知制诰，正是一代名臣王安石。

王安石此时的级别比较低，没有资格参加先前朝堂上的争论，但他对于此事的态度是很明确的，认为苏辙"专攻人主"，表面上看是痛批圣上，暗地里却是维护宰相，用心太阴险。当时担任宰相（次相）的是咱们的老熟人韩琦，听王安石这么一说，他感到有些哭笑不得：你是眼瞎还是不识字，没看到苏辙在文章里痛批"宰相不足用"吗？这样的"维护"你敢接？

挨了韩琦的怼，但王安石依然态度坚决。迫不得已之下，朝廷只得另外指定一名知制诰起草官告，总算是了结了这场风波。这里多说一句，官告盛赞苏辙“虽文采未极，条实未究，亦可谓知爱君矣”，足见宋仁宗对他的赏识之情。

嘉祐天团：众贤归位，四真担纲

（一）

宋仁宗感慨的到底是“得两宰相”还是“得二文士”，其实并不重要，此番喜出望外，为的都是子孙后代。实事求是地说，无论是群星闪耀的“千古第一榜”，还是在制举中声名鹊起的苏轼、苏辙，对于当下的大宋王朝而言，远水一时还难解近渴。真正在嘉祐年间开创出一片盛世景象的，其实仍然是那一批宦海沉浮多年的旧面孔、老熟人。

说到旧面孔、老熟人，大家的脑海里是不是会立即浮现出当年激情澎湃的“庆历天团”？没错！在开创盛世景象的“嘉祐天团”当中，核心人物依然是当年“庆历天团”的骨干，包括富弼、韩琦和欧阳修。令人倍感遗憾的是，当年的“旗手”范仲淹辗转多地任职，已在皇祐四年（1052 年）五月不幸病逝，曾经苦撑危局的杜衍，也因为年迈多病而致仕，于嘉祐二年（1057 年）二月撒手人寰了。

三位骨干人物当中，欧阳修的回归最早。他于至和元年（1054 年）五月回京任职，尽管经历了一些栽赃陷害的波折，担任的职务更是与退居二线无异，但欧阳修在这些岗位上干得相当出彩，从《新唐书》、《新五代史》到“千古第一榜”、倾力举荐二苏，无不彰显出这位文坛“大咖”的卓越才能和崇高风范。

至和二年（1055 年）六月，宋仁宗将富弼召回来了，而且直接委任他为宰相（次相）。从庆历四年（1044 年）八月外放河北“避风头”算起，富弼离开朝堂，已经将近十一载的光阴了。常言道：身处逆境，方显本心。在这十来年里，正处于人生低谷的富弼辗转多地为官，也经历了很多事，非但没有埋怨气馁，反而尽显忠君爱民的信念，令宋仁宗颇为感动。

譬如河北地区发生严重的洪灾，富弼积极动员官吏、富户捐资助粮，“山林陂泽之利”原本是归官府所有，但富弼一声令下，“听流民擅取”，挽救了数十万人的性命，募兵员额也超过万数。宋仁宗特意遣使慰劳，并赐其礼部侍郎之衔，却被富弼拒绝了。他认为，自己只是做了一些分内之事，并无额外之功，愧受圣上的褒奖。

还有贝州兵变的时候，驻扎在齐州（今山东济南）的禁军也打算响应。富弼当时的职务是知青州（今山东潍坊），既管不了贝州的兵变，也管不了齐州的禁军，完全可以置身事外。但他听说这一消息之后，并没有作壁上观，而是积极地想办法化解危机。当时，恰好有一位宦官奉命来到青州，富弼“度其可用”，便让他立即赶赴齐州，发动士卒夺城。结果很遗憾，临时召集的兵丁根本不是禁军的对手，最终全军覆没。富弼为此感到相当自责，主动上表请罪，但宋仁宗并没有问他的擅专之罪，而是大加褒奖，并再赐其礼部侍郎之衔。富弼认为自己受之有愧，依然不肯领命。

等到朝廷宣制召富弼回京任职的时候，史载“士大夫相庆于朝”。宋仁宗获悉此事之后，更是感慨万千，私下里跟欧阳修讲：古人观命相，有的靠解梦，也有的靠占卜，恐怕都比不上今日的这般欢呼雀跃吧？！

至于韩琦的回归，咱们大可不必追溯得太远，自从庆历五年（1045 年）三月被罢黜外放，他也是辗转多地出任军政长官，在扬州、郓州、真定府（今河北正定）、定州（今河北定州）、并州（今山西太原）、相州（今河南安阳）等地转了个遍，直到至和三年（1056 年）[1]七月才被宋仁宗召回朝堂，安排他担任三司使之职，次月又转任枢密使，干回他的老本行。

嘉祐三年（1058 年）五月，时任宰相（首相）的文彦博遭到台谏言官的弹劾，大意是说他结党营私，为一些官员的升迁大开方便之门。朝廷经过细致调查，发现这事儿完全是子虚乌有。文彦博这个人脸皮子比较薄，虽说

[1] 是年九月改元“嘉祐”。

台谏言官所奏不实，但他依然“不自安，数求退”。眼瞅着实在挽留不住，宋仁宗只好于次月批准文彦博的辞呈，将他外放去了河南府。

按照以往的惯例，首相出缺，则由次相进补。在富弼接替文彦博出任首相之后，次相的位置又空出来了。尽管同样是按照以往的惯例，由枢密院的主官进补，此时却出现了两大热门人选，一个是韩琦，一个是贾昌朝，他们都担任着枢密使之职。——在宋仁宗主政后期，枢密院通常采取“两长制”，无所谓先后高低，都站在同一条起跑线上。

宋仁宗最终选择擢升韩琦，一定程度上也是台谏系统的功劳。原来，台谏言官担心贾昌朝入选，索性先发制人、交相弹劾，说他“交通女谒，建大第，别为客位以待宦官”。外臣交结内宫，这可是了不得的事情啊！不过平心而论，台谏言官对贾昌朝的参劾，捕风捉影的成分更大一些。贾昌朝这个人呢，确实是典型的趋炎附势之徒，他不仅屈尊与温成皇后的乳母贾氏攀上了亲，甚至还“以姑事之”，完全不顾身为朝廷重臣的脸面。攀亲的事儿倒是不假，但要说他“交通女谒”，似乎就有点过了。至于台谏言官又提到贾昌朝假公济私，滥用枢密使的职权，替一些宦官开脱罪责，则更是无中生有、凭空捏造。

虽说弹劾的水分太大，贾昌朝的脸皮也比较厚，没有像文彦博那样主动递交辞呈，但他非但没能擢升为宰臣，反倒连枢密使的位置也没能保住，改任镇东节度使、景灵宫使之类的虚职，不久后又被外放去了许州。对于贾昌朝的这场飞来横祸，咱们倒大可不必抱以同情之心，毕竟可怜之人必有可恨之处嘛！

（二）

与先前的“庆历四谏官”一样，“嘉祐天团”里也有类似的统称，一个是“三得人”，另一个是“嘉祐四真”。

所谓“三得人”，说的是富弼、欧阳修和张昇。至和二年（1055年）六七月间，他们相继接到新的任命，富弼拜相、欧阳修复任翰林学士，张昇擢升权御史中丞，史载“士大夫咸谓三得人也”。

富弼、欧阳修，大家都比较熟悉了，只有张昇算是一张新面孔。其实呢，他比富弼、欧阳修年长十几岁，论资历也相当深厚。早在大中祥符八年（1016年），张昇便进士及第、步入仕途，这一路走来可谓好评不断。譬如时任南京留守的王曾称赞他“有公辅器”，将来必是做宰辅的人，夏竦经略陕西的时候，也曾经举荐他出任安抚都监。

前面说过，庆历八年（1048年）发生了一场颇为离奇的宫变。张昇当时是一名言官（时任知杂御史），享有风闻言事的特权，直接将矛头对准内侍杨怀敏，说他图谋不轨，还含沙射影地暗指张美人（即温成皇后）是这场宫变的幕后主使。虽说他只是过过嘴瘾，并没有什么真凭实据，还惹得宋仁宗一脸黑线，但张昇从此得了一个“指切时事无所避”的美名。此时充任御史台的主官，可谓实至名归。

再来看一看“嘉祐四真”。根据《容斋随笔》记载，时人交相传语云：富弼“真宰相”、欧阳修“真翰林学士”、包拯“真御史中丞”、胡瑗“真先生”，这四人“皆极天下之望”。

先说“真先生”胡瑗吧。不知大家是否还有印象，前面讲《庆历圣德颂》的时候，提到过“宋初三先生”的说法，其中有两位是石介和他的老师孙复，另一位便是现在隆重出场的胡瑗。

这位重量级的大佬到底有多牛呢？别看他在《宋史》里的生平传记只有区区五百字，人家录入一道奏疏，恐怕都不止这么一点篇幅，但他的这篇传记，处处充满着近乎“魔幻”的励志色彩。

首先，胡瑗没有参加过科举，而是做了四十多年没有编制的教师，因为“教人有法”、爱生如子，颇受弟子的尊崇，学生们不仅视他为父兄，而且“从之游者常数百人”。

其次，胡瑗曾经得到范仲淹的举荐，以一介布衣的身份，召对于崇政殿。朝廷推行“精贡举”重建太学的时候，还专门派人前往湖州向胡瑗讨教教学理念和方法，“取其法，著为令”。

最后，胡瑗在皇祐年间受聘于国子监担任讲师，“省试”录取的考生当中，胡瑗的弟子“十常居四五”。后来，听他讲课的学生越来越多，“太学至不能容，取旁官舍处之”。

更令人叹为观止的是，胡瑗教导出来的学生，无论才学高低，神色、举止乃至穿着打扮，竟然都大同小异，以至于大家见面虽不相识，但一眼就能看出谁是胡瑗的弟子！

再说“真御史中丞”包拯，他的名讳之震撼，可谓无人不知、无人不晓。嘉祐元年（1056 年）十二月，时任知江宁府（今江苏南京）的包拯奉调回京，正式就任那个让他家喻户晓、妇孺皆知的职务——权知开封府。

这里需要说明一下，演义小说也好，戏曲影视也罢，说什么包龙图打坐开封府，如何明察秋毫、秉公断案，其实完全是艺术上的虚构加工，并不符合史实。首先，包拯在权知开封府的任上，干的时间并不长，只有一年多一点，其间也没有审理过什么疑难案件。其次，权知开封府是行政长官，日常的诉讼案件根本到不了他这里，而是交由专门的衙署和专职的官员负责处理。譬如先前苏舜钦等人公款吃喝的案子，虽说是开封府负责，但具体是由其下设的右军巡院负责审理的。

平心而论，在天子脚下做首善之区的父母官，并不是一件容易的事情，更何况包拯的前任是“治郡有能名”的曾公亮，其治下可谓道不拾遗、夜不闭户，被坊间誉为“曾开门”，并因政声卓著而擢升参知政事。尽管背负着前任光环的压力，担任权知开封府的时间也不算长，但包拯还是做出了两件让京城百姓交口称赞、拍手称快的事情，一是废“牌司”，二是拆“违建”。

“牌司”是开封府下设的一个机构，专门负责接收百姓的诉状，类似于今天的诉讼受理窗口。设立牌司的本意是提高官府的效率，让黎民百姓更加方便，但在具体执行过程中，牌司官吏故意刁难、吃拿卡要的事情屡有发生，用今天的话来说，就是门难进、脸难看、事难办，搞得老百姓苦不堪言。包拯到任伊始，一声令下就把牌司给撤了，直接敞开府衙的大门，百姓如有冤屈诉状，“径使至庭自言曲直，吏民不敢欺”。

说到“违建”，想必大家多少有些印象，京城在包拯上任前的几个月，也就是至和三年（1056年）五月，爆发了一场损失异常惨重的洪涝灾害，史载“累累老幼，狼籍于天街之中”，大小官员在汴河岸边购置的“江景房”更是首当其冲。这场洪灾与与先前的六塔河决口一样，既是天灾所致，更是人祸使然。怎么回事儿呢？原来，开封城内的防洪系统，靠的是纵横交错的沟渠河道，但官员、富户纷纷在自家宅邸构筑园林亭榭，“多跨惠民河，故河塞不通”，方才导致严重的内涝。包拯到任之后，又是一声令下，把这些“违建”全给拆了。

史书记载说，包拯“立朝刚严，闻者皆惮之”，坊间的妇孺“亦知其名”，“贵戚、宦官为之敛手”。如此显赫的威名，虽然与后世文人的演绎暗合，但这并不是他在权知开封府的任上积攒下来的。要说包拯在历史上真正的名声，其实是他充任台谏言官时的倔强与铿锵。

还记得吗？咱们第一次讲述包拯的光辉事迹是在皇祐初年。当时，宋仁宗擢升外戚张尧佐掌管三司，引来台谏言官的连番炮轰，其中批得最狠、态度最坚决的，便是时任知谏院的包拯。眼瞅着张尧佐终于被轰下台，改授宣徽南院使之类的虚衔，但包拯与“人狠话更多”的王举正（新任御史中丞）仍然不依不饶，追着这只落水狗一顿臭批，还连带着把“私昵后宫”的宋仁宗洗刷了一通，包拯甚至“唾溅帝面”，喷了宋仁宗一脸的口水。闹到最后，一群台谏言官又逼着宰相文彦博表态，搅得朝堂上下不得安宁，直到宋仁宗收回成命，并承诺今后不再擢升张尧佐，包拯、王举正等人方才偃旗息鼓，鸣金收兵。

皇祐四年（1052年）三月，包拯离开谏院和京城，外放到地方上任职，辗转河北路、瀛州（今河北河间）、扬州、庐州（今安徽合肥）、池州（今安徽池州）、江宁府等地。直到嘉祐三年（1058年）六月，包拯才从权知开封府的位置上转任权御史中丞，接替擢升为枢密副使的张昇，终于干回了自己的老本行。

包拯刚刚回归本位，第一场嘴炮就让宋仁宗相当难堪，他又甩出了“东宫虚位已久，天下以为忧”的老话题。后继无嗣的痛楚，宋仁宗终其一生都未能释怀，偏偏老包回朝伊始，便揭起了这道伤疤。宋仁宗显然很不耐烦，索性反呛了一句:“卿欲谁立？”——你们不就是想搞政治投机、提前站队吗，朕给你们这个机会！听宋仁宗这么一问，包拯的倔脾气也上来了，直接回怼说：“乞豫建太子者，为宗庙万世计尔”，圣上把我老包当成什么人了？！我老包“行年七十”（其实包拯尚未满六十岁），膝下也没有子嗣[1]，还能图个什么呢？！包拯言辞恳切，宋仁宗方才转怒为喜，答应“徐当议之”。

担纲御史台的主官半年有余，包拯便干了一件震惊朝野的大事儿：时任三司使的张方平被他轰下台了！

说到张方平，其实也是一位能臣。他跟苏轼、苏辙一样，也是“贤良方正能直言极谏科”及第，曾经在谏院供职，针对西北战局提出过不少中肯的意见。早在庆历年间，张方平便担任过权三司使之职，掌管朝廷的钱袋子，而且做得相当出色，史载“京师有三年粮，而马粟倍之”。张方平离任之后，财政再度陷入捉襟见肘的窘境，“马粟仅足一岁，而粮亦减半”。至和三年（1056年）八月，时任知益州的张方平回朝接替短暂出任三司使的韩琦，重新主持朝廷的财政大计，当即呈上“漕运十四策”，招招打在要害上，连宰相富弼都赞不绝口。随着漕运的逐渐疏通，不到一年的时间，便实现了“京师有五年之蓄”。

毫不夸张地说，张方平是宋仁宗时代顶尖的经济人才，为人正直的包拯怎么会把这样一位能臣盯上了呢？事情还要从发生在嘉祐四年（1059年）初的一桩民事诉讼案件说起。当时，有一位姓刘的老太太跑到开封府告状，说她的侄子刘保衡“亡赖豪纵”，把家产败了个精光，更令她难以启齿和出奇愤怒的是，这个刘保衡其实并非刘家的血脉。

刘保衡的生父是否另有其人，官府既没工夫、也没兴趣去理会。至于刘

[1] 包拯的长子包繶去世于皇祐五年（1053年），幼子包绶系媵妾孙氏所生。孙氏怀有身孕时，被不知情的包拯打发回了娘家，于嘉祐二年（1057年）产下包绶。直到包拯六十寿辰之际，襁褓之中的包绶才被人送到包拯面前相认。

氏状告刘保衡败坏家产，经过开封府的细致调查，其实并非刘保衡胡作非为，而是源自一场稀松平常的经济纠纷。原来，刘保衡是一位生意人，先前从三司那里承包了一家官营酒店，但因为自己经营不善，欠下一千多贯的税款（相当于承包费）。三司派人前去追债，刘保衡被逼无奈，只好将一处宅院变卖抵偿。刘氏告到开封府，就是因为刘保衡变卖这处宅院的时候，并没有征得她的同意。

单从这桩案件来看，三司按照承包合同追讨债务，本质上并没有什么过错，刘保衡变卖宅院抵债也合理合法。至于是否征得刘氏的同意，或者是否需要征得刘氏的同意，则完全属于家庭纠纷，毕竟房契上并没有刘氏的名字，否则刘保衡也卖不掉。因此，官府的意见应该是很明确的：俗话说清官难断家务事，要闹回自己家闹去。

既然事实清楚、证据确凿，是不是可以就此结案了呢？非也！开封府经过调查发现，刘保衡变卖这处宅院抵债，买家竟然是三司使张方平。这就比较有意思了，刘保衡欠下三司的债，将宅院变卖给三司使去抵偿，难免令人浮想联翩。事情捅到台谏，包拯当场就炸了，上疏弹劾张方平“乘势贱买”管理对象的宅院，毫无廉耻可言，“不可处大位”。紧接着，其他的台谏言官一拥而上，史载“台中僚属相继论列”，一场狂风暴雨将这位杰出的经济人才搞得狼狈不堪。

（三）

平心而论，包拯将这桩房产交易定性为张方平“乘势贱买”，并没有确凿的事实依据，很大程度上是主观臆断。但是，一来台谏言官有风闻言事之权，劾奏不实也在政策允许范围之内；二来张方平这事儿做得确实不地道，连最起码的“避嫌”规矩都不讲。因此，尽管宋仁宗、富弼有意袒护张方平，但台谏言官的弹劾有理有据，而且不达目的，誓不罢休。迫不得已之下，张方平只好黯然去职，外放去了陈州（今河南淮阳）。

罢黜张方平的同时，宋仁宗任命正在京城述职的知益州宋祁接任三司使

〔宋〕苏汉臣《秋庭戏婴图》。两名身着锦衣的儿童正在玩耍“推枣磨”的游戏。（现藏于台北故宫博物院）

之职，没想到台谏系统又炸开了锅。时任右司谏的吴及说，宋祁先前在定州，正经事没做过几件，却纵容家眷借贷了数千缗的公用钱，后来任知益州又“奢侈过度”，大把大把地烧钱。包拯也补上一刀，说宋祁在益州“多游宴”，大刮享乐主义、奢靡之风，更何况他的兄长宋庠先前已接替贾昌朝出任枢密使，还兼领着同平章事的头衔，手握行政、军政大权，如今又让宋祁主持财政，两兄弟岂不是把大宋王朝的家都当完了？！鉴于包拯、吴及等台谏言官“累论之不已”，宋庠只好站出来表态说，他自己“身处机密”，而宋祁“权任太重”，确实应该避嫌。于是，倒霉的宋祁屁股还没坐热，就被撵出朝堂，外放去了郑州。

出乎所有人的意料，接替宋祁担任权三司使之职的竟然是包拯，恐怕包拯本人也是始料未及吧。宋仁宗此时的心思，多少有一点意气用事的成分：你老包不是喜欢跟三司使杠吗？从当年的张尧佐，到如今的张方平、宋祁，三任三司使都是被你的嘴炮轰下去的！朕也不想找别人继续挨炮轰了，你老包直接上吧，也让你设身处地体验一下，摇身一变成为自己讨厌的样子，将会是怎样的一番滋味。

这道人事任命一下，包拯尚未明确表态，朝堂内外已经一片哗然。翰林学士欧阳修率先跳出来反对，认为这是“朝廷贪拯之材，而不为拯惜名节”，陷包拯于“逐其人而代其位”的尴尬境地。知道的人呢，自然会说包拯没有私心和野心，先前炮轰三司使，不过是台谏言官的职责所系。可不知道的人呢，难免会浮想联翩，觉得包拯把人家一顿狠批，原来是为了让自己取而代之。即便事实并非如此，但也有瓜田李下之嫌。

听欧阳修这么一说，包拯也觉得自己应该避嫌，当即回家宅着，拒绝接受这道委任。不过，宋仁宗既然打定了主意，便不会顾及那些流言蜚语，清者自清嘛，尽听旁人扯闲篇，大家还怎么干活？！过了一些日子，包拯便走马上任了。

事实证明，包拯在权三司使的任上干得相当不错，尤为突出的业绩是彻底废除了“科率”。所谓“科率”，简单来讲就是官府向民间征购日用物资，具体的做法是这样：三司每年会根据日用物资的消耗和库存情况，核算出需求清单下达至各路，根据“风土所宜及民产厚薄”向民间征购，对于一些没有设置库存的特殊物资，各路也可以自行征购。

虽说是官府掏钱购买，但毕竟属于强制性的征购，而且征购价往往低于市场价，无形中增加了百姓的负担。包拯就任权三司使之后，经过一番调查研究，决定彻底废除“科率”，改为“置场和市”，也就是设置专门的市场，按照自由交易的原则向民间采购，史载“民得无扰”。正是因为工作出色，包拯官职前的“权”字在嘉祐六年（1061 年）四月终于被拿掉了，短短二十天之内又擢升为枢密副使，但在次年五月便与世长辞了。

正是在包拯擢升的这一年，两府的人事格局也发生了一些变化。三月，宰相富弼因母丧卸任丁忧，宋仁宗原本打算夺情起复，怎奈富弼表示“金革变礼，不可用于平世”，始终坚辞不受。过了几个月，次相韩琦才依序进补为首相，参知政事曾公亮升为次相，孙抃、欧阳修任参知政事。枢密院这边，枢密使是张昇，枢密副使有包拯、赵槩和胡宿。可以看出，嘉祐年间的朝堂之上，并没有出现守旧、变革两派激烈纷争、此消彼长的状况，借用南宋著名文士叶适的话来说：曾经势如水火的新旧两党，到了至和、嘉祐时期却能“不分彼此，不间新旧，人材复合，遂为本朝盛时”。

润物细无声：无新政之名，行新政之实

（一）

有一位哲人说过：人不能两次踏进同一条河流，因为河也好、人也罢，无时无刻不在发生变化。此岸彼岸一来一去，即便是倏忽之间，蹚过的已经是新水流，人身上的细胞更是不知新陈代谢了多少个，所以古人有云，“从前种种，譬如昨日死，从后种种，譬如今日生”。每时每刻的“我”，何尝不是“新我”呢？咱们常说物是人非，大抵也是这个道理吧，曾经情投意合、酒逢知己千杯少，在经历一番“物换星移几度秋”之后，或许形同陌路、话不投机半句多。

道理是这个道理，但恐怕还是会有不少人感到莫名地惊诧：如今重返朝堂的富弼、韩琦，与庆历时期的叱咤风云相比，完全是判若两人啊！

遥想当年，富弼身为变革派的二号人物，倾力襄助范仲淹推行各项变革举措，可以说是春风得意，为此还惹得“小人始不悦”。谁承想好景不长，各种非议与诋毁席卷而至，富弼只得黯然离朝，原本说是暂避一下风头，结果这一避就是十来年的光景。

还有韩琦，同样绝非浪得虚名。他当年是枢密副使，按道理只负责军政

系统的业务，但只要两府凑在一起议事，韩琦总是知无不言、言无不尽，建言献策的积极性相当高，可在行政系统那边看来，纯属狗拿耗子多管闲事，史载“同列或不悦”。宋仁宗还亲自出面替他站台，说韩琦是一个性情耿介的好人，并无半点私心。

十余载春秋倏忽而过，想当年锋芒毕露、招怨甚多的富弼、韩琦，现如今却如同“基因突变”一般，愈发温文尔雅、平易近人，令人顿生恍若隔世之感。

先说富弼吧。根据《涑水记闻》的记载，自从他回朝拜相以后，为人之谦和，真是到了极致，与过往那些高高在上、颐指气使的宰辅重臣，形成了极其鲜明的对比。譬如有低阶官员或者布衣秀士前来拜访，富弼丝毫不失待客之礼，“引坐，语从容，送之及门，视其上马”，哪一个环节都要尽到地主之谊。有意思的是，看到当朝宰相都如此谦恭，谁还敢再装大瓣蒜，所以群臣纷纷效仿，无意间还引领了一场尊礼重德的新风尚。

再说韩琦，从主政枢密到官居宰辅，他也是“折节下士，无贱贵，礼之如一”。有后世文人感慨说，韩琦回朝拜相之后，不再纠结于过往新、旧两派的恩恩怨怨，而是“不分彼此，惟才是用”，将他们团结在一起为朝廷效力，“朋党之议不治自消”。后来富弼因母丧辞任丁忧，韩琦接过首相的重担，索性做起了“甩手掌柜”：政令由曾公亮（次相）负责，涉及典故找孙抃（参知政事），文学更是有欧阳修（参知政事）这尊大神掌舵。韩琦自己又干什么呢？听上去有点唬人，“至于大事，则自与决之”，其实朝廷能有多少所谓的“大事”，需要或者允许他这位宰辅重臣专断自决呢。

对于发生在富弼、韩琦身上的“基因突变”，既有人持欢迎和赞赏的态度，也有人显得不以为然，甚至不乏讪笑与鄙夷。譬如先前提到的著名文士叶适，他是“南宋三大学派”之一——“永嘉学派”的集大成者（另外两大学派是朱熹的理学和陆九渊的心学），政治上的立场是积极主张变革。因此，他一方面称颂至和、嘉祐时期“为本朝盛时”，一方面又对富弼、韩琦貌似不温不火的表现嗤之以鼻，痛斥富弼“无所施为”、“因忧患益昏”，对韩琦倒是稍微留点面子，说他“微有改作，亦不能从也”。

同样是在南宋初年，邵博编撰的《邵氏闻见后录》，记载了一则暗藏话锋的“趣闻”。话说庆历年间，富弼、韩琦正值血气方刚的大好年华，都是竭力推行“新政”的风云人物。反观时任宰相的章得象呢，“终日默然如不能言”，竟然成了一只扎嘴葫芦。有的人也是比较讨嫌，跑去问这位“哑巴宰相”如何评价富弼、韩琦，章得象便说了一段相当伤人的话：“小儿跳踯戏剧，不可诃止，俟其抵触墙壁自退耳。方锐于跳踯时，势难遏也。”什么意思呢？为人父母者，想必都有这个生活经验，几个小孩子在一起打打闹闹，正玩在兴头上的时候，大人的喝止往往是不会奏效的，等到他们摔跤撞墙吃了痛，自然也就消停了。讲完这段“趣闻”，邵博又补上一刀，说韩琦、富弼饱经沧桑之后，“始知天下之事不可妄有纷更”，“始叹章得象之言为贤”，颇有一点悔不当初的意思。

话说回来，正所谓仁者见仁、智者见智，难免会对同一件事情褒贬不一，大可不必去辩解与深究。不过，咱们还是有必要搞清楚，富弼、韩琦此番“基因突变”，除了年龄增长、阅历丰富之外，到底有没有更为深层次的原因呢？对于这个问题，毕竟早已时过境迁，后人不好妄加揣测，但应该有一个不容忽视的背景因素，那就是宋仁宗本人的心理变化。

常言道岁月不饶人，于富弼、韩琦如此，身为一朝天子的宋仁宗其实也一样。想当年，不仅富弼、韩琦年少气盛，宋仁宗同样也是血气方刚的热血男儿。史载其“欲更天下弊事”，开天章阁召对群臣，在范仲淹、富弼进呈“条陈十事”之后，宋仁宗更是“悉用其说”，一道道诏令“次第颁下”，这是何等的果断与豪迈！

屈指算来，宋仁宗登基已经三十多年，亲政也有二十多年了，曾经战天斗地的激情澎湃，伴随着一载又一载的寒来暑往而日渐消磨。如今年近天命，宋仁宗或许更期望在这段颐养天年的人生旅程当中，尽享岁月静好的安逸与恬适。

就说嘉祐三年（1058 年）吧，新任度支判官的王安石给宋仁宗上了一道奏疏，痛陈大宋王朝的积弊与危机，洋洋洒洒上万言，归根结底依然是两个字：没钱！——还是那句话，钱不能解决所有的问题，但没有钱往往是最大的问题，朝廷的财力窘困，必然导致风俗衰败，天下又如何安定？！

有病当然就得治，王安石开出的药方，同样是“改易更革天下之事”，要说与当年范仲淹、富弼的“条陈十事”有什么区别，无非是披上了一件“合于先王之意”的外衣，想借此堵住那些守旧势力的嘴，尽可能减少推行变革的阻力而已。虽说病症还是过去的顽疾，方子也是在那几味药上折腾，但宋仁宗对此竟然毫无反应，既不采纳也不驳回，权当没见着。

转眼到了嘉祐六年（1061 年），时任知制诰的王安石不甘心，再度上疏建言。这一次，王安石不是望闻问切、对症下药，而是直接将矛头对准了锐气全无的宋仁宗，说他“高居深拱，未尝有询考讲求之意”，“因循苟且，逸豫而无为”，方才导致“官乱于上，民贫于下，风俗日以浇薄，财力日以困穷”。可结果呢，即使是被王安石这样指着鼻子一顿臭批，宋仁宗依然故我，没有丝毫反应，颇有一点“放弃治疗”的意思。

毋庸讳言，平日里宽容大度的宋仁宗，与这位未来的“拗相公”之间，还真是有点气场不合、相互不爽的意思。宋仁宗安于现状、闲逸无为，令王安石颇有微词，而王安石举止怪诞、异乎常人，宋仁宗对他也谈不上有什么好印象。

王安石这个人啊，想必大家都知道，生活上一向不拘小节，“衣垢不浣，面垢不洗”，邋里邋遢。据说，王安石有一次去别人府上做客，将一盘獐脯肉吃了个精光，大家都以为他好这口。王夫人感到很疑惑，心想我家老王平日里不挑食啊。于是乎，王夫人给人家出了一个主意，让他下次请客吃饭的时候，别把獐脯肉摆在王安石的面前。果不其然，王安石一筷子都没夹过獐脯肉，只有摆在他面前的菜肴被吃了个精光。

嘉祐六年（1061 年）三月，宋仁宗邀请群臣到后苑赏花垂钓，终于亲眼见识了一回王安石出的“洋相”：他一条鱼也没能钓起来，却误将鱼饵当作点心，又给吃了个精光。熟悉王安石的人早已见怪不怪，大开眼界的宋仁宗却不太高兴，次日对宰臣抱怨说：误将鱼饵当作点心，平常人吃上一口便会发觉不对劲，绝不会再吃第二口，王安石可倒好，竟然将错就错全部吃光，看来这个人真是太狡诈了！——说到这里，我只想感慨一句，生活在两个世界里的人，确实是没有办法相互理解和沟通的。

（二）

常言道：剑老无芒，人老无刚，这也是不可逆转的自然规律。不过，年近天命的宋仁宗也好，平易谦和的富弼、韩琦也罢，真的打算彻底“放弃治疗”，守着祖宗成法混日子了吗？有人认为确实如此（譬如叶适、邵博），但我更愿意相信，经历过“庆历新政”的风起云涌之后，大宋君臣能够更加深刻地体会到“治大国若烹小鲜”的道理，在政治上日趋成熟与稳重。

毫不夸张地说，上至宋仁宗，下至以富弼、韩琦为代表的“嘉祐天团”，并没有屈就于严峻而残酷的现实，清静无为，不思进取。恰恰相反，他们无时无刻不是夙夜在公、殚精竭虑，并且取得了相当不俗的成就，后来还被宋徽宗时期担任殿中侍御史的陈师锡盛誉为“嘉祐之治”。

尽管冠以“之治”的盛名，但与西汉时期的“文景之治”、唐朝初年的“贞观之治”相比，“嘉祐之治”这道光环显得有些黯然失色。其实，“嘉祐之治”既是后人对这一时期政治清明、社会安定的褒誉，从本质上来说，它更是一场有别于“庆历新政”、“熙宁变法”的变革。所谓区别，源自两大显著的特征：

第一，这是一场“静悄悄”的变革，虽无新政之名，却行新政之实。

咱们先看看“庆历新政”。宋仁宗与“庆历天团”都急于革除积弊，可以说是雄心勃勃，但对于变革可能遭遇的阻力，却显得有些估计不足。再加上宋仁宗优柔寡断的性格特点，这场变革的结果恰如古语所云，“靡不有初，鲜克有终”，尽管说了很多，但做出来的很少。

再来看“熙宁变法”。宋仁宗对举止怪诞的王安石没有什么好印象，而他名义上的孙子宋神宗却如获至宝，这一对君臣堪称绝配，都是乾纲独断的铁腕人物。身处危机重重之际，宋神宗、王安石共同引领了一场暴风骤雨式的变革，说了很多，做出来的也很多，即便最后搞得遍地鸡毛，也矢志不渝、在所不惜。

至于“嘉祐之治”，则完全是一种“随风潜入夜，润物细无声”的风格。乍眼一瞧，既没有变革的宣言，也没有施政的纲领，更谈不上完整的体系，用后人形象的说法叫“杜一隅，补一隙”，通俗一点说就是打补丁、堵漏洞，而不是推倒重来、另起炉灶，结果是做了很多，但说出来的很少，颇有一点“养在深闺人未识”的味道。

第二，这是一场承前启后的变革，在“庆历新政”、“熙宁变法”之间发挥了桥梁和纽带的作用。

毫不夸张地说，“嘉祐天团”在短短数载的光阴里，既做了很多“庆历天团”当年想做却没有做成的事，也从时代发展的需要出发，积极探索出了不少全新的变革举措，一些举措还在“熙宁变法”中得以延续和完善。

咱们先从“承前”的视角来观察。范仲淹、富弼当年抛出的“条陈十事”，除了涉及军事体制改革的“修武备”之外，其余九项都可以归结为澄清吏治、改善民生和完善律法三个方面。

首先是澄清吏治，“庆历新政”中包括“明黜陟”、“抑侥幸”、“精贡举”、“择官长”、“均公田”等举措，彰显出治国必先治吏的变革理念。在“嘉祐之治”中，这些举措都在一定程度上得到恢复，并进一步细化和完善。譬如时任知谏院的陈旭提出“选用、责任、考课三法”，使得各路转运使的“磨勘”更加规范化。针对恩荫泛滥，朝廷也出台了新的限流措施，每年缩减的授官名额达三百人之多。还有科举，虽然录取的规模不减，但一来增加了考试内容，更加注重考察解决实际问题的能力，二来抬高了立即授官的门槛，提升“毕业即待业”的比例，“以精其选”，宋仁宗甚至在一道诏书中坦承，“若循旧例，终至滥官，甚无谓也”。

其次是改善民生，“庆历新政”中包括“厚农桑”、“减徭役”、“覃恩信”等举措。在“嘉祐之治”中，涉及这方面的政策力度也相当大。别看宋仁宗平日里节衣缩食，但凡需要赈灾恤民，却毫不吝惜。譬如河北发生严重水害，宋仁宗一次就从内藏库调拨出二十万匹绢、十万两银用于赈灾。嘉祐二年（1057年），朝廷责成各地建立“广惠仓”，专门用于赈济“老幼贫乏不能自存者”。还有长期困扰百姓的各级衙署差役问题，宋仁宗在嘉祐三年（1058年）下达诏书，责令各地再行裁撤，“有重为民害者，条奏之”，“大去劳敝者，议赏”，结果缩减的差役员额达到两万三千多人。后来，朝廷又在三司设置“宽恤民力司”，专门负责研究和制定减轻百姓负担的举措，同时不断派出官员前往各地访贫问苦。

最后是推进法治，“庆历新政”提出“重命令”，而“嘉祐之治”在这方面可谓硕果累累。总的来看，嘉祐时期编修的敕令、条例，涉及到国家治理的方方面面。咱们简单举几个例子：《嘉祐禄令》规定了各级官员的俸禄标准，《殿前马步军司编敕》规范了军队的日常管理，《三班院编敕》明确了中低官阶武将的注拟、升迁、酬赏原则，另外还有《科举条例》、《嘉祐驿令》、《中书五房总例》、《遗嘱法》等等，也是在嘉祐时期陆续颁布的。

尤其值得大书特书的是编敕工作，也就是律法的整理和编修。嘉祐二年（1057年）八月，韩琦向宋仁宗提议说，从庆历四年（1044年）至今十余年，朝廷陆续颁布了四千三百多件敕令，相互抵牾之处层出不穷，有必要重新删定颁行。宋仁宗欣然采纳，委派两位宰相与参知政事曾公亮具体负责。

平心而论，编敕的工程相当浩大，流程也比较繁复。首先是要成立专门的机构，指定专门的官员，称为“详定官”、“删定官”。他们要将历年的敕令汇编、删裁，形成一整套草案。紧接着，草案会被送到刑部、大理寺、中书省、枢密院等有关部门审核，同时征求“在京刑法司、律学官吏”等专业人士的意见，激烈争论、反复修改都是常有的事情。

前后花了五年的时间，这部《嘉祐编敕》终于大功告成，共计十二卷，都是涉及刑事方面的律法。另外还有五卷《续附令敕》，属于“但行约束而不立刑名”的民事律法。与庆历年间颁行的编敕相比，《嘉祐编敕》除了适用流刑的罪名有所减少之外，适用大辟（死刑）、徒刑、杖刑、笞刑、配隶的罪名均有不同程度的增加，法律体系得到了进一步的完善。

后来，南宋著名思想家、“龙川先生”陈亮不无自豪地总结说：汉朝靠的是人治，唐朝则是人治、法治并行，只有宋朝才称得上是真正的法治！（“汉，任人者也。唐，人法并行者也。本朝，任法者也。”）

（三）

对照当年范仲淹、富弼提出的“条陈十事”来观察，“嘉祐之治”的变革步伐似乎比“庆历新政”迈得还要大，令人顿生时光错位之感。咱们再从“启后”的角度来看，“熙宁变法”推行的一些举措，其实在“嘉祐之治”中已经初见端倪了。

一是“募役法”。

为了深入贯彻朝廷“减徭役”的政策要求，特别是在“大去劳敝者，议赏”的激励之下，各地衙署裁撤差役的积极性空前高涨。对于必须保留的差役，一些财政相对富裕的地方，也开始尝试着采取“募役”的办法。譬如吴中名士钱公辅在嘉祐五年（1060 年）出任知明州（今浙江宁波），便将官营酒店的收益派发给衙署差役作为补贴，史载“悉免乡户，人皆便之”。至“熙宁变法”时，差役完全被募役所取代，梁启超盛赞其为“救时惠民的第一好政策”。

二是“保马法”。

在冷兵器时代，良种马匹是军队战斗力的重要保障，尤其是宋朝，要面对契丹、西夏这两大擅长骑射的强邻，战马的供应更是关系到国家安全。然而到了嘉祐时期，“国马之政因循不举”，有不少大臣对此忧心忡忡，朝廷责成翰林学士吴奎、度支判官王安石等人开展调查研究，制定马政变革的方案。随后，宋仁宗根据众臣的建议，派遣官员前往河北、河东、陕西等地勘察，选择“地有余而马所宜之处”，利用未耕之地兴建牧马场，而那些“地不足而马所不宜之处”，则将旧牧场出租给农户耕种，以租税“助戎马之费”。

与此同时，朝廷还在西北边境设置马场，用解盐[1]跟蕃商交易良马，既能缓解马荒，又能优化品种。“熙宁变法”时期，马政变革进一步深化。在河北、河东、陕西等地，官府将养马的任务摊派到各家各户，可以冲抵一定的赋税，马匹如果死亡，则由养户负责赔偿，这样既能减少官府的养马开支，也大幅度降低了马匹的死亡率。

三是“均税法”。

大宋开国以来，“以恤民为先务”，田赋较唐朝宽松了不少，特别是遭遇水旱灾害，朝廷往往会再行减免。这样做的出发点固然是好的，但日积月累下来，田赋不均的问题越来越严重，有的地方二十而税一，有的地方则是三十而税一，既有失公允，也直接影响朝廷的财政收入。

景祐年间，亲政不久的宋仁宗开始在个别地方试行均税，至庆历、皇祐时期，试点的范围进一步扩大。嘉祐五年（1060年），宋仁宗认为向全国推广的时机业已成熟，遂责成三司详定均税法，由时任权三司使的包拯具体负责，时为谏官的司马光后来也参与到其中。然而，由于均税的牵涉面太广，涉及到的利益也非常具体，部分大臣持怀疑态度，地方上的一些民户（显然是先前享受到政策红利的那部分）反对得异常激烈，甚至几乎爆发民变。因此，均税法最终只推广到数郡之地，“于天下不能尽行”。

直至“熙宁变法”时期，即便有宋神宗、王安石这对雷霆万钧的铁腕君臣，均税法的推行依然阻力重重。庙堂之上，以司马光为首的保守势力从中作梗，草泽之下，众多豪强富户阳奉阴违，甚至勾结官吏徇私舞弊，使得均税法的效果大打折扣，后来更是时兴时废、不了了之。由此可见，触动利益真是比触动灵魂还要艰难啊！

除了发挥承上启下的桥梁和纽带作用之外，“嘉祐之治”尤其令后世称道的变革还有茶叶通商和解盐通商。

先说茶叶通商。

[1] “解盐”即今山西运城出产的池盐，该地当时属于陕西解州，故得名。

自古以来，关乎国计民生的重要物资，一向是由官方垄断经营，最为人熟知的莫过于“盐铁专营”，但或许出乎大家的意料，如今市面上司空见惯的茶叶，从唐朝晚期开始竟然也被纳入到官营的范围，称为“茶官榷”。盐关系到天下苍生的性命，铁则是兵农之本，这两项物资由官府专营倒还情有可原，可将并非生活必需品的茶叶纳入官营又是为哪般呢？答案其实很简单：利润！要是再多说几个字的话，那就是朝廷没钱，只能与民争利。

宋朝承袭晚唐、五代之制，也实行“茶官榷”，具体做法是这样的：朝廷在水陆交通便利的六个地方设立榷货务，包括江陵府（今湖北荆州）、汉阳军（今湖北武汉）、蕲州（今湖北蕲春）、无为军（今安徽无为）、真州（今江苏仪征）、海州（今江苏连云港），又在茶叶的主要产区淮南设有十三个山场，这六务十三场负责征购、储存和批发，京城设立的榷货务则只负责批发。

种茶、产茶的农户称为“园户”，隶属于十三个山场。官府每年会预付一些钱给园户，称为“本钱”，园户则按照官府配给的数额进行茶叶种植、采摘和加工，一部分成品作为茶租上缴官府，其余则由六务十三场征购，在抵扣了本钱和茶息之后，园户可以获取一定的收益。不过，如果产量没有达到官府的配额，园户除了如数偿还本钱之外，缺额部分的茶息也要照付不误。

六务十三场完成征购之后，会批发给各地的茶商，流转到终端市场。当然，茶商并不能随随便便地购买茶叶，而是先要到榷货务缴纳现钱或者金帛，换取“茶引”，用今天的说法就是茶叶的提货单，随后才能到六务十三场提货。也就是说，“茶官榷”带有半官营的性质，官府垄断了“一级代理”的定价权和经营权，不允许茶商与园户直接交易，但“二级代理”直至销售终端，则允许茶商自主定价、自主经营。

嘉祐之前，在“茶官榷”这项基本制度之下，还有“入中制”和“贴射法”作为补充。“入中制”始于宋太宗时期，当时北境局势紧张，朝廷用度相当吃紧，便号召商民将钱粮送到设在边境的折博务，这个过程称为“入中”。俗话说无利不起早，活当然不可能白干，为了提高商民缴纳钱粮的积极性，折博务一般采取“交引”兑付的方式，有点类似于信用券，而且交引的面值

〔清〕佚名《彩绘帝鉴图说》之《后苑观麦》，讲述宋仁宗在后苑开辟农田，使人种麦，时常观之，“庶知稼穑之不易也”。（现藏于法国国家图书馆）

会超过所缴纳钱粮的价值，多出来的部分称为“加饶”，算是官府给商民的酬劳。商民拿到交引之后，可以到京城的榷货务兑换成现钱、金帛，也可以按一定比价兑换成盐钞、茶引，称为“翻换”。有了盐钞、茶引，商民便可以到相应的机构去提取盐、茶，赚取销售利润。

至于“贴射法”，与个别地区试行茶叶通商有关。宋真宗淳化三年（992年）和皇太后刘娥垂帘主政伊始的天圣元年（1023年），朝廷两度在淮南地区试行有限的茶叶通商，具体做法是这样的：官府向园户预付的本钱取消，而茶商可以与园户直接交易，但交易地点必须是官府制定的场所，估价也由官府提供。双方的交易完成之后，茶商要向官府支付“茶息”，相当于专卖许可税，官府“给券为验，以防私售”，这个过程就称为“贴射”。园户手上的茶叶没有卖完的话，则由官府兜底收购。当然，如果园户的产量没有达到官府的配额，差缺部分的茶息也要补齐。除了淮南之外，四川、广南等地还试行过完全的通商制，官府只负责收取茶租、茶息，并不干预交易过程，但严格禁止出境交易，违反者按走私罪论处。

总的来说，朝廷推行“入中制”也好，在个别地区试行“贴射法”也罢，都没有从根本上改变“茶官榷”的制度。

站在官府的角度来看，“茶官榷”的制度优势似乎是相当明显的，官府垄断着“一级代理”的定价权和经营权，能获取绝大部分的利润，增加了朝廷的财政收入。然而，茶叶毕竟不是盐铁这样的特殊物资，官府干预得过多，势必会造成市场的活力不足，长期积累下来的弊端丝毫不容忽视。首先，园户未能完成官府的配额，茶息还要照缴不误，搞得一些园户入不敷出，只能靠“贴田卖屋”来抵偿，无疑增加了百姓的负担和从业风险。其次，茶商们跟官府做交易，明显处于弱势地位，“多有邀难，抑配陈茶”的事情屡见不鲜，加之利润太薄（大头都被官府拿走了），茶商普遍缺乏足够的积极性，茶叶又不是“刚需”，所以市场很难繁荣起来。最后，官府虽然稳赚不赔，利润也吃了大头，但六务十三场的管理成本，运输成本，仓储成本，损耗成本，还有打击走私的执法成本，细算下来也是一笔不小的开支。与此同时，由于市场活力不足，经常出现供大于求的情况，茶叶的积压也非常严重，无形中又增加了风险成本。总而言之，“茶官榷”于官、于商、于民均有诸多弊端，显然是一个“三输”的局面。

（四）

早在天圣七年（1029年），尚未亲政的宋仁宗便向宰臣坦承：茶、盐原本是百姓日常所需，官府却不允许自由交易，导致铤而走险的私贩者屡禁不止。只不过呢，考虑到朝廷的用度吃紧，才一直没有放开。如此看来，“茶官榷”在宋仁宗的心目当中，确实只是权宜之策，这种与民争利的做法并非长久之计。

宋仁宗亲政之后，围绕废罢“茶官榷”的问题，朝廷讨论了好几回。譬如景祐三年（1036 年），时任权判户部勾院的叶清臣给宋仁宗算了一笔账：在景祐元年（1034 年），官府扣除预付的本钱之后，实际收取的茶息是 59 万缗，茶租是 34 万缗，但从“二级代理”往下，官府收取的税钱已经达到了 57 万缗。叶清臣据此建议，官榷改为通商，官府收取的税钱能翻好几倍，完全能够冲抵通过六务十三场垄断“一级代理”获取的收益，而且“不费度支之本，不置榷易之官，不兴辇运之劳，不滥徒黥面之辟”。如此一来，官府什么事情也不必管，什么风险也不必担，什么成本也不必付，躺着收税数钱就行了！

宋仁宗觉得叶清臣的这笔账算得很有道理，便责成三司与专门设立的“详定茶法所”进行研究，结果“皆以为不可行”，废罢“茶官榷”的动议只能搁置下来。

庆历三年（1043 年），朝廷又开始讨论“弛茶盐之禁”。或许有些出乎大家的意料，在秉持异议的队伍当中，“庆历新政”的“旗手”范仲淹赫然在列。事实上，范仲淹并不是反对放松管制、允许自由通商，而是觉得时机还不成熟。在他看来，朝廷眼前最要紧的问题是没钱，你把茶禁放开，等于是让利于商，朝廷缺了这块收入，还是会想办法摊派到农户的头上，“与其害农，孰若取之商贾”。看来，即便是在商业贸易空前繁荣的宋朝，重农抑商的思维惯性还是根深蒂固的。

等到庆历四年（1044 年）七月，范仲淹觉得朝廷的财政已经宽裕了许多，是时候将官榷改通商了，怎奈他此时已经离朝巡边，没人愿意搭理他的动议。——正所谓“花开堪折直须折，莫待无花空折枝”，有些人、有些事，一旦失之交臂，便没有办法从头再来了！

转眼到了嘉祐三年（1058 年），有几位品级并不算高的官员相继上书朝廷，从各自不同的角度“陈通商之利”，并一致认为废罢“茶官榷”“可以疏利源而宽民力”。这些提议也得到了三位执政大臣——富弼、韩琦、曾公亮的鼎力支持，宋仁宗再次责成三司开展调查研究，先拿一个意见出来。

是年十月，时任三司使的张方平向宋仁宗报告了调查研究的情况。他先给宋仁宗算了一笔账：按照朝廷的预算，与茶叶相关的收入每年应该有244.8万缗左右，但嘉祐二年（1057年）的实际收入只有128万缗，扣除"加饶"之后是86万缗，再扣除预付给园户的39万缗本钱，官府的毛收入只有区区46.9万缗。如果再把运输成本、损耗成本、仓储成本算上，基本上就没剩下啥了。基于这些不怎么好看的数据，张方平给出了一个直白而严峻的结论："获利至小，为弊甚大。"官府忙活了一大圈，钱没挣到多少，反倒惹得大家都不满意，说明是时候改行通商了。

嘉祐四年（1059年）二月，宋仁宗正式颁布《通商茶法诏》，宣告"茶官榷"基本上成为历史，除了福建的个别地区之外（涉及对外贸易，仍执行官榷制度），茶叶的通商已"肆行天下"。

伴随着茶叶通商的推行，六务十三场被撤销，官府不再参与茶叶的交易过程，既没有预付本钱，也无所谓茶息，只保留向茶商收取茶税、向园户收取茶租的制度。与此同时，官府依然将茶叶作为特殊商品进行适度管理，茶商需要申领"引凭"才能参与交易，用今天的话说，类似于特许经营许可证，并且规定了销售的区域以及完税期限，防止茶商偷税漏税。

至于收取茶租的数额，三司最初的意见是参考往年收益进行摊派，差不多68万缗的样子，但宋仁宗认为这个数额太高，担心园户负担不起，索性大笔一挥打了一个对折，只收取33.8万缗。

根据《梦溪笔谈》的记载，过去实行"茶官榷"，官府的茶课岁入大约是109.4万缗，其中有64.9万缗是垄断"一级代理"获取的利润，剩余44.5万缗则是从"二级代理"到销售终端收取的茶税。改行茶叶通商之后，官府的茶课岁入已经达到117.5万缗，包括36.9万缗茶租和80.6万缗茶税。看上去增长得不多，但要是将节省下来的管理成本、运输成本、仓储成本、损耗成本、执法成本、风险成本算上，这个差距可就相当巨大了。

毫不夸张地说，茶叶通商确实是一项实现了官府、茶商、园户"三赢"的变革。它之所以获得巨大的成功，用今天的话来说，就是让市场在资源配置中发挥出决定性的作用，从而激发市场主体的活力，实现市场的良性发展与持续繁荣。

正因为官、商、民三方都能从中获利，茶叶通商的推行比较顺利。话说回来，任何一场变革都不乏一些质疑的声音，皆大欢喜的茶叶通商自然也不例外。嘉祐五年（1050 年）二月，也就是废罢“茶官榷”一年之后，有两位大臣便对变革的效果提出了异议。

头一个是知制诰刘敞。说到这个刘敞，其实他在完善律法方面还是颇有见地的。譬如嘉祐二年（1057 年），刘敞上疏建言，认为军事司法制度过于简陋，近乎无法可依，也没有专门的检法官办案，结果要么犯法者不受处治，要么冤假错案一堆，难以实施有效的管理，所以朝廷应该在军政机关设置专门的检法官，从而“狱可使不冤，刑可使不误”。后来的事实证明，宋仁宗和两府果然采纳了刘敞的建议，在殿前司等军政机关建立了检法官制度。

正所谓相形见绌，刘敞此时对于茶叶通商的质疑，确实谈不上有什么水平。他反对茶叶通商的主要理由是“自变法以来，由东南来者，更言不便”，显然是道听途说，甚至有偏听偏信之嫌。到底有什么不便呢？刘敞认为，如今园户领不到官府预付的本钱，还要向官府缴纳茶租，一来一去，负担就加重了。大家听听这话说得，好像官府预付的本钱不需要园户偿还本息似的，强制借贷什么时候变成福利了？身为一名知制诰，既有起草诏书之责，也为执政团队提供咨询服务，竟然连最基本的经济学常识都没有，我只能说当年“教以经济之业，取以经济之才”的教育和科举改革，确实是相当有必要的。

除了刘敞之外，另一位对茶叶通商提出质疑的大臣，竟然是翰林学士欧阳修。按理说，欧阳修应该是支持这项变革的，因为那道《通商茶法诏》便是出自他的笔下。出乎所有人的意料，欧阳修的质疑比刘敞还要强烈，不仅认定“人知其不便者十盖八九”，还一口气罗列了茶叶通商的五大弊端：一是茶息变成了茶租，二是单笔交易额太低，三是市场规模不够大，影响茶税收入，四是茶叶价格上涨，五是导致“入中制”难以为继，直接影响河北地区的粮食征购。

平心而论，欧阳修提出的五大弊端，归根结底还是缺乏经济学常识惹的祸。第一条至第三条不值一驳，哪有通过官府垄断来培育市场的道理？第五条纯属胡搅蛮缠，“入中制”与盐钞、茶引挂钩的做法原本就应该变革。最有意思的是第四条，茶叶价格为什么会上涨呢？前面说过，在实行“茶官榷”的时候，茶商必须从六务十三场购买茶叶，所以时常受到官府的欺压，譬如以次充好、“抑配陈茶”。如此一来，流通到市面上的茶叶，因为新陈相杂，价格往往比较低廉。推行茶通商之后，茶商与园户自由交易，新茶、陈茶各是各的价，流通到市面上呢，新茶自然更受欢迎，价格肯定也要比过去新陈相杂的茶叶高一些，毕竟一分价钱一分货嘛。可在欧阳修的眼里，竟然也成了一大弊端，着实令人感到不可思议，这不是一本正经地胡说八道吗？！

刘敞、欧阳修的质疑漏洞百出，茶叶通商的推行并没有受到什么影响。一直到四十多年之后的宋徽宗崇宁元年（1102 年），臭名昭著的奸相蔡京执掌朝政，认为废官榷行通商以来，“四十余年，利源浸失”，便力主废除茶叶通商，恢复了“茶官榷”的旧制。

（五）

介绍完茶叶通商，咱们再来说一说解盐通商。

盐与铁的官营，据说起源于春秋时期的齐国。当时，管仲推行的所谓“官山海”，即由官方垄断经营山海之利，主要产品便是盐与铁，从而为齐桓公称霸奠定了坚实的财政基础。自从汉武帝采纳桑弘羊的建议，对盐、铁、酒实行官营以来，盐课便成为历朝历代至关重要的财政收入来源。

进入宋朝，盐课收入成为仅次于田赋的第二大财源，其经营制度也比较复杂，这里先简要地概述一下。宋朝的盐，根据来源和产地分为三类，经营制度也不尽相同：

第一类是海盐，即从海水中提取，主要产自东南沿海地区。海盐实行一定程度的通商制度，允许民间自由交易，官府只收取盐税。

第二类是井盐，即从井下卤水中提取，主要产自四川。井盐又分大井和小井，大井由官府控制并实行官榷，小井则允许当地百姓自由交易，官府也是只收取盐税，但明令禁止出川销售，否则按走私罪论处。

第三类是池盐，产自今天山西运城的盐池，这个地方当时叫解州，属于永兴军的管辖范围，所以俗称为“解盐”。解盐与大井盐一样，采取严格的官榷制度。官府负责征用当地民夫到盐池劳作，称为“畦夫”，服役时间是五年，每年都要按照官府的定额完成“种盐”任务，每户大约是 2300 石。解盐出产之后，官府再征用民夫运输到各地销售。

解盐在终端的销售，又根据不同的区域，分为官榷和通商两种经营模式。官榷容易理解，就是要通过官方设置的盐务进行专卖。通商则类似于茶叶官榷时放开“二级代理”的做法，盐商可以向京师的榷货务缴纳现钱、金帛，换取所谓的“盐钞”，即盐的提货单，再自行前往解州的盐池提取，运输到指定的区域进行销售，称为“商销”。

前面说过，宋太宗时期推行“入中制”，商民向边境地区缴纳军需物资之后，可以从折博务领取交引，交引可以在京城的榷货务兑换为现钱，也可以翻换成盐钞、茶引。随着盐钞发行量的增加，商销的区域也进一步扩大。至宋真宗时期，官榷与商销的区域基本确定，官榷区域有三京——东京开封府、西京河南府（今河南洛阳）和南京应天府（今河南商丘），还有分布在京东、京西、河北、河东、陕西等地的二十八州军，其余区域的解盐销售区则归属于商销范围，史载“各有经界，以防侵越”。

与商销相比，解盐的官榷有三大明显的弊端。第一，运输任务繁重，“兵民不胜疲劳”。第二，畦夫种盐只是为了交差，没有什么积极性，时常掺杂有泥沙、硝石，质量低劣，但官府控制着定价权，价格长期居高不下。第三，与茶叶官榷一样，生产、运输、储存、损耗等等各个环节的成本，还有执法成本、风险成本，都需要由官府承担。

早在天圣八年（1030 年），便有大臣向朝廷建言，认为官榷的做法“官得利微而民困于转输”，建议放开三京二十八州军的盐禁，全面推行解盐通商。当时还是皇太后刘娥垂帘主政，她是坚定支持解盐通商的，尽管群臣都担心会影响盐课收入，但刘娥力排众议，认为“虽弃数千万亦可”，强力推进这项变革。

实行解盐全面通商之后，民间自然持欢迎态度，“皆作感圣恩斋”，但朝廷的财政收入确实受到一些影响。后来宋朝与西夏交恶，朝廷为了鼓励商民向边境地区输送军需物资，又增加了交引的“加饶”，导致“虚费池盐，不可胜计”。鉴于财政上压力山大，朝廷不得不在庆历二年（1042 年）又恢复了解盐官榷。

将解盐通商改回官榷之后，虽然朝廷的财政看似有所好转，但过去的那些弊端再次显现，史载“嗟怨之声，盈于道路”，增加的那点盐课收入，还不足以支付打击走私的执法成本和安抚兵民的维稳开支。

庆历四年（1044 年）初，正值“庆历新政”如火如荼地全面推行，时为太常博士的范祥向朝廷建言，认为是时候恢复解盐通商了。稳妥起见，宋仁宗让范祥前往陕西,与时任陕西都转运使的程戡一道商议盐法变革。然而，范祥、程戡意见相左，谁也说服不了谁，次年范祥因父丧辞任丁忧，解盐通商的讨论最终不了了之。

等到庆历八年（1048 年），服丧期满的范祥回来了，又提出解盐通商的建议。宋仁宗委任范祥出任提点陕西路刑狱，兼制置解盐，前往陕西主持变革，再度推行解盐的全面通商。与天圣时期的全面通商不同，范祥主持的这场盐法变革，实际上是借助“入中制”来进行的。具体来讲，盐商不能拿着现钱直接到盐池交易，而是先要到设在边境地区的折博务换取盐钞，再凭盐钞去盐池提货。对照允许茶商与园户直接交易的茶叶通商来看，范祥此次推行的解盐通商，其实并没有完全放开“一级代理”，毕竟盐的特殊性、重要性要远远超过茶叶。

对于此次盐法变革的成效，范祥显得胸有成竹，预测岁入可以达到 230 万缗。结果呢，因为范祥过于谨慎而出现的一点小瑕疵，导致整个变革的成效大打折扣，并引发了朝野内外的一片质疑之声。原来，范祥担心盐商将解盐运往各地之后，通过虚报、漏报等方式逃税，便将盐税预先摊入盐价，结果造成解盐的批发价格上涨。在新法推行之初，市面上其实还有不少存盐，批发价差导致按照新法购置的解盐不具有成本优势，极大地影响了盐商的积极性。盐商不愿意兑换盐钞，朝廷的盐课收入自然出现下滑，变革原本是为了增收，怎么还越变越穷了呢，很多大臣就不答应了，纷纷提出应该恢复官榷的旧制。

从经济学的角度来看，预先摊入盐税的做法不是不可以，过渡时期的“休克”现象恐怕也难以避免，但伴随着时间的推移，市面上的存盐总是会销售殆尽的，等到新、旧解盐的比例达到一定程度，批发价差的问题也就迎刃而解了。

面对群臣的质疑，范祥仍然坚持变革，奉旨前往陕西调查的包拯（时任户部副使），也意识到解盐通商的方向并没有错。在进呈给朝廷的调查报告中，包拯认为这项变革属于“先害而后利”的情况，朝廷应当着眼于长远，对此要有足够的信心和耐心。他还预言说，“虽一二年间课利少亏，渐而行之，必复其旧”，“有小害而终成大利”。

宋仁宗采纳了包拯的意见，暂时压制住了各种质疑的声音。皇祐三年（1051 年），又有大臣对解盐通商表示异议，宋仁宗命三司将范祥从陕西召回，会同群臣进行集体讨论。这场讨论开展得很热烈，争论也非常激烈，但大多数人还是支持范祥的，包拯还提议擢升范祥任陕西转运副使，并得到了时任三司使田况的支持。最终，宋仁宗下达诏书，决定继续推行解盐通商，等上两年再作进一步的审视，并在是年底任命范祥为陕西转运副使，兼制置解盐使，不久后又擢升其为陕西转运使。

后来的事实证明，包拯的判断是正确的。随着新法的推行，过渡时期的“休克”现象明显得到缓解，解盐通商产生的效益也逐渐显现出来。据包拯统计，从皇祐元年（1049 年）初至皇祐二年（1050 年）底的两年时间里，解池盐课的收入达到了 289.1 万缗，对比过去施行官榷时的两年岁入，净增额为 51.6 万缗，这还没有考虑官榷衍生出来的管理、生产、运输、仓储、损耗、执法、维稳等各方面成本支出。到皇祐三年（1051 年）和皇祐四年（1052 年），解池盐课的收入分别达到 221 万缗和 215 万缗，已经接近于范祥当初提出的

230 万缗的目标了。

然而，就在变革成果逐步显现的时候，范祥却自找了一桩麻烦。皇祐五年（1053 年）初，时任陕西转运使、兼权领秦州事的范祥未经请示朝廷，竟然擅自修筑距离秦州三百里的古渭州城。结果这边刚一开工，毗邻的羌族部落便骚动起来，特别是青唐族羌聚众攻破宋军的堡垒，杀掉了上千的守军。边境的骚乱平息之后，范祥被罢免陕西转运使之职，贬为屯田员外郎。

接替范祥的人名叫李参，虽然继续推行解盐通商，但或许是为了刷一刷新官上任的存在感，他又在具体的操作层面上做了一些调整。为了防止盐商通过虚报物价占官府的便宜，范祥主政盐务时，特别规定必须用现钱兑换盐钞。李参到任之后，不知道这里面的水有多深，贸然准许盐商使用粮草来兑换盐钞，结果导致“虚估之弊滋长”，光是这一项的损失就达到百万缗之多。

更为严重的是，准许粮草兑换成盐钞，势必导致盐钞的发行量大幅度增加，远远超过解池的实际产量。盐商拿着盐钞无法提取到解盐，资金周转便出现困难，只能将盐钞低价售出流转，类似于搞期货交易，从而加剧了盐钞的通货膨胀。

看似不起眼的一点调整，却如同打开了潘多拉魔盒一般，结果导致盐钞贬值愈演愈烈，解盐市场也越来越混乱，盐商普遍缺乏积极性，朝廷的盐课收入也受到极大的冲击。嘉祐三年（1058 年），朝堂上的大佬们终于坐不住了，张方平（时任三司使）和包拯（时任权御史中丞）共同提议起用范祥出任制置解盐，让这位盐务专家出面收拾眼前的烂摊子。

范祥这位著名的盐务专家，确实并非浪得虚名，只用三招就把纷繁复杂的乱局给摆平了，朝廷的盐课收入也逐渐得以恢复。第一招是控制盐钞的增量，立即恢复只能用现钱兑换盐钞的做法。第二招是消化盐钞的存量，按照发行时间采取不同的政策。嘉祐之前发行的盐钞，可以直接去兑付解盐，嘉祐之后发行的盐钞，则要“每券别使输钱一千”，附带相应额度的现钱才能兑付。至于第三招，既是消化盐钞的存量，也是规范盐钞的交易。刚才讲了，盐商手里捏着盐钞，要么兑付不到解盐，要么资金回笼的周期太长，为了维系现金流，只能采取低价抛售的方式将盐钞处理掉，这样既搅乱了市场秩序，也打击了盐商的积极性，导致盐课收入下滑。于是乎，范祥提出在京城设立“都盐院”，预先储备 20 万缗的现钱。这些钱拿来干什么用呢？熟悉股市、期货的朋友应该很容易理解，这有点类似于咱们今天所说的平准基金。简单来讲，如果解盐、盐钞贬值太厉害，都盐院便会动用这笔资金，以高出市场交易价的价格收购。反之，如果解盐、盐钞被炒到高价，都盐院便以低于市场交易价的价格抛售盐钞。一平一准，“使盐价有常而钞法有定数”，确保市场的良性运行。

毫不夸张地说，茶叶、解盐两大通商变革，堪称“嘉祐之治”最为突出的成果。即便是在近千年之后的今天，咱们推进市场化改革，这两大变革中所蕴含的经济原理和政策手段，仍然具有一定的借鉴意义和参考价值。

未尽

当我终于把这本书写完的时候，略微有些沮丧地发现，宋仁宗依然是一个难解之谜。

几乎可以断定，仁宗朝的士大夫——尤其是那些台谏言官，对宋仁宗这位一朝天子谈不上有多么满意：有反对他任性胡来的，也有批评他垂拱无为的，有担心他纵欲过度有伤龙体的，也有嫌弃他久无皇嗣、动摇国本的……总而言之，说什么的都有，宋仁宗无论做什么、怎么做，似乎都有抓不完的把柄、抹不掉的瑕疵，生命不息，嘴炮不止，宅心仁厚的宋仁宗往往会心平气和地照单全收。

然而，在时过境迁、物是人非以后，历朝历代不可胜计的士大夫，又对宋仁宗推崇备至，视其为一国之君的杰出楷模。最早提出“嘉祐之治”的陈师锡说，“宋兴一百五十余载”，“遗民至今思之者，莫如仁宗皇帝”。还有一位南宋大臣不无自豪地说，“盖汉唐以下，言家法者，莫如我朝，我朝家法之粹者，莫如仁宗”。元朝名相脱脱主持编修的《宋史》，对宋仁宗同样不吝溢美之词，盛赞“为人君，止于仁，帝诚无愧焉”。到了明朝，著名的帝王之师张居正为年幼的明神宗（万历皇帝）编撰《帝鉴图说》，里面“其善为可法者”的81则故事中,涉及宋仁宗的便有七则之多,包括“改容听讲”、“受无逸图”、“不喜珠饰”、“纳谏遣女”、“天章召见”、“夜止烧羊”和“后苑观麦”，数量上与汉文帝并列第二，仅次于唐太宗。

有人说，宋仁宗“百事不会，只会做官家”，虽然可以理解为一种褒奖，但也有一些偏颇之处。事实上，宋仁宗还是一位才华横溢的艺术大家。他痴迷绘画，少年时期便“闲时画马为戏”。他也擅长书法，神妙自如的飞白体[1]未必就逊色于宋徽宗的瘦金书。他还通晓音律，只是担心会留下沉溺声伎的骂名，故而刻意地隐忍这方面的天赋。

据说，在宋仁宗龙驭归天的时候，“天下恸哭，如丧考妣”。譬如在西京洛阳，据著名文士邵伯温后来回忆，当时“城内军民以至妇人孺子，朝夕东向号泣，纸烟蔽空，天日无光”。更有甚者，就连大宋王朝的宿敌契丹，竟然也沉浸在一片哀怨与痛惜之中。辽道宗耶律洪基拉着宋朝使臣的手恸哭道：“四十二年不识兵革矣。”后来，耶律洪基用宋仁宗昔年赏赐的御衣造了一座衣冠冢，“如其祖宗陵墓云”。

我相信，全天下黎民百姓对于宋仁宗离世的悲伤是发自肺腑的。我也相信，他们感念这位未曾一睹真容的君主，很大程度上是拜“嘉祐之治”所赐。深得后世称颂的“嘉祐之治”，尽管未必尽善尽美，譬如“三冗”的问题终究没有从根本上得到解决，但嘉祐年间“时和岁丰，百姓安乐，四夷宾服，天下无事”，确实是不争的事实。终两宋之世，这几年应该算是社会最为安定、政局最为清明的时期了。于普天之下的芸芸苍生而言，“天下无事”不就是最美好的时代吗？！

最后，让我们将视线拉回到嘉祐七年（1062年）底，距离宋仁宗溘然长逝还有三个来月。是年十二月，宋仁宗开了一回天章阁。这一次，他没有再像庆历三年（1043年）那样，迫不及待地向群臣“发难”，“问治天下其要有几，施于今者宜何先”，而是与诸位大臣、皇子、宗亲一道，兴致盎然地“观祖宗御书”。随后，宋仁宗又在群玉楼设宴，与大家觥筹交错、把酒言欢，并喜形于色地跟在座者说道：“天下久无事，今日之乐，与卿等共之，宜尽醉勿辞。”

此番“今朝有酒今朝醉”，当然不是为了“明日愁来明日愁”。四十余年的帝王生涯即将抵达终点，其间的悲欢离合、甜蜜苦楚，总有一天会化作一

[1] 飞白体是书法中的一种特殊笔法，相传为东汉蔡邕“见役人以垩帚成字”而突发灵感所创，笔画如枯笔书就，丝丝露白。按照北宋书法理论家黄伯思在《东观余论》中的说法，“取其若丝发处谓之白，其势飞举谓之飞”，故得名“飞白”。

粒尘埃、一缕青烟,消逝在波澜起伏的历史长河之中。回首过往、展望将来,“百事不会，只会做官家”的宋仁宗应该有理由相信，他留给子孙后代的江山社稷，一定会拥有一个光辉灿烂的明天。

（全书完）

主要参考资料

史料典籍

〔北宋〕毕仲游著、傅惠成点校《西台集（外三种）》，上海古籍出版社，2016 年。

〔北宋〕窦仪著、岳纯之校证《宋刑统校证》，北京大学出版社，2015 年。

〔北宋〕范镇、〔北宋〕宋敏求：《东斋纪事 春明退朝录》，中华书局，1980 年。

〔北宋〕范仲淹：《宋本范文正公文集》，国家图书馆出版社，2017 年。

〔北宋〕方勺著，许沛藻、杨立扬校《泊宅编》，中华书局，1983 年。

〔北宋〕高晦叟：《珍席放谈》，影印文渊阁四库全书本。

〔南宋〕龚明之、〔南宋〕朱弁著，孙菊园、王根林点校《中吴纪闻 曲洧旧闻》，上海古籍出版社，2012 年。

〔北宋〕韩琦著，李之亮、徐正英笺注《安阳集编年笺注》，巴蜀书社，2000 年。

〔北宋〕孔平仲著、王恒展校点《孔氏谈苑》，齐鲁书社，2014 年。

〔北宋〕乐史：《太平寰宇记》，中华书局，2007 年。

〔北宋〕李觏著、王国轩点校《李觏集》，中华书局，2011 年。

〔北宋〕马永卿：《元城语录解》，影印文渊阁四库全书本。

〔北宋〕欧阳修著、林青校注《归田录》，三秦出版社，2003 年。

〔北宋〕欧阳修著、李逸安点校《欧阳修全集》，中华书局，2001 年。

〔北宋〕邵伯温著，李剑雄、刘德权点校《邵氏闻见录》，中华书局，2000 年。

〔北宋〕沈括：《长兴集》，影印文渊阁四库全书本。

〔北宋〕沈括著、施适校点《梦溪笔谈》，上海古籍出版社，2015 年。

〔北宋〕石介著、陈植锷点校《徂徕石先生文集》，中华书局，1984 年。

〔北宋〕司马光著，邓广铭、张希清点校《涑水记闻》，中华书局，2017 年。

〔北宋〕司马光著、〔元〕胡三省注《资治通鉴》，中华书局，2011 年。

〔北宋〕苏轼著、孔凡礼点校《苏轼文集》，中华书局，1986 年。

〔北宋〕苏舜钦著、沈文倬点校《苏舜钦集》，上海古籍出版社，2011 年。

〔北宋〕苏辙：《龙川别志 龙川略志》，中华书局，2000 年。

〔北宋〕苏辙著，陈宏天、高秀芳点校《苏辙集》，中华书局，2017 年。

〔北宋〕滕甫：《征南录》，影印文渊阁四库全书本。

〔北宋〕田况著、张其凡点校《儒林公议》，中华书局，2017 年。

〔北宋〕王安石：《宋本临川先生文集》，国家图书馆出版社，2018 年。

〔北宋〕王得臣、〔北宋〕赵令畤著，俞宗光、傅成点校《麈史 侯鲭录》，上海古籍出版社，2012 年。

〔北宋〕王巩：《闻见近录》，影印文渊阁四库全书本。

〔北宋〕王珪：《华阳集》，影印文渊阁四库全书本。

〔北宋〕王岩叟：《韩魏公别录》，影印文渊阁四库全书本。

〔北宋〕王禹偁：《小畜集》，影印文渊阁四库全书本。

〔北宋〕魏泰著、李裕民点校《东轩笔录》，中华书局，2000 年。

〔北宋〕文莹著，郑世刚、杨立扬校《湘山野录 续录 玉壶清话》，中华书局，2000 年。

〔北宋〕余靖、〔北宋〕苏洵：《武溪集 嘉祐集》，吉林出版集团，2000 年。

〔北宋〕袁褧、〔南宋〕袁颐、〔南宋〕周煇：《枫窗小牍 清波杂志》，上海古籍出版社，2012 年。

〔北宋〕张舜民：《画墁录》，影印文渊阁四库全书本。

〔北宋〕张载著、章锡琛校《张载集》，中华书局，2012 年。

〔北宋〕朱长文著、何立民校《墨池编》，浙江人民美术出版社，2012 年。

〔南宋〕陈亮著、邓广铭点校《陈亮集（增订本）》，中华书局，1987 年。

〔南宋〕杜大珪编《名臣碑传琬琰集》，影印文渊阁四库全书本。

〔南宋〕费衮著、骆守中注《梁溪漫志》，三秦出版社，2000 年。

〔南宋〕洪迈著、孔凡礼点校《容斋随笔》，中华书局，2017 年。

〔南宋〕黎靖德编、王星贤点校《朱子语类》，中华书局，2020 年。

〔南宋〕李焘：《续资治通鉴长编》，中华书局，2004 年。

〔南宋〕李攸：《宋朝事实》，影印文渊阁四库全书本。

〔南宋〕陆游：《避暑漫抄》，影印文渊阁四库全书本。

〔南宋〕陆游著，李剑雄、刘德权点校《老学庵笔记》，中华书局，1979 年。

〔南宋〕吕中：《宋大事记讲义》，影印文渊阁四库全书本。

〔南宋〕吕中著，张其凡、白晓霞整理《类编皇朝大事记讲义 类编皇朝中兴大事记讲义》，上海人民出版社，2014 年。

〔南宋〕马端临：《文献通考》，中华书局，2000 年。

〔南宋〕彭龟年：《止堂集》，中华书局，1985 年。

〔南宋〕彭叔融：《太平治迹统类》，影印文渊阁四库全书本。

〔南宋〕邵博著，刘德权、李剑雄点校《邵氏闻见后录》，中华书局，2017 年。

〔南宋〕施德操：《北窗炙輠录》，影印文渊阁四库全书本。

〔南宋〕汪藻著、王智勇笺注《靖康要录笺注》，四川大学出版社，2000 年。

〔南宋〕王称著，孙言诚、崔国光点校《东都事略》，齐鲁书社，2000 年。

〔南宋〕王明清：《挥麈后录》，中华书局，1961 年。

〔南宋〕王十朋：《梅溪集》，吉林出版集团，2000 年。

〔北宋〕王素、〔南宋〕王从著，张其凡、张睿点校《王文正公遗事 清虚杂著三编》，中华书局，2017 年。

〔南宋〕王应麟编《玉海》，江苏广陵书社，2016 年。

〔南宋〕王铚、〔南宋〕王栐著，朱杰人、诚刚点校《默记 燕翼诒谋录》，中华书局，1981 年。

〔南宋〕谢枋得：《文章轨范》，影印文渊阁四库全书本。

〔南宋〕徐梦莘：《三朝北盟会编》，上海古籍出版社，2019 年。

〔南宋〕杨万里：《诚斋诗话》，影印文渊阁四库全书本。

〔南宋〕杨仲良著、李之亮点校《皇宋通鉴长编纪事本末》，黑龙江人民出版社，2006 年。

〔南宋〕姚宽、〔南宋〕陆游：《西溪丛语 家世旧闻》，中华书局，1993 年。

〔南宋〕叶梦得著、〔南宋〕宇文绍奕考异、侯忠义点校《石林燕语》，中华书局，1984 年。

〔南宋〕叶适 :《水心文集》，中华书局，1959 年。

〔南宋〕叶适 :《习学记言》，上海古籍出版社，1992 年。

〔南宋〕佚名著、司义祖整理《宋大诏令集》，中华书局，1962 年。

〔南宋〕俞文豹编、张宗祥校订《吹剑录全编》，古典文学出版社，1958 年。

〔南宋〕章如愚 :《群书考索续集》，影印文渊阁四库全书本。

〔南宋〕赵汝愚编、北京大学中国中古史研究中心点校整理《宋朝诸臣奏议》，上海古籍出版社，1999 年。

〔南宋〕赵与时、〔南宋〕徐度著，傅成、尚成点校《宾退录 却扫编》，上海古籍出版社，2000 年。

〔南宋〕朱熹、〔南宋〕李幼武编《宋名臣言行录》，影印文渊阁四库全书本。

〔南宋〕庄绰、〔南宋〕张端义著，李保民点校《鸡肋编 贵耳集》，上海古籍出版社，2012 年。

〔元〕脱脱编《宋史》，中华书局，1985 年。

〔元〕佚名编、汪圣铎点校《宋史全文》，中华书局，2016 年。

〔元〕张光祖 :《言行龟鉴》，影印文渊阁四库全书本。

〔明〕陈邦瞻 :《宋史纪事本末》，中华书局，2015 年。

〔明〕黄淮、〔明〕杨士奇编《历代名臣奏议》，上海古籍出版社，2012 年。

〔明〕黄仲昭编《八闽通志》，福建人民出版社，2017 年。

〔明〕商辂 :《通鉴纲目续编》，影印文渊阁四库全书本。

〔明〕田汝成编，刘雄、尹晓宁点校《西湖游览志余》，上海古籍出版社，2018 年。

〔明〕张居正 :《帝鉴图说》，明万历元年纯忠堂刊本，1573 年。

〔清〕毕沅编《续资治通鉴》，中华书局，2016 年。

〔清〕邓显鹤编、欧阳楠校点《沅湘耆旧集》，岳麓书社，2007 年。

〔清〕董诰等编《全唐文》，中华书局，1983 年。

〔清〕顾祖禹编，贺次君、施和金点校《读史方舆纪要》，中华书局，2019 年。

〔清〕吴广成著、龚世俊校证《西夏书事校证》，甘肃文化出版社，2010 年。

〔清〕徐松编，刘琳、刁忠民、舒大刚、尹波等点校《宋会要辑稿》，上海古籍出版社，2014年。

〔清〕赵翼著、王树民校证《廿二史札记校证》，中华书局，2016年。

〔越南〕吴士连著、孙晓主编《大越史记全书（标点校勘本）》，西南师范大学出版社，2015年。

〔越南〕佚名：《越史略》，影印文渊阁四库全书本。

近现代专著

丁传靖编《宋人轶事汇编》，中华书局，2016年。

钱穆：《国史大纲》，商务印书馆，2008年。

吴钩：《宋仁宗：共治时代》，广西师范大学出版社，2020年。

虞云国：《细说宋朝》，上海人民出版社，2002年。

张邦炜：《宋代婚姻家族史论》，人民出版社，2003年。

〔德〕傅海波、〔英〕崔瑞德著，史卫民译《剑桥中国辽西夏金元史》，中国社会科学出版社，2000年。

〔德〕迪特·库恩著、李文锋译《儒家统治的时代：宋的转型》，中信出版社，2016年。

学术论文

曹家齐：《“嘉祐之治”问题探论》，《学士月刊》2004年9月。

曹家齐、陈安迪：《苏轼进士科名次甲第考释——兼说宋朝进士甲乙丙科问题》，《中国史研究》2018年第1期。

方龄贵：《考碑辨史——新出元碑〈故大师白氏墓碑铭并序〉考释》，《广西民族研究》1986年01期。

顾友泽：《论宋庆历年间“进奏院案”的性质及兴起与扩大化》，《枣庄学院学报》2008年6月，第25卷第3期。

何婵娟：《“嘉祐之治”探因》，《钦州学院学报》2009 年 8 月第 24 卷第 4 期。

黄金东：《论侬智高屡求内属的原因及性质》，《广西民族研究》2019 年第 6 期（总第 150 期）。

李贵录：《宋朝“右文抑武”政策下的文臣与武将的关系——以余靖与狄青关系为例》，《中山大学学报（社会科学版）》2002 年第 4 期（总第 178 期）。

李强：《苏舜钦与北宋“进奏院狱”》，《历史教学》2011 年第 08 期（总第 621 期）。

刘思祥、周陶：《欧阳修两次被诬始末与思考》，《中州学刊》1999 年 9 月第 5 期（总第 113 期）。

宋靖：《封还词头与北宋的封驳制度》，《史学月刊》2007 年第 11 期。

王恩厚：《北宋“三冗”弊政述评》，《历史教学》1981 年第 1 期。

王林飞：《狸猫换太子故事的演变及文化意蕴》，《天中学刊》2015 年 2 月第 30 卷第 1 期。

杨果、刘广丰：《宋仁宗郭皇后被废案探议》，《史学集刊》2008 年 1 月第 1 期。

张其凡、白效咏：《乾兴元年至明道二年政局初探——兼论宋仁宗与刘太后关系之演变》，《中州学刊》2005 年 5 月第 3 期（总第 147 期）。

张至邈：《浅析北宋“三冗”现象及其危害》，《新余学院学报》2014 年 4 月第 19 卷第 2 期。

朱瑞熙：《范仲淹“庆历新政”行废考实》，《学术月刊》1990 年第 2 期。

朱子彦：《宋代垂帘听政制度初探》，《学术月刊》2001 年第 8 期。

诸葛忆兵：《论宋代后妃与朝政》，《南京师大学报（社会科学版）》1998 年第 4 期。

祝建平：《仁宗朝刘太后专权与宋代后妃干政》，《史林》1997 年第 2 期。